KB211041

베뢰아 사람입니까

베뢰아 사람입니까

박건한 지음

좋은땅

설교집 소개

> 에베소서 4:13 "우리가 다 하나님의 아들을 믿는 것과 아는 일
> 에 하나가 되어 온전한 사람을 이루어 그리스도의 장성한 분
> 량이 충만한 데까지 이르리니"

본 설교집은 금계(金溪) 박건한 목사님의 2019년-2021년까지의 주일 설교를 모은 것입니다. 이 시기는 온 세계가 코로나 팬데믹으로 큰 고통을 겪던 시기였고, 사람들은 저마다의 삶과 일터에서 혼돈과 두려움, 우울함에 잠식되어 있었습니다. 세상의 소금과 빛의 역할을 부여받은 그리스도인들 또한 신앙의 본질을 시험하는 자리에서 영적으로 각성할 것을 절실히 요구받았습니다.

성경의 역사에서도 대재앙의 시기가 여러 번 있었습니다. 그때마다 '남은 자 사상'에 의해 말씀 안에서 행해야 할 일을 마땅히 행하는 소수의 의인들이 있었으며, 그들에게는 하나님의 구원이 임했습니다. 본 설교집은 코로나 팬데믹이라는 큰 재앙 속에서 우리는 어떻게 '남은 자'로서 이 시대의 의인으로 살 수 있는가에 대한 질문과 함께 말씀 통달을 그 해법으로 제시하고 있습니다. 구약과 신약을 관통하는 삼위 하나님의 생명 사상을 알아야 비로소 의로워질 수 있기 때문입니다.

"하나님의 아들을 믿는 것과 아는 일에 하나가 되어"라는 에베소서 말

씀처럼 그리스도를 바로 믿는 것은 바로 아는 것이고, 그리스도를 바로 알려면 성경을 바로 아는 것이 중요합니다. 그리스도가 곧 말씀이기 때문입니다. 목사님은 성경을 바로 알기 위한 방법으로 그냥 읽기만 할 것이 아니라 하나님께서 인간에게 주신 이성을 활용하여 신구약의 역사, 문화적 배경과 신학적 관점까지 자세하게, 그리고 치열하게 공부할 것을 성도들에게 요구했습니다. 성경을 오해하는 자가 아니라 이해하는 자가 되기 위해서 우리는 베뢰아 사람들처럼 최선을 다해 성경을 공부해야 할 의무가 있다는 것입니다(베뢰아에 있는 사람들은 데살로니가에 있는 사람들보다 더 너그러워서 간절한 마음으로 말씀을 받고 이것이 그러한가 하여 날마다 성경을 상고하므로 행 17:11). 이를 통해 복음 속에 흐르는 하나님의 생명 사상을 알 수 있고, 말씀이 육신이 되신 그리스도의 속성을 이해할 수 있고, 그 속성을 따라서 의로운 사람으로서 이 시대의 소금과 빛의 역할을 할 수 있기 때문입니다.

또한 그리스도인이라면 하나님이 창조하신 천지자연과 하나님의 주권적 섭리의 역사 안에서 일어나는 국내외 시사와 각종 이슈에 대해서도 주인의식으로 늘 깨어서 살피고 반응해야 함을 강조하시며 설교 도입부에 시사 문제를 언급할 때가 많습니다. 하지만 지면 할애상 부득이하게 생략한 내용들도 있음을 참고해 주시기 바랍니다. 이제 독자 여러분들도 모두 베뢰아 사람들이 되어 박건한 목사님의 설교와 함께 말씀을 자세히 연구하는 기쁨을 누리시기 바랍니다.

코로나가 성행하던 시기에는 모두 비대면으로 예배가 진행되었습니다.

2023. 12. 29. 편집 책임자 박은경

목차

설교집 소개   4

1   사랑이 없으면 교만하다   10

빌립보서 2:5-11, 고린도전서 13:1-10

2   예수님처럼 사랑하자   24

요한복음 13:34-35, 14:12-15

3   예수님의 T. H. P(Teaching, Healing, Preaching)   37

창세기 1:27, 시편 97:1-3, 마태복음 20:24-28

4   정의의 관점에서 본 한국 기독교 역사   48

창세기 18:19, 이사야 33:15-16, 미가 6:8, 요한복음 2:13-18

5   동쪽으로 간 복음   60

시편 22:27-31, 마태복음 28:18-20, 사도행전 1:8

6   창세기 전체 구조 이해하기, 성경이 다른 신화와 다른 점은?   72

창세기 1:1-5, 창세기 5:1-32, 시편 19:1-14

7   그리스도와 함께 죽고 생각을 부활시키자   86

갈라디아서 2:20

8   주전 8세기 예언자들의 사회적 정의   98

이사야 56:1, 호세아 14:9, 아모스 5:24, 미가 6:6-8

9   아모스의 정의와 공평   110

아모스 5:1-15, 21-27

10   예수님과 수가성 여인과의 만남 1   122

요한복음 4:1-42

11 예수님과 수가성 여인과의 만남 2 136

요한복음 4:20-30

12 예수님과 수가성 여인과의 만남 3 148

요한복음 4:27-42

13 예수님과 수가성 여인과의 만남 4 158

요한복음 4:25-26

14 수가성 여인과 3대 종교 166

요한복음 4:21-42

15 다윗 범죄에 관한 역사서의 두 관점 180

사무엘하 11:1-27, 사무엘하 12:1-25, 역대상 20:1-8

16 선재하신 그리스도, 성육신하신 그리스도 198

요한복음 20:31

17 미가집의 우상과 레위지파 212

사사기 17:1-13

18 믿고 순종하면 하나님나라 백성이다 228

요한복음 9:1-7

19 옥중서신 속에 나타난 새사람 238

에베소서 4:22-24, 빌립보서 2:3-8, 골로새서 3:10-17

20 성경의 역사서를 이해하자 1 252

역대상 9:1

21 성경의 역사서를 이해하자 2 264

역대상 21:1-30

22 예수님의 제2표적 275

요한복음 4:46-54

23 성경의 역사서를 이해하자 3   285

    열왕기하 8:7-15

24 환난과 그의 대응에 관한 베드로의 권면   297

    베드로전서 5:13

25 다윗 왕의 균형감각   306

    사무엘하 21:1-14

26 바울의 기독론과 성경론   323

    디모데전서 3:16, 디모데후서 3:16-17

27 순례자의 삶을 살자   343

    시편 84:1-12

28 이사야서 설교를 시작하며 - 이사야서 강해 1   352

    이사야 1:1

29 하나님이 주관하시는 새로운 역사 - 이사야서 강해 2   366

    이사야 1:1

30 새 시대를 맞는 신앙인의 자세 - 이사야서 강해 3   379

    이사야 37:36

31 구원의 대리자 '왕' 문제 - 이사야서 강해 4   391

    이사야 32:1-8

32 성경의 공의 - 이사야서 강해 5   404

    이사야 32:1-20

33 멸망과 구원의 계시 - 이사야서 강해 6   415

    이사야 40:1-2

34 구원의 대리자로서의 '종'들 - 이사야서 강해 7   425

    이사야 56-66장

35 이사야서 통달로 의인이 되자 - 이사야서 강해 8   433

     이사야 1-12장

36 말씀은 이루어진다 - 이사야서 강해 9   443

     이사야 2:1-22

37 하나님만 믿으라 - 이사야서 강해 10   454

     이사야 3:1-12

38 열매 맺는 새사람으로 성장하자   464

     골로새서 3:10

39 팬데믹 사태 속 신앙인의 길 - 이사야서 강해 11   472

     이사야 1-4장

40 포도원 비유 - 이사야서 강해 12   479

     이사야 5:1-30

41 이사야의 소명 - 이사야서 강해 13   491

     이사야 6:1-13

42 임마누엘의 계시 - 이사야서 강해 14   504

     이사야 7:1-25

43 하나님의 경고를 무시하는 아하스 - 이사야서 강해 15   517

     이사야 8:1-22

44 심판 4중주 - 이사야서 강해 16   530

     이사야 9:1-21

45 위기 문제와 심판 4중주 - 이사야서 강해 17   543

     이사야 10:1-34

1

사랑이 없으면 교만하다

2018. 12. 30.

빌립보서 2:5-11, 고린도전서 13:1-10

빌 2:5-11 "너희 안에 이 마음을 품으라 곧 그리스도 예수의 마음이니 ○ 그는 근본 하나님의 본체시나 하나님과 동등됨을 취할 것으로 여기지 아니하시고 ○ 오히려 자기를 비워 종의 형체를 가지사 사람들과 같이 되셨고 ○ 사람의 모양으로 나타나사 자기를 낮추시고 죽기까지 복종하셨으니 곧 십자가에 죽으심이라 ○ 이러므로 하나님이 그를 지극히 높여 모든 이름 위에 뛰어난 이름을 주사 ○ 하늘에 있는 자들과 땅에 있는 자들과 땅 아래에 있는 자들로 모든 무릎을 예수의 이름에 꿇게 하시고 ○ 모든 입으로 예수 그리스도를 주라 시인하여 하나님 아버지께 영광을 돌리게 하셨느니라"

고전 13:1-10 "내가 사람의 방언과 천사의 말을 할지라도 사랑이 없으면 소리 나는 구리와 울리는 꽹과리가 되고 ○ 내가 예언하는 능력이 있어 모든 비밀과 모든 지식을 알고 또 산을 옮길 만한 모든 믿음이 있을지라도 사랑이 없으면 내가 아무 것도 아니요 ○ 내가 내게 있는 모든 것으로 구제하고 또 내 몸을 불사르게 내줄지라도 사랑이 없으면 내게 아무 유익이 없느니라 ○ 사랑은 오래 참고 사랑은 온유하며 시기하지 아니하며 사랑은 자랑하지 아니하며 교만하지 아니하며 ○ 무례히 행하지 아니하며 자기의 유익을 구하지 아니하며 성내지 아니하며 악한 것을 생각하지 아니하며 ○ 불의를 기뻐하지 아니하며 진리와 함께 기뻐하고 ○ 모든 것을 참으며 모든 것을 믿으며 모든 것을 바라며 모든 것을 견디느니라 ○ 사랑은 언제까지나 떨어지지 아니하되 예언도 폐하고 방언도 그치고 지식도 폐하리라 ○ 우리는 부분적으로 알고 부분적으로 예언하니 ○ 온전한 것이 올 때에는 부분적으로 하던 것이 폐하리라"

우리의 본질에는 사랑이 없다

오늘 본문은 설교하기가 참 어려운 내용입니다. 왜냐하면 우리 본질 속에는 사랑이 없기 때문입니다. 사랑이 없는데 사랑을 주제로 설교하기란 어려운 일입니다. 사랑으로 산다는 것은 우주적으로 어려워서 거의 불가능하다고까지 말할 수 있습니다.

우리가 항상 은혜받는 것은 예수님의 제자들이 불신자들이라는 점입니다. 불신자가 어떤지 예수님 앞에 확실히 보여 주었습니다. 그들은 예수님이 십자가에 죽으실 때까지 믿지 않았습니다. 수제자인 베드로도 오리발을 가지고 다니면서 시간만 있으면 오리발을 내밀었습니다.

하나님의 사랑이 커서 사랑과 초월과 말씀이 주어졌는데, 우리는 본질적으로 네안데르탈인 수준, 즉 원시인 수준입니다. 우리의 수준에 대해서 착각하지 말아야 합니다. 성경은 우리의 착각을 깹니다. 오늘도 착각을 한 번 더 깨기 위해 말씀을 전합니다.

오늘 전할 첫째 내용은 그리스도는 낮아졌는데 우리는 높아지는 삶이라는 것입니다. 높아지는 데만 시간을 계속 씁니다. 그래서 그리스도와의 접점이 없습니다. 예수님의 수제자들도 그분의 수난에 대해서 하나도 절절하게 생각지 않고 누가 대장이 되느냐고 의논하는 유전자 정보를 가지고 있습니다. 진리 보다 페이크(fake) 뉴스를 좋아하고, 말씀 보다 거짓을 더 좋아하는 우리의 유전자와 같습니다.

그다음 생각할 것은 교만입니다. 사랑이 없다면 교만합니다. 우리는 모두 교만합니다. 교만하지 않은 척하고 예의 바르게 속임수를 쓰니까 그렇지 사실 다 교만합니다. 차라리 나는 교만하다고 인정하는 것이 더 인간적입니다. 우리는 배신의 힘으로 삶을 사는 사람들입니다. 그것을 성경은 우리에게 끊임없이 말하고 있습니다.

케노시스 기독론

빌립보서는 사도바울의 옥중서신입니다. 그중에서는 그리스도론이라고 해서 기독론이 항상 있는데, 특히 빌립보서 2장 5-11절 말씀이 가장 유명합니다.

베뢰아 사람입니까

"너희 안에 이 마음을 품으라 곧 그리스도 예수의 마음이니 ○ 그는 근본 하나님의 본체시나 하나님과 동등됨을 취할 것으로 여기지 아니하시고 ○ 오히려 자기를 비워 종의 형체를 가지사 사람들과 같이 되셨고 ○ 사람의 모양으로 나타나사 자기를 낮추시고 죽기까지 복종하셨으니 곧 십자가에 죽으심이라 ○ 이러므로 하나님이 그를 지극히 높여 모든 이름 위에 뛰어난 이름을 주사 ○ 하늘에 있는 자들과 땅에 있는 자들과 땅 아래에 있는 자들로 모든 무릎을 예수의 이름에 꿇게 하시고 ○ 모든 입으로 예수 그리스도를 주라 시인하여 하나님 아버지께 영광을 돌리게 하셨느니라"

우리는 끊임없이 높아지는데, 그리스도는 일곱 단계로 낮아지셨습니다. 이것부터 우리와 다릅니다. 그러니 예수님과 만날 길이 없습니다. 평행적으로 나란합니다. 예수님과 만나는 것이 너무 어려우니까 '은혜'라는 단어를 씁니다. 하나님께서 주셔야 한다는 말입니다. 본질적으로 우리에게는 낮아짐도 없고 사랑도 없다는 것을 알고 편안한 마음을 가집시다. 우리는 원래 가룟 유다처럼 배신하는 사람들이고, 쓸데없이 남의 다리나 긁고 사는 사람들입니다.

고린도 교회의 형성 배경

바울은 지식이 가득 찬 생각으로 아테네의 아레오바고 언덕에서 설교하면서 에피쿠로스학파나 스토아학파나 많은 아테네 시민들이 자기 이야기를 들을 줄 알았습니다(사도행전 17장). 아레오바고 설교는 화려하고 아름다운 멋진 설교입니다. 그런데 설교를 끝내니 조롱하는 사람들과 한 번 더 들어 보자는 사람들이 섞여서 시끄럽기만 합니다. 결국 거기서 인기를 못 얻고 고린도로 갑니다.

고린도로 간 바울은 먹고살 것이 없으니 직업을 구해야 할 형편이었습니다. 그런데 유대 랍비들은 율법을 가르친 대가로 돈을 받지 않았으므로, 한 가지 이상의 기술을 습득해 생계를 해결하는 전통이 있었습니다. 바울은 천막을 만드는 기술을 배웠습니다.

마침 고린도에서 젊은 부부가 천막을 짜고 있었는데, 그들이 바로 브리스가와 아굴라 부부입니다. 거기서 이 부부와 바울이 같이 천막을 짜고 일했습니다. 그 당시 고린도에 유명한 체육대회가 있어서 천막이 계속 필요했던 관계로 천막 짜는 일은 돈을 벌 수 있는 직업이었습니다. 사도 바울은 '이 부부에게 복음을 가르치자.'라고 생각해서 구약을 가르치면서 예수를 가르쳤습니다. 두 사람도 로마의 글라우디우스 황제가 유대인 추방령을 내려서 할 수 없이 고린도에 쫓겨 와 있는 형편이었습니다.

바울이 이들에게 성경을 가르치는 상황을 드라마틱하게 재구성해 보면, 대머리의 못난 영감님이 성경을 가르치는데 속된 말로 끝내줍니다. 그래서 "천막 짜는 집에 영감님 한 분이 왔는데 성경을 끝내주게 잘 가르쳐 준다."라는 소문이 났고, 한두 사람씩 모이기 시작했습니다. 그렇게 모여서 이루어진 교회가 고린도 교회입니다.

고린도 교회의 상황

바울은 2년 동안 고린도 교회를 개척해서 사람들을 모아 가르친 후에 다시 에베소로 갔습니다. 고린도 교회를 위해 매일 기도하면서 교회가 잘되고 있겠지 싶었는데, 각파로 나뉘어 모이기만 하면 싸운다는 소식을 듣고 바울은 실망을 금치 못했습니다. 그래서 고린도 교회에 보내는 편지를 썼는데, 이 서신이 고린도전서입니다.

고린도 교회의 다툼의 내용이 12가지나 됩니다. 싸움의 내용 중 "나는 바울파", "나는 아볼로파", "나는 게바파", "나는 그리스도파" 등으로 갈라져 싸우는 파벌 문제에 대해서 먼저 이야기를 합니다. "그리스도는 한 분밖에 없다. 바울이 너희를 위해 십자가에 못 박혔느냐? 너희가 바울에게 세례를 받았느냐? 나 또한 두 사람 외에는 세례를 준 사람이 없다. 그런데 왜 그리 싸우느냐?"라고 꾸중을 합니다. 한편 고린도후서는 그 사람들이 회개했기 때문에 위로와 부드러움의 말로 가득 찼습니다. 하지만 고린도전서에서는 계속 꾸중합니다.

고린도는 홍콩처럼 바다를 끼고 있는 로마 제국의 아주 큰 도시로서 로마와 그리스 문화가 복합된 곳이었습니다. 연안 국가들의 해상 교통과 무역 중심지였기 때문에 고린도는 상당히 번영을 누리는 도시였고, 따라서 고린도 교회 사람들은 아주 부자였습니다. 고린도인들은 그리스 문화의 특징답게 지식과 능력을 추구했습니다. 능력이 있어야 돈을 잘 번다고 생각했습니다. 능력 중에서도 웅변술이 인기였습니다.

또한 고린도는 성적으로 매우 혼탁한 곳이었습니다. 배로 오가는 사람들을 대상으로 신전에서 창녀 장사를 했고, 미동(美童, 남성 창기)까지 있어 동성애의 중심지가 되었습니다. 이렇듯 성(性)이 문란한 고린도라서 사랑이라는 것이 엄청 오해가 되었습니다.

고린도전서 12-15장 기초

그래서 바울이 편지할 때 사랑은 어떤 것이고, 능력은 어떤 것인가를 말합니다. 고린도전서 12장에서는 9가지 은사와 능력에 대해 말하며, 14장에서는 예언하는 능력에 대해 말합니다. 고린도인들은 그리스적인데, 그리스적인 사람은 신앙이 없습니다. 어떻게든지 웅변을 잘하고, 남보다더 똑똑해야 합니다. 고린도교인들 역시 그러했는데, 방언으로 이야기하면 똑똑해 보이니 방언을 서로 연습할 정도였습니다. 그래서 바울은 방언에 대해서 "통역 없는 방언은 하지 마라. 혼자 골방에 앉아서 해라."고합니다. 방언은 반드시 통역의 은사가 있어야 합니다. 무슨 말을 하는지알아야 하기 때문입니다. 그에 대한 내용이 고린도전서 12-14장입니다. 마지막 15장에서는 부활하신 예수님의 소개를 극적으로 하고 있습니다.

사랑에 대한 오해

고전 13:1-3 "내가 사람의 방언과 천사의 말을 할지라도 사랑이 없으면 소리 나는 구리와 울리는 꽹과리가 되고 ○ 내가 예언하는 능력이 있어 모든 비밀과 모든 지식을 알고 또 산을옮길 만한 모든 믿음이 있을지라도 사랑이 없으면 내가 아무것도 아니요 ○ 내가 내게 있는 모든 것으로 구제하고 또 내

16

몸을 불사르게 내줄지라도 사랑이 없으면 내게 아무 유익이
없느니라"

　고린도전서 13장의 '사랑장' 중 1-3절은 사랑을 오해하는 것에 대해서
말하고 있습니다. 고린도 교회가 사랑 없이 하는 짓거리들에 대해 바울
이 기도하고 성령 안에서 이 말씀을 하는 것입니다. 방언과 천사의 말을
하며 똑똑한 것처럼 웅변해도 사랑 없이 하면 무슨 소용이냐고 합니다.
예언도 마구 했는데, 예를 들면 "몇 년 후에 지진이 날 것이다."라는 식으
로 구체적으로 했습니다. 그래야 그 사람이 똑똑해 보이는 것입니다. 요
즘 우리나라에도 유튜브를 통해 밉상 짓을 하며 이름을 내는 방법이 있
습니다. 정치적으로 천하에 밉상인 말을 하는데 인기가 올라가고 있습니
다. 고린도 교회와 한국의 현 상황이 아주 비슷합니다.
　하나님의 사랑을 말하니까 물타기로 인간의 남녀 사랑에 빗대어 이성
적인 사랑을 탐닉했습니다. 그래서 바울이 "너희가 사랑이라는 말을 오
해했다. 남자 여자의 성적인 사랑인 에로스가 아니고, 진정한 사랑은 하
나님의 사랑이다."라고 합니다. 하나님의 사랑은 무조건적 사랑, 아가페
사랑입니다. 원문에는 모두 아가페로 되어 있습니다.

자랑-교만-무례의 관계

핵심 주제는 4절부터입니다.

　고전 13:4-7 "사랑은 오래 참고 사랑은 온유하며 시기하지 아

니하며 사랑은 자랑하지 아니하며 교만하지 아니하며 ○ 무
례히 행하지 아니하며 자기의 유익을 구하지 아니하며 성내
지 아니하며 악한 것을 생각하지 아니하며 ○ 불의를 기뻐하
지 아니하며 진리와 함께 기뻐하고 ○ 모든 것을 참으며 모든
것을 믿으며 모든 것을 바라며 모든 것을 견디느니라"

사랑은 교만하지 않습니다. 그런데 우리 인간은 본질적으로 다 교만합
니다. 교만하지 않은 사람은 사랑 안에서 또 어떤 사람인지 앞뒤 단어를
잘 봐야 합니다. 이것을 경제학 용어로 전후방 연쇄 효과라고 합니다. 하
나가 좋아지면 앞뒤로 다 좋아지는 것입니다. 사랑에 대한 전체 내용의
앞과 뒤를 연결하는 것이 교만이란 단어입니다.

교만이란 단어를 바울이 쓸 때, 교만의 첫째 단계는 자랑하는 단계입
니다. 자기 자랑이 제일 먼저이고, 결혼하면 부인 자랑, 남편 자랑하다가
자식이 머리가 좋거나 돈이 있거나 뭐든 하나라도 잘되면 바로 자랑합니
다. 어떤 식으로든지 자랑하려고 모두가 혼이 빠질 정도입니다. 이게 정
상이긴 하지만 큰일입니다. 저도 자랑하고 싶으면 연구를 많이 합니다.
예수님 자랑하고 싶은데 쉽지 않습니다. 우리는 그리스도를 자랑하도록
부름 받았습니다. 그런데 그것이 안 됩니다. 안 된다는 것을 정말 깊이 느
껴야 합니다. 예수님의 제자들은 부활한 주님을 보고서야 정신 차렸는
데, 우리는 그 제자들을 보면서 정신 차려야 합니다.

사랑은 자랑하지 않습니다. 그리고 교만하지 않고 무례하게 행동하지
않습니다. 교만하면 자랑하다가 뒤에 가서 무례히 행합니다. 남이야 어
떻든지 말든지 생각하지 않습니다. 옛날에는 예의라도 차렸는데 지금은

베뢰아 사람입니까

거의 예의도 없습니다. 자기만 이야기하는 것을 자아폭발이라고 하는데, 이 시대가 자아폭발의 시대가 되어 자기만 잘되면 그만이고 자기 가족만 잘되면 된다는 개인 이기주의, 가족 이기주의가 팽배합니다.

사랑이 없으면 다 교만해서 모이면 모두가 자랑질만 합니다. 한 사람이 자기 자랑을 길게 하면 욕합니다. 그러다 그 사람의 자랑이 끝나면 바로 받아서 자기 경험과 지식을 자랑합니다. 바울은 이에 대해 성령 안에서 통찰력으로 깊이 이야기합니다. "교만하지 않다고? 그런데 왜 자랑하지? 자기 이익만 구하면서 교만하지 않다고?"라고 편지에서 말하고 있습니다.

우리 모두가 본질적으로 자랑하는 사람, 본질적으로 교만한 사람, 본질적으로 불신자임을 편안히 받아들입시다. 예수님의 제자들도 그랬는데 제자들보다 더 나으려고 하면 안 됩니다. 우리도 어려우면 베드로나 가룟 유다처럼 오리발 내밀고 예수님 배신할 사람들입니다. 예수님도 기도하시고 가룟 유다를 제자로 선택했는데 그가 배신할 것을 모르고 선택하셨겠습니까? 그것도 하나님 뜻입니다.

영심신의 교만

본문 말씀을 통하여 생활 속에서 나타나는 세 가지 교만을 생각해 봅시다.

첫째, 영적인 교만입니다. 영적으로 교만하면 자기는 신앙을 아주 잘하고 남은 자기보다 신앙심이 못하다고 생각합니다. 인간은 구원 여부를 판단할 수 없는데, 자기만 잘 믿고 자기만 구원받는다고 하는 소위 '배타적 구원관'을 갖습니다. 어렵고 척박한 환경에서 자라면 인간은 자기중심적이 되어 자기 외에는 다 형편없게 생각합니다. 이는 어쩔 수 없습니다. 그러나 자신이 이런 사람이라는 것은 알고 있어야 합니다.

시온산 교회도 일제 강점기 때 영적으로 승리했다는 것 때문에 교만하고 무식합니다. 저의 선친인 박동기 목사님이 일본 제국과 영적 투쟁을 하고 해방 후에 경주로 오니까 16군데서 이단이라고 공격했습니다. 그러니 2세들이 사회에서 살아남을 수가 없습니다. 그래서 제가 정ㅇㅇ 장로님과 16군데를 2년 동안 찾아다니면서 오해를 풀고 이단의 오명을 벗었는데 막상 교회에 오니 2세들이 교회를 다 떠나 버렸습니다. 아버지가 투쟁하느라 감옥에 갔다 오니 자식들이 먹고살려고 자기 갈 길로 다 가 버린 것입니다. 그러나 교회에 사람이 적더라도 그리스도 안에서 필요한 사람, 정의롭고 싶은 사람, 이 교회에서 가르치는 말씀이 본질적으로 옳다는 사람만 모여야 합니다. 그것이 아주 중요합니다.

영적으로 우리 자신을 돌아봐야 합니다. 나는, 내 가정은, 우리 교회는 영적으로 오만하지 않은지 돌아봐야 합니다. 기도하고 예배드리고 헌금을 하는 것은 종교행위입니다. 종교행위를 하는 것으로 자기가 아주 잘 믿는 것으로 착각하지 맙시다. 예수님께서 "나더러 주여 주여 하는 자마다 다 천국에 들어갈 것이 아니요 다만 하늘에 계신 내 아버지의 뜻대로 행하는 자라야 들어가리라(마 7:21)"고 말씀하셨습니다.

둘째, 마음의 교만입니다. 모든 교만의 뿌리는 마음에 있습니다. 그래서 우리 마음이 자기 자랑으로 가득 차 있는 것입니다.

렘 9:23 "여호와께서 이와 같이 말씀하시되 지혜로운 자는 그의 지혜를 자랑하지 말라 용사는 그의 용맹을 자랑하지 말라 부자는 그의 부함을 자랑하지 말라"

예레미야가 이 말씀을 전할 때 유대 나라는 총체적인 부정부패와 적폐에 사로잡혀 있었습니다. 지식 있으면 지식 자랑하고, 지혜 있으면 지혜 자랑하고, 돈 있으면 돈 자랑하면서 생색을 냈습니다.

마음의 교만의 제일 핵심은 부에 대한 자랑입니다. 힘들게 고생해서 돈을 벌 때는 어떻게든 아껴야 합니다. 그렇게 아껴서 어느 정도 부를 이루면 그다음에는 베풀어야 합니다. 그때는 아끼면 안 됩니다. 벌 때가 있고 쓸 때가 있고 나눌 때가 있습니다. 그런데 마음이 오만해져 있으면 지금이 아낄 때인지, 나눌 때인지 구분을 못 합니다. 이것을 모르고 지키지 않으면 정말 불행해집니다.

당시 유대인들도 하나님이 축복해서 부자가 되었는데 성전의 제물로 소 대신 비둘기를 잡는 사람들이 많았습니다. 소 잡아야 할 사람이 비둘기를 잡으러 다니는 것은 도둑심보입니다. 참 부자는 아낄 것은 반드시 아끼고 나눌 것은 아주 풍성하게 나눕니다. 이런 사람이 진정한 부자입니다. 우리 교회도 형편이 좋은 것은 아니지만 해마다 쪽방촌 사람들에게 연탄을 보내고 있습니다.

또한 돈은 고생한 사람과 반드시 공평하게 나눠야 합니다. 자식들이 있으면 자식들과 의논해서 똑같이 나눠야 합니다. 자식도 누구를 편애해서 그에게만 재산을 몰아주어서는 안 됩니다. 야곱은 요셉만 편애해서 "요셉, 요셉" 하다가 하나님이 요셉을 빼앗아 버렸습니다. 나중에 야곱은 파라오 앞에 서서 "내가 험악한 세월을 보내었나이다."라고 했습니다. 온갖 고생을 다 한 야곱인데, 이것이 우리 부모의 모습입니다. 엄마들은 대체로 아들을 편애해서 심지어 아들과 통장도 같이 쓰는 경우도 있습니다. "아들, 아들" 하다가 그 아들 때문에 속상하고, 어느 자식을 편애했다가 그 자식 때문에 속상한 일을 당하는 경우가 많습니다. 편애하지 말고 특히 재산은 맏이부터 똑같이 나눠야 합니다.

과거에 어려웠다가 부자가 된 사람은 어려움을 반드시 기억해서 현재의 부를 자랑하지 말아야 합니다. 바닥을 치면서 온갖 고생하고 부를 이룬 것을 자식에게 가르쳐야 합니다. 안 가르치면 아버지가 죽어라 고생해서 이루어 놓은 재산을 자식들은 금수저로 크면서 칠락팔락 다 써버립니다. 돈에 대한 훈련을 제대로 안 시키면 정말 불행해집니다.

셋째, 몸에 대한 교만이 있습니다. 내가 학벌이 어느 정도다. 나는 키도 크고 인물이 좋다는 식의 외모에 대한 교만입니다. 요즘 남자들에게는 최고의 로망이 꽃미남입니다. 옛날에는 꽃미남들을 기생오라비라고 했는데, 요즘은 꽃미남이 인기입니다. 이런 육에 대한 자랑은 자랑할 것을 찾다 찾다 마지막까지 다 찾는 형태인데, 외모에 대한 지대한 관심으로 한국에서는 성형수술이 성황입니다.

맺는말

오늘 우리는 영심신의 교만을 생각해 보았습니다. 본질적으로 우리는 교만한 사람들이라는 것을 인정하고, 결과적으로 열매만 챙기려는 불한당 같은 마음에 대해서 교육을 해야 합니다. 그것이 우리의 사명입니다. 태생적인 교만함을 극복하려면 예수 그리스도의 십자가의 죽으신 사랑

베뢰아 사람입니까

과 그의 피 흘리심에 대해 깊이 묵상하면서 그의 마음과 아픔을 받아들여야 합니다. 그때 드디어 믿는 사람이 되고 사랑의 마음이 생깁니다. 그리고 교만하지 않는 사람이 됩니다. 원래 "저는 교만하지 않습니다."라고 하는 사람이 가장 교만합니다.

그리스도처럼 마음을 낮춥시다. 예수님은 사랑이십니다. 하나님은 사랑이십니다. 낮추는 마음이 사랑의 마음입니다. 낮추는 마음으로 교만을 극복할 수 있습니다. 사랑이 없으면 다 교만합니다. 어떻게든지 생명을 사랑합시다. 풀 한 포기 나무 한 그루도 사랑해야 자연이 보존되고 모든 것이 좋아집니다. 내년부터는 예수님의 십자가와 부활 안에서 사랑하는 자가 되어서 예수님의 제자로서 살기를 바랍니다.

2

예수님처럼 사랑하자

2019. 1. 13.

요한복음 13:34-35, 14:12-15

요 13:34-35 "새 계명을 너희에게 주노니 서로 사랑하라 내가 너희를 사랑한 것 같이 너희도 서로 사랑하라 ○ 너희가 서로 사랑하면 이로써 모든 사람이 너희가 내 제자인 줄 알리라"

요 14:12-15 "내가 진실로 진실로 너희에게 이르노니 나를 믿는 자는 내가 하는 일을 그도 할 것이요 또한 그보다 큰 일도 하리니 이는 내가 아버지께로 감이라 ○ 너희가 내 이름으로 무엇을 구하든지 내가 행하리니 이는 아버지로 하여금 아들로 말미암아 영광을 받으시게 하려 함이라 ○ 내 이름으로 무엇이든지 내게 구하면 내가 행하리라 ○ 너희가 나를 사랑하면 나의 계명을 지키리라"

예수님이 세상을 이기셨고, 우리가 그 세상을 살고 있습니다. 이것은 마치 신나게 이긴 축구 경기를 뒤에 다시 보는 것과 같습니다. 아무리 위험해도, 선수 한두 명 못 해도 괜찮습니다. 경기에 이겼다는 것을 이미 알고 있기 때문입니다. 이처럼 예수님이 이기신 세상을 살고 있는데 우리는 그것을 모르고 힘든 삶을 살고 있습니다. 예수님이 세상을 이기셨다는 것을 믿어야 세상 살맛이 납니다. 그런 사람이 천국에 갑니다.

시사 문제 - 김정은의 3대 딜레마

아이스 브레이킹[1] 형식으로 요즘 이슈인 시사 문제를 먼저 짚고 설교로 들어가겠습니다.

북한의 김정은이 생일을 기념해서 중국에 갔습니다. 1년에 4번이나 중국을 갔는데, 얼마나 위급했으면 4번이나 가서 중국과 쑥덕거렸을까요. 이번에도 중국에 간 목적은 김정은이 아무렇지 않은 척해도 실제로는 너무나 위기 속에 있기 때문입니다. 크게 세 가지의 문제가 있는데, 이것을 '김정은 3대 딜레마'라 합니다.

첫째, 체제 문제입니다. 나라를 발전시키기 위해 개방 개혁을 하려니 왕조 체제를 버려야 하는 딜레마가 있습니다. 할아버지인 김일성부터 폐쇄적 구조로 왕조 체제를 유지했고, 그것을 계속 유지해야 김정은 일가가 계속 집권할 수 있습니다. 사실 김정은은 지금 북한에서 왕입니다. 그런데 가장 곤란하고 어려운 것이 개방 개혁은 해야겠는데, 그러면 왕조가 없어지고 자기도 언제 목이 떨어질지 모른다는 점입니다. 개방 개혁의

---

1 새로운 사람을 만났을 때에 어색하고 서먹서먹한 분위기를 깨뜨리는 일. - 네이버 국어사전.

대가로 왕조가 무너질 것을 각오할 수 있겠는가 하는 것인데, 거의 불가능하다고 생각됩니다.

둘째, 경제 문제입니다. 핵무기를 비핵화해야 미국과 유엔 등 서방 세계가 도와준다고 하는데, 사실 비핵화할 생각도 없고 그렇다고 비핵화를 하지 않으면 미국을 위시해서 세계가 그냥 안 둘 것 같으니 고민이 많습니다. 그럼 경제를 위해 이란, 이라크에 핵무기를 팔면 어떨까 싶지만 그 정보를 이스라엘이 알고 "팔기만 해 봐라." 하고 있습니다. 1972년에 열린 뮌헨 올림픽에서 이스라엘 선수 등 11명이 '검은 9월단'이라는 팔레스타인 조직에 의해 테러를 당한 사건이 있었습니다. 이스라엘 최고의 정보기관으로 꼽히는 모사드는 보복 작전을 벌여 수년 동안 추적하면서 관련자들을 암살했습니다. 그런 이스라엘이 북한에게 "핵을 팔려고 하면 우리에게 전쟁을 선포하는 것과 마찬가지이니 끝장내겠다."고 합니다. 그러니 팔지도 못하고, 가지고 있으려니 숨길 곳도 없습니다. 경제정책은 해야 하는데 돈이 없고, 돈을 마련하려고 핵무기를 팔려니 이스라엘이 나서는 참 곤란한 상황 속에 있습니다.

셋째, 군사 문제입니다. 북한은 선군 정치라고 해서 군대를 앞세운 정치를 해 왔습니다. 군대에 가서 출세하는 것입니다. 그런데 군대는 적이 있어야 유지되는 조직입니다. 지금까지 미 제국주의를 적으로 상정해서 훈련했기 때문에 늙어서도 전쟁밖에 모릅니다. 만약 전쟁을 안 하겠다고 하면 언제 쿠데타가 일어날지도 모르는 상황입니다.

김정은이 시진핑에게 가서 사회주의 혁명을 한번 해 보자고 하니, 시진핑도 무역전쟁 때문에 미국을 겁내고 있습니다. 미국을 움직이는 데 중국을 지렛대로 삼으려고 했지만 받침이 부서졌습니다. 이것이 현재 김정은의 딜레마입니다. 국제 시사에 대해 깨어 있음은 신앙생활에 있어서 아주 중요한 부분입니다.

다락방 강화의 두 가지 메시지

요한복음 13-17장은 예수님의 유언의 말씀입니다. 부드럽게 다락방 강화라고 하지만 죽기 전에 제자들에게 마지막으로 하신 말씀입니다. 사람도 죽기 전에 한 유언은 "우리 부모님이 돌아가시기 전에 이렇게 말했습니다."라고 자식들이 다 기억합니다.

13장 이후의 예수님 말씀의 핵심은 크게 두 가지입니다. 첫째, "서로 사랑하라." 둘째, "보혜사 성령께서 오실 것이다. 그러면 그분께서 모든 진리로 너희를 인도하실 것이다. 또한 장래 일을 말하며 내 영광을 나타내실 것이다." 이 두 가지가 핵심입니다.

12장에서는 예수님께서 나자로 집에 다시 가시고, 마리아가 예수님께 향유를 부으며 대관식을 하는 장면이 나옵니다. 그리고 13장에서 제자들의 발을 씻기신 다음 사랑의 말씀을 하셨고, 14장에서 보혜사 성령이 오실 것을 약속하셨습니다.

사랑 없는 삶의 결과

서로 사랑하는 방법은 "내가 너희를 사랑한 것같이"입니다. 오늘 설교에서 핵심으로 풀어야 할 것이 '예수님은 어떻게 제자들을 사랑하셨고 우리를 사랑하셨나.' 하는 것입니다. 우리는 예수님의 이 마지막 유언의 말씀에 대해서 어떻게 응답할 것인가 생각해 봐야 합니다. 그래서 이 말씀이 엄청 어렵습니다. 인간의 본질과 실존적 삶 속에는 사랑도 없고 용서도 없고 이해도 없기 때문입니다. 오직 자기 자신만 있을 뿐입니다. 성경은 이것을 '타락'이라고 정리해 두었습니다.

사랑도 없고 이해도 없고 용서도 없고 자기 자랑만 하는 존재가 어떻게 사랑해서 삶을 성공시킬 것인가에 대해 이것은 어떤 이론으로 되는 것이 아니라 성령 하나님께서 오셔야 한다는 것을 예수님이 말씀하고 계십니다. 그런데 많은 사람들이 본질적으로 사랑이 없다는 것을 모르니까 거짓된 삶을 삽니다. 얼마나 거짓된 삶을 사는지 스스로 모릅니다. 이런 사람은 무엇을 하더라도 실패합니다. 본질도 모르고 자기가 아주 잘할 수 있을 것이라 생각하지만 세상은 그렇지 않습니다.

'사랑 없이 뭐든지 해도 된다. 교회도 지어라. 많이 모여라. 헌금해라. 모여서 은혜니 사랑이니 하는 말들을 해라. 그러나 진짜 사랑만은 하지 마라.'고 사탄이 전략을 세웠습니다. 이것이 사탄의 전략인 줄 모르니 교회에 열심히 십일조 해서 교회 외관도 화려하고, 감동 받아서 풀쩍풀쩍 뛰고 방언도 합니다. 그런데 사랑이 없습니다. 결국 말짱 황입니다.

그런데 우리는 우리에게 본질적으로 사랑이 없음을 모르니까 어떤 사람의 말이 거짓말인지 진짜인지 구분도 못 합니다. 천사의 말을 하고 산을 옮길 만한 믿음이 있을지라도 사랑이 없으면 아무것도 아니라고 성경에서 분명히 말씀하고 있는데, 사람들은 그런 사람들에게 열광하며 모입니다. 하나님께서 가짜들을 다 모아서 망하게 하는 것이 소위 '부흥'일 수 있습니다. 잘못하면 그렇게 됩니다. 내가 하는 일이 잘되면 '그럼 그렇지. 내가 복이 있지.'라고 생각합니다만, 믿는 사람이 이런 것에 대한 의식이

베뢰아 사람입니까

없다면 그게 망하는 길입니다.

우리는 예수님의 참다운 사랑을 마음에 품고 사는지에 대한 고민이 없습니다. '내가 사랑이 없는 사람이구나. 남에 대한 이해도 전혀 없고 내 자랑밖에 하지 않는 사람이구나.' 하는 고민 말입니다. 그러니 하는 일마다 끝에 가면 헛것입니다. 인생의 삶을 또 턴(turn)해야 하는 것입니다. 10년 살고 나서 '잘못 살았구나.' 싶고, 20년 살고 나서 "에이. 또 잘못 살았다." 싶은 생각이 들어도 이미 늦었습니다.

신앙의 시작은 서로 사랑하는 것

신앙은 사랑에서 출발하고 사랑에서 끝나야 합니다. 신앙을 해도 사랑이 없으면 가짜입니다. 페이크 러브입니다. 이 사랑 없음에 대해서 깊이 생각하는 사람을 신앙인이라고 합니다. 그래야 성경을 이해할 수 있고 예수님의 삶을 똑바로 알 수 있습니다. 사랑 없이 몸을 불살라도 안 됩니다. 순교하고, 신사참배 동방요배를 반대하는 투쟁을 했어도 진정한 사랑이 없으면 도루묵입니다. 우리 시온산 교회만 하더라도 영적 투쟁을 열심히 했지만 그 후에 사랑이 없어서 교만해졌습니다. 세상 교회는 신사참배를 했기 때문에 할 말이 없습니다. 그러니 모여서 "사랑, 사랑" 하면서 사람 수나 많이 채우고 있는 것입니다. 그것이 본회퍼가 말한 '값싼 은혜'입니다.

믿는 사람의 가장 중요한 첫 번째 도전이 서로 사랑하는 것입니다. 일방적인 사랑은 곤란합니다. 가부장제에서 부모만 자식을 사랑해서 금이야 옥이야 하며 고생도 안 시키고 키워서 세상에 내놓으니, 그렇게 키워진 자식들은 세상에서 좌충우돌하며 집에 있는 것을 다 팔아 먹습니다. 금수저로 키워진 자식들은 세상을 모릅니다. 자기 부모가 주는 것만 세상인 줄 압니다. 세상은 톱니 날과 같습니다. 조금만 잘못하면 바로 떨어집니다. 그래서 과정에 도전시켜야 하는데, 부모가 잘못 생각하면 자식을 결과에 도전시킵니다. "너 고생할 것 없다. 내가 해 줄게."라는 말은 곧 "얘야 빨리 망해라."는 말과 같습니다. 자식에 대한 부모의 이런 사랑은 잘못된 사랑입니다.

사랑은 계명이다

내가 새 계명을 준다고 하셨듯이 사랑은 계명입니다. 계명은 반드시 지켜야 할 하나님의 말씀입니다.

> 마 22:37-40 "예수께서 이르시되 네 마음을 다하고 목숨을 다하고 뜻을 다하여 주 너의 하나님을 사랑하라 하셨으니 ○ 이것이 크고 첫째 되는 계명이요 ○ 둘째도 그와 같으니 네 이웃을 네 자신 같이 사랑하라 하셨으니 ○ 이 두 계명이 온 율법과 선지자의 강령이니라"

율법의 도사인 랍비가 예수님이 구약을 똑바로 아시는지 시험하러 왔습니다. "구약에서 최고의 계명이 무엇입니까?"라고 하니 예수님께서 신명기 6장 5절로 대답하셨습니다. 마태복음 22장 37절의 "네 마음을 다하고 목숨을 다하고 뜻을 다하여 주 너의 하나님을 사랑하라."는 말씀이 그

베뢰아 사람입니까

것입니다. 그런데 39절에 이어지는 "네 이웃을 네 자신 같이 사랑하라."는 말씀은 신명기 6장이 아니라 레위기서 19장 말씀을 연결시킨 말씀입니다. 그러니 그 랍비도 깜짝 놀랐습니다. 신명기 6장 5절은 누구나 압니다. 그러니 어느 정도 예상할 수 있는 답이지만, 레위기 19장 18절(네 이웃 사랑하기를 네 자신과 같이 사랑하라)을 연결할 줄은 몰랐기 때문에 랍비가 놀란 것입니다.

하나님 사랑은 이웃 사랑과 동격

예수님은 하나님 사랑과 이웃 사랑이 똑같다고 말씀하십니다. 이웃을 사랑하는 자가 하나님을 사랑하는 자이고, 하나님을 사랑하는 자가 이웃을 사랑하는 자입니다. 하나님만 사랑하고 이웃은 모르겠다는 것은 하나님을 사랑하지 않는 것입니다. 제1차 이웃이 우리 교회 안에서 함께 신앙하는 사람입니다. 여기서 지구 끝까지 갔다가 돌아오면 바로 이 자리입니다. 내 옆에 있는 사람이 내 이웃입니다. 그래서 "네 이웃을 네 몸과 같이 사랑하라"가 연결되어 있습니다. 하나만 지키면 가짜입니다. "나는 반 지켰으니 50% 사랑하는 것이다."라는 것은 가짜입니다. "이웃을 사랑하는 것을 보니 네가 하나님을 사랑하는 줄 알겠다."라는 인정을 받아야 합니다. 교회 안에서 어려운 분들이 첫째 이웃입니다.

제2차 이웃은 지역 사회의 어려운 사람들입니다. 방송을 보면 아프리카에 있는 아이들의 어려운 장면을 보이면서 기부를 독려하고 있습니다. 연예인이나 유명인들이 거기서 봉사하고 아이들을 돌보고 있는 모습을 기사에 크게 내어줍니다. 예전에는 불우이웃 돕기 중계도 하고 돈을 넣

는 것도 보여 주었습니다. 하지만 자기 이름을 내고 보여 주기 식의 사랑
은 진정한 사랑이 아니므로 아무리 해도 필요 없습니다.

신앙인의 자세

"하나님을 사랑하고 네 이웃을 네 몸과 같이 사랑하라."는 말씀을 믿는
사람은 항상 마음에 두어야 합니다. 가짜 사랑을 우리 삶과 가족 속에서
몰아내야 합니다. 우리가 남을 볼 때 사랑의 계명이 생각나야 합니다. 또
한 황금률이 생각나야 합니다. 대접받고 싶을 때 주님께서 먼저 대접하
라고 하셨습니다. 내가 대접하기 싫으면 대접받을 것을 포기해야 합니
다. 누구든지 대접받고 싶은 것이 본질인데, 자기는 대접도 안 하면서 남
에게 대접받으려는 것은 엄청난 모순입니다. 내가 나이 들었으니 대접해
달라는 것도 통하지 않습니다.

MZ세대는 1980-2005년 사이에 태어난 세대를 말하는데, 요즘은 주로
20대의 젊은이들을 통칭하는 용어로 쓰입니다. 이 세대는 특히 황금률에
민감합니다. 기사에서 본 내용인데, 미리 학생들에게 공지하지 않고 학교
사정으로 휴강을 하자 교수 연구소에 몰려와서 택시비를 요구했다고 합
니다. 또 어떤 교수는 책을 정해서 그 책으로 강의한다고 했는데, 새 책이
나와서 책을 바꾸라고 하자 학생들이 책값을 물려달라고 요구했다고 합
니다. 세대가 바뀌었습니다. 우리는 이 세대에 대해서 잘 알아야 합니다.

다른 사람을 대할 때 예수님의 계명이 생각나야 하나님의 사람이라고
할 수 있습니다. "어떻게 하면 내 자랑할꼬, 어떻게 하면 대접받을꼬, 어
떻게 하면 갑질을 해 볼꼬."라는 마음을 가지기 쉽습니다. 인간은 누구나

남에게 갑질하고 싶은 본능이 있습니다. 요즘 갑질 때문에 망하는 기업들이 있습니다. 생명에 대한, 존재에 대한 사랑이 없어서 그렇습니다. 하나님이 네 이웃을 네 몸과 같이 사랑하라고 하신 말씀은 생명을 사랑하라는 뜻입니다. 존재 자체에 대한 사랑입니다.

'하나님이 당신을 창조하셨고 주님이 당신을 위해 십자가에 죽으셨습니다. 그래서 당신과 나는 동격입니다.'라고 생각하는 사람이 믿는 사람입니다. 학벌 좋고 좋은 직업을 가진 사람들과 친하고 싶어 하고 돈 있으면 그 앞에서 굽실거리는 사람들은 요즘 말로 전부 씨레기들입니다.

한국에 교회가 6만여 개이고 서울 인구의 20%가 기독교인입니다. 그런데 서울이 문제가 많다는 것은 교회가 앞장서서 골이 비었다는 뜻입니다. 생명을 사랑하지 않습니다. 그러니까 거짓말이 난무합니다. 스펙이 어떠니, 돈이 어떠니 전부 이런 내용뿐입니다. 우리는 믿는 사람입니다. 믿는 사람은 생명을 봐야 합니다. 존재 자체를 봐야 합니다. 예수님은 우리를 위해 십자가에 죽으셨습니다. 본인을 낮추어서 니고데모와 수가성 여인 등 많은 사람들과 대화하셨습니다. 제자들에게 꿇어앉아서 발을 씻기셨습니다.

주님이 수가성 여인과의 대화를 통해 단계적으로 사랑으로 끌어올리는 것을 보십시오. 주님은 대화를 하시는데 우리는 모이면 말을 합니다. 말은 자기 자랑 하는 것입니다. 자기 자랑 실컷 하고 나면 그다음 사람이 이어서 자기 자랑 하고, 그러다 보면 시간이 다 지나갑니다. 대화가 안 됩니다.

요즘은 소통도 끼리끼리 합니다. 돈 없는 사람은 없는 사람끼리, 있는 사람은 있는 사람끼리 합니다. 그러나 우리는 주님처럼 낮추고 대화해야 합니다. 아이들 교육도 눈높이 맞추기입니다. 눈높이에 맞춰서 "해 주겠니?"라고 하면 모를까 수직적으로 이래라 저래라 하면 모범도 안 되고 초등학생조차 말을 하나도 듣지 않습니다.

서로 사랑하는 것이 중요합니다. 다른 사람의 사랑만 기다리지 말고 내가 다른 사람을 사랑하는 것이 중요하다는 말입니다. 그렇지 않으면 왕따가 되어 세상에서 살아갈 수가 없습니다. 우리는 예수님처럼 물 위를 걸을 수도 없고 물로 포도주도 만들 수 없습니다. 다만 자세를 낮춰서 대화하는 것은 주님께 확실히 배워야 합니다. 낮춰서 대화해야 합니다. 스스로를 높여서 말하고 남에게 명령하면 안 됩니다.

사랑은 생명이고 존재이다

우리가 남을 볼 때 첫째는 생명과 존재 자체로 보고, 둘째는 사랑을 가지고 낮추어서 대화하라고 말씀드렸습니다. 인간이 망하려면 자기 생각대로만 합니다. 기업이나 개인이나 자기 생각대로만 하면 망하는데, 자기 잘못을 모릅니다. 그것은 사단과 귀신의 속임수에 빠져서 그렇습니다. 사탄이 원래 자기 식대로 했습니다. 그리고는 인간에게 "네가 똑똑하잖아. 그러니까 네가 알아서 탁탁탁 해라."고 부추깁니다. 그 부추김대로 알아서 탁탁탁 하면 망합니다. 그것을 타락이라고 합니다. 이것을 깨달아야 합니다.

다른 사람의 학벌이 보일 때 '나는 정상이구나.'라고 생각하면 됩니다. 단 정상으로는 하늘나라에 못 갑니다. 본질적으로 우리는 전부 그런 존재입니다. 그것을 알고 거짓을 걷어내야 합니다. 남을 볼 때 존재로, 사랑

베뢰아 사람입니까

으로, 그를 위해 주님이 십자가에 죽으신 생명으로 봐야 합니다. 이것이 사랑의 계명에서 온 관점입니다.

> 요 14:23 "예수께서 대답하여 이르시되 사람이 나를 사랑하면 내 말을 지키리니 내 아버지께서 그를 사랑하실 것이요 우리가 그에게 가서 거처를 그와 함께 하리라"

> 요 15:9 "아버지께서 나를 사랑하신 것 같이 나도 너희를 사랑하였으니 나의 사랑 안에 거하라"

요한복음 13장 이후 주님 유언의 말씀의 핵심이 전부 사랑입니다. 우리는 이제 소박한 약속 하나를 하도록 합시다. 학벌, 돈, 직업 등을 내세우면서 가까이 하려는 사람을 경계할 줄 알아야 합니다. 이것은 생명 사상이 아닙니다. 나를 속이고 이용하려고 오는 것입니다.

맺는말

심화해서 말씀드립니다. 사랑이 없다는 것은 하나님의 사랑을 받지 못했다는 것입니다. 그는 구원받은 사람이 아닙니다. 내가 사랑한다는 것에는 하나님의 아주 놀라운 역공법이 있습니다. 다른 사람을 용서 안 하는 사람도 마찬가지입니다. 그 사람은 하나님께 용서받지 못했습니다. 자기가 용서 못 받으니 남도 용서 못 한다는 것을 은연중에 표현합니다. 그래서 억지로라도 남을 용서하고 이해하고 사랑해야 하는 이유는 우리가 하나님께 그와 같이 사랑과 용서를 받았다. 받고 있다는 것과 같은 의미이기 때문입니다.

사랑 없이도 엄청나게 많은 일을 이 문화는 할 수 있습니다. 그러나 그렇게 이루어진 문화는 다 가짜입니다. 바벨론 문화입니다. 먹고살려면 사랑이 없어도 해야 하지만 사랑 없이 하는 것은 모두 꽝임을 알고 있어야 합니다.

모든 것들이 사랑이 없으면 가짜요 쓸데없는 짓임을 알고, 사랑해서 예수님 안에 거하며 하나님의 사람으로 온전한 열매를 맺읍시다.

3

예수님의 T.H.P
(Teaching, Healing, Preaching)

2019. 2. 3.

창세기 1:27, 시편 97:1-3, 마태복음 20:24-28

창 1:27 "하나님이 자기 형상 곧 하나님의 형상대로 사람을 창조하시되 남자와 여자를 창조하시고"

시 97:1-3 "여호와께서 다스리시나니 땅은 즐거워하며 허다한 섬은 기뻐할지어다 ○ 구름과 흑암이 그를 둘렀고 의와 공평이 그의 보좌의 기초로다 ○ 불이 그의 앞에서 나와 사방의 대적들을 불사르시는도다"

마 20:24-28 "열 제자가 듣고 그 두 형제에 대하여 분히 여기거늘 ○ 예수께서 제자들을 불러다가 이르시되 이방인의 집권자들이 그들을 임의로 주관하고 그 고관들이 그들에게 권세를 부리는 줄을 너희가 알거니와 ○ 너희 중에는 그렇지 않아야 하나니 너희 중에 누구든지 크고자 하는 자는 너희를 섬기는 자가 되고 ○ 너희 중에 누구든지 으뜸이 되고자 하는 자는 너희의 종이 되어야 하리라 ○ 인자가 온 것은 섬김을 받으려 함이 아니라 도리어 섬기려 하고 자기 목숨을 많은 사람의 대속물로 주려 함이니라"

세 개의 귤

귤을 세 개 가져왔는데, 귤 하나하나에 의미가 있습니다. 첫째 귤은 한국의 양아치 중의 양아치 양○○가 감옥에 간 것을 의미합니다. 그는 친일파이면서 양의 탈을 쓰고 적폐에 앞장섰습니다. 둘째 귤은 대한민국의 칼이랄 수 있는 검찰에 관한 것입니다. 서○○ 검사를 성희롱하고 자기는 끝까지 그런 일 없다고 잡아뗀 안○○ 씨도 감옥에 있습니다. 셋째 귤은 스포츠계에서도 여러 가지 비리가 밝혀지고 있는데, 이제는 여러 분야에서 사회적 정의가 섰으면 좋겠다는 바람의 의미로 가져왔습니다. 물론 하나님 있는 공의와 정의를 말하는 것입니다. 특히 우리 교회는 일본 강점기 시대부터 하나님 말씀의 정의로 목숨을 걸고 투쟁한 교회입니다. 사회적 정의가 바로 서도록 모두 기도하고 힘써야 합니다.

예수님은 THP이시다

T(teaching)H(healing)P(preaching)는 예수님의 전 생애를 가리키는 말입니다. 말씀을 가르치시고 많은 병들을 고치시고 진리를 선포하셨다고 요약하기도 합니다. 오늘은 그중에서 프리칭(preaching), 즉 어떻게

베뢰아 사람입니까

선포하셨는지에 대해 말씀드리고자 합니다. 세 가지 선포가 있습니다.

사랑의 선포

첫째 선포가 서로 사랑하라는 사랑의 선포입니다. 우리는 사랑 없이도 부자 될 수 있고, 사랑 없이도 인간관계 할 수 있고, 많은 것을 할 수 있습니다. 그 결과는 비록 헛된 것이라 할지라도 모두가 사랑 없이 그 많은 일들을 한다는 것을 깊이 고찰하고 겸손한 마음을 가져야 합니다.

우리 믿는 사람은 사랑이 없이 그런 일들을 하면 안 됩니다. 그런데 문제는 대가 없이 사랑으로 하라고 하면 일을 너무 하지 않는다는 사실입니다. 헌금도 안 하고 봉사도 안 해서 교회가 자꾸 추워집니다. 성도란 말은 구별되었다는 의미입니다. 구별된 사람이 사랑을 가지고 봉사해야 합니다.

하나님을 사랑하고, 네 이웃을 네 몸과 같이 사랑하라는 말씀은 한 문장입니다. 하나님을 사랑하지 않으면 이웃을 사랑하지 않습니다. 많은 목회자들이 늙어서 은퇴해서 하는 말이 "내가 목회할 때 하나님 섬기는 일에만 열심이었고 이웃을 돌보지 않았다."는 것인데, 이웃을 사랑하지 않는 사람이 어떻게 하나님을 사랑한다고 할 수 있습니까? 소외 계층이 생선처럼 썩어 가고 있는데 믿는 사람으로서 돌아보지 않는 것은 말이 안 됩니다. "이웃은 어떻게 되든지 말든지 나는 하나님만 사랑합니다."라고 하는 것은 교회도 아니고 아무것도 아닙니다. 사랑 없이 성공하고, 사랑 없이 망합니다.

요즘 국내 소비가 안 돼서 국내 경제는 엉망인데 외국으로 줄기차게 나가고, 남의 집에 살면서 차는 외제차를 몰고 다니는 사회적 현상을 한국 사회의 큰 병폐로 여기고 있습니다. 그런데 이것보다 더 큰 문제는 인격 없고 사랑 없는 전문적인 지식인입니다. 인격은 하나도 없는데 검사, 판사, 교수를 하고 있습니다. 그런 사람들이 얼마나 사회의 독인지 잊고 있었습니다. 경제 성장 때문에 용서하고 있었습니다. 지금은 이 사회적 독이 큰 문제입니다.

진리의 성령 하나님 선포

둘째 선포는 생명을 사랑해야 성령 하나님께서 오시고, 진리의 성령이 오셔야 말씀을 알 수 있다는 선포입니다. 지식으로는 한계가 있고 맹점이 너무 많아서 자기가 아는 것밖에 모릅니다. 안다고 큰소리치는 사람들은 대개 확증편향을 가지고 있습니다. 본인이 듣고 싶은 것만 듣고 알고 싶은 것만 알고 자기 경험으로만 이야기합니다. 역사적 관점에서는 부분적인 이야기일 뿐입니다. 성령 하나님께서는 예수 그리스도의 십자가의 죽으심을 믿고 사랑하는 사람에게만 오셔서 하나님의 진리의 말씀을 깨닫게 하고 생활화하게 합니다. 이 비밀을 알아야 합니다.

그런데 성령 없이도 얼마나 행동을 잘합니까? 아프가니스탄에 선교하러 가서 두 사람이나 죽은 사건도 있지만, 성령 하나님의 뜻은 생각하지도 않고 외국에 선교팀을 서로 많이 보내는 것으로 경쟁하고 있습니다. 헌금 많이 해서 선교사 파견을 많이 하는 것으로 교회의 권력을 삼고 있는 실정입니다. 외국에만 가자는 것은 썩은 것입니다. 모아서 망하게 하는 것이 오늘날의 기독교입니다. 같은 사람끼리 모여서 은혜니 금식이니 할렐루야 하면서 같이 망하는 것입니다. 같이 지옥 가는 것입니다. 그런 진실을 알아야 합니다. 성령 없이도 얼마든지 하나님 나라 일이라고 말을 해댑니다. 그것을 우리는 자제합시다. 플러스보다 마이너스 시킵시다. 덜어냅시다. 하고 싶어도 이것을 정말 해도 되는지 한 번 더 생각합시다. 동양의 현자인 노자만 하더라도 덜어냄에 대해서 말했습니다. 예수님도 말씀하셨습니다.

하나님 나라의 정의

세 번째 선포는 하나님 나라에 대한 선포입니다. 오늘의 주제 메시지입니다.

> 시 97:1 "여호와께서 다스리시나니 땅은 즐거워하며 허다한 섬은 기뻐할지어다"

신약에는 '천국'이란 단어가 많은데 구약에는 없습니다. 히브리어에는 원래 천국이란 단어가 없습니다. 이것은 번역 오류입니다. 우리의 번역 역사가 짧고, 처음에 성경을 번역할 당시에는 히브리어도 모르니 기도를 많이 하고 적당히 번역했습니다. 그러나 이는 문제가 있습니다. 은혜롭기는 하나 단어는 그렇게 번역하는 것이 아닙니다. 원어의 개념도 알아야 하고 문맥도 알아야 하고 전체와 부분의 특수성도 알고 성경이 기록될 당시의 사회적 상황도 알고 번역해야 하는데, 그렇지 못했습니다.

천국이란 단어가 영어로는 'Kingdom of God'인데, 유대인들은 그게 무슨 말이냐고 합니다. 또는 천당(집 堂)이라고도 하면서 나 죽으면 거기간다고 합니다. 그러나 히브리에서는 천국이란 단어가 없고, 시편 97편 말씀과 같이 "여호와께서 다스리신다"라고 합니다. 즉 하나님의 통치입니다. 그래서 현대인의 성경은 "하나님의 통치"로 바꿨습니다. 개념적으로 정확해야 합니다. 예수님께서 공생애 동안 말씀하신 천국에 대해서는 "하나님의 통치는 마치 씨앗을 뿌리는 것과 같다."라고 번역하는 것이 맞습니다.

이집트의 파라오인 프톨레마이오스 2세의 명으로 히브리어 성경을 헬라어로 번역했는데(70인역), 이때 하나님의 통치를 '바실레이아 투 데우(하나님 나라)'라고 번역했습니다. 이 단어는 왕국, 통치, 영역의 세 가지 뜻이 있는데, 이 중에 유대 나라에서 가장 많이 쓰는 '통치'는 사라지고, '왕국'만 남았습니다. 70인역에서 '바실레이아 투 데우'라고 하니 영어로 'Kingdom of God(하나님의 왕국)'으로 번역했습니다. 그런데 유대인은 하나님의 이름을 바로 부르면 안 되니 마태는 '하늘의 왕국'으로 썼습니다. 우리나라 성경은 1910년에 번역되었는데, 그전에 마테오 리치가 중국어로 번역한 「천주실의」가 있습니다.

오늘 설교를 들은 분들은 원 뜻이 '하나님의 통치'라는 것을 알아야 합니다. 단어에 대한 개념 정의를 정확하게 해야만 나머지 내용이 풀립니다. 성경의 진정한 의미를 알 수 있습니다.

통치의 방식

창 1:27 "하나님이 자기 형상 곧 하나님의 형상대로 사람을 창조하시되 남자와 여자를 창조하시고"

하나님께서 인간을 창조하실 때 남자와 여자를 하나님의 형상대로 동등하게 창조하셨습니다. 사회에서의 직급은 있지만 근원적으로 생명은 똑같습니다. 왕이나 하인이나 선생이나 노동자나 모두가 생명으로서 똑같다는 말입니다. 모두가 하나님의 형상입니다.

성경이 나오기 전 티그리스와 유프라테스 강 사이에 있던 메소포타미아 지역에서는 이미 오래전부터 종교가 있었습니다. 바벨론의 유물 중에 '에누마엘리쉬'라는 점토판이 있는데, 거기에 보면 여러 신들의 이야기가 나오고 인간을 창조한 과정도 나옵니다. 중근동 신화에서 성경처럼 흙으로 인간을 만들었다는 창조설화들이 존재했다는 것인데, 중근동 신화와 성경의 다른 점은 중근동의 신화에서 인간은 노동을 시키기 위해 만든 최하층의 노예들입니다. 인간이 존재하지 않았던 신들의 세상에서 노동을 담당했던 하위 신들은 인간이 만들어진 덕에 편안해졌습니다. 그래서 하위 신들은 모여서 행복해 하면서 노래했다고 합니다. 아주 양아치들입니다. 남은 부려 먹고 자기들은 행복해하니 말입니다.

중근동의 고대 문화와 신화에서는 인간을 모두 부려 먹는 노예로 창조한 것으로 나오지만 하나님께서는 사랑으로 자기 형상대로 인간을 창조했습니다. 우리나라도 예전 삼국시대 탄생설화에서 하늘에서 신이 내려왔니 하는 것은 모두 인간을 지배하려는 통치 이데올로기입니다. 신라 사람들을 통치하려고 신라의 시조가 닭처럼 알에서 나왔다고 이야기를 만들어내는 것입니다. 문화의 근원을 꿰뚫어야 합니다.

하나님께서는 사랑으로 인간을 창조하시면서 차등을 두지 않았습니다. 남자와 여자를 똑같이 창조하셨습니다. 더 나은 사람이 없습니다. 그런데 같이 살면서 "나는 밥 못 하겠다. 돈도 네가 벌어라."고 하는 것은 사람을 구별하는 바벨론 문화입니다. 기능적인 다름을 인정하며 서로 돕고 살아야 합니다. 특히 남자 중심의 가부장제는 부숴야 합니다. 하나님께서 자기 형상대로 창조하신 인간이니 모두가 귀합니다.

하나님 나라의 콘텐츠는 '의와 공평'입니다. 정의롭고 공평해야 한다는 것입니다. 그리스 신화에도 이런 정신이 있습니다. 법원 앞에 왼손에는 저울, 오른손에는 검을 들고 하늘을 보고 있는 여자 동상이 하나 있는데, 이는 그리스 신화 속 정의의 여신 '디케'입니다. 모든 사건을 정의와 공평의 저울 위에서 달겠다. 사람이 아니라 하늘만 보고 심판하겠다는 뜻입니다.

하나님 나라에서는 더 나은 사람이 없습니다. 다른 사람을 지배하고자 하는 마음, 다른 사람이 내게 어떻게 해야 한다는 수직적 사고와 갑질은 안 됩니다. 갑질은 사탄이나 하는 것입니다. 하나님의 통치는 의와 공평이 그 기초입니다.

하나님 나라가 있는 곳

> 눅 17:20-21 "바리새인들이 하나님의 나라가 어느 때에 임하나이까 묻거늘 예수께서 대답하여 이르시되 하나님의 나라는 볼 수 있게 임하는 것이 아니요 ○ 또 여기 있다 저기 있다고도 못하리니 하나님의 나라는 너희 안에 있느니라"

하나님이 통치하는 하나님 나라는 어디에 있을까요? 누가복음에서는 우리 마음속에 있다고 했습니다. 그런데 외경인 도마복음에서는 예수님이 "그 왕국은 너희 안에 있고 너희 밖에 있다."라고 대답하신 것으로 기

　　　　　　　　　　　　　　　베뢰아 사람입니까

록되어 있습니다. 도마복음이 마가복음보다 먼저 나왔고 예수님의 로기
온, 즉 예수 어록이 그대로 있다고 해서 학계에서는 말이 많습니다.

하나님 나라가 우리 안에 있다는 것은 먼저 자기 자신에게 공평하고 공
의로워야 한다는 뜻입니다. 다른 말로 양심에 거리끼는 것이 없어야 합
니다. 일제 강점기 때 신사참배와 동방요배를 하면서 마음속으로는 망하
라고 했다고 뒤늦게 변명하는 사람들이 있습니다. 때가 늦었습니다. 목
숨이 아까워서 절했으면서 정직하지 못합니다. 탁명환 씨의 아들 탁지일
교수가 〈1919년, 그리고 1938년〉라는 글에서 삼일 운동에 대해 이야기하
면서 한국 교회가 신사참배와 동방요배 한 것을 회개도 안 하고 넘어간다
고 비판했습니다.

하나님 나라 백성의 모습

하나님 나라 백성은 자기 자신에게 부끄러움이 없어야 합니다. 신앙 양
심에 반하는 일은 하지 않아야 합니다. 예수님을 믿는다면서 정의롭지
않고 생명 사랑도 하지 않는 것은 예수 팔이 하는 사람입니다. 공평과 공
의가 있으면 이건 확실하다는 자명함이 있습니다. 그런데 앞에서는 분명
하지 않게 슬쩍 넘어가 놓고 뒤에 가서 큰소리치는 사람들이 많습니다.
그래서 한국이 이렇게 고통을 겪습니다. 사법부에도 친일파가 너무 많습
니다. 저의 선친이 제일 고통스러워하셨던 것이 일제 강점기 때도 고생
했는데 해방 후에도 친일청산이 되지 않아 고생했던 일입니다. 세상에
이런 일이 어디 있느냐는 것입니다.

도마복음에서 하나님 나라가 밖에도 있다고 한 것은 '우리 사이'에 있다

는 뜻입니다. 인간관계에서도 정의와 공평이 실현되어야 합니다. 이것이 하나님 나라 통치입니다. "예수 믿는다더니 꼴좋다. 불신자보다 더 못 하네."라는 것이 한국 교회에 대한 일반 사람들의 생각입니다. 그래서 한국의 기독교에 '개독교'라는 별칭이 붙었습니다. 진정 믿는 사람이라면 무엇인가 달라야 합니다. 진실하게 이런 말을 들어야 하나님 나라의 백성입니다. 그래서 하나님은 우리 사이에 계시다는 것입니다.

내가 싫으면 남도 싫고, 내게 고통과 괴로움이 있으면 다른 사람도 마찬가지입니다. 예를 들어 세월호 사건으로 어린 생명들을 잃고 고통스러워하는 유족들이 있는데 내 자식은 괜찮으니 다행이라고 생각하면 안 됩니다. 나는 양심에 어긋나는 일을 하면서 남은 이렇게 해야 한다고 생각하는 것은 바벨론 문화이고, 잡신의 문화입니다. 인간은 구별되지 않습니다.

우리에게 중요한 것은 하나님 나라를 내 속에서 먼저 이루어 내자는 것입니다. 공의로움과 공평성이 있어야 하며 양심의 가책이 없어야 합니다. 혹시 인격은 없으면서 돈과 전문성만 많은 것은 아닙니까? 그런 사람은 사회적으로 독입니다. 한국 사회를 망친 것이 그것입니다. 우리 자신에게 하나님 나라를 이루어야 하고 우리의 가까운 이웃과도 하나님 나라를 이루어 내야 합니다. 그래야만이 하나님의 백성입니다. 예수님께서 "내 제자인 줄 알리라."고 하셨는데 "저 사람 누구지?"라는 소리를 들으면 안 됩니다.

맺는말

예수님의 전 생애를 여러 방식으로 말할 수 있습니다. 그중에서 티칭, 힐링, 프리칭, 세 가지로 요약할 때 이번 시간은 프리칭에 대해 말씀드렸습니다. 요약하면 첫째, 서로 사랑해야 합니다. 둘째, 성령 하나님의 충만함을 받고 행해야 합니다. 셋째, 하나님의 통치를 우리 안에서 그리고 인간관계에서 실현해 내야 합니다.

4

정의의 관점에서 본 한국 기독교 역사

2019. 2. 17.

창세기 18:19, 이사야 33:15-16, 미가 6:8, 요한복음 2:13-18

창 18:19 "내가 그로 그 자식과 권속에게 명하여 여호와의 도를 지켜 의와 공도를 행하게 하려고 그를 택하였나니 이는 나 여호와가 아브라함에게 대하여 말한 일을 이루려 함이니라"

사 33:15-16 "오직 공의롭게 행하는 자, 정직히 말하는 자, 토색한 재물을 가증히 여기는 자, 손을 흔들어 뇌물을 받지 아니하는 자, 귀를 막아 피 흘리려는 꾀를 듣지 아니하는 자, 눈을 감아 악을 보지 아니하는 자, ○ 그는 높은 곳에 거하리니 견고한 바위가 그의 요새가 되며 그의 양식은 공급되고 그의 물은 끊어지지 아니하리라"

미 6:8 "사람아 주께서 선한 것이 무엇임을 네게 보이셨나니 여호와께서 네게 구하시는 것은 오직 정의를 행하며 인자를 사랑하며 겸손하게 네 하나님과 함께 행하는 것이 아니냐"

요 2:13-18 "유대인의 유월절이 가까운지라 예수께서 예루살렘으로 올라가셨더니 ○ 성전 안에서 소와 양과 비둘기 파는 사람들과 돈 바꾸는 사람들이 앉아 있는 것을 보시고 ○ 노끈으로 채찍을 만드사 양이나 소를 다 성전에서 내쫓으시고 돈 바꾸는 사람들의 돈을 쏟으시며 상을 엎으시고 ○ 비둘기 파는 사람들에게 이르시되 이것을 여기서 가져가라 내 아버지의 집으로 장사하는 집을 만들지 말라 하시니 ○ 제자들이 성경 말씀에 주의 전을 사모하는 열심이 나를 삼키리라 한 것을 기억하더라 ○ 이에 유대인들이 대답하여 예수께 말하기를 네가 이런 일을 행하니 무슨 표적을 우리에게 보이겠느냐"

아브라함에게 계시된 두 가지

〈주 예수보다 귀한 것은 없네〉라는 찬송가를 들을 때마다 감사하는 것이 있습니다. '세상이 큰가, 내가 큰가?'라는 질문 앞에서 우리는 믿음 안에서 세상보다 큰 사람으로 부름 받았다는 것입니다. 그런데 세상보다 자꾸 작아지니까 문제입니다. 우리가 섬기는 하나님은 세상을 창조하신 하나님입니다. 그래서 우리는 세상 속의 명예, 지위, 돈, 학벌, 그 무엇보다 큽니다. 이것을 항상 자랑스럽게 생각해야 합니다. 요한일서 4장 4절에서도 "너희 안에 계신 이가 세상에 있는 자보다 크심이라."고 하셨습니다.

오늘은 아브라함을 통해 역사를 주관하시는 하나님에 대해서 깊이 아는 시간을 갖겠습니다. 창세기 12장에 계시하신 말씀에 의하면 하나님께서 아브라함에게 계시하신 것은 크게 두 가지입니다. 첫째, 나를 섬겨서 복의 근원이 돼라. 둘째, 정의로워라. 공평해라입니다. 정의와 공의를 세상 속에서 행하라는 말씀입니다.

'공도'의 유래

> 창 18:19 "내가 그로 그 자식과 권속에게 명하여 여호와의 도를 지켜 의와 공도를 행하게 하려고 그를 택하였나니 이는 나 여호와가 아브라함에게 대하여 말한 일을 이루려 함이니라"

성경의 한글 완역의 첫 역사는 1910년에 이루어졌습니다. 일제 치하에서 번역되었는데 조선총독부가 싫어하는 말이 '정의'였습니다. 그래서 그 당시에 '공도'라고 번역했습니다. 공도는 일상어가 아니라 사어(死語)라서 무슨 뜻인지 정확히 모르는데, 히브리 원문은 '데레크 여호와', 하나님의 길이란 뜻입니다.

1960년대 박정희 정부 때 2차 번역을 했습니다. 이때도 정권의 눈치를 보느라 "정의로워라"는 말을 못 하고 그대로 "공도"로 두다 보니 강조한 것이 "복의 근원"이었습니다. 마침 경제 개발 계획과 반공이데올로기가 맞물려서 사람들이 교회에 다 몰렸습니다. 해방 후에 교회의 세력이 커진 이유는 교회에 가야 빨갱이로 몰리지 않기 때문이고, 미국산 밀가루 등의 원조를 받을 수 있기 때문입니다. 먹고 못 사니 무조건 교회에 나갔습니다. 젊은 세대들은 해방 전후의 역사를 잘 모르지만 적어도 최근 100

베뢰아 사람입니까

년의 근현대사는 바로 알고 있어야 합니다.

최근의 동향

해방 전후의 역사에서 현재에 이르기까지 정의로운 민족사가 없습니다. 역사학계가 대부분 친일파 후손들이어서 역사를 제대로 밝히려면 자기 할아버지와 아버지를 욕해야 되는 형편입니다. 그래서 못 밝히는 것입니다. 저도 많은 사람들과 이야기해 보지만, 역사를 바로 인식하고 있는 사람들이 잘 없습니다. 정부에서 1차 역사 왜곡이 이루어지고, 언론에서 2차, 사회에서 3차로 이루어지니 역사를 바로 알 수가 없는 것입니다. 이렇게 된 근본 원인이 무엇인지 알아야 합니다.

다행스러운 것은 이제 해방 70년이 지나서, 민족의 역사를 바로 보는 사람들이 속속 나오며 사실이 밝혀지고 있다는 사실입니다. 그중 한 사람으로 성공회대 한홍구 교수가 한국 기독교에 대한 역사 인식이 가장 정확한 사람입니다. 유튜브에서 찾아서 꼭 들어보시기 바랍니다. 또한 뉴스타파에서도 친일파에 대한 연구를 계속하고 있습니다.

교회의 친일 '신사참배, 동방요배'

일제 강점기 당시 한국 교회의 95%쯤이 신사참배와 동방요배를 했습니다. 천주교와 감리교 순서로 하다가 1938년에는 모든 교회가 신사참배와 동방요배를 했습니다. 단, 평양의 주기철 목사 계열과 시온산 교회, 순장로 교회, 고신 계열만 하지 않았습니다. 당시에 신사참배와 동방요배를 거부하면 고등계 형사가 와서 그대로 유치장에 데리고 들어가서 두들겨 팼습니다. 그리고 이름도 모두 일본 이름으로 바꿔야 했습니다. 이름을 안 바꾸면 배급을 안 주니 먹고살 수가 없어서 민중들은 살기 위해 이름을 바꿨습니다. 저의 선친도 처음에 일본 제국에 반대하는 의미에서 일본식으로 이름을 바꾸지 않았는데, 그러니까 차도 타지 못하게 해서 먼 거리를 걸어 다녀야 했다고 합니다.

〈암살〉이라는 영화에 보면, 친일파가 마지막에 증언하는데 독립은 불가능하다고 생각했다고 합니다. 1919년에 3.1운동을 벌이기도 했지만 일제 강점이 36년 정도 되다 보니 독립이 불가능하다고 생각한 것입니다. 그런 의미에서 성경 역사를 보면 이집트에 400년이나 잡혀서 노예 생활을 했음에도 정신 차려서 나온 이스라엘 민족이 대단하다는 생각이 들었습니다. 또한 그 후에도 2,000여 년 동안 세계로 쫓겨나가 살다가 돌아와서 자기 나라를 세웠습니다. 노예 속성에서 벗어나려면 그만큼 힘든 것입니다.

친일에서 친미로

드디어 해방이 되었습니다. 남한에는 이승만 정부가 서고, 북한은 김일성 체제가 되었습니다. 남한은 친일파를 어떻게 처리해야 할 것이냐에 대해 반민특위를 만들어 친일파를 조사해서 전부 벌하자고 했습니다. 그런데 미군정이 실시되면서 친일파들이 미국 쪽에 다 붙었습니다. 미군정의 총책인 하지 중장은 조선이 독립을 위해 항일운동을 했다는 점에 핵심을 두기보다 일본에 충성했던 친일파들을 살려 두면 미국을 위해서도 충

베뢰아 사람입니까

성할 것이라는 생각에 오히려 친일파들을 우대했습니다. 또한 친일파들이 교육을 많이 받아서 영어를 잘하는 사람들도 있었고 미국식 사고방식도 어느 정도 이해해서 다루기 쉬운 면도 있었기 때문입니다. 그리고 나중에는 한국 치안유지를 위해 형사들이 모자란다는 이유로 조선총독부 밑에서 형사를 했던 사람들을 다 받아들였습니다. 이런 와중에 반민특위는 흐지부지되었습니다.

미국은 당시 어떤 식으로든 소련을 막으려는 반공 제일주의였습니다. 그러자 앞장서서 친일을 하고 신사참배, 동방요배한 자들이 이번에는 빨갱이를 죽여야 한다며 앞장서서 큰소리쳤습니다. 그래서 유행한 말이 "항일운동하면 삼대가 망하고, 친일하면 삼대가 성공한다."였습니다. 친일파들이 탈바꿈해서 전부 기득권으로 들어갔기 때문입니다.

한국 대형 교회의 뿌리

미군정은 한국을 기독교화하기 위해 서울에서 제일 큰 일본의 천리교 교단의 건물과 땅을 영○교회에 내주었습니다. 경○교회도 천리교 교단의 자산을 받았습니다. 유신체제 이후에는 조○○ 목사가 가장 유명해졌는데, 당시 정권을 잡은 권력자의 입장에서 저 사람을 포섭하면 수백만 표를 확보할 수 있다고 생각하여 지원을 해 주었습니다. 이렇게 서울의 모든 교단이 결성되었고, 이것이 대형 교회의 시작입니다.

하나님께서는 근원이 잘못된 것에 대해서는 끝까지 심판하십니다. 한국의 대형 교회들이 과거에 신사참배와 동방요배한 것을 회개한다고 하는데, 회개는 때가 있습니다. 다 죽고 나서 회개하면 뭐합니까? 때를 놓친 회개는 진정한 회개가 아니라 신사참배와 동방요배를 팔아먹는 것입니다. 영○교회의 한○○ 목사도 1992년에 와서야 신사참배 했다고 고백하면서 회개했습니다. 영○교회는 서울에서 자기들이 정통이라고 주장하며 아주 잘 믿는 것처럼 말하는데, 정통은 밥통입니다. 저는 그들의 족보를 다 알고 있습니다.

현대사의 비극 속 교회의 오류

해방 후 친일파들이 예수교인들로 둔갑해서 미군정의 앞잡이가 되어 소위 빨갱이를 몰아내기 시작했습니다. 빨갱이라고 하면 무조건 죽였습니다. '제주 4.3사건' 때도 빨갱이를 골라낸 사람이 목사들입니다. 그 기준이 교회에 나오느냐, 안 나오느냐였습니다. 안 나오면 빨갱이입니다. 목사가 서서 제주 농민들이 오면 손가락으로 몇몇을 찍어서 빨갱이라는 것을 밝히고, 그러면 그 사람은 총살을 당했습니다.

제주 4.3사건도 이제 그 진상이 밝혀졌습니다. 관련 논문을 찾아보면 됩니다. 제주 4.3사건과 여수순천 10.19사건(여순반란사건) 때 기독교인들이 미국의 앞잡이가 되어 한국 농민을 학살한 것에 대한 책도 있습니다(『우린 너무 몰랐다』, 김용옥 지음). 희생된 사람들 중에는 죄인도 있고 나쁜 사람도 있지만 90% 이상이 일반 농민이고 도민이었습니다. 제주 4.3사건에서 도민의 10분의 1이 살해되었습니다. 이것이 기독교[2]가 앞장서서 했던 짓입니다. 천주교도 수천만을 죽인 중세 악마의 역사를 가지

---

2 일반적으로 기독교라고 하지만 정확하게는 개신교를 가리킨다. - 편집자 주.

고 있습니다.

한국 기독교의 역사에서 빼놓을 수 없는 사람이 박근혜 씨의 사부인 최○○입니다. 5.16 군사 쿠데타로 정권을 잡은 박정희가 미국의 요청으로 대규모의 군인을 베트남에 파병할 때 자유세계의 반공십자군이 되라고 당부했는데, 한국군이 베트남에서 철수하자 이번에는 유신십자군이 되라고 했습니다. 이것을 모방하여 최○○이 구국십자군이라는 것을 만들었습니다. 총재는 최○○, 단장이 영○교회 출신의 그 유명한 강○○ 목사입니다. 그때 모여서 대회를 열 때 박근혜 씨가 축사했습니다. 그리고 당시의 유명한 목사 100명이 최○○ 밑에 있었다고 합니다. 놀라운 일입니다. 이 같은 내용들은 성공회대 한홍구 교수의 강의를 토대로 말씀드린 것이니 참고하시기 바랍니다.

하나님의 말씀을 믿는 기독교가 정의롭지 못하고, 그저 부자 되는 것밖에는 관심이 없습니다. 이것이 현재 한국 교회의 좌표입니다. 이렇게 된 이유가 하나님의 말씀이 잘못 전해져서 기독교 역사가 개판이 되었기 때문입니다. 한국 초대 지식인 중 예수교인이 많았는데, 일본에 붙고 미국에 붙으면서 민중학살까지 감행하며 기득권만 탐했기 때문에 한국 사회가 이렇게 썩은 것입니다. 썩은 원인이 기독교 때문입니다.

기독교에서는 믿기만 하고 사랑만 하면 구원된다고 합니다. 천만의 말씀입니다. 하나님은 그런 분이 아닙니다. 하나님의 섭리는 그렇지 않습니다. 옳지 않은 신앙을 하는 자들을 모아서 망하게 하시는 것이 하나님의 섭리입니다.

친일파 후손 문제

문재인 대통령이 "이제는 일본의 잔재를 청산해야 한다."라고 어제 말했는데, 바른말 하다가 잘못하면 쫓겨납니다. 노무현 정부에서 그 일을 하려고 했을 때 정치인들과 사회 기득권의 상당수가 반발했습니다. 친일파들이 일제 강점기 때 불법으로 취득한 재산을 다 내놓으라고 하는 '친일재산환수법'과 '친일진상규명법'을 제정했는데, 처음에는 국민들의 지지를 받았으나 차츰 흐지부지되어 이명박 정부 때 와서는 위원회 활동이 종료되었습니다. 친일 재산 환수는 소송이 계속 진행되어 일부는 국가 재산으로 귀속되었습니다. 그러나 이미 시간이 많이 흘러서 상당수의 재산이 처분되었고, 실제 국가 재산으로 귀속된 것은 얼마 되지 않는다고 합니다. 또한 친일재산환수법이 제정될 때 백여 명의 친일파 후손들이 재산을 정리하고 외국으로 도망갔다고 합니다.

2009년에는 〈친일 인명사전〉이 만들어졌습니다. 그 후 2015년 '뉴스타파'에서 〈친일과 망각〉이라는 제목으로 친일파 후손 1,177명에 대한 탐사 조사를 한 내용이 있습니다. 지금부터 말씀드리는 내용은 '뉴스타파'의 〈친일과 망각〉에서 발췌한 것들입니다. 친일 후손들이 선택한 직업은 1위가 기업가이고, 그 다음이 의사, 교수, 정치인, 법조인, 공직자, 언론인 순이라고 합니다. 여성들의 직업으로는 대학교수 중에서도 음대교수의 비율이 가장 높았습니다. 6.25 전쟁 전에는 피아노를 살 수 있는 사람이 없었는데 집에 피아노를 두고 연습할 정도였으니 그 재력을 짐작할 수 있는 대목입니다.

친일파들은 친일의 대가로 취득한 재산으로 자식들에게 교육을 많이 시켰습니다. 미국을 위시하여 일본과 유럽 등지로 모두 유학을 보내고, 그들이 교수가 되어 돌아와서 서울대학교부터 포진하기 시작했습니다. 반면 항일운동한 사람들은 술이나 먹고 한 많게 죽어 갔습니다. 그 후손들은 돈이 없어서 교육을 받지 못하니 스펙도 없습니다. "우리 아버지가 북만주에서 독립운동을 했다."라고 해도 안 통합니다. 친일파는 삼대가 부자이고 독립운동가 집안은 삼대가 망한다는 말이 이것입니다.

민족의 정기가 없는 이유

이 민족이 하나님 앞에 정말 회개해야 합니다. 아직도 노인들을 만나면 문 씨가 빨갱이니 어쩌니 되지도 않은 소리를 하는데, 세상이 어떻게 변한 줄도 모르고 그런 말을 하면 안 됩니다.

하나님께서 아브라함에게 복의 근원이 되고 정의와 공평을 행하라고 하셨는데, 교회에서는 앞부분인 복의 근원에 대해서만 강조하면서 설교합니다. 그러니 정의롭지 않아도 돈만 벌면 되고, 그것이 복이라고 인식하게 되었습니다. 그것을 공리주의라고 합니다.

대학을 가면 대학교 자체가 거의 친일파가 창립한데다 친일파 계보의 교수들이 포진해 있으니, 민족정기가 없는 교육을 받아서 인격이 없어지고 오히려 마이너스입니다. 그런 교육의 특징은 남이야 어떻든 나만 돈 있으면 된다는 식입니다. 그래서 "돈, 돈, 돈" 하면서 돈에 미쳐 사는 것입니다. 친일파 후손 중에 의사가 많은 것도 정치적 바람에 타격을 입지 않고 친일파 경력을 감출 수 있으면서 부와 명예를 얻을 수 있기 때문이라고 합니다.

역사학에서 우리 근대사가 묻혀 있는 이유는 이○○(친일 역사학자, 전 서울대 교수) 같은 친일파 때문입니다. 기업들 중에서는 ○양이 유명한 친일파 후손 기업이고, 삼○ 이○○ 회장 외조부인 홍○○도 〈친일 인명사전〉에 등재된 친일파입니다. 이런 친일파들이 그다음에 하는 일은 자기들끼리 결혼으로 사돈을 맺어서 부를 공유하고 대물림해서 이 사회의 핵심적인 주류로 사는 것입니다.

역사인식 바로 하기

이런 시점에서 우리 기독교라도 좀 역사 인식을 바로 가져야 하지 않겠습니까? 그러나 한국 사회와 기독교의 가장 큰 문제점이 신사참배와 동방요배를 한 교회들이 득세하고 있다는 것입니다. 바른말 하는 사람이 없으니 교회가 골이 비었습니다. 목사가 실형을 받았지만 늙어서 옥살이를 못 하니 대신 엄청난 액수의 벌금을 내고 나오는 현실 앞에서도 "할렐루야!"라며 따라다니는 사람들이 많은 형편입니다.

우리 교회는 비록 교인 수가 적어도 역사 인식을 바로 가져야 합니다. "우리는 일제 강점기에 신사참배와 동방요배를 반대하고 거부했다. 그래서 교육도 잘 못 받았다. 그러나 민족의 아픔을 공유한 교회다."라는 자부심으로 하나님 말씀에 더 귀를 기울여야 합니다. 후세대로서 교육을 많이 받은 교인들은 이런 가슴 아픈 역사를 알고 이해해 주어야 합니다. 민족의 아픔을 아는 우리가 되어야 합니다.

하나님은 역사 인식이 있고 손해가 나도 진정한 정통성이 있는 교회에 와서 신앙생활하려고 하는 사람의 소원은 들어주십니다. 그렇지 않고 세상의 화려한 교회나 쳐다보고 정통성 있는 교회는 무시하는 사람들은 외면하십니다.

주전 8세기 이사야와 미가 등의 선지자들은 모두 사회적인 정의를 외쳤습니다. 사회에서 희생되는 세대를 돌보라고 외친 것입니다. 예수님도 오셔서 분노한 이유가 거기에 있습니다. 그런데 기독교가 이런 것은 외면하고 엉뚱한 데 가서 못된 짓만 하니 통탄할 일입니다.

맺는말

오늘은 정의의 관점에서 한국 교회와 사회를 살펴보았습니다. 늦었지만 역사를 바로잡아야 합니다. 친일파 문제에 대해 하나님 안에서 분노해야 합니다. 친일파들이 모든 기득권을 다 차지하면 민중들은 어떻게 한다는 말입니까? 하나님께서 가만 계시겠습니까? 하나님은 살아 있는 역사도 심판하시고, 죽은 이후의 역사도 심판하십니다.

한국 기독교의 역사에서 가장 부끄러운 것은 제주 4.3사건 때 서북청년회와 합세하여 목사들이 교회 안 나오는 사람들을 빨갱이로 몰아서 총살하도록 했던 행위입니다. 이 사실 앞에 우리는 너무나 놀라야 합니다.

친일의 역사 속에서 나는 어떤 사람에게 교육받았고 가치관이 왜 이렇게 형성되었는지를 알아야 합니다. 바른말을 해야 하고 정의로워야 합니다. 한 사람이라도 그래야 합니다. 여러분의 자녀들에게도 이야기해야 합니다. 하나님 말씀에 더욱 균형을 잡고 하나님께서 아브라함에게 계시하신 본문 말씀을 깊이 묵상하며 내 삶의 자리에서 어떻게 정의로워져야 하는가에 대해서 깊이 깨닫기 바랍니다.

5

동쪽으로 간 복음

2019. 3. 10.

시편 22:27-31, 마태복음 28:18-20, 사도행전 1:8

시 22:27-31 "땅의 모든 끝이 여호와를 기억하고 돌아오며 모든 나라의 모든 족속이 주의 앞에 예배하리니 ○ 나라는 여호와의 것이요 여호와는 모든 나라의 주재심이로다 ○ 세상의 모든 풍성한 자가 먹고 경배할 것이요 진토 속으로 내려가는 자 곧 자기 영혼을 살리지 못할 자도 다 그 앞에 절하리로다 ○ 후손이 그를 섬길 것이요 대대에 주를 전할 것이며 ○ 와서 그의 공의를 태어날 백성에게 전함이여 주께서 이를 행하셨다 할 것이로다"

마 28:18-20 "예수께서 나아와 말씀하여 이르시되 하늘과 땅의 모든 권세를 내게 주셨으니 ○ 그러므로 너희는 가서 모든 민족을 제자로 삼아 아버지와 아들과 성령의 이름으로 세례를 베풀고 ○ 내가 너희에게 분부한 모든 것을 가르쳐 지키게 하라 볼지어다 내가 세상 끝날까지 너희와 항상 함께 있으리라 하시니라"

행 1:8 "오직 성령이 너희에게 임하시면 너희가 권능을 받고 예루살렘과 온 유대와 사마리아와 땅 끝까지 이르러 내 증인이 되리라 하시니라"

들어가는 말

현대는 글로벌 사회입니다. 전 세계적이고 전 인류적입니다. IT가 발달하여 5G시대를 가고 있습니다. 빠른 시간에 세계의 모든 움직임을 관찰할 수 있습니다. 다만 사람들이 제일 좋아하는 것은 균형적인 이야기가 아니고 쇼킹한 이야기입니다. 언론에서 자기들 기사를 많이 보게 하려고 드라마틱하고 쇼킹한 것만 이야기하니까 세계가 다 그런 것 같지만 꼭 그렇지만은 않습니다. 언론 플레이가 심합니다. 이런 것을 알고 신문 기사를 보시면 좋습니다.

사도행전 중심의 서쪽 복음

행 1:8 "오직 성령이 너희에게 임하시면 너희가 권능을 받고 예루살렘과 온 유대와 사마리아와 땅 끝까지 이르러 내 증인이 되리라 하시니라"

예수님의 지상 명령은 성령을 받고 모든 민족에게 아버지와 아들과 성령의 이름으로 세례를 주어서 복음을 전하라는 것이었습니다. 그런데 복음이 서쪽으로 간 역사만 있고 동쪽의 역사는 밝혀지지 않았습니다. 예를 들어 바울이 소아시아 연안지방을 지나 에베소, 빌립보, 고린도를 거쳐 로마로 복음을 전파한 기록은 사도행전에 있는데, 동쪽으로 복음이 전파된 기록은 없습니다. 그래서 이번 시간에는 성경이 동쪽으로 간 역사를 밝혀 보고자 합니다. 오늘 말씀으로 새로운 은혜가 있기를 바랍니다.

복음의 동진이 막힌 이유

복음이 서쪽으로 갈 때의 센터는 안디옥이었습니다. 그 주역은 바울이었고, 바울과 바나바의 전도여행은 사도행전에 기록되어 있습니다. 그러나 정경의 사도행전 외에도 여러 권의 행전이 더 있습니다. 우리가 모를 뿐입니다.

현재 개신교의 구약과 신약이 정경으로서 결정된 때가 구약은 A.D. 90년 얌니아 회의에서 39권으로, 신약은 A.D. 397년 카르타고 회의에서 콘스탄티누스 대제의 주재 하에 27권이 결정되었습니다. 모두 로마 제국 안에서 결정되었습니다. 그전에는 정경의 구별이 없이 수천 권의 책들이 있었는데, 정경이 결정되자 콘스탄티누스가 다른 책들은 이단이라고 모두 폐기하라는 명령을 내렸습니다. 그때 일부 수도사들은 그 책들을 폐기하지 않고 몰래 땅에 묻어 놓았는데, 근래에 그 책들이 발견되었습니다 (나그함마디 문서). 그리고 내용을 읽어 보니 신학적 논쟁의 요소가 있는 책들도 있지만 현대 신학의 관점에서는 이단의 요소가 없는 책들이 많았

베뢰아 사람입니까

습니다. 그 책들 속에 초대 교회 시절 복음이 동쪽으로 전파된 이야기들이 있었습니다.

로마 제국 안에서 정경이 결정될 당시 콘스탄티누스 황제는 로마 국경선 밖의 제국들에 대해서는 야만족 취급을 하며 복음을 전하지 못하게 했습니다. 동쪽은 로마인들이 볼 때 야만족들이니 그쪽은 복음을 받을 필요도 없고 우리만 구원받는다는 편협한 역사의식을 가졌던 것입니다. 우리 주님께서 복음을 땅 끝까지 전하라고 했는데, 로마가 지배하는 땅 끝이 땅 끝이 아닙니다. 그런데 로마 제국 이외는 야만족이라고 해서 복음 전도가 거기서 끝난 것입니다. 하지만 이미 그전에 동쪽에도 복음을 전한 정황들이 드러나고 있습니다.

서쪽으로 간 복음은 거의 헬라어나 라틴어 역본이었지만, 동쪽으로 간 것은 시리아어 역본이었습니다. 시리아어가 아람어인데, 아람어 성경이 가장 원문에 가깝습니다. 예수님도 아람어로 말씀하신 내용이 있습니다. '달리다쿰' 같은 것이 아람어입니다.

복음이 동쪽으로 갈 때 중심인 지역은 '에데사'라는 곳입니다. 그리고 아시리아, 아르메니아, 바벨론, 페르시아와 인도, 중국, 신라, 일본으로 전해졌습니다. 신라만 해도 불국사에서 유적을 발굴하다가 돌로 된 십자가가 나왔습니다. 그리고 영주에서는 사도 도마로 추정되는 석상과 도마의 히브리어 글자가 새겨진 바위가 발견되었습니다.

다대오가 에데사(Edessa)로 가다

동쪽으로 향한 사도들의 행전을 스토리텔링으로 말씀드리겠습니다.

에데사의 왕이 예수님의 공생애 중에 예루살렘에 일찍이 사신을 보냈습니다. 그 사신들이 다녀와서 예루살렘에 나사렛 예수라는 사람이 나타나서 죽은 자도 살리고 병도 고치는 이적을 행한다는 말을 전했습니다. 에데사의 아브가르 왕은 그 이야기를 듣고 "그런 사람이 다 있나." 했는데, 어느 날부터 왕이 아프기 시작했습니다. 에데사의 모든 의사들이 고치려고 애를 써도 고치지 못했습니다. 하늘이 준 병인 것입니다. 그래서 왕이 예루살렘의 예수님에게 편지를 보냈습니다. '선한 의사 예수께'라는 편지입니다.

"나 아브가르는 예루살렘에 나타난 구세주 예수께 문안드립니다. 나는 당신이 약이나 약초를 사용하지 않고 병을 고친다는 소문을 들었습니다. 더욱이 저는 자를 걷게 하고, 눈먼 자를 보게 하고, 문둥병자를 고치고, 악령을 몰아내고, 죽은 자를 살렸다는 말도 들었습니다. 이 모든 말을 듣고 나는 당신이 이런 일을 위하여 내려온 하나님이거나 혹은 하나님의 아들임이 틀림없다고 생각했습니다. 그러므로 빨리 오셔서 나를 괴롭히는 질병을 고쳐 주시기를 청하는 바입니다. 또한 유대인들이 당신을 조롱하고 박해한다는 소식도 들었습니다. 나는 비록 작지만 훌륭한 국가를 소유하고 있으니 당신이 오셔서 지내기에 불편함이 없을 것입니다."라는 편지를 써서 사신을 통해 예수님에게 보냈습니다. 이에 대해 주님은 정중하게 거절하시는 답신을 보내시며 후에 제자 중 한 사람을 보내겠다는 약속을 하셨습니다.

그리고 예수님의 십자가 수난과 부활, 승천이 있은 후 다대오가 에데사로 갔습니다. 에데사 왕을 만나서 기도를 하니 주님이 함께하셔서 왕의 병이 바로 나았습니다. 다대오는 에데사에서 많은 사람의 병을 고쳐 주

베뢰아 사람입니까

었고, 광장에 시민들을 모아서 하나님의 말씀과 예수님을 전도했습니다. 에데사의 아브가르 왕은 기독교를 국교로 받아들였고, 여기서부터 동방 선교의 확장이 이루어졌습니다. 다대오의 이 에피소드는 유세비우스의 『교회사』에 있는 내용입니다.

도마행전

예수님의 부활 후 땅 끝까지 복음을 전하라는 예수님의 명령이 있었기에 사도들 각자가 갈 선교 지역을 정하기 위해 제비를 뽑았습니다. 도마는 인도가 뽑혔습니다. 그러나 도마는 이런저런 변명을 대며 인도에 가지 않으려고 했습니다. 주님께서 그에게 나타나서 "내가 너와 함께할 것이니 인도에 가는 것을 두려워하지 마라."고 말씀하셨는데도 여전히 인도만은 못 가겠다고 버티었습니다. 땅 끝까지 복음을 전해야 하는데 도마가 안 가려고 하니 주님께서는 어떻게든 도마를 인도에 보낼 방법을 생각하셨습니다.

마침 곤도파레스(Gondophares - 세계사에 실재하는 왕)라는 인도의 왕이 궁전을 거창하게 짓고 싶어서 상인 압반에게 예루살렘에서 목수 한 사람을 데리고 오라고 보냈습니다. 예수님은 시장에서 어슬렁거리고 있는 압반을 만나 목수가 필요하냐고 물으시고는 그렇다고 하자 도마를 그에게 팔았습니다. 그리고는 도마에게 "너를 종으로 팔았으니 따라가라."고 하셨습니다. 그래서 도마가 인도로 가게 되었습니다.

곤도파레스 왕을 만난 도마는 6개월 이내에 궁궐을 건설할 책임을 맡고 왕으로부터 그 비용을 받았습니다. 그런데 그 비용을 모두 가난한 사람들에게 나눠 주고 궁궐은 짓지 않았습니다. 기한이 되어 왕이 도마를 불러 궁궐을 다 지었냐고 하자 다 지었다고 대답했습니다. 그래서 언제 준공하러 가면 되냐고 물으니 왕이 세상을 떠날 때나 볼 수 있을 것이라고 했습니다. 왕은 너무 화가 나서 도마와 상인을 같이 옥에 가둬 버리고 불에 태워 죽이기로 했습니다.

그런데 그날 밤에 왕의 동생인 가드가 갑자기 병에 걸려서 죽어버렸습니다. 왕이 슬퍼하며 동생의 장례를 준비하고 있는데, 천사들이 가드의 영혼을 데리고 하늘나라로 갔습니다. 천사들은 가드에게 여러 저택과 궁전을 보여 주면서 살 곳을 선택하라고 하였습니다. 가드가 한 궁전을 지목하니 천사들이 "그곳은 한 그리스도인이 당신의 형을 위해 지은 곳이라 안 됩니다."라고 하였습니다. 가드는 천사에게 돌아가서 형으로부터 그 궁전을 살 수 있도록 도와 달라고 부탁하여 다시 세상으로 돌아왔습니다. 동생이 다시 살아난 것과 하늘의 궁전 이야기를 들은 곤도파레스 왕은 깜짝 놀랐습니다. 그 일로 도마는 감옥에서 풀려나고 곤도파레스 왕과 그의 동생은 도마의 제자가 되었습니다. 이후 도마는 전 인도에 복음을 전하기 시작했습니다.

15세기에 포르투갈인들이 인도를 침략했을 때 말라바 해변을 따라서 크리스천 교회 100여 개를 발견했다고 합니다. 그만큼 도마가 전한 기독교가 인도에서 확장되었던 것입니다. 이후 땅 끝인 동아시아의 중국과 가야, 일본까지 왔다가 다시 돌아갔다는 설이 있습니다.

나그함마디 문서에는 도마행전 외에도 베드로행전, 안드레행전, 요한행전 등이 있습니다. 그리고 바울의 묵시록, 베드로의 묵시록 등 상상을 초월하는 책들이 있습니다. 요즘 도마복음이 인기 있는데, 도마복음은 시기적으로 사복음서보다 조금 앞서 나왔습니다. 도마복음에서는 예수님을 깨달은 분으로 이야기 합니다. 완전 동양적입니다. 그러니 인도와 맞습니다.

후에는 동로마를 통해 러시아에도 기독교가 전파되어 988년에는 기독교를 국교로 정했습니다. 동쪽으로 향한 복음이 가장 활성화된 곳이 러시아였던 것입니다. 중국에는 당나라 때 전래되어 경교(景敎)라는 이름으로 불렸고, 당나라 초기 황제들이 매우 호의를 가지고 경교 사원을 지어 주는 등 큰 번영을 누렸습니다. 메소포타미아 지역에도 일찍 복음이 전파되어서 시리아, 튀르키예, 이라크 등 과거 메소포타미아 지역에 속한 국가들에 지금도 기독교를 믿는 사람들이 많습니다. 시리아에는 기독교인이 수천만 명입니다.

스페인의 야고보

그런데 예루살렘 교회에서 서쪽으로 전도여행을 갈 때 안디옥으로 안 가고 스페인으로 바로 간 사람이 있습니다. 바로 야고보 사도입니다. 예수님의 12제자 중에는 두 사람의 야고보가 있습니다. 한 사람은 사도 요한과 형제인 세배대의 아들 야고보로서, "대야고보"라고 부릅니다. 다른 한 사람은 알패오의 아들 야고보로서, "소야고보"라고 부릅니다. 스페인에 가서 복음을 전한 사도는 대야고보입니다.

야고보가 스페인 전도를 마치고 예루살렘에 돌아온 후 헤롯 아그립바 왕에 의해 죽임을 당했습니다. 12사도 중 최초의 순교자였습니다. 『황금

전설(Legenda aurea)』[3]에 따르면 헤롯 왕에게 처형된 야고보는 제자들에 의해 수습되어 돌로 만든 배에 실려 스페인 북서쪽을 향해 보내졌다고 합니다. 이 배에는 노와 돛도 없고 사람도 타지 않았는데, 두 명의 천사에 의해 인도되어 지중해와 대서양을 지나 스페인의 이리아 지역에 닿았습니다. 그리고 거기서 기다리던 제자들이 시신을 매장했습니다. 그런데 세월이 지나면서 야고보의 무덤의 행방이 묘연해졌는데, 9세기에 한 사람이 상서로운 별빛을 발견하고 그 별빛을 따라 가다가 들판의 한 동굴에서 무덤을 찾게 되었다고 합니다. 무덤 옆에 야고보의 이름이 표기되어 있었습니다. 그래서 그곳에 성당을 세우고 이름을 '야고보 사도의 별의 들판', 즉 '산티아고 데 콤포스텔라'라고 불렀습니다. 산티아고는 성 야고보의 스페인식 이름입니다.

스페인에 내려오는 야고보에 관한 또 하나의 전설이 있습니다. 이슬람군이 기독교 세력인 스페인을 침공해서 스페인군과 싸우는데, 스페인군이 이슬람군에 밀려서 열세에 처했습니다. 그때 어디선가 백마를 탄 야고보가 나타나서 스페인군 앞에서 이슬람군을 무찔렀습니다. 이에 용기를 얻은 스페인군이 야고보의 뒤를 따라가면서 이슬람군을 공격해 큰 승리를 얻었습니다. 이런 이야기가 알려지자 야고보의 흔적을 보려고 스페인으로 가는 사람들이 많아졌고, 그 길이 순례의 길이 되었습니다. 프랑스 남부 국경에서 산티아고 콤포스텔라 성당까지 가는 길이 주 순례길이고, 그 거리가 800㎞입니다. 오늘날도 많은 여행가들이 그 길을 가고 있습니다.

....

3 13세기의 도미니코회 수도사에서 제네바의 대주교가 된 야곱 데 워라기네의 라틴어에 의한 성인전 집성. 원제는 『레잔다 상토룸(Legenda sanctorum)』인데, 널리 행하여졌기 때문에 15세기에 〈황금〉이라는 호칭이 붙었다. - 종교학 대사전.

베뢰아 사람입니까

이데올로기에 속아선 안 된다

예수님께서 모든 민족에게 복음을 전하라고 하셨습니다. 열두 제자에게 명령하셨는데 지금까지는 편향되어 베드로와 바울 외 몇 사람의 이야기만 알려져 있습니다. 그런데 바울은 열두 제자에 든 사람도 아니었고, 로마 제국까지를 '땅 끝'이라고 하는 것은 문제가 있습니다. 앞서 말씀드린 것처럼 예수님의 여러 제자들이 여러 곳으로 가서 복음을 전한 역사가 있습니다.

이후 11-13세기에 걸쳐 10차례의 십자군 원정이 있었습니다. 예루살렘을 장악한 이슬람 세력을 몰아내기 위해 교황이 일으킨 전쟁인데, 1차만 성공하고 이후 9차례의 원정은 모두 실패했습니다. 이후 800년 동안 이슬람이 중앙아시아를 비롯한 중동 지역을 지배함으로써 복음의 동진이 막혔습니다.

중세 시대 교황들은 중국을 비롯한 동쪽 세계에 대해 무지해서 그쪽은 무조건 야만족이고 마귀 나라라고 몰아세웠습니다. 그래서 세계가 양분화되었습니다. 복음이 동쪽으로 간 역사들은 모두 땅에 묻혔고, 서쪽으로 간 역사는 교황이 독차지해서 중세 천 년간 수천만의 사람들을 학살했습니다. 이 모든 역사에 대해 우리는 사실대로 봐야 합니다. 마귀니 뭐니하고 교육된 대로 이야기하는 것을 '이데올로기의 희생자'라고 합니다. 요즘도 정치와 언론에 속아서 열광하는 이데올로기의 희생자들이 있습니다.

예수님의 제자들 중 오늘 말씀드린 다대오, 도마, 야고보 외에도 열혈당 출신의 시몬과 아리마대 요셉은 영국으로 갔다는 기록이 있습니다.

이렇게 복음 전도가 시작되어 이제 세계 끝까지 복음이 거의 다 갔습니다. "너희는 가서 모든 민족을 제자로 삼아 아버지와 아들과 성령의 이름으로 세례를 베풀고 내가 너희에게 분부한 모든 것을 가르쳐 지키게 하라."는 말씀이 이루어지고 있습니다.

오늘 본문 말씀인 시편 22편 27-31절에도 그 내용이 있습니다. 모든 민족, 모든 나라가 다 돌아온다는 것입니다. 지금 세계의 언어가 6,000개라고 하는데 성경이 절반 이상의 언어로 번역되었습니다. 그만큼 세계 곳곳에 복음이 안 들어간 데가 없습니다. 이제는 자기들끼리만 모여서 자기들만 옳고 잘 믿는다고 하는 '이데올로기적 종교'는 끝나야 합니다.

근본주의 신앙의 문제점

우리 시온산 교회는 아담스 선교사를 통해 미국 북장로교 계열의 신앙에 은혜를 받아 창립되었습니다. 북장로교는 성경의 글자 하나하나가 진리라는 근본주의적 신앙체계를 가지고 있습니다. 그런데 그 교리가 종말론적 관점에는 통했지만, 평화시대에는 안 통합니다. 미국의 근본주의적 신앙을 가진 사람들도 후에는 다 변했습니다.

북장로교 계열의 영향을 받은 한국 기독교 사상의 특징은 첫째, 친미(親美)주의입니다. 둘째는 종말론으로서, 얼마 안 있으면 세상이 끝나고 우리만 천국 간다는 사상입니다. 셋째는 예수 재림 대망 사상으로서, 예수님이 곧 오신다고 하면서 현실의 삶을 제대로 살지 않습니다. 또한 술과 담배를 금했습니다. 이렇게 훈련된 것을 진리로 생각하면 안 됩니다. 다만 "이데올로기적으로 한 시대가 이랬구나." 하는 것을 알아야 합니다.

베뢰아 사람입니까

우리는 성경으로, 예수님의 말씀으로 돌아가서 본문 말씀을 통해 모든 것을 확인해야 합니다. 천주교의 교황이 뭐라고 했다거나, 교부가 뭐라고 했다거나, 신학자가 뭐라고 한 것이 중요한 것이 아닙니다. 오직 공정하게 말씀으로 판단해야 합니다.

맺는말

에데사를 통해 동방으로 간 복음은 예수님의 지상 명령을 그대로 이루었습니다. 예수님께서는 모든 민족에게 가서 복음을 전하라고 하셨습니다만 단, '성령이 임하시면'입니다. 동방으로 갔던 제자들은 성령이 임해서 그 땅에서 놀라운 능력을 행하고 순교했습니다.

이번 시간에는 동쪽으로 간 복음이 어떻게 되었는지 살펴보았고, 그에 대해 우리는 어떻게 생각해야 하는가에 대해서 말씀을 전해 드렸습니다.

6

창세기 전체 구조 이해하기, 성경이 다른 신화와 다른 점은?

2019. 3. 24.

창세기 1:1-5, 창세기 5:1-32, 시편 19:1-14

창 1:1-5 "태초에 하나님이 천지를 창조하시니라 ○ 땅이 혼돈하고 공허하며 흑암이 깊음 위에 있고 하나님의 영은 수면 위에 운행하시니라 ○ 하나님이 이르시되 빛이 있으라 하시니 빛이 있었고 ○ 빛이 하나님이 보시기에 좋았더라 하나님이 빛과 어둠을 나누사 ○ 하나님이 빛을 낮이라 부르시고 어둠을 밤이라 부르시니라 저녁이 되고 아침이 되니 이는 첫째 날이니라"

창 5:1-32 "이것은 아담의 계보를 적은 책이니라 하나님이 사람을 창조하실 때에 하나님의 모양대로 지으시되 ○ 남자와 여자를 창조하셨고 그들이 창조되던 날에 하나님이 그들에게 복을 주시고 그들의 이름을 사람이라 일컬으셨더라 ○ 아담은 백삼십 세에 자기의 모양 곧 자기의 형상과 같은 아들을 낳아 이름을 셋이라 하였고 ○ 아담은 셋을 낳은 후 팔백 년을 지내며 자녀들을 낳았으며 ○ 그는 구백삼십 세를 살고 죽었더라 ○ 셋은 백오 세에 에노스를 낳았고 ○ 에노스를 낳은 후 팔백칠 년을 지내며 자녀들을 낳았으며 ○ 그는 구백십이 세를 살고 죽었더라 ○ 에노스는 구십 세에 게난을 낳았고 ○ 게난을 낳은 후 팔백십오 년을 지내며 자녀들을 낳았으며 ○ 그는 구백오 세를 살고 죽었더라 ○ 게난은 칠십 세에 마할랄렐을 낳았고 ○ 마할랄렐을 낳은 후 팔백사십 년을 지내며 자녀들을 낳았으며 ○ 그는 구백십 세를 살고 죽었더라 ○ 마할랄렐은 육십오 세에 야렛을 낳았고 ○ 야렛을 낳은 후 팔백삼십 년을 지내며 자녀를 낳았으며 ○ 그는 팔백구십오 세를 살고 죽었더라 ○ 야렛은 백육십이 세에 에녹을 낳았고 ○ 에녹을 낳은 후 팔백 년을 지내며 자녀들을 낳았으며 ○ 그는 구백육십이 세를 살고 죽었더라 ○ 에녹은 육십오 세에 므두셀라를 낳았고 ○ 므두셀라를 낳은 후 삼백 년을 하나님과 동행하며 자녀들을 낳았으며 ○ 그는 삼백육십오 세를 살았더라 ○ 에녹이 하나님과 동행하더니 하나님이 그를 데려가시므로 세상에 있지 아니하였더라 ○ 므두셀라는 백팔십칠 세에 라멕을 낳았고 ○ 라멕을 낳은 후 칠백팔십이 년을 지내며 자녀를 낳았으며 ○ 그는 구백육십구 세를 살고 죽었더라 ○ 라멕은 백팔십이 세에 아들을 낳고 ○ 이름을 노아라 하여 이르되 여호와께서 땅을 저주하시므로 수고롭게 일하는 우리를 이 아들이 안위하리라 하였더라 ○ 라멕은 노아를 낳은 후 오백구십오 년을 지내며 자녀들을 낳았으며 ○ 그는 칠백칠십칠 세를 살고 죽었더라 ○ 노아는 오백 세 된 후에 셈과 함과 야벳을 낳았더라"

시 19:1-14 "하늘이 하나님의 영광을 선포하고 궁창이 그의 손으로 하신 일을 나타내는도다 ○ 날은 날에게 말하고 밤은 밤에게 지식을 전하니 ○ 언어도 없고 말씀도 없으며 들리는 소리도 없으나 ○ 그의 소리가 온 땅에 통하고 그의 말씀이 세상 끝까지 이르도다 하나님이 해를 위하여 하늘에 장막을 베푸셨도다 ○ 해는 그의 신방에서 나오는 신랑과 같고 그의 길을 달리기 기뻐하는 장사 같아서 ○ 하늘 이 끝에서 나와서 하늘 저 끝까지 운행함이여 그의 열기에서 피할 자가 없도다 ○ 여호와의 율법은 완전하여 영혼을 소성시키며 여호와의 증거는 확실하여 우둔한 자를 지혜롭게 하며 ○ 여호와의 교훈은 정직하여 마음을 기쁘게 하고 여호와의 계명은 순결하여 눈을 밝게 하시도다 ○ 여호와를 경외하는 도는 정결하여 영원까지 이르고 여호와의 법도 진실하여 다 의로우니 ○ 금 곧 많은 순금보다 더 사모할 것이며 꿀과 송이꿀보다 더 달도다 ○ 또 주의 종이 이것으로 경고를 받고 이것을 지킴으로 상이 크니이다 ○ 자기 허물을 능히 깨달을 자 누구리요 나를 숨은 허물에서 벗어나게 하소서 ○ 또 주의 종에게 고의로 죄를 짓지 말게 하사 그 죄가 나를 주장하지 못하게 하소서 그리하면 내가 정직하여 큰 죄과에서 벗어나겠나이다 ○ 나의 반석이시

베뢰아 사람입니까

요 나의 구속자이신 여호와여 내 입의 말과 마음의 묵상이 주
님 앞에 열납되기를 원하나이다"

족보 이해하기

우리 교회 앞에 황성공원이 있는데, 황성공원 숲에 어떤 나무들이 있는
지 알려면 숲을 전체적으로 볼 수 있는 독산에 올라가면 됩니다. 독산에
올라가서 황성공원 숲을 보면 중앙에는 소나무 군락이 있고, 양쪽으로는
참나무와 느티나무가 있습니다.

이번 시간에는 창세기를 공부하려고 하는데, 창세기를 이해하려면 숲
을 보듯이 먼저 전체 구조를 알아야 합니다. 창세기를 이해하면 수난주
간에 많은 은혜를 받을 수 있습니다. 창세기는 1-50장까지 있으며, 그 안
에 10개의 족보가 있습니다. 이 족보를 세밀히 조사하면 창세기 전체의
비밀을 알 수 있습니다. 이것이 창세기 전체를 보는 입장입니다.

집집마다 족보가 있지만 족보를 읽기가 어렵습니다. 오늘 족보 읽는 법
을 간단히 가르쳐 드리겠습니다. 족보는 수직과 수평으로 되어 있습니
다. 아버지에서 맏아들, 그 맏아들의 맏아들로 내려가는 것이 수직적 족
보입니다. 그다음에 양쪽으로는 수평적인 족보로 방계인 아버지 형제들
의 족보가 있습니다. 역사를 축약하려면 족보가 필요합니다.

유대 나라에서는 족보를 '톨레도트'라고 합니다. 창세기는 아담부터 족
보가 시작되며 10개의 족보가 있습니다. 수직 족보가 11장까지 이어집니
다. 그리고 12장부터는 아브라함의 역사가 시작되면서 아브라함, 이삭,
야곱, 요셉의 이야기까지 족보가 이어집니다. 그런데 유감스럽게도 여자

는 족보에서 제외했습니다. 하나님께서 천지창조하실 때 마지막 작품이 여자였습니다. 하나님께서 이 모든 것을 지으신 후 "보시기에 심히 좋았더라"고 하셨습니다.

하나님이 얼마나 여자를 똑똑하게 창조하셨으면 "남자를 좀 도와줘라."고 하셨겠습니까? 원래 보필을 받는 사람보다 보필하는 사람이 똑똑합니다. 하나님께서 이처럼 귀하게 창조하신 여자인데 역사가 잘못되어서 유대 나라부터 여자를 학대하는 야만족 문화가 되었습니다. 예수님은 남자 제자만이 아니라 여자 제자들에게도 똑같이 말씀을 전하셨습니다. 그동안 그 내용들이 역사 속에 묻히긴 했지만 발굴되고 있습니다.

창세기의 구조

창세기 1-11장의 역사를 간단히 말씀드리겠습니다. 하나님이 세상을 창조하신 후 인간이 타락해서 홍수가 일어났습니다. 8장까지 창조-타락-홍수의 이야기가 이어지고, 11장에 바벨탑 사건이 나옵니다. 족보는 아담부터 노아까지의 족보가 5장에, 노아의 세 아들부터 데라까지의 족보가 10장과 11장에 걸쳐서 나옵니다. 12장부터는 아브라함이 나오며, 이삭과 야곱의 이야기로 이어집니다. 그리고 38장부터 요셉이 나오고 50장에서 끝납니다.

창세기는 창조의 원역사와 수직과 수평 족보, 족장 네 사람의 이야기들로 이루어져 있습니다. 그런데 사실 족장은 아브라함, 이삭, 야곱, 이 세 사람이고, 요셉은 족장이 아닙니다. 뒤에 보면 하나님께서 "아브라함의 하나님이요 이삭의 하나님이요 야곱의 하나님이요."라고 하십니다. 족장으로서 하나님과 직접 계약한 사람은 야곱까지입니다. 요셉은 그 아들 두 명이 12지파에 들어갔습니다.

이것이 창세기의 전체적인 구조입니다. 구조적으로 먼저 전체를 이해해야지, 하나하나 부분적으로 보면 한참 읽다가 어디가 어딘지 헤맵니다.

하나님의 말씀을 이해하지 못하는 이유

두 번째로 사람들이 왜 하나님의 말씀을 이해하지 못하는가에 대해서 말씀드리겠습니다. 이에 대해 설명하자면, 하나님의 말씀인 성경을 일반 책으로 보느냐, 계시된 특별한 책으로 보느냐는 문제부터 분명하게 해야 합니다. 영어로는 일반 책을 '어 북(a book)'이라고 하고, 특별한 책은 '더 북(The Book)'이라고 하는데, 우리 믿는 사람들에게 있어 성경은 'The Book'입니다.

현대인들이 성경을 이해하는 방법으로 첫 번째는 이성적으로 판단하는 것입니다. 성경의 내용들이 사실인지 아닌지 따집니다. 하나님이 천지를 창조하셨다고 하니 증거가 있느냐는 것입니다. 현대는 사실적인 증거를 다 내놔야 합니다. 자료가 없으면 인정하지 않습니다. 이것이 현대인이 성경을 이해하지 못하는 가장 큰 이유 중의 하나입니다. 이성적으로 판단할 때 이해가 안 된다는 것입니다.

하나님께서 빛을 창조하셨다고 했는데, 태양은 4일째에 창조되었습니다. 그러면 그전의 빛은 뭐냐고 합니다. 사실을 기준으로 성경을 읽는 현대인들은 이성적이고 합리적이며 비판적입니다. 증거가 없으면 믿지 않습니다. 이런 읽기 방법이 현대인의 방법입니다. 그러니 현대인들은 창세기 1장 1절부터 못 믿습니다. 천지를 창조했다는 것을 어떻게 믿느냐는 것입니다. 그래도 무조건 믿으라는 것은 현대인에게 통하지 않습니다.

성경의 텍스트학

18세기부터 역사학과 비평학이 발달하면서 이성적으로 세상을 바라보기 시작했습니다. 어떤 문제가 생기면 팩트(fact), 즉 사실이 무엇인지부터 찾습니다. 사실은 진리라고 현대인들은 생각합니다. 진리=사실의 등가 법칙입니다. 우리는 모두 학교에서 그런 교육을 받았습니다. 사실을 근거로 한 비교, 분석, 증거가 없으면 인정을 못 받습니다.

18세기부터 이런 학문이 시작되었으니 약 220년 되었습니다. 그런데 겨우 220년 된 비평학으로 3,000년이 넘은 성경을 이해할 수 있을까요? 모든 역사학자들이 불가능하다고 합니다. 상황도 역사도 다릅니다. 그 시대의 역사적 상황과 사람들을 현대의 관점에서 이해하기란 어려운 일입니다.

성경을 제일 먼저 읽은 사람들은 유대 나라의 성전과 회당 공동체입니다. 랍비가 회당에서 성경을 읽으면 모두 들었습니다. 그들이 1차 청중이었습니다. 2차 청중은 1세기의 크리스천들, 즉 기독교 공동체였습니다. 3차 청중은 현대의 우리들로서, 제일 늦게 성경을 읽는 사람들입니다. 그런데 현대의 비평적 관점으로 보니 증거도 없고 사실이 뭔지 모르겠다고 하면서 성경을 덮습니다. 그러면서 본인이 똑똑한 줄 압니다.

모든 성경은 하나님의 감동으로 기록되었다고 했습니다(딤후 3:16). 3,500년 전에 성령께서 오셔서 마음을 감동시키셔서 말씀을 기록하게 하고 고백하게 하셨습니다. 성경은 믿음의 고백으로 기록된 것입니다. 그런데 오늘날 이성으로 판단해서 이 성경이 잘못되었다고 합니다. 이것은 마치 손자가 저 윗대의 할아버지를 현대의 관점으로 이러쿵저러쿵 판단하는 것과 같습니다. 성경은 인간의 상식으로 이해할 내용이 아닙니다. 그래서 성경은 첫째, 믿음으로 읽어야 합니다.

그리고 중요한 것이 하나 더 있습니다. 중근동의 역사에서 유대 나라보다 오랜 역사를 가진 나라들이 있습니다. 이집트나 메소포타미아 지역의 나라들이 그렇습니다. 그들 역시 창세기를 다 가지고 있습니다. 바벨론의 점토판 '에누마엘리쉬(Enuma Elish)'에 보면 창세기와 비슷한 인간 창조 이야기가 있습니다. 이집트 역시 창조의 이야기가 있습니다. 그러면 우리가 과거의 오랜 역사를 수평적으로 읽는 데 있어 성경이 다른 책과 구분되는 것이 무엇일까요?

구분점 1: 창조주 하나님은 유일하시다

첫째, 하나님의 이름 중 '엘로힘'은 창조주 하나님의 이름입니다. 엘은 '하나님', '신'이라는 뜻입니다. '엘 바알'이라고 하면 바알신, '엘 마르둑'이라고 하면 마르둑 신이라는 의미입니다. 히브리어 엘로힘(אלהים)의 '엘'은 '하나님'이라는 뜻의 단수인데, 엘לא(하나님) + 하임םי'ה(복수)의 구조입니다. 엘로힘은 형태상으로 복수이지만 장엄복수형으로써, 수적인 다수를 뜻하는 것이 아니라 그 존재의 위대함이나 탁월성을 나타낼 때 유대에서 관용적으로 쓰는 용법입니다. 따라서 엘로힘은 '신들'이 아니라 유일하시고 무한하신 창조주 하나님이란 뜻입니다.

중근동 역사에서 신은 많지만 참 신은 유일하신 하나님뿐입니다. 바벨론과 이집트에서는 별도 신이고 달도 신입니다. 옛날 우리나라에서도 자연을 인격화하여 '해님, 달님'이라고 불렀습니다. 자연은 생명에게 필요해서 하나님이 창조하신 것인데, 그 자연을 신으로 생각하는 것은 잘못된 것입니다. 엘로힘은 신들 중의 신이 아니라 유일하신 하나님이라는 뜻입니다.

구분점 2: 말씀으로 창조된 세계

두 번째 특징은 말씀으로 창조하심입니다. 창세기 1장에서 '하나님이 가라사대(히브리어: 와요메르 엘로힘)'라고 하신 것이 말씀으로 창조하시는 장면입니다. "빛이 있으라" 하고 말씀하시니 그대로 이루어졌습니다. 명령하시니 그대로 이루어지는 것입니다.

하나님이 창조하신 인간이 말씀을 못 깨닫자 그 아들을 말씀으로 보내셨습니다. "말씀이 육신이 되어 우리 가운데 거하시매 우리가 그 영광을 보니 아버지의 독생자의 영광이요 은혜와 진리가 충만하더라(요 1:14)" "태초부터 있는 생명의 말씀에 관하여는 우리가 들은 바요 눈으로 본 바요 자세히 보고 우리의 손으로 만진 바라 ○ 이 생명이 나타내신 바 된지라 이 영원한 생명을 우리가 보았고 증언하여 너희에게 전하노니 이는 아버지와 함께 계시다가 우리에게 나타내신 바 된 이시니라(요일 1:1-2)"라고 요한 사도는 고백했습니다. 말씀으로 천지창조를 한 신은 바벨론과 이집트에 없습니다.

우리의 새로운 생명과 새로운 삶은 말씀을 통해 얻어집니다. 신앙생활

중에 외롭고 고통스럽고 힘들 때 말씀을 암송하십시오. 그러면 바로 힘이 납니다. 재창조됩니다.

구분점 3: 자기 형상대로 창조하시다

바벨론 신화에는 사람을 진흙으로 지었다는 내용이 있습니다. 상급 신들과 하급 신들이 있었는데, 상급 신들은 누리면서 살았지만 하급 신들은 할 일이 너무 많았습니다. 유프라테스 강이 한 번씩 범람하면 관개 작업을 해야 하는데 노동할 신이 없어서 "우리도 신인데 우리보다 못한 노예를 창조해 달라."고 하급 신들이 항의를 했습니다. 그래서 상급 신들은 하급 신의 노동을 대신할 인간을 창조하기로 합니다. 신의 정자와 유인원의 난자를 빼서 수정을 한 후 인간을 만들고 노동에 동원했습니다. 인간이 하급 신들을 대신하여 노예로서 일을 하니 신들은 이제 행복하다고 합니다. 이것이 바벨론 최고의 신화입니다.

바벨론 신화에는 "자기 형상대로 창조했다."라는 말이 없습니다. 인간을 생명으로 존중한다는 말이 없습니다. 인간을 채찍으로 다스리고 말을 듣지 않으면 사형으로 다스렸습니다. 그런데 히브리 성경에는 하나님께서 사랑으로 '자기 형상대로' 창조하셨다고 하였습니다. 그래서 하나님의 아들 예수님도 우리와 똑같은 인간의 모습으로 오신 것입니다. 우리와 똑같이 식사하시고 주무시고, 많이 걸으면 피곤한 인성을 가졌습니다. 성경이 세계의 모든 경전보다 대단한 점은 바로 이런 내용들이 있기 때문입니다. 이것이 세 번째 특징입니다.

구분점 4: 안식일

네 번째 특징은 안식일입니다. 하나님께서 6일간 세상을 창조하시고 7일째 안식하시며 사람과 모든 생명에게도 안식을 명하셨습니다. 중근동의 다른 신화에서도 신들이 창조 후 안식했지만 사람에게 안식일을 주지는 않았습니다. 사람뿐 아니라 모든 생명에게 안식일을 주신 분은 하나님뿐이십니다. 6일을 열심히 살고 7일째에는 모두가 휴식하고 감사하고 찬양하며 성경의 비밀을 깨닫고 춤추고 노래하라는 것이 안식일의 의미입니다.

시간이란 원래 존재하지 않습니다. 우리의 뇌가 시간을 만들어 냈을 뿐입니다. 2018년, 2019년 등 연도를 정하는 것은 인간의 뇌가 그것을 필요로 해서 만든 것이지 실제로 시간은 없습니다. 그런데 성경은 콕 집어서 '안식일을 기억하여 그날을 지키라'고 하여 7의 배수로 전 역사를 쟀습니다. 그래서 원래 이스라엘에는 달력이 없었습니다. 8일째 되는 날은 안식일 다음 날이자 한 주를 시작한다는 의미일 뿐입니다.

인간은 시간에 매여서 나이를 지나치게 인식합니다. 특히 여성들은 얼굴에 주름이 생기며 노화되는 것에 극히 민감합니다. 그러나 스트레스받지 맙시다. 하나님 말씀을 묵상하고 감사하면서 살아가면 여성들은 빛이 납니다. 남자보다 아우라가 있습니다. 그런데 타락해서 원빛이 어두워졌습니다. 창세기를 읽으며 그 아우라를 회복해야 합니다.

요약하면, 성경은 계시의 책으로서 다른 책들과 네 가지가 다릅니다. 첫째, 엘로힘 하나님은 신들 위의 신이 아니라 오직 한 분뿐이십니다. 둘째, 말씀으로 세상을 창조하였습니다. 하나님의 우주 창조의 근본은 사람입니다. 셋째, 자기 형상대로 사람을 창조하셨습니다. 넷째, 안식일을 주어서 하루를 쉬게 하셨습니다.

시대와 해석의 한계

성경을 이성과 과학으로 이해하고 판단하는 데 얼마나 큰 한계가 있는지 물리학의 역사를 통해 살펴보겠습니다. 고대에는 태양이 동쪽에서 떠서 서쪽으로 지는 것을 보고 지구는 가만히 있고 태양이 움직이는 것이라고 생각했습니다. 그런데 코페르니쿠스가 관찰을 해 보니 태양이 움직이는 것이 아니라 지구가 스스로 돌며 태양의 주위를 돈다는 사실을 발견했습니다. 천동설이 아니라 지동설인 것입니다. 그러나 본인이 천주교의 신부라서 교회의 입장과 반대되는 것을 염려하여 죽을 때쯤 되어 지동설에 대한 책을 냈습니다. 후에 갈릴레오가 코페르니쿠스의 지동설을 확증하며 주장했지만 종교재판을 받아 죽을 고비를 겪었습니다.

그다음에 뉴턴이 나와서 만유인력을 재창했고, 한참 후에 아인슈타인이 나왔습니다. 아인슈타인의 유명한 쌍둥이 역설이 있습니다. 쌍둥이 두 명 중 한 명은 지구에 남아 있고 다른 한 명은 우주선을 타고 지구 밖을 여행하고 오면 여행을 다녀온 쌍둥이가 지구에 남은 쌍둥이보다 나이를 더 적게 먹는다는 것입니다. 우주선의 속도가 빛보다 빠르다고 가정하면 지구에 남은 사람이 더 나이를 먹은 게 됩니다. 그 이야기를 하니 당시의 사람들이 미쳤다고 했습니다. 아인슈타인은 자기가 제일 똑똑하다 싶었는데, 보어와 슈뢰딩거가 나와서 양자역학을 이야기했습니다. 아인슈타인은 양자역학을 부인하며 연구에 몰두했으나 다 하지 못하고 죽었습니다. 세포와 분자, 원자 세계 외에 소립자와 쿼크 단위까지 쪼개질 줄은 예전에는 생각지도 못했습니다. 오늘날 양자역학이라는 학문이 나왔지만 과거의 과학 수준에 머물러 있는 사람은 여전히 뉴턴이나 아인슈타인식 해석을 할 것입니다.

이렇게 과학은 시대마다 발전되어 왔는데, 한 시대의 과학의 잣대로 성경을 이해하고 해석하는 것은 어리석은 일입니다. 오히려 과학이 첨단으로 발전할수록 성경 이해의 길이 조금씩 열릴지도 모릅니다.

> 창 1:1-2 "태초에 하나님이 천지를 창조하시니라 ○ 땅이 혼돈
> 하고 공허하며 흑암이 깊음 위에 있고 하나님의 영은 수면 위
> 에 운행하시니라"

천지는 유대인의 관용구로써, 우주를 말합니다. 하나님이 우주의 광활한 혼돈과 어둠 속에 시간과 공간을 창조하시고, 거기에 인간을 살게 하셨습니다. 이것은 우주학적으로 너무나 큰 비밀입니다. 현대에 와서야 이 내용이 맞다는 사실이 밝혀지고 있습니다. 우주의 98%가 흑암 에너지인데, 그중에 빛이 있는 곳이 태양계입니다. 거기에 인간을 창조하셨습니다. 그때 우주는 혼돈하고 공허하며 흑암이 깊음 위에 있었습니다. 생명이 없는 우주는 이렇습니다. 이것이 창조의 재료입니다. 창조의 재료가 혼돈, 공허, 흑암입니다.

혼돈 속에서 하나님이 질서를 창조하셨습니다. 신앙생활을 하다보면 혼돈스러울 때가 있습니다. 나이가 들어가면 혼돈스럽고 공허합니다. 그래서 돈으로 끌어올리려고 하지만 안 됩니다. 그 혼돈과 공허함 가운데

빛이신 하나님의 말씀이 들어오니 삶에 질서가 섭니다. "살아 보니 뭐 하나, 자식 키워도 결국 헛되네."라고 했는데, 살 의미가 있어집니다. 내가 이루고 싶은 것을 이루고, 소명대로 살아야겠다 싶습니다. 흑암이 깊음 위에 있듯이 과거만 기억되고 캄캄하고 어두운 내 삶에서 기쁨과 감사가 실존적으로 우리 삶에 나타납니다. 그래서 "이분이 창조주이시구나. 질서 없는 내 삶에 질서를 부여하시고, 의미 없는 삶에 의미를 부여하시고 살맛나게 하시네. 이분의 이름으로 오신 분이 예수님이네."라고 하게 됩니다.

맺는말

오늘은 창세기를 이해하는 데 있어 전체적인 구조 중심으로 살펴보았습니다. 또한 기독교가 계시의 종교라는 점에 대해서 함께 은혜를 나눴습니다. 3,500년 전 성경을 기록하게 하신 분은 성령 하나님입니다. 그분을 보혜사로 노래합니다(그가 너희에게 모든 것을 가르치고 내가 너희에게 말한 모든 것을 생각나게 하리라 요 14:26). 이분은 영원하신 하나님이십니다. 그분이 오셔서 우리를 감동하게 하시고 깨닫게 해 주셔야 성경을 알 수 있습니다. 오늘도 부활하신 예수 그리스도 이름을 부르며 기도합시다. 그러면 그분이 오시고, 성경을 환히 깨닫게 해 주십니다.

7

그리스도와 함께 죽고 생각을 부활시키자

2019. 4. 14.

갈라디아서 2:20

"내가 그리스도와 함께 십자가에 못 박혔나니 그런즉 이제는 내가 사는 것이 아니요 오직 내 안에 그리스도께서 사시는 것이라 이제 내가 육체 가운데 사는 것은 나를 사랑하사 나를 위하여 자기 자신을 버리신 하나님의 아들을 믿는 믿음 안에서 사는 것이라"

수난주간과 신앙성숙

오늘은 주님께서 예루살렘에 입성하신 종려주일입니다. 이후에 예수님의 수난과 부활 주간으로 이어집니다. 예수님이 이 땅에 오셨을 때 많은 사람들이 예수님을 따랐지만 예수님이 수난받으실 때 끝까지 예수님과 함께한 사람은 아무도 없었습니다. 결국 자기의 필요에 의해서만 예수님을 따랐던 가짜 제자들이었던 것입니다. 예수님을 따랐던 제자들을 단계별로 구분하고, 진정한 제자라면 어느 단계까지 이르러야 하는지에 대해서 먼저 생각해 보겠습니다.

1단계 제자는 떡 먹기 위해 오는 사람들입니다. 그들은 떡 먹을 때는 있다가 그다음에는 갑니다. 병이 들었을 때 주님께 치료받고 가는 이들도 제1 가짜 제자에 해당됩니다. 2단계 제자는 오늘 종려주일처럼 예수님이 예루살렘에 입성하실 때 "호산나"라고 외치며 옷도 던지고 종려나무가지도 던지던 무리들입니다. 그들은 예수님을 정치적 메시아로 오해했다가 실망해서 떠났습니다.

기독교의 핵심 중 하나가 진실입니다. 진실함이 답입니다. 그런데 양심적으로 말하고 진실을 말하면 고난을 겪습니다. 수난을 받습니다. 예수님이 진리와 진실을 말씀하시다가 이처럼 수난을 당하셨습니다. 예수님께서 십자가 수난을 앞두고 겟세마네 동산에 기도하러 가실 때 3단계 제자는 겟세마네 동산까지는 따라갑니다. 그런데 주님을 위해서 기도하라고 하면 잡니다.

진정한 제자라면 주님이 십자가를 메고 가는 길을 따라가야 하는데, 그런 제자가 없습니다. 앞장서 가던 베드로는 오리발을 몇 개나 가지고 다니며 예수님을 모른다고 했습니다. 예수님이 골고다 언덕에서 십자가에 죽으실 때 따라간 제자가 없습니다. 누구는 있었다고 주장하지만 그에 대한 정식 기록은 없습니다. 3단계 제자부터 어렵습니다. 수난을 받아야 하는데, '수난'이라고 하면 귀신도 도망간다고 합니다. 그만큼 수난이 어렵습니다.

우리의 삶을 정당화할 필요는 없지만 예수님의 제자들을 보면 우리는 잘하는 편에 속하지 않습니까? 예수님의 제자들은 우리의 선배들로서 반면교사가 되어 주었습니다. 예수님이 십자가 수난 후 무덤에 묻힐 때도 제자들은 공범으로 잡혀서 감옥에 들어가거나 죽을까 봐 숨어 있었습니다. 또한 그들은 돌아가신 예수님의 무덤을 찾으러 간 것이 아니라 원래의 직업인 어부로 돌아가 고기나 잡으러 갔습니다. 스승이라고 따랐던 예수님은 죽어 버렸고, 예수님이 말씀하셨던 부활은 믿을 수 없는 일이었기 때문입니다. 이렇듯 인간으로서의 제자들은 모두 F 학점으로 불합격입니다. 합격한 사람이 없습니다. 우리도 이런 제자들 수준의 중간쯤 됩니다.

우리는 예수님의 수난에 대해 슬픈 척, 괴로운 척합니다. 바울의 말대로 그리스도와 함께 죽으라고 하면 죽은 척도 합니다. 그러나 부활은 못합니다. 유럽이 예수 잘 믿는 것처럼 행세했지만 히틀러가 나와서 전 유럽을 망치고 생명들을 마구 죽일 때, 본회퍼 같은 신학자는 지금까지 목사들의 설교와 눈물은 모두 가짜라고 했습니다. 바른말 하는 신학자나 목사가 하나도 없다는 것입니다. 우리 인간은 이런 정도의 수준밖에는 안 됩니다. 바울이 외친 것은, 부활하신 예수님을 통해서 우리가 그분을 믿고 새사람이 되어 완전함에 이를 때까지 힘을 다해 주님을 따라야 한다는 것입니다.

예수님께 많은 사람들이 왔지만 1단계부터 불합격한 제자들이 많습니다. 예수님이 유대인들의 자존심을 상하게 하자, "호산나"라고 환영한 민중들이 앞장서서 십자가에 달라고 고함질렀습니다. 이번 주간이 찬스입니다. 부활하신 예수님을 믿고 새사람이 되는 것에서 끝나는 것이 아니라 단계적으로 성숙되어서 우리가 사는 이 땅에서 먼저 천국을 이루어 내고 죽어서도 천국에 갈 수 있는 사람으로 완성될 때까지 성숙해야 합니다. 이것이 이번 설교의 핵심입니다.

인간의 뇌 구조

주보 뒷면에 하나님이 창조하신 인간의 뇌가 그려져 있습니다. 대뇌 신피질, 구피질, 뇌간 등이 있는데 대뇌생리학에서 머리를 MRI 영상으로 찍으면 이렇게 보입니다. 다른 식으로 보면 이성의 뇌(인간의 뇌), 포유류 뇌, 파충류 뇌입니다. 도마뱀, 악어, 개구리 등 파충류들은 파충류 뇌밖에 없습니다. 새끼를 낳아 키우며 젖을 먹이는 모든 포유류는 둘째 뇌인 포유류 뇌만 발달했습니다. 그다음에 사람은 제일 바깥의 인간의 뇌, 이성의 뇌가 크게 발달해 있습니다.

우리들이 생각하고 결정하는 모든 문제는 3층의 뇌에서 결정합니다. 예외가 없습니다. 그래서 이번 설교의 제목을 '그리스도와 함께 죽고 생각을 부활시키자'라고 한 것입니다. 믿음 안에서 우리도 죽고 부활해서 새사람이 되어 완전하게 되지 않으면 부활의 의미가 없습니다. 죽은 척, 슬픈 척하며 평생 교회에 나가도 스트레스만 받고 의미가 없습니다. 오늘날 좋은 교회도 많지만 진리와 관계없이 사람들 마음만 얻어서 헌금을 많이 하게 하는 교회들이 있습니다. 그런 교회는 하나님이 기억하시지 않습니다. 그건 교회가 아닙니다.

3뇌의 역할과 특징

인간은 3층의 뇌를 가지고 있다고 했는데, 각 뇌의 역할에 대해서 알아보겠습니다. 제일 바깥에 있는 인간의 뇌는 첫째, 지구 환경과 우주 환경, 생태계 환경에 대한 의식을 갖게 합니다. 이 뇌가 없는 동물들은 지구가 어떻게 되는지에 대한 생각이 없습니다. 둘째, 하나님이 우리 인간과 자연을 창조하셨다는 마인드가 있습니다. 셋째, 인류에 대한 공감 의식이 있습니다. 가난하고 불행한 사람들에 대해서, 또 국제 분쟁에 대해서도 아픈 마음을 가지고 기도도 합니다. 그런 사람은 인간의 뇌를 가진 사람이고 건강한 사람입니다. 스스로 체크해 봅시다.

제2뇌는 감정의 뇌, 포유류 뇌입니다. 부모와 자식, 형제, 친구를 생각하는 뇌입니다. 즉 인간관계를 하게 하는 뇌입니다. 말도 안 하고 혼자 들어앉아서 세상을 냉소적으로 보면 제2뇌가 아픈 것입니다. 우울증이나 치매가 발생합니다. 그런데 이 뇌의 기능이 오버되면 자기 자식밖에 모릅니다. 드라마 〈스카이캐슬〉에서도 부모들이 자식을 한국 사회의 최상위 엘리트 계층으로 넣으려고 난리치는 내용이 나옵니다. 아버지가 딸만 생각하는 것을 딸 바보라고 하는데, 이런 아버지들은 딸의 결점을 모릅니다. 일부러 모르는 척하는 것이 아니라 진짜 모릅니다. 딸이 최고로 예뻐 보이고 최고로 총명하게 보입니다. 그런가 하면 엄마들 중에는 아들만 생각하는 아들 바보가 있습니다. 그들 역시 자기 아들의 문제를 모릅니다. 살아갈수록 남편과는 안 맞아서 아들에게 기대를 거는데, 큰아들에게 기대했다가 막내아들에게 기대했다가 손자에게 기대했다가 인생이 끝납니다.

뇌의 제일 안쪽인 파충류 뇌(제1뇌)는 혼자 먹고사는 것밖에 모릅니다. 악어 같은 파충류는 자기 먹을 것만 아는 생존의 뇌밖에 없습니다. 부모 형제나 다른 사람들은 어떻게 되든지 관심 없이 자기만 잘 먹고 잘살면 된다는 사람은 파충류 뇌만 발달한 사람입니다.

성숙하고 새사람이 되는 것은 3층의 뇌가 다 건강해지는 것입니다. 하나님께서 인간의 뇌를 창조하실 때 뇌를 구분시켰습니다. 뇌 하나를 4주 간만 활용하지 않으면 그 뇌가 거의 죽습니다. 세포가 생성되지 않습니다. 예를 들어 자식이 엄마 생각하지 않고 엄마가 자식 생각하지 않으면 해당 뇌가 죽습니다.

3뇌의 불균형으로 나타나는 문제점

가장 중요한 것은 창조하신 자의 형상을 따라서 우리가 새로워져야 하는 것입니다. 사도 바울도 자기를 창조하신 자의 형상을 입어 새사람이 되었고, 새사람으로서의 어려움과 고통을 계속 이야기합니다. 하나님께서 3뇌를 창조하셨는데, 3뇌가 불균형이 되면 어떻게 될까요?

제일 바깥 뇌인 인간뇌가 죽으면 지구가 어떻게 되든지 아무 관심 없이 쓰레기를 아무 데나 버립니다. 우주에 대해서도, 세상에 대해서도 관심이 없고 창조주 하나님도 모릅니다. 인간뇌가 죽으면 두 번째 감정 뇌가 커져서 자기 가족밖에 모르는 가족 이기주의에 떨어집니다. 〈스카이캐슬〉에서처럼 내 새끼는 어떻게 해서든지 최고의 스펙을 쌓아야 하니 한 달에 수천 만 원씩 주고 과외를 시키고, 남의 가족은 어떻게 되든지 내 가족만 잘살면 된다는 주의입니다. 그리고 두 번째 뇌가 죽으면 자기 혼자 맛있는 것 먹으면서 부모는 어떻게 되든지 관심이 없습니다.

3개의 뇌가 건강한지 각자 체크해 봅시다. 오늘날 많은 문제가 제일 안의 파충류 뇌만 발달시켜서 발생한 것입니다. 여기에 이어서 만약 둘째 포유류 뇌까지 이상하면 사이코패스가 됩니다. 그리스도 안에서 새사람이 되는 원리를 바울이 계속 외치는데, 대뇌 생리학적으로 설명하는 이유는 가장 원칙적인 내용이므로 일반성이 있기 때문입니다.

탐욕을 경계하라 : 한계효용 체감의 법칙

갈 5:24 "그리스도 예수의 사람들은 육체와 함께 그 정욕과
탐심을 십자가에 못 박았느니라"

3뇌 중 한 부분의 기능이 잘못되어 발생하는 부작용들에 대해 구체적
으로 말씀드리겠습니다. 파충류 뇌와 포유류 뇌, 인간 뇌가 각각 지나쳐
져서 탐욕에 빠지는 내용이 다릅니다.

파충류 뇌의 역할로 먹고, 자고, 노력해서 돈 벌고, 결혼해서 자식 낳는
것은 정상입니다. 이런 것을 탓하는 것은 사탄입니다. 하나님이 창조하
실 때 이렇게 창조하셨으니 이런 것으로 심각해질 필요는 없습니다. 다
만 파충류 뇌가 오버되면 자기밖에 모르고 나만 잘 먹고 잘살면 된다는
생각에 빠집니다. 그것을 성경은 '탐욕'이라고 합니다. 개인이 고생해서
더 잘살려는 욕심은 괜찮지만 남은 희생되거나 말거나 자기만 충족하려
는 것은 탐욕이라는 말입니다. 탐욕은 우상숭배와 같다고 성경은 말합니
다. 믿는 사람은 파충류 뇌에서 탐욕이 생기지 않도록 해야 합니다.

둘째 뇌인 포유류 뇌가 오버되면 가족 이기주의에 빠진다고 말씀드렸
습니다. 내 가족이 귀하면 남의 가족도 귀합니다. 남의 가족은 어떻게 되
든지 말든지 자기 자식만 성공시키려는 것은 탐욕입니다. 성경에 위배됩
니다.

셋째 뇌인 인간 뇌의 탐욕은 〈인페르노〉라는 작품에 잘 나타납니다. 한

과학자가 과잉되는 인구가 지구의 문제라고 하면서 바이러스를 살포하여 인구의 절반 이상을 죽이려는 계획을 세웁니다. 인간은 집단지성으로 어려움을 극복해 나갈 수 있습니다. 그런데 개인이 오버해서 이런 문제를 해결할 수 있다고 내놓은 방법이 인간을 대량 살상하는 것입니다. 이것은 세 번째 뇌인 인간뇌가 지나치게 발달해서 나타난 탐욕의 현상으로써 인류의 문제를 오만하게 자기가 해결할 수 있다는 착각에 빠지는 것입니다.

부잣집 아들들이 마약을 했다는 뉴스를 접할 수 있는데, 이들이 왜 그런 짓을 하는지 경제학적으로 설명할 수 있습니다. 경제학에 한계효용 체감의 법칙이라는 것이 있습니다. 이해를 쉽게 하기 위해 예를 들어보겠습니다. 경주에 유명한 황○빵이 있습니다. 그 맛이 기가 막힙니다. 그런데 빵을 하나 먹었을 때의 가치를 5라고 하면, 두 번째 먹을 때는 가치가 좀 떨어져서 4 정도가 됩니다. 세 번째 먹을 때는 3, 이런 식으로 다섯 개를 먹고 나면 물립니다. 이런 현상을 경제학자는 한계효용 체감의 법칙이라고 합니다.

사람은 돈이 없거나 모자랄 때 '돈만 있으면 행복할 텐데.'라고 생각합니다. 그런데 돈 좀 있었으면 할 때가 행복한 법입니다. 돈이 생기면 며칠 행복하다가 좀 있으면 별로입니다. 한계효용 체감의 법칙이 적용되기 때문입니다. 대기업의 부잣집 자식들은 돈에 제한이 없이 막 씁니다. 먹는 것이나 입는 것이나 제한이 없이 쓰다 보니 물립니다. 외제 차에 기사까지 두어도 별 재미가 없습니다. 한계효용 체감의 법칙에 걸려서 어느 것이나 재미가 없고 물리는 상태에 이릅니다. 그런데 유일하게 물리지 않는 것이 바로 마약입니다. 마약은 할수록 기분이 좋습니다. 중독이 생길 뿐이지 가치는 떨어지지 않습니다. 하지만 마약의 문제는 그 중독의 끝에 죽음이 있다는 것입니다.

그리고 이들은 돈만 주면 여자들은 얼마든지 있다고 해서 성도 타락시킵니다. 김○○ 사건은 여성성을 능멸한 것입니다. 그의 어머니도 딸도 여성인데 다른 여성에게 어떻게 그런 짓을 할 수가 있습니까? 이렇게 되면 그의 부인과 딸이 "우리 남편이 문제가 많습니다." "아버지, 권력 있다고 그러면 안 됩니다."라고 양심선언을 해야 합니다.

우리는 항상 절제된 삶을 살아야 합니다. 그런데 탐욕은 방치하면서 우상숭배는 안 해야 한다고 합니다. 성경에서 탐욕과 우상숭배는 같은 본질로 취급됩니다. 우리는 창조될 때 우상을 숭배하면 안 되도록 창조되었습니다. 우상숭배하면 그 우상이 자기를 숭배하는 인간을 파멸시킵니다.

과학의 역사와 물리학의 원리 안에서 인간의 속성 적용하기

지구가 태양을 도는데, 예전에는 태양이 지구를 돈다고 생각했습니다. 그러나 코페르니쿠스와 갈릴레이는 태양이 지구를 돈다는 사실을 발견했습니다. 갈릴레이가 지동설을 주장하자 주장을 철회하지 않으면 죽이겠다고 종교재판에까지 회부되었습니다. 살려니 할 수 없이 지동설의 주장을 철회했는데, 갈릴레이가 감옥에서 나오면서 혼잣말로 "그래도 지구는 돈다."라고 한 일화는 유명합니다.

우리 모두 천동설적인 인간에서 벗어납시다. 남의 사정은 생각도 하지 않고 자기중심적인 사람이 천동설적인 인간입니다. 빌립보서 3장 19절에 "그들의 신은 배요 그 영광은 그들의 부끄러움에 있고 땅의 일을 생각하는 자라"라는 말씀이 있습니다. 다른 사람과 만나면 대화는 하지 않고 자기 이야기만 실컷 하는 사람들이 있습니다. 자기 이야기를 다 하고 나면 눈빛도 이상해지고 귀도 막혀서 갑니다. 수가성에서 예수님이 여인과 만나 대화하신 것을 생각해 보십시오. 여자가 질문하면 답하시면서 계속해서 대화하셨습니다. 우리는 대화해야 합니다. 천동설적 인간, 파충류적 인간은 자기 이야기만 합니다. 그것은 남의 집에 자기 쓰레기를 버리고 가는 것과 같습니다.

둘째, 뉴턴의 3 법칙을 통해 사람의 속성을 생각해 봅시다. 뉴턴이 생각한 것은 변하지 않는 시공간 안에 3개의 법칙이 있더라는 것입니다. 제 1 법칙은 관성의 법칙으로서 물체가 현재 상태를 유지하려는 성질입니다. 즉 물체에 힘이 작용하지 않으면 정지해 있는 물체는 계속 정지해 있고, 운동하고 있는 물체는 계속 운동하려는 성질인 것입니다. 변하지 않고 고집스레 그 상태만을 유지하려는 인간의 속성과 비슷합니다. 제2 법칙은 가속도의 법칙으로서 물체에 작용하는 힘이 증가하면 물체의 가속도도 증가하고, 물체의 질량(무게)이 증가하면 물체의 가속도도 감소합니다. 예를 들어 움직이고 있는 공을 멀리 보내려고 할 때 공을 쳐내는 힘이나 공의 무게에 따라 거리가 달라질 것입니다. 속도를 가할수록 멀리 갑니다. 인간의 마음도 마찬가지로 욕심을 내기 시작하면 가속도가 붙어서 탐욕스러워집니다. 제3 법칙은 작용-반작용의 법칙으로서 두 물체가 서로 밀거나 당길 때 상호작용하는 힘입니다. 즉 한 물체가 다른 물체에 힘(작용)을 주면 힘을 받은 물체는 크기는 같고 방향이 반대인 힘(반작용)을 상대 물체에 가하는 법칙입니다. 이 법칙은 우리 자신에게도 그대로 적용이 되어서 내가 플러스적인 생각을 하면 그 후에 반드시 마이너스적인 생각이 들어옵니다. 마찬가지로 내가 남에게 안 좋은 말을 하면 반작용으로 그 말은 결국 나에게 돌아옵니다. 하나님의 법칙 안에서 반드시 그렇습니다.

아인슈타인이 "시간은 상대적인 것이다."라고 주장하자 세계의 과학자들이 반대하는 모임을 만들었습니다. 그러자 아인슈타인은 "이제 내 이론을 설명할 수 있겠다. 저렇게 반대를 하니 나는 유명해지겠다."고 했습니다. 아인슈타인은 절대시간이 없다는 이론을 쌍둥이 역설로 전개했습니다. 쌍둥이 두 명 중 한 명은 지구에 남아 있고 다른 한 명은 지구를 떠나 우주선을 타고 우주에 다녀온다고 가정했을 때 나이를 먹는 값이 형과 동생의 입장에서 각각 다르게 나온다는 것입니다. 그러니 절대적 시간이라는 것이 존재하느냐는 말입니다. 좋은 사람과 있을 때는 시간이 금방 가고, 싫은 사람과 있을 때는 왜 시간이 안 가는 것처럼 느껴질까요? 절대시간이라는 개념 자체가 없습니다. 그런데 아인슈타인의 이론의 조건은 우주선이 빛의 속도보다 빨라야 한다는 점입니다. 우주선이 30만 ㎞보다 빠르게 이동해야 합니다.

시간과 공간이 변하지 않는 것이 아닙니다. 변합니다. 하나님께는 하루가 천 년이고, 천 년이 하루입니다. 이것은 원래 시간이 없다는 뜻입니다. 시간이 있다는 생각을 버립시다. 고대인들에게는 시간개념이 없었습니다. 시간은 인간의 머리가 만들어 낸 의식입니다. 머리가 과거를 기억하려고 직선적으로 과거 현재 미래를 만들어 냈습니다. '내가 지금 몇 살이고?'라는 생각에 매여 있는 사람은 시간의 종입니다. 믿는 사람에게는 하루가 천 년과 같고 천 년이 하루와 같은 것입니다. 우리에게 시간은 존재하지 않습니다. 이 땅에 있다가 하나님 나라로 가면 시간은 영원합니다.

베뢰아 사람입니까

새사람이 가져야 할 자세

이른바 파충류 뇌만 쓰거나 포유류 뇌만 과하게 쓰면 꼰대입니다. 믿는 사람에게 가면 배울 것이 있어야 합니다. "말하는 것 봐라. 안 믿는 사람이나 똑같다."는 말을 들어서는 안 됩니다. 부활한 예수님을 통해 죽은 척하지 말고 죽고 새롭게 부활해야 합니다. 예수 그리스도는 창조주 하나님이심에도 몸을 가지고 이 땅에 오셨습니다. 그리고 삶으로 보여 주셨습니다.

우리에게는 시간이 없어야 합니다. 나이 들어서 주님 앞에 가면 가는 것이고, 그것은 주님이 결정할 문제라는 신앙이 필요합니다. 초월의 주님을 신앙해야 합니다. 이제 양자역학의 시대, 예수님의 시대가 왔습니다. 중력하에서는 무게가 있으면 땅으로 떨어지는데 예수님은 모두가 보는 앞에서 하늘로 올라가셨습니다. 제자들이 문을 닫고 모여서 벌벌 떨고 있는데 벽을 통과해서 "너희에게 평안이 있을지어다."라고 하셨습니다. 이런 것을 양자터널이라고 합니다. 예수님이 이 땅에 계실 때는 기도하시고 마음만 먹으면 하늘나라 보좌의 아버지와 일체로 계셨습니다. 이것은 양자역학에서 중첩 현상이라고 하는 것입니다. 양자역학을 통하여 창조주 하나님의 많은 역사가 밝혀지고 있습니다.

결론입니다. 성경은 과학이 아닙니다. 과학 이상의 초월적인 것이기 때문에 과학으로 풀면 안 됩니다. 그러나 인간의 이성으로도 설명할 수 있는 신비가 있습니다. 그리스도 안에서 진실하게 죽고 부활합시다. 새사람이 되어서, 그리고 최고의 사람이 되어서 그리스도의 빛을 전합시다.

8

주전 8세기 예언자들의 사회적 정의

2019. 4. 28.

이사야 56:1, 호세아 14:9, 아모스 5:24, 미가 6:6-8

사 56:1 "여호와께서 이와 같이 말씀하시기를 너희는 정의를 지키며 의를 행하라 이는 나의 구원이 가까이 왔고 나의 공의가 나타날 것임이라 하셨도다"

호 14:9 "누가 지혜가 있어 이런 일을 깨달으며 누가 총명이 있어 이런 일을 알겠느냐 여호와의 도는 정직하니 의인은 그 길로 다니거니와 그러나 죄인은 그 길에 걸려 넘어지리라"

암 5:24 "오직 정의를 물 같이, 공의를 마르지 않는 강 같이 흐르게 할지어다"

미 6:6-8 "내가 무엇을 가지고 여호와 앞에 나아가며 높으신 하나님께 경배할까 내가 번제물로 일 년 된 송아지를 가지고

그 앞에 나아갈까 ㅇ 여호와께서 천천의 숫양이나 만만의 강
물 같은 기름을 기뻐하실까 내 허물을 위하여 내 맏아들을,
내 영혼의 죄로 말미암아 내 몸의 열매를 드릴까 ㅇ 사람아 주
께서 선한 것이 무엇임을 네게 보이셨나니 여호와께서 네게
구하시는 것은 오직 정의를 행하며 인자를 사랑하며 겸손하
게 네 하나님과 함께 행하는 것이 아니냐"

선지자의 분류

오늘 본문의 기록자들인 이사야 선지자, 호세아 선지자, 아모스 선지
자, 미가 선지자는 모두 선지자들인 동시에 예언자들이라는 중요한 특징
이 있습니다. 예언자를 가리키는 용어로 '로에', '호제', '나비'가 있습니다.
로에는 새와 양을 제물로 잡은 후 그 창자의 모양을 보고 계시를 읽었고,
호제는 자연 현상을 통해 계시를 읽는 선견자의 역할을 했습니다. 나비
는 계시된 하나님의 말씀을 정확하게 전하는 역할을 했습니다.

오늘 본문의 선지자들은 모두 나비이자 100년 안의 동시대인들로서 자
신들의 사명을 다했습니다. 이 사람들을 총체적으로 이해하는 방법이 있
는데, 무엇보다도 100년 동안 국제 정세가 어떻게 돌아갔는지 확실히 알
고 있어야 합니다. 이때는 주전 8세기인 B.C. 701년부터 799년까지로, 이
시기에 이들 선지자들이 모두 활동했으며, 외치는 말씀도 거의 동일했습
니다. 그 내용들은 지금 봐도 놀라울 정도로 인간의 의식과 유전자로는
상상할 수 없는 말씀을 전하고 있습니다. 이때 이들이 부른 하나님의 이
름은 '아도나이 체바오트(만군의 하나님)'입니다. 여러분도 일주일 동안

체바오트 하나님의 이름을 불러 보십시오. 당시 선지자들의 선포가 체바오트 하나님의 이름 안에 있습니다.

B.C. 8세기 중근동의 정세

지형적으로 이스라엘은 이집트와 바벨론 및 아시리아 사이에 샌드위치로 끼여 있었습니다. 즉 강대국 사이에 끼여 있어서 그중 한쪽 국가가 강대해지면 다른 국가를 정복하기 위해 건너가는데, 그 길목에 이스라엘이 있으니 이스라엘은 쑥대밭이 되기 일쑤였습니다.

하나님께서는 이스라엘이 자기의 부족을 모르도록 하셨습니다. 이스라엘은 이집트나 바벨론, 아시리아같이 큰 제국들과 체급이 다르기 때문에 그들과 전쟁하면 게임이 안 되는데도 자신들의 부족을 모릅니다. 아시리아의 30만 대군이 내려올 때 이스라엘은 병력을 다 모아도 5,000명에서 1만 명밖에 안 됩니다. 또한 아시리아는 전차부대와 공성퇴를 가진 제국입니다. 이런 제국에게 이스라엘이 어떻게 당해 내겠습니까? 하나님께서는 그런 이스라엘을 큰 제국들 사이에 두시고 말씀을 계시하셨습니다. 그런데 이스라엘 민족은 그 말씀을 못 깨닫습니다.

지난주가 부활절이었는데, 우리는 예수님의 부활만이 아니라 우리의 부활도 이야기해야 합니다. 주님과 함께 우리 속의 양심과 성경 속에 있는 사회적 정의를 부활시켜야 합니다. 우리 개인과 사회도 썩어서 문드러지는 것이 있습니다. 주전 8세기 선지자들의 선포는 한국 사회의 부정부패 문제를 바라보는 데 있어서도 큰 의미가 있습니다.

국제 문제에 있어서 이스라엘의 맹점

이집트와 아시리아가 각각 내부의 사정 때문에 다른 나라에 대한 정복 전쟁을 할 수 없었던 시기가 있었습니다. 그때 이스라엘에 평화가 왔습니다. 다윗과 솔로몬 시대도 그랬었고, 분열 왕국 이후 북이스라엘은 여로보암 2세, 남유다는 웃시야 왕 때 그랬습니다.

주전 8세기 이스라엘 주위의 큰 제국들이 주춤한 시기에 잠시 이스라엘에 평화가 왔고, 그때 유대인들은 잘 살았습니다. 그러자 유대인들은 "우리가 예배를 열심히 드리고 율법을 지켰더니 이렇게 축복을 받았다."라고 했습니다. 그러나 나중에 가면 선지자들이 "그게 아니다."라고 분명하게 말하는데, 유대인들은 선지자들을 무시하고 "꺼져라."고 하며 선지자들을 유치장에 집어넣었습니다. 이는 인간 사회가 이렇다는 것에 대한 큰 교훈입니다.

이스라엘 민족과 우리의 비슷한 점은 자신의 분수와 능력, 즉 자신의 문제가 무엇인지 전혀 모른다는 사실입니다. 인간은 한 번씩 성공합니다. 먹고살 것도 있고 지위도 괜찮아질 때가 있습니다만 그 이후를 모릅니다.

곧이어 아시리아의 디글랏 빌레셀 3세라는 강력한 왕이 나와서 내란을 정리하고 중근동을 평정했습니다. 그런데 그때도 이스라엘은 국제 정세를 모른 채 자기들이 복을 많이 받은 사람들로만 생각하면서 정신을 차리지 못했습니다. 군대가 가장 강성했던 때인 유다의 히스기야 왕 시절에도 군인이 1만 명이 되지 않았는데 쓰나미처럼 내려오는 아시리아의 대군을 어떻게 감당하겠습니까? 또한 이후 주전 7세기에 유다 요시야 왕 때는 이집트의 파라오 느고가 바벨론을 치러 올라가는데, 요시야가 느고를 막으려고 하다가 므깃도에서 죽은 일도 있습니다. 이스라엘 민족은 경건한 제사장 민족입니다. 그런데 제국들과 힘으로 싸우려 했습니다. 자기의 능력과 부족을 몰랐습니다. 인간 유전자가 이러합니다.

국제정세에 어두웠던 이스라엘과 유다는 자신들이 복이 많아서 별 문제가 없는 줄 알고 안일하게 살면서 부패하기 시작했고, 사회가 양극화되었습니다. 부자들은 계속 잘살고, 가난한 사람은 계속 못사는 양극화된 사회적 현상이 계속된 것입니다. 부자들은 "하나님께서 우리를 축복하셨다."고 하며 성전 예배만 꼬박꼬박 참여하면서 송아지를 제물로 많이 바쳤습니다. 요즘 교회에 헌금을 많이 하는 것과 똑같습니다. 그러나 아모스 선지자는 그것은 진정한 예배가 아니라고 분명히 말했습니다.

북이스라엘은 결국 아시리아에게 멸망당했습니다(B.C. 722). 아시리아는 북이스라엘의 수도였던 사마리아에서 똑똑한 사람들은 다 잡아가고, 일반 농민들만 남겨두었습니다. 열두 지파 중 열 지파가 잡혀가서 세계에 다 흩어져 버렸습니다. 남유다도 후에 바벨론에게 멸망당했습니다(B.C. 586).

인간은 자기 분수를 알아야 합니다. 민족의 분수와 자기 능력을 알아야 합니다. 자기가 뭘 모르는지도 알아야 합니다. 그러나 유대의 왕들은 선지자들이 하나님의 이름으로 바른 말을 했을 때 그들을 개무시하고 쫓아냈습니다. 그래서 결국 망해 버린 것입니다.

베뢰아 사람입니까

미가의 외침

미 6:6-8 "내가 무엇을 가지고 여호와 앞에 나아가며 높으신 하나님께 경배할까 내가 번제물로 일 년 된 송아지를 가지고 그 앞에 나아갈까 ○ 여호와께서 천천의 숫양이나 만만의 강물 같은 기름을 기뻐하실까 내 허물을 위하여 내 맏아들을, 내 영혼의 죄로 말미암아 내 몸의 열매를 드릴까 ○ 사람아 주께서 선한 것이 무엇임을 네게 보이셨나니 여호와께서 네게 구하시는 것은 오직 정의를 행하며 인자를 사랑하며 겸손하게 네 하나님과 함께 행하는 것이 아니냐"

미가 선지자는 정말 대단합니다. 미가의 예언집은 3권으로 구성되어 있는데, 이 본문은 제3권째입니다. 아시리아 제국이 팽창해서 북이스라엘과 남유다 모두에게 위기가 왔습니다. 그런데 유대인들은 위기를 의식하지 못하고, 그저 예루살렘의 성전 예배만 드리며 형식적인 종교행위만 강조했습니다. 양 잡고 소 잡으면서 "우리가 아시리아를 이긴다."고 큰소리를 쳤습니다.

유대 나라의 문제는 첫째, 종교의 부패이고, 둘째, 정치권력의 부패였습니다. 옛날에는 왕이 선지자의 말을 경건하게 들었습니다. 그런데 이제는 선지자가 와서 말하면 "저 인간 잡아넣어라."고 패역한 반응을 하는데, 이것은 유대 나라가 세속국가와 같이 되어서 권력과 돈이 최고의 가치가 되어 버렸기 때문입니다. 이에 대해 미가 선지자는 "사람아 주께서 선한 것이 무엇임을 네게 보이셨나니 여호와께서 네게 구하시는 것은 오직 정의를 행하며 인자를 사랑하며 겸손하게 네 하나님과 함께 행하는 것이 아니냐"라고 선포했습니다.

정의는 세 곳에서 일어나야 합니다. 첫째, 각 개인의 마음이 양심적이어야 합니다. 양심 속에 하나님의 마음을 넣어두셨습니다. 둘째, 가족관계 속에서 정의가 있어야 합니다. 가족관계에서 공평과 정의가 없으면 불평불만 하는 자식들이 생기고 가족이 모이기만 하면 싸웁니다. 셋째, 사회적 정의가 세워져야 합니다.

8세기에 미가 선지자가 나와서 "하나님이 내게 말씀하셨다. 정의를 지켜라."고 하는데, 인간은 자기 양심 하나 못 지킵니다. 현대에 와서도 미가 선지자의 선포에서 한 치도 못 나아가고 있습니다. 김○○가 여성성을 능멸하며 권력이 가진 악을 다 보여 주고 있습니다. 당시 이스라엘도 그랬습니다.

부활절을 지내며 우리의 양심부터 회복해야 합니다. 부당하면 하나님 신앙으로 할 말은 해야 합니다. 수많은 사람들이 하나님 안에서 양심적으로 바로 말하다가 로마 제국에게 죽임을 당했습니다. 로마 제국 당시에는 성경을 가지고 있으면 죽는데도 성경을 안고 죽었습니다. 성경의 뜻을 몰라도 그랬습니다. 그것이 양심이었습니다.

주전 8세기의 유대 사회는 양심이 다 무너졌습니다. 양심 자체가 하나님 없는 양심이므로 무너지게 되어 있습니다. 미가, 예레미야, 아모스, 이사야 등의 선지자들은 모두 "양심을 회복할 때다."라고 하며 공의를 선포했습니다. 하지만 유대인들은 예루살렘에서 예배만 드리면 된다는 안일함에 빠져 있었습니다. 교회에 출석하고 헌금만 하면 되지 양심은 무슨 양심이냐는 생각이 지배적인 요즘의 교회 상황과 너무 유사합니다.

베뢰아 사람입니까

이런 상황에서 하나님이 미가 선지자에게 계시하셨습니다. 계시의 내용은 첫째, '미슈파트', 즉 정의를 행하는 것입니다. 이것이 여호와께서 원하시는 것입니다. 양심대로 말하고 양심대로 살아야 합니다. 사회정의를 회복해야 합니다. 그래야 이스라엘이 망하지 않습니다. 그런데 이미 사회는 양극화되고 예배만 잘 보면 된다고 하는 형편입니다. 요즘도 마찬가지로 교회에 모이기만 하면 된다고 합니다. 그런데 믿는다면서 모여서 뭐하는지 봐야 합니다. 믿는 표가 어디 있는지 봐야 합니다. 공평과 공의의 열매가 맺히지 않고, 이상한 열매가 맺힌다면 그 결과는 결국 죽음입니다. 미가 선지자가 외친 말입니다.

계시의 두 번째 내용은 "인자를 사랑하며(헤세드)"입니다. 그런데 그것이 잘 안됩니다. 그래도 애를 쓰면서 기도하며 나가야 합니다. 우리나는 것으로 사랑하려면 할 수 없습니다. 양심적으로 노력할 것은 해야 합니다. "헤세드"는 가장 쉬운 말로 손해 보는 것입니다. "너, 손해 볼 수 있나?" "대접받으려면 먼저 대접할 수 있나?" "네가 싫은 것을 남에게 안 시킬 수 있나?" 이런 것이 헤세드입니다. 자아폭발로 이기심만 충만해서 자기 이익을 위해서만 움직이는 이스라엘은 하나님이 보실 때 심판의 대상이었습니다. 그들은 비참하게 지옥에 떨어져야 하는 것입니다.

계시의 세 번째 내용은 "겸손하게 네 하나님과 함께 행하는 것"입니다. 낮아져야 하나님과 함께 행합니다. 행한다는 말은 일상 속에서 누구에게나 겸손한가, 손해나는 삶을 사는가, 양심적으로 말하는가 하는 것입니다.

한국 현대사에 적용

미가 선지자는 주전 8세기에 이미 이렇게 말했는데, 오늘날도 지켜지지 않고 있습니다. 믿고 나서 열매 따 먹는 일에만 관심이 있습니다. 한국 현대사에서는 이승만이 거룩한 척하는 도둑이었습니다. 박정희 때도 최○○이 나와서 한국 사회를 능멸했습니다. 해방 전에는 믿는다는 사람들이 모두 신사참배와 동방요배를 했습니다. 그들은 실제로 믿는 사람들이 아닙니다. 신사참배에 대한 진정한 회개가 없이 해방 후에 아무리 교회에 모여도, 유대 나라 식으로 말하면 소를 수천 마리 잡아서 하나님께 바쳐도 하나님은 아무 관심이 없습니다. 그것을 회개하라는 것입니다. 자본주의와 하나 되어서 설치지 말라는 것입니다. '내로남불'이란 말이 있지만 '내정남불'도 있습니다. 내가 하면 정의고 남이 하면 불의라는 뜻입니다. 2,700년 전의 하나님은 오늘날도 똑같은 분입니다. 천지를 창조하신 분입니다. "정의를 행하라. 양심대로 살아라." "정의를 행하지도 않으면서 하나님을 위해 예배드린다고 성전에 가지 마라."라고 선지자들은 선포했습니다.

우리의 일상의 삶이 달라져야 합니다. 행동해서 열매를 맺어야 합니다. 아니면 이스라엘이 아시리아에게 밟혀 죽은 것처럼 우리도 악한 자들에게 당할 수 있습니다. 히브리에서 말씀이 계시될 때 그 말씀은 반드시 행동을 요구하는 것이었습니다. 일상화 되지 않은 믿음으로 믿는 척하지 말라는 것입니다. 행동하지 않으면 아무것도 아닙니다. 유대인들이 망하지 않는 길은 일상에서 믿고 행동하는 것이고 열매 맺는 것이었습니다. 그런데 그들은 이렇게 하지 않고 "내가 축복받아서 부자가 되었는데 뭐."

라고 합니다. 선지자들이 가난하고 소외된 사람들에 대해 물으면 "자기 복대로 사는 거지."라고 합니다. 그래서 사회 정의가 땅에 떨어졌습니다. "하나님만 신앙하고 정의롭게 살아라. 그러면 하나님께서 구원하실 것이다."라고 했지만, 그들은 "그렇게 못 하겠습니다. 우리 식대로 살겠습니다."라고 하며 자기들 고집대로 살았습니다.

예수님께서도 이 땅에 오셔서 "나더러 주여 주여 하는 자마다 다 천국에 들어갈 것이 아니요 다만 하늘에 계신 내 아버지의 뜻대로 행하는 자라야 들어가리라(마 7:21)"고 하셨습니다. 우리도 "주여 주여"라고 하는 수준입니다. 이스라엘 민족도 꼭 그렇게 말했습니다. 성전에 가서 예배 드리고 소 잡고 양을 잡았습니다. 그런데 이웃은 사랑하지 못하겠다는 것입니다. 가난하고 불행한 자들은 돌아보지도 않았습니다. 부자들은 자기들끼리 하나님을 생각합니다. 그러나 선지자는 "믿는 것은 그게 아니야. 자존심 상하고 손해 나 봤나? 양심대로 말할 때 분위기 이상한 것을 견뎌 봤나? 무서운 총칼과 권력 밑에서 할 말 해 봤나? 그렇게 하지 않았다면 너는 지옥에 갈 것이다."라고 선포하고 있는 것입니다.

신앙양심부터 회복하자

사회정의가 무너지면 민족의 정기가 무너집니다. 해방 후 이승만 대통령이 친일파를 모두 해결한다고 하더니 자기가 권력을 잡으려고 친일파와 손잡을 때, 거기에 앞장선 사람들이 일제 강점기 때 신사참배와 동방요배를 한 사람들입니다. 교회가 앞장서서 그런 못된 짓을 했습니다. 해방 후에도 민족정기를 살리지 못하니 친일파와 그 후손들이 더 잘돼서 부귀영화를 누렸습니다. 결국 친일파가 정리되지 않으니 민족정기가 지금 아예 없습니다. 역사도 친일파가 다 주도해서 올바른 역사관이 아닌 식민지사관이 주류를 이루고 있습니다. 우리는 신앙양심부터 회복해야 합니다. 개인과 가정, 그리고 교회와 사회에서 회복해야 합니다. 이것을 실천하지 않으면 민족정기가 죽고 역사의 정기가 죽습니다.

우리는 오늘 하나님의 말씀에 귀를 기울여야 합니다. '아도나이 체바우트', 만군의 하나님 이름으로 미가 선지자를 통해 "정의를 행해라.", "손해 보는 삶을 살아라."고 말씀하셨습니다. 그리고 일상에서 겸손히 자신의 부족을 알고 행하라고 하셨습니다. 인간은 자기 부족도 모르고 자기 능력도 모릅니다. 이 시대에 공부 좀 잘했으면 "오냐 오냐. 공부나 해라."고 하는데, 나중에 마약이나 합니다. 사회의 몇 프로 안에 들어가려는 제도 자체가 정의감이 없고 여유와 공백이 없어서 불행한 삶을 살게 만듭니다.

맺는말

결론입니다. 미가 선지자를 통하여 말씀하신 하나님의 뜻대로 부활하신 주님 안에서 우리의 양심과 정의감을 부활시켜야 합니다. 하나님 앞에 정의롭게 살지 못하면, "하나님 앞에 정의롭게 살지 못했습니다." 하고 먼저 기도하십시오. 가족에게 정의롭지 못했다면 가족 앞에서 "내가 정의롭지 못했다."고 하십시오. 그것을 하지 않고 그저 교회 와서 헌금만 하다가는 이스라엘처럼 망합니다. 하나님께서 "양심적이지도 않으면서 소 잡고 양 잡지 마라. 냄새 난다."고 하십니다.

베뢰아 사람입니까

오늘날도 미가서의 가르침을 전 세계가 행하지 못하고 야만인 수준에 떨어져 있습니다. 교회의 회복은 사람이 많이 모이는 것이 아닙니다. 양심 있는 사람, 정의로운 사람이 하나라도 나오는 곳이 최고의 교회입니다. 우리 자신부터 정의를 회복합시다. 가정 정의, 교회 정의, 사회 정의를 회복해서 놀라운 비밀과 축복의 역사 속에 들어갑시다.

9

아모스의 정의와 공평

2019. 5. 12.

아모스 5:1-15, 21-27

암 5:1-15 "이스라엘 족속아 내가 너희에게 대하여 애가로 지은 이 말을 들으라 ○ 처녀 이스라엘이 엎드러졌음이여 다시 일어나지 못하리로다 자기 땅에 던지움이여 일으킬 자 없으리로다 ○ 주 여호와께서 이와 같이 말씀하시되 이스라엘 중에서 천 명이 행군해 나가던 성읍에는 백 명만 남고 백 명이 행군해 나가던 성읍에는 열 명만 남으리라 하셨느니라 ○ 여호와께서 이스라엘 족속에게 이와 같이 말씀하시기를 너희는 나를 찾으라 그리하면 살리라 ○ 벧엘을 찾지 말며 길갈로 들어가지 말며 브엘세바로도 나아가지 말라 길갈은 반드시 사로잡히겠고 벧엘은 비참하게 될 것임이라 하셨나니 ○ 너희는 여호와를 찾으라 그리하면 살리라 그렇지 않으면 그가 불같이 요셉의 집에 임하여 멸하시리니 벧엘에서 그 불들을 끌자가 없으리라 ○ 정의를 쓴 쑥으로 바꾸며 공의를 땅에 던지는 자들아 ○ 묘성과 삼성을 만드시며 사망의 그늘을 아침으로 바꾸시고 낮을 어두운 밤으로 바꾸시며 바닷물을 불러 지면에 쏟으시는 이를 찾으라 그의 이름은 여호와시니라 ○ 그가 강한 자에게 갑자기 패망이 이르게 하신즉 그 패망이 산성에 미치느니라 ○ 무리가 성문에서 책망하는 자를 미워하며 정직히 말하는 자를 싫어하는도다 ○ 너희가 힘없는 자를 밟고 그에게서 밀의 부당한 세를 거두었은즉 너희가 비록 다듬은 돌로 집을 건축하였으나 거기 거주하지 못할 것이요 아름다운 포도원을 가꾸었으나 그 포도주를 마시지 못하리라 ○ 너희의 허물이 많고 죄악이 무거움을 내가 아노라 너희는 의인을 학대하며 뇌물을 받고 성문에서 가난한 자를 억울하게 하는 자로다 ○ 그러므로 이런 때에 지혜자가 잠잠하나니 이는 악한 때임이니라 ○ 너희는 살려면 선을 구하고 악을 구하지 말지어다 만군의 하나님 여호와께서 너희의 말과 같이 너희와 함께 하시리라 ○ 너희는 악을 미워하고 선을 사랑하며 성문에서 정의를 세울지어다 만군의 하나님 여호와께서 혹시 요셉의 남은 자를 불쌍히 여기시리라"

암 5:21-27 "내가 너희 절기들을 미워하여 멸시하며 너희 성회들을 기뻐하지 아니하나니 ○ 너희가 내게 번제나 소제를 드릴지라도 내가 받지 아니할 것이요 너희의 살진 희생의 화목제도 내가 돌아보지 아니하리라 ○ 네 노랫소리를 내 앞에서 그칠지어다 네 비파 소리도 내가 듣지 아니하리라 ○ 오직 정의를 물 같이, 공의를 마르지 않는 강 같이 흐르게 할지어다 ○ 이스라엘 족속아 너희가 사십 년 동안 광야에서 희생과 소제물을 내게 드렸느냐 ○ 너희가 너희 왕 식굿과 기윤과 너희 우상들과 너희가 너희를 위하여 만든 신들의 별 형상을 지고 가리라 ○ 내가 너희를 다메섹 밖으로 사로잡혀 가게 하리라 그의 이름이 만군의 하나님이라 불리우는 여호와께서 말씀하셨느니라"

5월을 맞으며

5월은 가정의 달로서 어린이날, 어버이날, 스승의 날이 있습니다. 귀한 날들입니다. 과거에는 부모와 자식 사이가 상하관계 문화 속에서 형성된 수직관계였습니다. 가부장제 속에서 자식의 결혼도 부모가 결정했습니다. 그러나 이제는 시대가 바뀌어 수평문화입니다. 부모는 자식들과 함께 의논하고, 자식은 부모를 존경과 사랑의 대상으로 여기며 서로 귀하게 생각해야 합니다. 이렇게 바뀌지 못하면 '꼰대' 소리를 듣습니다.

수평문화의 내용이 있습니다. 부모는 자식과 대화해서 그들이 가장 하고 싶은 것을 하도록 해 줘야 합니다. 부모는 자식들에게 특히 공평하고 정의로워야 합니다. 원래 딸 바보, 아들 바보라고 하듯이 어느 부모든지 한 자식에게 기울고 편애하게 되어 있습니다. 그러나 편애가 얼마나 해로운 악인지 모릅니다. 편애는 자연스럽게 우러나는 마음이지만 그것이 악임을 알고 자식을 존중하고 수평문화를 이루어서 하나님 중심으로 나아가는 것이 핵심이고 예수님의 가르침입니다.

말씀의 현재성

지난주에는 미가서를 중심으로 주로 주전 8세기 예언자들의 외침에 대해 말씀을 드렸습니다. 이번 시간은 아모스서를 통해 당시 아모스가 생각하고 전파한 말씀과 정의를 이해하는 것이 핵심입니다. 예수님이 오시기 전 700-800년 사이, 즉 B.C. 8세기에 중근동에 무슨 일이 일어났는가를 알아야 합니다. 한국은 이때가 고조선시대였고, 중국은 춘추시대였습니다. 칼 야스퍼스가 인류의 가장 보편적 진리인 종교와 철학이 집중적으로 태동된 시기를 '차축시대'라고 하였는데, B.C. 8세기도 차축시대에 해당합니다.

인간의 역사에서 3,000년 전 이야기는 3,000년 전 이야기일 뿐입니다. 그러나 하나님 말씀은 오늘 우리에게 하시는 말씀입니다. 그래서 진리입니다. 주전 8세기의 시대상황을 이야기할 때 "요즘과 비슷하네."라는 말을 합니다. 인간의 유전자는 99%가 같으므로 그때의 모든 문제가 현대의 문제와 거의 동일합니다. 2차원적인 복음의 기록을 3차원으로 살려서 시간 이동해 보면 오늘날도 똑같습니다. 그러나 똑같다는 것을 핵심으로 두어서는 안 되고 하나님 말씀을 전해야 합니다.

주전 8세기 예언자인 호세아, 미가, 요나, 아모스와 달리 주전 9세기에 활동했던 엘리야나 엘리사 같은 선지자들의 이름을 가진 성경은 없습니다. 즉 엘리야서나 엘리사서는 없습니다. 그런데 주전 8세기에 활동한 선지자들부터는 그들의 이름으로 성경이 기록되었습니다. 이런 사람들을 '문서 예언자'라고 합니다. 엘리야와 엘리사는 어떤 문제가 발생했을 때 해결하는 방식의 에피소드 중심으로 기록되었습니다. 그런데 아모스 이후의 문서 예언자들은 그런 능력들을 거의 행하지 않았습니다. 문서 예언자의 시대에서는 말씀이 가장 존귀하고 절대화되어 선지자들이 무슨 말씀을 선포했는지가 중요했습니다. 그래서 문서 예언자를 아주 중요시합니다.

아모스를 부르심

아모스에 대해 스토리텔링으로 말씀드리겠습니다. 선지자 아모스는 예루살렘 남쪽 드고아 출신의 농부요, 목자였습니다. 드고아는 베들레헴 옆의 마을입니다. 거기에서 아모스가 양을 치는 목동이면서 돌무화과 나무를 재배하는 일을 하고 있었는데, 어느 날 하나님께서 아모스에게 나타나셔서 "네가 내 말을 벧엘에 가서 전해라."고 하셨습니다. 아모스는 남유다 사람인데 북이스라엘의 벧엘에 가서 말씀을 전하라는 것입니다. 아모스의 글을 볼 때 신학자들은 아모스가 여행을 많이 한 것으로 추측합니다.

아모스 1-2장에서는 8개국에 대한 하나님의 심판을 경고하고 있습니다. 오늘날의 이란, 이라크, 시리아까지 다 가 보고 그들의 악을 선포하고 있습니다. 3-6장에서는 이스라엘과 유다에 대해서 치열하게 선포하고 있습니다. 아모스는 9장까지 있는데, 그중 제일 중심이 5장이며 거기에 답이 있습니다. 그래서 오늘 본문으로 5장을 선택했습니다. 5-6장에서 이스라엘의 범죄를 말한 후 7장부터 다섯 가지 환상(1. 메뚜기, 2. 불, 3. 다림줄, 4. 여름 과일, 5. 성전 붕괴와 민족 멸망)을 보여 줍니다. 메뚜기 환상과 불 환상에 대해서는 아모스가 하나님께 간구하여 하나님이 뜻을 돌이키셨으나 나머지 3개의 환상에 대해서는 뜻을 돌이키지 않으셨습니다.

베뢰아 사람입니까

이스라엘에 대한 예언

하나님께서 아모스에게 북이스라엘의 벧엘에 가라고 말씀하셔서 아모스가 벧엘로 갔습니다. 아모스는 남유다의 사람이지만 북이스라엘로 간 것입니다. 사람에게는 땅이 나눠져 있지만 하나님께는 나눠져 있지 않습니다. 성령께서 아모스에게 "이스라엘은 반드시 망하고 사로잡혀 갈 것이다."라고 전하라고 하십니다. 기가 막힌 소리입니다. 지금 나라가 부강해서 모두 흥청망청 지내고 있는데, 이 나라는 망하고 모두 죽거나 사로잡혀간다고 하니 말입니다.

당시 벧엘의 제사장은 아마샤였습니다. 아마샤는 북이스라엘의 왕인 여로보암 2세에게 "유다에서 한 인간이 와서 우리가 다 망한다고 합니다."라고 보고한 후에 "너는 유다에나 가서 선지자 노릇 할 것이지 왜 여기서 선지자 노릇을 하느냐?"라고 아모스에게 화를 냈습니다. 그러자 아모스가 "나는 선지자가 아니며 선지자의 아들도 아니라 나는 목자요 뽕나무를 재배하는 자로서 여호와께서 예언을 선포하라고 하셨다."라고 하며 "네 여자는 창녀가 될 것이고 너도 사로잡혀 죽을 것이다."라고 심판을 선포했습니다.

주전 8세기의 정세와 영적 타락

이제 아모스서를 좀 더 심화시켜서 말씀드리고자 하는데, 먼저 시대적 배경을 알아야 합니다. 아모스가 선포하던 시점인 여로보암 2세 때는 주변 강국인 아시리아나 이집트의 내부적인 문제로 인해 이스라엘과 유다가 상대적으로 평화를 누릴 수 있었습니다. 하지만 이후에 아시리아와 이집트는 내분을 정리하고 밖으로 팽창하기 시작했습니다. 문제는 이집트가 강해지면 아시리아를 치러 올라가려 하고, 아시리아 제국이 강해지면 이집트를 치러 내려오려 한다는 사실입니다. 그 중간 길목이 남유다와 북이스라엘인데, 잘못하면 쑥대밭이 됩니다. 국제 정세가 급변하고 있는데도 남유다와 북이스라엘은 국제정세를 인지하지도 못하고 있습니다.

이집트와 아시리아의 내분으로 잠시 이스라엘과 유다에 평화가 왔을 때 그들에게 대착각이 일어나서 하나님이 우리와 함께하신다고 하면서 제물로 바치는 소도 많이 잡고 기도도 많이 하고 예배도 열심히 드렸습니다. 그리고 무역을 통해 돈이 많이 생기니까 돈을 숭배하기 시작했습니다. 특히 북이스라엘이 심했습니다. 돈 숭배의 끝은 무엇입니까? 돈 신을 섬기게 되면 영성이 죽고 도덕성이 사라집니다. 거기도 '버닝썬'이 있었습니다. 인간이 어느 정도 성공하면 '버닝썬'으로 갑니다. 김○○ 같은 인간도 있었을 것입니다.

무역을 해서 경제적으로 부강해지니 영적, 도덕적으로 타락하고, 잘사는 사람은 계속 잘살고 못사는 사람은 계속 못사는 사회 양극화 현상이 일어났습니다. 밥 한 끼도 못 먹는 불행한 사람들이 있는가 하면 부자들은 상아궁에 앉아서 새벽부터 포도주를 마시고 밤낮으로 놀았습니다. 그때 아모스서에 보면 가난한 자가 신발 한 켤레 값으로 팔렸다고 되어 있습니다. 그리고 여자들은 성적 학대를 당했습니다(아버지와 아들이 한 젊은 여인에게 다녀서 내 거룩한 이름을 더럽히며 암 2:8).

이와 같은 이스라엘의 총체적 타락의 상황을 잘 알아야 합니다. 이를 현대에 적용하면 국가와 사회가 타락할 때 삼권이 먼저 타락하는 것과 비

베뢰아 사람입니까

숫합니다. 정치권인 행정부와 입법부와 함께 사법부가 타락하고 이어서 재벌들도 타락합니다. 그 당시에도 부자들이 많았습니다. 장사해서 돈이 많아지자 돈을 흥청망청 썼습니다. 오늘날 우리는 그런 사람들을 재벌이라고 합니다. 이어서 성직자들이 타락합니다. 요즘도 미디어를 가득 채우는 뉴스가 목사와 교회의 타락에 대한 것입니다. 종교행위를 통해 거짓 예배를 드리는 교회가 많습니다. 소외계층은 돌아보지 않고, 자기들만 잘 먹고 잘살기 위해 예배합니다. 이웃을 위한 선행에는 관심이 없이 교회에 헌금만 갖다 바치는 현상이 계속되어 왔습니다.

종교가 타락하면 부정부패의 카르텔을 형성하며 부패하기 시작합니다. 당시 북이스라엘의 카르텔의 두목이 아마샤였습니다. 그래서 아모스가 벧엘에 있는 아마샤에게 가서 "너는 죽을 것이고, 이스라엘은 멸망할 것이다. 그리고 모두 사로 잡혀서 흩어질 것이다."라고 선포했던 것입니다. 이후 북이스라엘은 결국 아시리아에게 멸망당했고, 열 지파가 잡혀가서 세계로 흩어지며 없어졌습니다. 그런데 작년에 인도에서 므낫세 지파의 후손이 발견되었습니다. 멀리도 갔습니다.

아모스서 속의 하나님 마음

하나님께서 아모스에게 하나님의 마음을 전하라고 하셨습니다. 하나님은 역사의 주관자이시므로 분노하셨습니다. "심판을 선포해라. 나를 찾지 않고 정신 못 차리면 모두가 칼에 죽는다고 해라."고 하셨습니다. "우리는 예배 열심히 보는데요? 새벽 기도부터 하는데요?"라고 하는 사람들에게 "그딴 것 하지 마라. 가난하고 불행한 이웃들이 생선처럼 썩고 있는데 너희끼리 모여서 뭐하나?"라고 하십니다. 여기서 아모스가 정의를 외칩니다. "성전에 예물을 바치고 예배를 드리고 온갖 것을 해도 하나님께서는 다 필요 없다고 하신다. 정의로워라. 양심대로 살아라. 그것이 중요하다."

> 암 5:1 "이스라엘 족속아 내가 너희에게 대하여 애가로 지은
> 이 말을 들으라"

내가 너희에 대하여 지은 애가를 들으라고 합니다. 이 말씀에서 '애가'는 히브리어로 '키나'를 썼는데, "아이고 아이고."라고 탄식하며 부르는 장송곡 같은 것입니다. 장례식에서 부르는 노래를 아모스가 부르고 있습니다. 하나님을 바로 믿는 것이 종교행위로는 안 된다는 것입니다. 그래서 아모스의 사역은 '사회적 정의'였습니다. 주전 8세기에 하나님의 가장 큰 관심은 사회적 정의였습니다. 주전 9세기의 엘리야와 엘리사 이야기에서는 사회적 정의나 가난하고 불행한 자의 이야기가 거의 없습니다. 거기는 왕의 잘못된 점을 지적하는 것이 주된 내용이었습니다. 그런데 여기는 백성들에 대한 지도층의 악을 지적하고 있습니다.

성도의 정의로운 삶이란

믿는 사람은 국제 문제가 어떻게 변하는지 항상 알고 있어야 합니다. 또한 사회적 정의를 구현해야 합니다. 그러기 위해서는 자기 자신에게 먼저 정의로워야 합니다. 약속도 안 지키고 거짓말 하는 것은 안 됩니다. 또 가족에게 정의로워야 합니다. 가족들에게 "정말 정의롭다. 공평하다.

공의롭다."는 말을 들어야 합니다. 아모스서에서 하나님의 마음과 생각을 읽어 내야 합니다. 인간은 자꾸 '종교행위'에 하나님께서 원하시는 것이 있는 줄로 착각합니다.

유럽의 신학자 한 사람이 한국에 와서 강의를 했는데 "말씀을 제대로 전하지 않아서 한국이 성경 문맹 시대로 돌입했다."라고 하였다고 합니다. 하나님 말씀을 실제로 모른다는 것입니다. 그저 예배 행위에만 사로잡힌 채 교회 내에서도 먹고살려고 인간관계하는 것은 믿는 것도 아니고 정의도 아닙니다.

'하나님 없는 정의'가 얼마나 문제가 많은지 모릅니다. 전두환 정권 시대에 국가 지표가 '정의로운 사회 구현'이었습니다. 그래 놓고 도둑질하고 사람을 죽였습니다. 내정남불(내가 하면 정의고 남이 하면 불의)의 전형적인 예입니다. 나 자신에게 양심적으로 분명하지 않고 정의롭지 않으면, 또한 가족과 사회와 이웃에게 정의롭지 않으면, 그는 믿는 사람도 아니고 쓸데없는 짓만 하는 것입니다.

아모스서 1-2장은 여덟 나라에 대한 심판의 선포입니다. 3-6장은 이스라엘과 유다에 대한 심판으로서 5장이 핵심입니다. 7-9장은 다섯 환상과 구원과 위로의 말씀이 있습니다. 하나님의 선지서 말씀은 심판 다음에 반드시 구원과 위로를 말합니다. 하나님은 사랑이시기 때문입니다. 양극화 시대에 정의가 무너지고 이웃과 소외계층이 어떻게 되어 있는가를 말한 사람이 아모스입니다. 문서 예언자 중에 제1호입니다. "여호와께서 말씀하셨다.(아마르 야훼)"라고 하면서 너희는 틀렸다고 심판을 선포하니 박해를 받았습니다.

우리나라에서도 최근에 법원과 검찰의 적폐를 최초로 터뜨린 사람들이 여자 검사들입니다. 모두가 말하지 말라고 하면서 인사 조치를 한다고 압박해도 "어두운 세상이지만 나라도 촛불을 켜겠다."고 해서 켜고 나간 사람들입니다. 용기 있는 사람들입니다.

인조반정 이후에 한국을 200년 동안 지배한 것이 노론입니다. 친일에 앞장선 을사오적도 다 노론입니다. 친일로 한국을 말아먹고 그다음에는 친미에 붙어서 정권을 유지했습니다. 그들의 족보가 ○○○○당입니다. 그런데 얼마 안 되면 또 잊고 그들에게 표를 찍습니다. 정말 정의롭지 못한 민족입니다. 그래서 두 번째 설교집 제목을 "정의롭지 못한 사람은 결국 망한다."[4]라고 했던 것입니다.

예언서 해석의 새 방향

> 암 8:2-3 "그가 말씀하시되 아모스야 네가 무엇을 보느냐 내가 이르되 여름 과일 한 광주리니이다 하매 여호와께서 내게 이르시되 내 백성 이스라엘의 끝이 이르렀은즉 내가 다시는 그를 용서하지 아니하리니 ○ 그 날에 궁전의 노래가 애곡으로 변할 것이며 곳곳에 시체가 많아서 사람이 잠잠히 그 시체들을 내어버리리라 주 여호와의 말씀이니라"

하나님께서 아모스에게 다섯 가지 환상을 보여 주셨는데, 그중 하나가 여름 과일 환상입니다. 하나님께서 아모스에게 잘 익은 여름 과일 한 광주

---

4 2017년에 출판된 박건한 목사님의 두 번째 설교집 제목. - 편집자 주.

베뢰아 사람입니까

리를 보여 주시며 해설을 붙이십니다. 이스라엘은 여름 과일처럼 망할 것이라는 것입니다. 그런데 신학자들은 이 환상이 심판의 의미로 연결이 잘 안된다고 합니다. 여름 과일이 이스라엘의 멸망을 상징하는 이유는 무엇일까요? 이스라엘은 여름이 마지막 계절이고, 여름 과일은 빨리 썩기 때문이라고 생각했는데 나중에 보니 하나님이 '아재 개그'를 하신 것입니다.

실상은 하나님이 아모스가 끝까지 기억하게 하기 위하여 그렇게 하신 것입니다. 히브리어로 여름은 '카이쯔'이고, 마지막, 끝이라는 단어는 '케쯔'입니다. 이것은 일종의 언어유희인데, 예레미야에게도 이런 개그를 많이 하십니다. 아재 개그는 신학자들이 하는 말입니다. 하나님께서 아모스를 바로 이해시키기 위해 이런 방법을 쓰신 것입니다.

맺는말

이번 시간은 아모스의 정의에 대해 말씀드렸습니다. 당시 시대 배경을 정확하게 이해하고 있어야 합니다. 이는 하나님의 말씀이므로 현대의 시대 상황에 적용해도 진리입니다. 삼권이 타락하고 부자들이 타락하고, 그로 인하여 양극화가 심해진 가운데 신앙인들은 종교행위에만 몰입하고 있습니다. 종교행위가 가장 신앙적인 것이라고 생각하지만 개인과 가정과 사회적 정의를 지키지 않는 종교행위는 소용없습니다.

우리 교회는 일제 강점기 시대부터 신사참배와 동방요배를 거부하고 세상 교회와 구별하며 어려워도 지금까지 그런 정의를 지키고 나왔습니다. 신앙의 정통성을 가진 교회의 교인답게 자신에게 정의롭고, 가정에서 정의롭고, 사회에서 정의로운 사람이 됩시다.

10

예수님과 수가성 여인과의 만남 1

2019. 6. 16.

요한복음 4:1-42

"예수께서 제자를 삼고 세례를 베푸시는 것이 요한보다 많다 하는 말을 바리새인들이 들은 줄을 주께서 아신지라 ○(예수 께서 친히 세례를 베푸신 것이 아니요 제자들이 베푼 것이라) ○ 유대를 떠나사 다시 갈릴리로 가실새 ○ 사마리아를 통과 하여야 하겠는지라 ○ 사마리아에 있는 수가라 하는 동네에 이르시니 야곱이 그 아들 요셉에게 준 땅이 가깝고 ○ 거기 또 야곱의 우물이 있더라 예수께서 길 가시다가 피곤하여 우물 곁에 그대로 앉으시니 때가 여섯 시쯤 되었더라 ○ 사마리아 여자 한 사람이 물을 길으러 왔으매 예수께서 물을 좀 달라 하시니 ○ 이는 제자들이 먹을 것을 사러 그 동네에 들어갔음 이러라 ○ 사마리아 여자가 이르되 당신은 유대인으로서 어 찌하여 사마리아 여자인 나에게 물을 달라 하나이까 하니 이 는 유대인이 사마리아인과 상종하지 아니함이러라 ○ 예수께

베뢰아 사람입니까

서 대답하여 이르시되 네가 만일 하나님의 선물과 또 네게 물 좀 달라 하는 이가 누구인 줄 알았더라면 네가 그에게 구하였을 것이요 그가 생수를 네게 주었으리라 ○ 여자가 이르되 주여 물 길을 그릇도 없고 이 우물은 깊은데 어디서 당신이 그 생수를 얻겠사옵나이까 ○ 우리 조상 야곱이 이 우물을 우리에게 주셨고 또 여기서 자기와 자기 아들들과 짐승이 다 마셨는데 당신이 야곱보다 더 크니이까 ○ 예수께서 대답하여 이르시되 이 물을 마시는 자마다 다시 목마르려니와 ○ 내가 주는 물을 마시는 자는 영원히 목마르지 아니하리니 내가 주는 물은 그 속에서 영생하도록 솟아나는 샘물이 되리라 ○ 여자가 이르되 주여 그런 물을 내게 주사 목마르지도 않고 또 여기 물 길으러 오지도 않게 하옵소서 ○ 이르시되 가서 네 남편을 불러 오라 ○ 여자가 대답하여 이르되 나는 남편이 없나이다 예수께서 이르시되 네가 남편이 없다 하는 말이 옳도다 ○ 너에게 남편 다섯이 있었고 지금 있는 자도 네 남편이 아니니 네 말이 참되도다 ○ 여자가 이르되 주여 내가 보니 선지자로소이다 ○ 우리 조상들은 이 산에서 예배하였는데 당신들의 말은 예배할 곳이 예루살렘에 있다 하더이다 ○ 예수께서 이르시되 여자여 내 말을 믿으라 이 산에서도 말고 예루살렘에서도 말고 너희가 아버지께 예배할 때가 이르리라 ○ 너희는 알지 못하는 것을 예배하고 우리는 아는 것을 예배하노니 이는 구원이 유대인에게서 남이라 ○ 아버지께 참되게 예배하는 자들은 영과 진리로 예배할 때가 오나니 곧 이 때라 아버

지께서는 자기에게 이렇게 예배하는 자들을 찾으시느니라 ○
하나님은 영이시니 예배하는 자가 영과 진리로 예배할지니라
○ 여자가 이르되 메시아 곧 그리스도라 하는 이가 오실 줄을
내가 아노니 그가 오시면 모든 것을 우리에게 알려 주시리이
다 ○ 예수께서 이르시되 네게 말하는 내가 그라 하시니라 ○
이 때에 제자들이 돌아와서 예수께서 여자와 말씀하시는 것
을 이상히 여겼으나 무엇을 구하시나이까 어찌하여 그와 말
씀하시나이까 묻는 자가 없더라 ○ 여자가 물동이를 버려 두
고 동네로 들어가서 사람들에게 이르되 ○ 내가 행한 모든 일
을 내게 말한 사람을 와서 보라 이는 그리스도가 아니냐 하니
○ 그들이 동네에서 나와 예수께로 오더라 ○ 그 사이에 제자
들이 청하여 이르되 랍비여 잡수소서 ○ 이르시되 내게는 너
희가 알지 못하는 먹을 양식이 있느니라 ○ 제자들이 서로 말
하되 누가 잡수실 것을 갖다 드렸는가 하니 ○ 예수께서 이르
시되 나의 양식은 나를 보내신 이의 뜻을 행하며 그의 일을
온전히 이루는 이것이니라 ○ 너희는 넉 달이 지나야 추수할
때가 이르겠다 하지 아니하느냐 그러나 나는 너희에게 이르
노니 너희 눈을 들어 밭을 보라 희어져 추수하게 되었도다 ○
거두는 자가 이미 삯도 받고 영생에 이르는 열매를 모으나니
이는 뿌리는 자와 거두는 자가 함께 즐거워하게 하려 함이라
○ 그런즉 한 사람이 심고 다른 사람이 거둔다 하는 말이 옳도
다 ○ 내가 너희로 노력하지 아니한 것을 거두러 보내었노니
다른 사람들은 노력하였고 너희는 그들이 노력한 것에 참여

베뢰아 사람입니까

하였느니라 ㅇ 여자의 말이 내가 행한 모든 것을 그가 내게 말하였다 증언하므로 그 동네 중에 많은 사마리아인이 예수를 믿는지라 ㅇ 사마리아인들이 예수께 와서 자기들과 함께 유하시기를 청하니 거기서 이틀을 유하시매 ㅇ 예수의 말씀으로 말미암아 믿는 자가 더욱 많아 ㅇ 그 여자에게 말하되 이제 우리가 믿는 것은 네 말로 인함이 아니니 이는 우리가 친히 듣고 그가 참으로 세상의 구주신 줄 앎이라 하였더라"

유대와 사마리아 간 지역감정의 배경

수가성 여인에 관한 설교는 지금까지 다섯 번 정도 했는데, 할 때마다 너무 감사하고 제가 은혜를 받습니다. 최신 주석들도 보면 많은 신학자들이 수가성 여인 사건을 최고라고 극찬하고 있습니다. 인류 역사에서 찬란하게 빛나는 내용입니다. 여기에 대해 감히 비평 글을 쓸 수가 없습니다. 오늘 수가성 여인의 본문을 다 읽은 것은 본문 속에 비밀이 다 있기 때문입니다. 저는 조금만 보완하면 됩니다.

3절 "유대를 떠나사 다시 갈릴리로 가실새"

유대의 예루살렘에서 갈릴리로 가는 길이 대략 400㎞입니다. 그 길의 중앙에 사마리아가 있습니다. 유대인은 사마리아를 통과하지 않고 돌아갑니다. 그러면 5-6시간 정도 더 걸리는데, 그래도 돌아갑니다. 유대인들과 사마리아인 간의 묵은 지역감정이 500년이나 되었습니다. 이스라엘이 아시리아에게 멸망되었을 때 아시리아는 사마리아에 있는 이스라엘 사람들을 잡아갔는데, 농사짓고 무지한 사람들은 안 잡아갔습니다. 농사지은 것으로 세금을 받아야 하니까 안 잡아간 것입니다. 대신 좀 똑똑한 사람들은 몽땅 잡아갔습니다. 이때 잡아간 사람들이 2만 7천 명이나 되었다고 합니다.

유대인들은 바벨론에 포로가 되어 갔다가 돌아올 때 결혼도 자기들끼리 했습니다. 이방인과 하라고 해도 끝까지 버텼습니다. 그러나 사마리아인들은 아시리아의 지배를 받으면서 이방인과 결혼을 했습니다. 그리고 다섯 개의 도시에서 다섯 신을 섬기며 돌아왔습니다.

아시리아가 망하고 (북)이스라엘 사람들이 돌아왔는데, 이후 (남)유대인들이 바벨론에 잡혀갔다 돌아올 때 이스라엘 사람들이 물도 안 주고 오히려 돌을 던졌습니다. 그러자 유대인들은 "같은 이스라엘 민족인데 이럴 수가 있나. 에돔은 이방인이라도 오히려 덜 밉상인데 같은 민족이 우리를 이렇게 학대하나."라고 하며 이를 갈았습니다. 그래서 "이제 사마리아에 있는 인간들과는 절대 만나지도 말고 대화하지도 말고 물을 한 그릇에 같이 마시지도 말자."고 해서 갈릴리에서 예루살렘으로 갈 때에도 사마리아로 통과하지 않고 돌아갔습니다. 꼴도 보기 싫다는 것입니다. 예수님도 유대인입니다. 하지만 그분은 지역감정이 없으니까 사마리아를 통과하시려고 합니다.

8절 "이는 제자들이 먹을 것을 사러 그 동네에 들어갔음이러라"

베뢰아 사람입니까

제자들은 다 유대인이라서 사마리아 사람들 꼴도 보기 싫어했지만 먹을 것을 구하기 위해 사마리아로 들어갔습니다. 유대인들이 사마리아인들과 그릇도 같이 안 쓸 정도로 싫어하면서도 두 종류는 사마리아에서 사 먹었는데, 그중 하나가 달걀이었고 또 하나는 과일이었습니다. 유대인들은 우물의 물도 자기들이 가지고 다니는 두레박으로 마셨지, 절대 사마리아 사람들의 두레박으로는 물을 마시지 않았습니다. 이런 배경을 이해해야 합니다.

대화하시는 예수님

예수님이 길을 가시다가 보니 날씨가 너무 더워서 우물가에 앉아 계셨습니다. 예수님도 인성을 가지셨기에 피곤하셨던 것입니다. 한 여자가 우물에 물을 길으러 왔는데, 이 여자도 예수님을 보고 "웬 유대인 남자인가." 해서 아는 체도 하지 않습니다. 예수님도 유대 랍비로서, 원래는 서로 상종을 하지 않습니다. 말도 걸면 안 되고, 더욱이 율법을 가르칠 수 없었습니다.

우물가에 앉아 계신 예수님께서 사마리아 여자가 물을 길으러 오는 모습을 보고 계시는데, 원래는 예수님이 1.8m 정도 비켜서 딴 곳을 보고 있어야 합니다. 물을 뜨고 갈 때까지 그래야 합니다. 그것이 유대 나라의 법입니다. 그런데 예수님께서는 물러나지도 않으시고 여자를 빤히 보십니다. 그리고 오히려 여자에게 "물 좀 달라"라고 말씀하십니다. 유대인과 사마리아인은 같은 두레박으로 물을 마시면 안 됩니다. 물을 마시고 싶으면 다른 유대인들이 하듯이 자기 두레박으로 마시면 되는데 그러지 않고 사마리아 여자에게 "물 좀 달라"고 하십니다. 그러자 여자가 바로 "아니 당신은 유대인인데 내게 물을 달라고요? 내 두레박으로 물을 마시려고요? 부정 타려고 그럽니까?"라고 대꾸합니다. 이미 예수님은 부정을 많이 탄 상태입니다. 우물가에 앉아 있는 것, 멀리 안 간 것, 여자를 본 것, 말을 건 것이 다 부정합니다.

> 9-10절 "사마리아 여자가 이르되 당신은 유대인으로서 어찌하여 사마리아 여자인 나에게 물을 달라 하나이까 하니 이는 유대인이 사마리아인과 상종하지 아니함이러라 ○ 예수께서 대답하여 이르시되 네가 만일 하나님의 선물과 또 네게 물 좀 달라 하는 이가 누구인 줄 알았더라면 네가 그에게 구하였을 것이요 그가 생수를 네게 주었으리라"

그런데 예수님께서 놀라운 말씀을 하십니다. 수가성 여인과 예수님의 만남에서 드러나는 몇 가지 특징이 있는데, 첫째는 '대화하시는 예수님'입니다. 우리는 보통 남과 대화할 때 자기 말만 실컷 하고 남의 이야기는 안 듣고 갑니다. 예수님도 "어디 사마리아 여자가! 우물가에 오지 마!"라고 하셨을 수도 있습니다. 그랬다면 여자가 "이 우물은 야곱이 우리에게 준 것인데 당신이 왜 먹나요?"라고 했을 것이고, 그것으로써 대화는 끝입니다. 또한 예수님이 "유대 랍비의 율법이 어떻고…."라고 하며 설명하고 여자가 가만히 있었다면 대화는 그것으로써 끝입니다. 그러나 그분은 여자와 대화하셨습니다. 우리도 대화해야 합니다. 특히 예수님처럼 대화해야 합니다.

수준을 끌어올리는 대화법

두 번째 특징은 '대화의 수준이 계속 올라간다'는 것입니다. 점층법적으로 올라갑니다. 사마리아 여자가 처음에는 예수님을 '유대인 남자'라고 하더니, 그다음에는 '랍비', 그다음에는 '선지자', 마지막에는 메시아라고 합니다. 사마리아의 메시아는 '타헤브'라고 하며, 유대 나라의 메시아와는 의미가 다릅니다. 유대 나라 메시아는 로마를 이기는 정치군사적 메시아입니다. 그러나 사마리아인들의 메시아는 모세의 율법에 의해 '모세와 같은 선지자'면서 '율법을 새롭게 해석해 주는 사람'으로서, 사마리아 말로 '타헤브'라고 합니다. 처음에는 유대인 남자로만 생각했는데, 한참 이야기하다 보니 랍비라고 생각되고 또 한참 이야기하니 선지자라는 생각이 들었습니다. 그리고 마지막에는 이분이 '타헤브'라는 생각이 들었습니다. 예수님께서 대화를 통해 이 여자의 수준을 단계적으로 끌어올리셨습니다. 우리도 남과 이야기할 때 상대를 존중해서 대화의 수준을 끌어올릴 수 있어야 합니다.

예수님께서 남자인 니고데모와 이야기하실 때 그는 예수님 말씀이 무슨 뜻인지 몰랐습니다. 그러자 예수님께서 "네가 어떻게 이스라엘의 선생이냐?" 하고 꾸중하셨습니다. 그런데 사마리아 여자와는 대화가 너무 잘되고 그녀가 정확하게 들어서 성장과 성숙을 완성합니다. 많은 종교에서 남자보다 여자들이 많은 이유가 있을 것입니다. 부활하신 예수님을 알린 사람도 여자들입니다. 여성들은 30세가 넘으면 말하는 능력이 커져서 말이 많아지는데, 종교성도 함께 생깁니다. 그러나 주의할 것은 바른 종교적 관점을 가져야 한다는 것입니다. 반드시 말씀을 바로 들어야 성장합니다. 이상한 목사가 나와서 맹목적으로 선동하는 말에 "아멘. 할렐루야." 하면 안 됩니다. 말씀을 바로 의존하지 않으면 시끄럽게 떠들기만 하고 이단 종교에 빠집니다.

생명의 물이신 예수님

예수님이 물 이야기를 통해 '생수'를 말씀하십니다. "이 생수는 영원히 목마르지 않는 생수다. 네가 나를 누군지 알았으면, 나에게 영원한 생수를 구했을 것인데 모르는구나."라고 하십니다. 여자가 모르는 이유는 안 배워서 그렇기도 하지만, 죄가 있으면 모릅니다. 그러면 진리의 말씀을 들어도 모르고 예수님을 봐도 모릅니다.

예수님께서 이 물을 근거로 해서 영원한 생수를 말씀하시니 여자는 "이야, 그 생수는 목이 안 마르다구요? 그러면 여기에 올 필요도 없겠군요. 저녁에 오면 사람들이 나를 보고 수군거리니 부끄러워서 못 오고 사람이 안 다니는 더운 낮에 올 수밖에 없었는데 그 생수만 있으면 낮에도 밤에도 물 길으러 올 필요가 없으니 얼마나 좋을까요."라는 생각이 듭니다. 여자의 현실적 감각이 튑니다. 그리고는 "그 물 좀 제게 주세요."라고 합니다.

11절 "여자가 이르되 주여 물 길을 그릇도 없고 이 우물은 깊은데 어디서 당신이 그 생수를 얻겠사옵나이까"

영원한 생수는 예수 그리스도를 만날 때, 하나님 말씀의 감동이 올 때 얻을 수 있습니다. 그러면 나는 어떻게 살아야 하는가에 대한 소명을 알

130   베뢰아 사람입니까

게 됩니다.

> 12절 "우리 조상 야곱이 이 우물을 우리에게 주셨고 또 여기
> 서 자기와 자기 아들들과 짐승이 다 마셨는데 당신이 야곱보
> 다 더 크니이까"

수가성은 구약의 세겜입니다. 세겜은 여호수아가 백성들을 모아놓고
"만일 여호와를 섬기는 것이 너희에게 좋지 않게 보이거든 너희 조상들
이 강 저쪽에서 섬기던 신들이든지 또는 너희가 거주하는 땅에 있는 아모
리 족속의 신들이든지 너희가 섬길 자를 오늘 택하라 오직 나와 내 집은
여호와를 섬기겠노라(수 24:15)"라고 결단한 장소입니다. 야곱의 묘가 여
기에 있고, 요셉의 두 아들의 땅이(에브라임, 므낫세 지파 땅) 그 근방입
니다. 이것을 알아야 여자가 왜 이렇게 말하는지 알 수 있습니다. "여기에
야곱의 묘가 있고, 열두 지파 중에 두 지파의 땅도 이 근방에 있는데 당신
이 야곱보다 큽니까? 당신이 그리 대단한 말을 하니 당신이 야곱보다 더
크다는 것을 증명해 보세요."라고 합니다.

> 16-17절 "이르시되 가서 네 남편을 불러 오라 ○ 여자가 대답
> 하여 이르되 나는 남편이 없나이다 예수께서 이르시되 네가
> 남편이 없다 하는 말이 옳도다"

주님이 영원한 생수를 말씀하시니까 여자가 그 물을 달라고 하는데 뜬
금없이 "네 남편을 불러오라."고 하십니다. 그 생수는 이렇게 나온다고 하

시든지, "그것은 구약의 말씀이다."라고 해야 하는데 "네 남편을 불러오라."고 하십니다. 영원한 생수 문제를 말씀하시면서 남편 문제를 들고 나옵니다. 너무 큰 비약이지만 영적인 뜻이 있습니다. 누구든지 찜찜한 죄가 다 있는데, 지금 예수님께서는 그 죄를 지적하십니다. 이 여자의 죄는 남편입니다. 그러니 "남편을 불러오라."고 하시는 것입니다.

신학자들은 여인이 남편이 없다고 한 것을 가리켜 여성적 거짓말이라고 합니다. 다섯 명이 있었고, 지금도 있지만 자기 남편이 아니라고 합니다.

'남편'의 해석

'남편'이라는 단어를 번역할 때 '남편'으로 할 것인지 '바알'로 할 것인지 고민이 많았는데, 결국 '남편'으로 했습니다. '남편'에는 세 가지 뜻이 있습니다. 첫째는 '주인'이란 뜻이고, 둘째는 '남편'이나 '남자'란 뜻이고, 셋째는 '우상'이란 뜻입니다. 우리는 두 번째와 세 번째 뜻을 해석해 보려고 합니다.

먼저 '남자'라고 해석했을 때 이 여자는 의존성 관계중독증입니다. 남자가 없으면 못 사는 유형입니다. 한 사람과 헤어지면 엉엉 울면서 다른 남자를 찾아가야 합니다. 시간만 있으면 남편 자랑을 하고 시간만 있으면 부인 자랑을 하는 것은 의존성 관계중독증입니다. 자랄 때 사랑을 못 받으면 남자가 조금만 잘해 줘도 "오빠 오빠." 하면서 빠집니다.

사마리아나 유대 나라의 율법에는 두 번 이상 이혼을 못 하기 때문에 남편이 있어도 최대한 세 명까지만 가능합니다. 그런데 일단 '남편'이라고 해석하면 과거의 남편 다섯 명에다 지금 사는 사람까지 여섯 명인데,

베뢰아 사람입니까

이 여자의 나이를 30대 후반으로 가정할 때 남편 여섯 명까지 가는데 거의 1-2년 만에 한 명씩 바꿨다는 결론이 나옵니다.

원래 인간은 남자와 여자가 만나서 헤어지고 나면 적어도 2-3년간의 애도기간이 필요합니다. "내 잘못이다." 또는 "그 사람도 너무 야속하다."고 하면서 괴로워하는 시간이 2-3년은 필요한 것입니다. 그것을 심리학적으로 '이별 애도기간'이라고 합니다. 그런데 이 여자는 애도기간이 하나도 없었습니다. 그래서 심리학자들은 이 여자를 의존성 관계중독이라고 하는 것입니다.

이제 '남편'을 '우상(바알)'으로 해석해 봅시다. 아시리아는 북왕국 이스라엘 사람 2만 7천여 명을 포로로 잡아가 메소포타미아 지역에 유배했습니다. 남은 이스라엘 사람들에게는 자신들의 정복지 중 다섯 지역에서 이주시킨 이방 민족과의 통혼정책을 폈는데, 이때 다섯 신이 들어오게 된 것으로 추정합니다. 그래서 사마리아는 다섯 신을 믿는다는 것입니다. 사마리아 사람은 지금도 양 잡고 소 잡으며 하나님께 제사를 드리는데, 그들에게는 모세오경밖에 없고 선지서는 없습니다. 레위기 율법을 따라 그대로 제사를 드립니다. 그래서 한국에서 그쪽으로 여행을 갈 때 그 광경을 보러 일부러 유월절 양 잡을 때 갑니다. 사마리아 종교는 모세오경입니다.

'바알'로 해석하는 입장은 사마리아인들이 아시리아의 통혼정책에 의해 이방인들과 섞이면서 다섯 종교를 믿게 되었는데, 이 여자는 종교성이 있어서 다섯 신을 다 섬긴 것으로 봅니다. 우상을 섬긴 죄는 예수님과 만나서 회개해야만 합니다. "너는 다섯 신을 섬겼잖아. 그리고 지금도 다른 우상을 섬기고 있지."라는 뜻이라는 것입니다. 그런데 번역을 남편으로 하니 헷갈립니다.

저는 바알 종교라고 보는 입장입니다. 인간은 누구나 무언가를 우상으로 섬기고 의존하는 본능이 있지만 여성은 특히 가부장적 문화관습의 영향으로 의존성이 더해서 남편을 의존하거나 아들을 의존하거나 친구를 의존하거나 뭔가를 자꾸 섬기고 의존하려고 합니다. 그러니 누가 선동하면 이상한 곳에 가서 박수 치고 "할렐루야." 하는 사람이 많습니다. 이런 속성을 볼 때 수가성 여자도 그러지 않았겠나 하는 것이 저의 입장입니다.

'남편'에 대한 해석으로 '주인', '남편', '우상' 등 여러 해석을 살펴봐야 합니다. 그래야 설득력이 있습니다. 어느 해석이 옳은지 각자 기도하고 본문을 잘 살펴봅시다. 이렇게도 해석해 보고, 저렇게도 해석해 봅시다. 현대의 심리학자들이 '관계중독'이라고 해석하는 것도 생각해 봅시다. 알프레드 노스 화이트헤드라는 철학자는 이런 것을 '재미'라고 했습니다.

여인이 예배 방식을 묻다

하나님 외에 최고로 섬긴 우상은 누구든지 다 숨겨 두고 이야기를 하지 않습니다. 그런데 예수님께서 자기 과거의 죄를 딱 지적하니 여자는 예수님이 선지자이시구나 싶습니다. 그래서 "내가 보니 선지자로소이다"라고 하며 "우리 조상들은 이 산에서 예배하였는데 당신들의 말은 예배할 곳이 예루살렘에 있다 하더이다"라는 말을 합니다. "당신이 선지자라면 물어볼게 있습니다."라고 하며 '예배'를 들고 나오는 것입니다. 원래 여자가 가졌던 의문이기도 하지만 질문의 수준이 높아진 것입니다.

"사마리아 종교에서는 그리심산에서 예배해야 한다고 하는데 유대인은 예루살렘에 와서 해야 한다고 합니다. 저는 헷갈립니다. 어디서 예배 해야 하는지요? 당신은 선지자니까 여기에 대해서 분명히 말해 주세요." 라고 질문하고 있습니다. 사마리아에는 선지서가 없으니 예배 방법을 잘 모릅니다. 주전 9세기부터 선지자들은 예루살렘 성전 예배를 강조했습니다. 여자가 이 정도의 내용을 질문할 수준이 된 것은 예수님이 대화로 수준을 끌어올리시는 능력으로 인한 것입니다.

11

예수님과 수가성 여인과의 만남 2

2019. 6. 30.

요한복음 4:20-30

"우리 조상들은 이 산에서 예배하였는데 당신들의 말은 예배할 곳이 예루살렘에 있다 하더이다 ○ 예수께서 이르시되 여자여 내 말을 믿으라 이 산에서도 말고 예루살렘에서도 말고 너희가 아버지께 예배할 때가 이르리라 ○ 너희는 알지 못하는 것을 예배하고 우리는 아는 것을 예배하노니 이는 구원이 유대인에게서 남이라 ○ 아버지께 참되게 예배하는 자들은 영과 진리로 예배할 때가 오나니 곧 이 때라 아버지께서는 자기에게 이렇게 예배하는 자들을 찾으시느니라 ○ 하나님은 영이시니 예배하는 자가 영과 진리로 예배할지니라 ○ 여자가 이르되 메시야 곧 그리스도라 하는 이가 오실 줄을 내가 아노니 그가 오시면 모든 것을 우리에게 알려 주시리이다 ○ 예수께서 이르시되 네게 말하는 내가 그라 하시니라 ○ 이 때에 제자들이 돌아와서 예수께서 여자와 말씀하시는 것을 이

상히 여겼으나 무엇을 구하시나이까 어찌하여 그와 말씀하시
나이까 묻는 자가 없더라 ○ 여자가 물동이를 버려 두고 동네
로 들어가서 사람들에게 이르되 ○ 내가 행한 모든 일을 내게
말한 사람을 와서 보라 이는 그리스도가 아니냐 하니 ○ 그들
이 동네에서 나와 예수께로 오더라"

여성의 종교성

"여자여 내 말을 믿으라" 예수님께서 여자에게 이해하라고 설득하지 않
았습니다. 설명하지 않았습니다. "믿으라"고 하셨습니다. 여성이 30세가
되면 두 가지가 두드러집니다. 첫째는 소통능력으로써 말을 많이 합니
다. 주로 자기 이야기만 하는 것이 문제이기는 합니다. 둘째는 무엇인가
를 잘 믿습니다. 여성은 원래 안 믿는 체질입니다. 남자가 무슨 말을 해도
여자들은 항상 의심합니다. 생물학자들은 여성이 자궁을 가져서 그렇다
고 말합니다. 스스로 믿지 못하므로 남을 많이 디스도 합니다. 그런데 종
교적으로는 또 쉽게 믿는 경향이 있습니다. 오늘날 교회의 큰 문제 중 하
나가 맹목적으로 믿는 여성 신자들이 너무 많다는 것입니다.

하나님께서 남자는 흙으로 만드셨습니다. 그리고 남자의 갈비뼈를 뽑
아서 여자를 만드셨습니다. 산업공학의 관점에서는 재료 상으로 여자가
남자보다 더 낫습니다. 그리고 여자는 하나님의 최후의 작품입니다. 보
시기에 좋았습니다. 자연 상태에서는 여자가 남자보다 더 우수해서 고생
도 더 하고 엄마 역할도 합니다. 그런데 타락하면 더 썩습니다. 자기는 공
부 못해 놓고 아이들에게는 공부하라고 들들 볶습니다. 그러나 믿는 사

람은 그러면 안 됩니다. "하나님을 알아라. 생명을 사랑하라."고 가르치는 것이 더 중요합니다.

사마리아 예배의 종교적 배경

수가성 여자가 예수님을 선지자로 인식하기 때문에 예배에 대해서 묻습니다. 어디서 어떻게 예배해야 하는가의 문제입니다. 예수님께서 "내 말을 믿으라 이 산에서도 말고 예루살렘에서도 말고"라고 하십니다. 여기서 '이 산'은 그리심산을 가리킵니다.

지난 시간에는 사마리아의 문화적 배경과 역사적 배경을 설명했는데, 이번 시간에는 종교적 배경을 말씀드리겠습니다. 사마리아에는 사마리아 종교가 있어서 오경만 인정하고 이사야서, 다니엘서, 예레미야서 등 선지서는 인정하지 않습니다. 선지서는 모두 예루살렘 중심의 내용입니다. 사마리아인들은 그리심산 중심인데 선지서는 예루살렘의 회복을 노래하니 선지서는 인정하지 않겠다는 것입니다.

그들이 선지서를 무시하니 예배의 내용이나 방법을 모릅니다. 그러니 수가성 여인이 예수님께 "참 선지자라면 예배를 알 것 아닙니까?"라고 묻는 것입니다. 이스라엘 백성이 가나안에 입성하기 전 모세는 고별 설교를 통해 가나안에 들어가면 에발산에서는 저주를, 그리심산에서는 축복을 선포하도록 지시했습니다. 오경에는 그렇게 되어 있습니다. 그러니 사마리아인들은 그리심산에서 예배를 드렸는데, 선지서는 예루살렘 예배를 강조하니 볼 것도 없다는 것입니다. 그들은 세상이 얼마나 변했는지도 모르고 아직도 옛것만 들고 예배하고 있습니다. 반면에 유대인들은 무조건 예루살렘에서만 예배를 드려야 한다고 생각합니다. 거기서 예배 드리지 않으면 상대도 하지 않습니다.

사마리아 종교의 종교적 배경이 이렇습니다. 그래서 이 여자가 이렇게 질문하는 것입니다. 이런 배경을 알고 있어야 성경의 핵심을 정확히 알 수 있습니다.

참 예배의 대상

> 22절 "너희는 알지 못하는 것을 예배하고 우리는 아는 것을 예배하노니 이는 구원이 유대인에게서 남이라"

〈차마고도〉라는 다큐를 보았습니다. 티베트 인들이 평생 살았던 히말라야 산에서 라싸 성지까지 오체투지하면서 찾아가는 장면이 있었습니다. 오체투지란 무릎을 꿇고 두 팔을 뻗으며 배를 땅에 깔고 다리를 쭉 편 후 머리를 땅에 닿도록 하는 절을 말하는데, 티베트인들이 오체투지를 하며 라싸까지 갑니다. 운남에서 라싸까지 약 2,100km입니다. 아무리 빨리 가도 1년 이상 걸립니다. 가면서 일하고 쉬기도 하고 아프면 병원에도 갑니다. 평생 한 번은 가야 하는 길입니다. 땀을 척척 흘리면서 가는데 자꾸 엎어지니까 무릎과 팔꿈치에 타이어를 댔습니다. 그들은 누구에게 예배하는지도 모릅니다. 왜 가냐고 하면 다음 생에 부자로 태어나려고 간다고 합니다. 이들처럼 알지 못하는 것을 예배할 수 있습니다. 이는 마치 밤새도록 울고 "누가 죽었지?"라고 묻는 격입니다.

주님께서 여자에게 "네 남편을 불러오라"고 하셨는데, 여자는 남편이 없다고 말했습니다. 여자의 남편은 과거에 다섯 명이 있었으며 지금 있는 사람도 남편이 아닙니다. 남편에 대해서는 지난 시간에 남편과 바알의 두 가지 해석으로 풀이해 보았습니다. 여성들은 대체적으로 믿음이 좋지만 인간적으로 남편을 믿습니다. 그다음에 자식을 믿습니다. 그러나 하나님을 믿는 여성들은 남편을 믿어도 안 되고, 자식을 믿어도 안 되고, 경영학적 목회로 하나님 말씀이 없이 세뇌만 시키는 교회에 "할렐루야 아멘." 하면서 앞장서면 안 됩니다.

창세기를 보면 여자에게 남자를 도우라고 했는데, 남자가 그만큼 모자라고 어린아이 같다는 말입니다. 그러니 도우라는 것입니다. 그런데 여성이 그런 남편을 믿습니다. 믿음의 대상이 아닌데 남편을 믿습니다. 자식도 믿음의 대상이 아닙니다. 결혼을 시켜 보면 압니다. 하나님을 믿는 사람은 정확한 사상과 하나님에 대한 믿음이 있어야 합니다.

여자들이 남자를 믿으면 어떻게 될까요? 관계중독이 되어서 남자가 없으면 안 됩니다. 수가성 여인이 만약 30세라면 그 여자는 20세부터 다섯 명의 남자를 바꿔가며 살았다는 말이 됩니다. 여성 자체가 잘못되었다는 것이 아니라 잘못 믿으면 그렇게 된다는 것입니다. 관계 중독이 일어나서 입만 벙긋하면 남편 자랑하고 부인 자랑하는 사람들은 문제가 많습니다. 왜 예수님께서 "네 남편을 불러오라"고 말씀하시는지 믿는 사람은 똑바로 알아야 합니다.

상황창조의 비밀

유대인들이 바벨론에 포로로 잡혀갔다 돌아올 때 사마리아인들이 학대를 했습니다. 그러자 유대인도 화가 나서 보복했습니다. 헤롯 왕 때 그리심산 성전을 다 부수고 불을 질렀습니다. 그러니 사마리아인들과 유대인들은 서로 평생 원수인데, 원수의 나라에서 예수님이 구할 여자가 있었습니다. 제자들이 무슨 말을 하거나 말거나 한 명을 구하려고 오십니다. 그를 통해 온 동네가 구원되는 사건이 일어납니다. 예수님께서 제자들에게 먹을 것을 사러 가라고 하시며 다 보내고 홀로 우물가에 앉아 계셨는데, 이것은 '상황창조'입니다. 인간에게 제일 중요한 것이 상황인데, 이분은 상황을 창조하십니다. 인간은 어려운 상황에 처해지면 다 강해집니다. 살아야 하기 때문입니다. 모 개그맨이 못나고 직장도 없어서 집에 늘 누워 이불을 덮어쓰고 있었다고 합니다. 엄마의 친구들이 와서 이불 속에 있는 것이 뭐냐고 하면 엄마가 "메주 덩어리다."라고 했다고 합니다. 그러고 나면 엄마가 아들에게 미안하다고 울고 아들도 울고 했다는데, 이런 상황이 기폭제가 되어 열심히 일하려는 의지를 가지게 되었고, 지금은 유명한 개그맨이 되었습니다.

그런데 자기가 처한 상황을 제대로 깨닫지 못하는 사람들이 있습니다. 영화 〈기생충〉을 보면 송강호의 가족들이 지하 방에서 꾸질하게 살고 있는 장면이 나옵니다. 먹고살기 위해 가족들 한 사람 한 사람이 뭐라도 해야 하는 형편입니다. 본인들의 현실적 상황을 정확하게 인지하고 진실하게 극복할 생각을 해야 하는데, 다른 식으로 거짓말을 하고 악을 저지릅니다. 상황을 창조하기는커녕 상황을 진실하게 인지하지 못하니 상황을 극복하지도 못하는 것입니다.

23절 "아버지께 참되게 예배하는 자들은 영과 진리로 예배할

때가 오나니 곧 이 때라 아버지께서는 자기에게 이렇게 예배
하는 자들을 찾으시느니라"

알지 못하는 것을 예배하면 안 됩니다. 하나님의 말씀이 분명한 예배를
해야 합니다. 진리를 예배해야 합니다. 그 말씀에만 "할렐루야" 해야 합
니다. "신령과 진정으로, 성령 안에서 진리의 말씀으로 예배하라."고 말씀
하십니다. 성령은 예수 그리스도의 십자가의 죽으심을 고백하고 믿을 때
오십니다. 진실하게 고백을 못 하니까 문제입니다.

오늘 예배시간에 부른 찬송가 441장 2절을 다시 불러 봅시다("말씀 위
에 서서 내 뜻 버리고 감정을 버리고 말씀에 서니 불완전한 믿음 완전해
지고 내가 이제부터 주만 붙드네"). 말씀에 섰을 때 불완전한 믿음이 완전
해집니다. 예수님을 통해 여자도 남자도 완전해집니다. 예수님을 통하지
않고 목사나 교회나 종교행위로는 완전해질 수 없습니다. 그런 것에 "아
니요!"라고 할 수 있어야 합니다. "이 산에서도 말고 예루살렘에서도 말
고 아버지께 예배할 때가 온다"고 하셨는데, 그것이 참 예배입니다. 창조
하신 자의 진짜 생명은 절대 아무데서나 "아멘", "할렐루야" 하면 안 됩니
다. 일명 빤스 목사 같은 사람이 이상한 말을 하면 "무슨 소리를 하는 겁
니까?" 하고 끌어내려야 합니다.

"아버지께서 참되게 예배하는 자들을 찾으신다."고 하셨습니다. 모두
가 예배를 예루살렘에서 봐야 한다, 또는 그리심산에서 봐야 한다며 네
옳니 내 옳니 하는데, "이 산에도 말고 예루살렘에서도 말고"라고 하십니
다. 하나님이 창조한 시공 속에서 어느 곳이든지 성령 안에서 말씀을 암
송하면서 예배하라는 것입니다. 하나님은 영이시므로 시공의 제약이 없

베뢰아 사람입니까

습니다. 어디서 예배를 드려도 들으십니다. 그러나 수준이 안 되면 종교 행위라도 해야 합니다. 교회에서 말씀 듣고 기도하며 "그런가? 아닌가?" 해야 합니다. 혼자라도 이렇게 해야 합니다. 하나님 말씀을 정 모르겠으면 암송하면 됩니다.

"우리 교회에만 와야 합니다." 하는 말은 우리 교회가 일본 제국 시대에 목숨 걸고 투쟁할 때 하는 말입니다. 그때는 신사참배와 동방요배를 하는 교회에 가면 안 됩니다. 그러나 지금은 예수님의 말씀이 어디 있는지, 진리가 어디 있는지를 강조해야 합니다.

> 계 21:6 "또 내게 말씀하시되 이루었도다 나는 알파와 오메가요 처음과 마지막이라 내가 생명수 샘물을 목마른 자에게 값 없이 주리니"

요한계시록에서 예수님은 생명수에 대해 이와 같이 말씀하셨습니다.

신령과 진리로 하나님을 예배하라

> 24-25절 "하나님은 영이시니 예배하는 자가 영과 진리로 예배할지니라 ○ 여자가 이르되 메시야 곧 그리스도라 하는 이가 오실 줄을 내가 아노니 그가 오시면 모든 것을 우리에게 알려 주시리이다"

여자가 처음에는 예수님을 유대인 남자라고 생각하다가 랍비라고 부르고, 그다음에는 선지자라고 불렀습니다. 그리고 예배하는 장소를 말씀하시는 것을 보니 메시아, 곧 그리스도인 것 같다고 합니다. 메시아는 사마리아 말로 '타헤브'입니다. 유대 나라에서는 정치, 군사적 메시아로 생각하는데, 사마리아 종교의 타헤브는 율법을 재해석하고 완성하는 분입니다. 그러니 예수님께 더 가깝습니다. 예수님은 산상수훈에서 율법을 다시 말씀하셨습니다. 참 놀랍습니다. "메시아가 오시면 우리에게 말씀하실 것인데요."라고 오히려 여자가 거꾸로 메시아에 대해서 말하고 있습니다. 여자가 메시아를 알고 있습니다. 예수님께서는 이런 여자와 대화하시기 위해 일부러 상황을 창조하셨습니다. 유대인들 모두가 옆으로 돌아가는데도 예수님은 사마리아에 가서 우물 옆에 앉아 계십니다. 여자가 오니 말을 걸며 인류 최고의 비밀을 밝히고 있습니다.

여성들의 책임이 무겁습니다. 그러므로 정신을 차려야 합니다. 그리고 하나님을 신령과 진정으로 예배해야 합니다. 남편을 신앙하지 맙시다. 자식을 신앙하지 맙시다. 신앙하면 그 사람에게 배반받고 서로 원수가 됩니다. 신앙하지 않으면 서로 부족하니 잘 지낼 수 있습니다.

내가 그라

25-26절 "여자가 이르되 메시야 곧 그리스도라 하는 이가 오실 줄을 내가 아노니 그가 오시면 모든 것을 우리에게 알려주시리이다 ○ 예수께서 이르시되 네게 말하는 내가 그라 하시니라"

수가성 여인이 "메시아 곧 타헤브가 오시면 우리에게 모든 것을 알려 주실 것인데요?"라고 하니까 예수님이 "네게 말하는 내가 그라(에고 에이 미 호)"라고 말씀하십니다. 출애굽기에서 모세가 하나님께 "당신은 누구십니까?"라고 할 때 "나는 스스로 존재한다.(에흐예 아쉐르 예흐예)"라고 말씀하셨습니다. 하나님만이 할 수 있는 말입니다. "원인도 결과도 없고 영원 전부터 창조주로 존재한다."는 말씀입니다. 예수님께서 수가성 여인에게 "네게 말하는 내가 그라."라는 말씀이 곧 "예흐예 아쉐르 예흐예", 즉 "나는 스스로 있는 자이다."라는 뜻입니다. 수가성 여인에게 당신이 창조주 하나님이라고 말씀하시는 것입니다.

예수님은 수가성 여인을 만나기 위해 상황을 창조하셨습니다. 사마리아에 일부러 가서서 일부러 정오 시간에 우물가에 앉으셨습니다. 여자가 올 줄 아시고, 여자가 왔을 때 거리를 두지 않고 다가가서 물 좀 달라고 하셨습니다. 그분은 어떤 어려움이 있어도 구원할 자를 찾아가십니다. 거라사에 미친 귀신 들린 사람을 구원하시기 위해 풍랑이 쳐도 바다를 건너가셨습니다. 또한 기다리십니다. 혈루병 걸린 여자가 뒤에 와서 옷을 만지도록 기다리셨습니다. 주님께서는 여자가 옷자락을 만졌을 때 본인에게서 힘이 나가는 것을 아셨습니다. 그리고 그녀에게 병이 나을 것을 말씀하셨습니다. 오늘 수가성 여인에게도 "네게 말하는 내가 그다."라고 하시며 창조주로서 창조의 비밀을 말씀하십니다.

같이 온 제자들이 옆에서 딴 소리 할까 봐 다른 곳으로 보냈습니다. 제자들이 있었다면 "사마리아 여자잖아요. 부정한 여자입니다. 랍비인 당신이 말하면 안 됩니다."라고 간섭했을 것입니다. 그러나 수가성 사건이 너무 정확하게 기록되어 있어서 요한이 옆에 있었던 것이 아닌지 신학자들은 추측합니다.

예수님이 수가성 여인을 만나려고 일부러 기다리시고 대화하신 것을 '상황창조'라고 합니다. 그런데 페이크(fake)로 상황을 만드는 것도 있습니다. 주로 정치권에서 자신들의 목적을 위해 쓰는 방법인데, 이는 타락된 것입니다. 예수님께서 행하신 것이 진정한 상황 창조입니다.

> 27절 "이 때에 제자들이 돌아와서 예수께서 여자와 말씀하시는 것을 이상히 여겼으나 무엇을 구하시나이까 어찌하여 그와 말씀하시나이까 묻는 자가 없더라"

제자들이 사마리아 마을에 가서 먹을 것을 사 왔습니다.

맺는말

수가성 여인 이야기는 비밀이 많이 남아서 설교를 시리즈로 계속 이어갈 것입니다. 수가성 여인 설교의 첫 번째 주제는 '서로 대화하자'였습니다. 자기 말만 하지 맙시다. 여성이 30세가 넘으면 말하는 능력이 터집니다. 앉기만 하면 계속 말합니다. 그런가 하면 남자는 "밥 줘." 같은 간단한 몇 마디 말만 합니다. 너무 많은 말을 하는 것도 문제이고 너무 말을 하지 않는 것도 문제입니다. 자기 이야기만 실컷 하고 스트레스를 주고 가는 사람은 1차원적인 인간입니다. 자기밖에 모르는 사람입니다. 대화는 2차원적입니다. 우리는 2차원의 인간이라도 되어야 합니다. "나도 이야기했으니 너도 이야기해 봐."고 해야 합니다. 부부도, 부모 자식 간에도 대화를 해야 합니다. 3차원은 세 명이 있어야 합니다. 요한은 지금 예수님과 수가성 여인 간의 대화를 기록하고 있습니다. 그리고 이를 3차원으로 입체화시켜서 전하고 있습니다. 말씀이 살아 있습니다. 상황이 살아 있습니다. 이것을 말씀의 창조성이라고 합니다.

"하나님의 말씀은 살아 있고 활력이 있어 좌우에 날선 어떤 검보다도 예리하여 혼과 영과 및 관절과 골수를 찔러 쪼개기까지 하며 또 마음의 생각과 뜻을 판단하나니"라는 히브리서 4장 12절 말씀처럼 우리는 말씀으로 다시 재창조되어야 합니다.

두 번째 주제는 점층법으로 말한다는 것입니다. 공부도 하고 좋은 정보도 들어서 남에게 이야기할 만한 것이 좀 있어야 합니다. 먹는 이야기나 배우들 이야기가 대화의 주제가 되어서는 안 됩니다. 뉴스도 보고 국제 문제도 알고 대화의 격을 높여서 상대가 오늘 좋은 대화를 나눴다는 마음이 들도록 해야 합니다. 특히 나이가 들면 남의 이야기는 안 듣고 자기 이야기만 실컷 하고 끝나는데, 그러면 안 됩니다. 성령이 오시면 3차원으로 생명을 살리십니다. 그리고 생명을 줍니다. 바로 말씀의 생명성입니다.

12

예수님과 수가성 여인과의 만남 3

2019. 7. 21.

요한복음 4:27-42

"이 때에 제자들이 돌아와서 예수께서 여자와 말씀하시는 것을 이상히 여겼으나 무엇을 구하시나이까 어찌하여 그와 말씀하시나이까 묻는 자가 없더라 ○ 여자가 물동이를 버려 두고 동네로 들어가서 사람들에게 이르되 ○ 내가 행한 모든 일을 내게 말한 사람을 와서 보라 이는 그리스도가 아니냐 하니 ○ 그들이 동네에서 나와 예수께로 오더라 ○ 그 사이에 제자들이 청하여 이르되 랍비여 잡수소서 ○ 이르시되 내게는 너희가 알지 못하는 먹을 양식이 있느니라 ○ 제자들이 서로 말하되 누가 잡수실 것을 갖다 드렸는가 하니 ○ 예수께서 이르시되 나의 양식은 나를 보내신 이의 뜻을 행하며 그의 일을 온전히 이루는 이것이니라 ○ 너희는 넉 달이 지나야 추수할 때가 이르겠다 하지 아니하느냐 그러나 나는 너희에게 이르노니 너희 눈을 들어 밭을 보라 희어져 추수하게 되었도다 ○

거두는 자가 이미 삯도 받고 영생에 이르는 열매를 모으나니 이는 뿌리는 자와 거두는 자가 함께 즐거워하게 하려 함이라 ○ 그런즉 한 사람이 심고 다른 사람이 거둔다 하는 말이 옳도다 ○ 내가 너희로 노력하지 아니한 것을 거두러 보내었노니 다른 사람들은 노력하였고 너희는 그들이 노력한 것에 참여하였느니라 ○ 여자의 말이 내가 행한 모든 것을 그가 내게 말하였다 증언하므로 그 동네 중에 많은 사마리아인이 예수를 믿는지라 ○ 사마리아인들이 예수께 와서 자기들과 함께 유하시기를 청하니 거기서 이틀을 유하시매 ○ 예수의 말씀으로 말미암아 믿는 자가 더욱 많아 ○ 그 여자에게 말하되 이제 우리가 믿는 것은 네 말로 인함이 아니니 이는 우리가 친히 듣고 그가 참으로 세상의 구주신 줄 앎이라 하였더라"

창조주이신 예수 그리스도

예수님이 예루살렘에서 갈릴리로 바로 안 가시고 사마리아로 들어가셨는데, 들어가서 일어난 모든 일들은 주님의 상황창조라고 지난주에 말씀드렸습니다. 기적은 상황창조에서 일어납니다. 예수님이 하나님이신 가장 큰 이유는 창세기 1장에서 찾을 수 있습니다. 하나님께서 천지를 창조하시고 만물을 창조하시고 인간을 창조하셨습니다. 사마리아의 시공간도 하나님이 창조하셨습니다. 주님께서 사마리아에 그 시간에 들어가신 것은 시간을 창조하신 것이고, 우물가라는 장소에 계셨으니 공간을 창조하신 것입니다. 그리고 사마리아의 만물 속에서 대화를 통해 여자를 재창조하셨으니 이분이 하나님이시라는 것입니다.

　창세기 창조의 3대 요건인 시공, 만물, 사람을 상황 창조를 통해 완성하셨습니다. 여자가 타락했다는 것을 알고 인류의 보편적인 수준과 계시를 여자에게 말씀하십니다. 그러니 이보다 더 귀한 것이 어디 있겠습니까? 그래서 이 내용을 이해해야 합니다. 우리도 어려울 때 기도하고 상황을 창조해야 합니다. 신학적으로 상황을 '콘텍스트'라고 하고, 본문을 '텍스트'라고 합니다.

여성의 타락과 재창조의 사명

　사마리아의 역사적, 문화적, 종교적 배경을 말씀드린 바 있습니다. 이번 시간은 이분이 여성을 통해 재창조(리셋팅)하는 역사를 보게 됩니다. 타락한 여자의 역사를 재창조하는 과정이므로 영적 사건으로 이해해야 합니다. 창세기 이후 남자와 여자 모두 타락했지만 수가성 여인 사건에서는 예수님이 여자와 대화하셨기 때문에 여성의 타락성에 대해 포인트를 두어 말씀드립니다. 남자보다 여자가 더 타락했다는 뜻이 아니니 오해는 마시기 바랍니다.

　노자의 '무위자연'이라는 말이 있는데, 사람들이 너무 행하는 것이 자연에 위배되니까 하지 말라는 뜻입니다. 공부하기 싫어하는 아이들에게 "하지 마라, 놀아라."라는 말을 할 수 있어야 합니다. 간섭을 안 하는 것이 중요한데 너무 해서 문제입니다. 예수님이 여자를 선택하셔서 얼마나 놀라운 계시를 하시는지 알고 그 놀람을 이어가야 합니다. 그리고 자신에게 적용하여 말씀을 통해 재창조되어야 합니다. 최고의 여성이 되어야 합니다.

27절 "이 때에 제자들이 돌아와서 예수께서 여자와 말씀하시는 것을 이상히 여겼으나 무엇을 구하시나이까 어찌하여 그와 말씀하시나이까 묻는 자가 없더라"

문화적 배경으로 볼 때 제자들은 당연히 예수님께 "랍비여, 여자와 이야기하다니요? 더구나 유대인 랍비가 이방인 여자와 이야기하는 것은 있을 수 없습니다."라고 말해야 맞습니다. 그런데 제자들이 입을 싹 닫습니다. 여자를 무시하는 관습에 찌들어서 이러한 질문조차 할 진실성을 보이지 않는 것입니다.

28-29절 "여자가 물동이를 버려 두고 동네로 들어가서 사람들에게 이르되 ○ 내가 행한 모든 일을 내게 말한 사람을 와서 보라 이는 그리스도가 아니냐 하니"

물 길러 왔다가 얼마나 놀랐으면 물동이를 버려두고 갑니다. 동네로 들어가면서 "내가 행한 모든 일을 내게 말한 사람을 와서 보라!" 하고 소리칩니다. 인간적인 말 중에 놀라운 말입니다. "그리스도가 아니냐?"라는 말은 수가성 여인의 신앙고백입니다.

추수의 영적 의미

30절 "그들이 동네에서 나와 예수께로 오더라"

사마리아에 있는 사람 모두가 예수를 보러 옵니다. 앞서고 뒤서며 여자를 죽 따라오는 장면을 상상해 보십시오.

31절 "그 사이에 제자들이 청하여 이르되 랍비여 잡수소서"

문화적 배경으로 봤을 때 과일과 삶은 계란을 사 와서 드시라고 했을 것입니다. 그런데 주님이 드시지 않습니다.

32-34절 "이르시되 내게는 너희가 알지 못하는 먹을 양식이 있느니라 ○ 제자들이 서로 말하되 누가 잡수실 것을 갖다 드렸는가 하니 ○ 예수께서 이르시되 나의 양식은 나를 보내신 이의 뜻을 행하며 그의 일을 온전히 이루는 이것이니라"

예수님께서 드시지 않으니까 누가 갖다 드렸는가라고 하는데 예수님께서 다른 양식이 있다고 하십니다.

35절 "너희는 넉 달이 지나야 추수할 때가 이르겠다 하지 아니하느냐 그러나 나는 너희에게 이르노니 너희 눈을 들어 밭을 보라 희어져 추수하게 되었도다"

이 말씀은 사마리아의 추수 때를 알아야 이해하기 쉽습니다. 사마리아는 여름이 추수기라서 이 지역의 수확하는 때는 5월입니다. 넉 달 후라고 했으니 지금은 2월입니다. 이제 영적인 세계로 비약해 봅시다. 지금 사마

베뢰아 사람입니까

리아 사람들이 흰옷을 입고 여자를 따라 올라오고 있는 모습을 보고 밭이 희어져 추수하게 되었다고 말씀하신 것입니다. 자연의 추수는 5월이지만, 사마리아인들이 유대인 특유의 마음을 가지고 올라오고 있는 이때가 영적으로 보았을 때 수확기라는 말씀입니다.

> 36절 "거두는 자가 이미 삯도 받고 영생에 이르는 열매를 모으나니 이는 뿌리는 자와 거두는 자가 함께 즐거워하게 하려 함이라"

씨를 뿌리고 거두는 밭은 영적인 밭입니다. 구약의 선지자들이 씨를 뿌렸습니다. 그 씨의 열매를 거둘 때가 되었다는 것입니다. 레위기 23장에 보면 보리를 추수할 때 가난한 자와 이방인을 위해 양 귀퉁이의 밭을 남겨 둡니다. 사마리아인들은 이방인에 해당합니다. 레위기에 따라 이방인을 위한 추수를 한다는 말입니다.

35절에서 말한 '넉 달'에 유월절과 오순절이 속해 있습니다. 예수님 부활하신 날로부터 50일째 되는 날인 오순절에 제자들이 모여서 기도하고 있었는데 이때 성령이 오셨습니다. 그래서 세계만방으로 복음이 퍼져 나갔습니다. 하지만 그보다 훨씬 전에 이미 예수님의 재창조 역사로써 사마리아 여자를 통해 추수의 역사가 일어났습니다. 이분은 창조주이시므로 시공을 창조하시기 때문입니다.

성경의 전 역사를 이루시다

37절 "그런즉 한 사람이 심고 다른 사람이 거둔다 하는 말이
옳도다"

'한 사람'은 영어 성경에 'The One'으로 되어 있는데 One의 첫 글자가
대문자입니다. 그래서 여기서 한 사람은 예수님을 지칭합니다. 씨 뿌리
는 자는 예수님이었는데, 구약의 배경 하에서 이미 많은 사람이 수가성
여인을 통해 추수될 준비가 되었다는 말입니다. 즉 수가성 여인을 따라
서 올라오고 있는 사마리아 사람들이 준비되었던 사람들이라는 뜻입니
다. 놀랍지 않습니까?

38절 "내가 너희로 노력하지 아니한 것을 거두러 보내었노니
다른 사람들은 노력하였고 너희는 그들이 노력한 것에 참여
하였느니라"

이 말씀도 상당히 어렵습니다. 나중에 하나님의 복음을 땅 끝까지 전하
러 갈 때 이미 세상의 거둘 사람들은 선택되어져 있으니까 너희들은 나가
서 전하기만 하면 된다는 뜻입니다. 이것을 이미 말씀하시고 계신 것입
니다. 성경의 전 역사를 다 말씀하시고 있습니다.

39-40절 "여자의 말이 내가 행한 모든 것을 그가 내게 말하
였다 증언하므로 그 동네 중에 많은 사마리아인이 예수를 믿

는지라 ○ 사마리아인들이 예수께 와서 자기들과 함께 유하
시기를 청하니 거기서 이틀을 유하시매"

앞장선 전도자가 수가성 여자입니다. 그녀를 세워 재창조를 해서 사마
리아의 모든 준비된 사람을 거두는데, 이것을 미리 보여 주십니다. 아직
신약의 역사가 시작되지 않았고 사도행전도 없는데 말입니다. 앞으로 유
월절과 오순절의 사건이 일어난다는 압축적인 비밀을 말씀하시고 있습
니다.

여자의 변화된 모습에 전도된 마을 사람들이 올라와서 주님께 이틀간
유하기를 청합니다. 유대인이 사마리아에 이틀을 같이 있는 것은 율법에
위배됩니다만 주님은 흔쾌히 승낙하십니다. 모든 사람이 질문을 했을 것
이고 예수님은 정확하게 답을 해 주셨을 것입니다.

42절 "그 여자에게 말하되 이제 우리가 믿는 것은 네 말로 인
함이 아니니 이는 우리가 친히 듣고 그가 참으로 세상의 구주
신 줄 앎이라 하였더라"

42절이 주제입니다. 사마리아 사람들이 다 믿었다고 했습니다. 그가
메시아인 줄 알았다는 말입니다.

대화를 통한 재창조

예수님께서 상황을 창조하시고 특히 여자를 재창조하셨습니다. 구속

순위가 1위입니다. 예수님께서 재창조의 역사를 베푸시는데 그 방법이 대화입니다. 하나님께서 천지를 창조하실 때는 입김을 불었는데, 예수님께서는 지금 말씀으로 재창조를 하시고 있습니다. 놀라운 대화입니다. 그러면서 그 여자의 수준을 높이십니다.

여자는 마음속에 저울을 가지고 다니며 남자를 저울에 올립니다. 여자들이 대단한 이유가 참 여자라면 남자를 바로 알아보기 때문입니다. 이 수가성 여인도 참 여자인 표로 예수님과 대화를 통해 성장 성숙합니다. 성장하고 성숙하지 않았는데 어떻게 예수님을 믿겠습니까? 여자는 남자보다 본질적으로 정직합니다. 예수님이 여자를 재창조하여 신약의 역사와 인류의 역사를 압축적으로 보여 주셨습니다. 이것을 우리가 바로 알아야 합니다.

여러분들이 대화할 때도 대화의 내용을 격상시킬 수 있는 사람과 대화를 해야 합니다. 오늘날 여자들이 머리가 비어 있는 채로 행동하는 것을 당연히 여기는데, 그 이유가 인류 역사가 여자를 학대한 역사이기 때문입니다. 그래서 요즘 보복받고 있습니다. 여자들이 요즘은 돈으로 남자를 평가합니다. 돈 못 벌면 그 남자는 인간도 아닙니다.

우리는 회개하고 서로 대화를 많이 해야 합니다. 신앙생활 할 때도 주님과 대화를 하십시오. 주님을 생각하고 스스로 대화해 보십시오. 그러면 기도 중에 답을 해 주십니다. 그것을 통해 삶을 한 단계, 한 단계 격상시켜 정말 이 시대의 최고의 여성으로서 살아가야 합니다. 이제 여자의 삶은 끝났습니다. 부엌에서 해방되어 곳곳에 나와 있습니다. 카페에 가도 여자들이 훨씬 많습니다. 부엌에서 나온 것은 잘한 일이고, 그다음 성장 성숙을 해야 합니다. 성장 성숙은 예수 그리스도와 말씀을 통해서 해

베뢰아 사람입니까

야 합니다. 남성들도 어떻게든 예수님을 배워서 인격적으로 여성과 만나야 합니다. 여성의 본질적으로 잘못된 점들을 고칠 수 있는 남성의 수준이 되어야 합니다. 그렇지 않으면 돈으로 평가받는 데 그치고 맙니다.

수가성 여인 사건은 너무나 놀라운 사건으로서 전 말씀의 역사, 사도행전까지 포함하고 있는 사건입니다. 수가성 여자는 정말 별 볼일 없는 여자였는데 예수님과 만나 여성이 되고, 나중에 전도하는 수준까지 가게 됩니다. 이 땅의 여성들도 이런 단계적 성숙이 있어야 하겠습니다.

13

예수님과 수가성 여인과의 만남 4

2019. 8. 11.

요한복음 4:25-26

"여자가 이르되 메시아 곧 그리스도라 하는 이가 오실 줄을
내가 아노니 그가 오시면 모든 것을 우리에게 알려 주시리이
다 ○ 예수께서 이르시되 네게 말하는 내가 그라 하시니라"

설교 복습

수가성 여인 (1) 설교의 주제는 첫째, "예수님처럼 대화하자"였습니다.
인간은 성숙되었을 때만 대화를 합니다. 성숙되지 않았을 때는 말을 합
니다. 그것도 자기 말만 실컷 하고 가버립니다. 둘째, "예수님께 배워 수
준 있고 성장 성숙시키는 대화를 하자"였습니다. 자기 말만 하고 가 버리
거나 둘이 똑같아져서 싸우거나, 아니면 상대 안 된다고 삐져서 "네 맘대
로 해."라고 하며 따로 가 버리는 것은 대화가 아닙니다. 주님께서는 여자
를 점층적으로 수준을 높여 가면서 대화를 이끄셨습니다. 우리도 상대의

수준을 높일 수 있을 정도의 수준은 안 되더라도 좋은 정보를 전달할 수 있는 에티켓 정도는 있어야 합니다.

수가성 여인 (2) 설교는 주로 고전적 배경에 대해서 설명했습니다. 왜 사마리아와 유대의 사이가 나쁜지, 사마리아의 문화와 그들의 사고방식이 유대인들과 달랐던 이유는 무엇인지에 관해 말씀드렸습니다. 지리적 배경도 달랐지만 종교적 배경이 달랐습니다. 그들이 알지 못하는 것을 예배하는 이유는 종교적 배경이 달랐음을 알아야 이해할 수 있습니다. 유대인들이 사마리아와 상종을 안 하는데, 달걀과 과일은 사 먹었습니다. 이것은 음식 문화의 배경을 모르면 정확히 이해하기가 어렵습니다. 이런 배경들을 주로 고전적 배경이라고 합니다. 그런데 현대적 배경은 다릅니다.

성서 연구의 현황

현대는 히브리어 연구가 매우 발달되었습니다. 히브리어 원문에 대한 이해가 깊어져서 언어학적으로 원어적인 배경을 갖게 되었습니다. 과거처럼 한문 파자나 하고 있으면 큰일 납니다. 지금은 원어가 무엇이고 그 뜻이 무엇인가를 아는 것이 중요합니다. 그리고 계몽주의가 시작된 이후 그 학문이 성경 속으로 들어와 이제는 합리적인 시대가 되었으니 증거를 내놓으라고 합니다.

예를 들어 다윗을 설명할 때 다윗이 살던 궁정 터나 유물 등이 있는지 고고학적 배경을 살피는 것입니다. 그리고 각각 해석이 다르니까 해석학적 배경을 제시해야 하고 철학적 배경에 대한 연구도 해야 합니다. 우리 교회에 전○○ 교수가 와서 설교하신 적이 있는데 그 방법이 정경적 방법, 즉 성서 해석학적인 방법입니다. 주로 신약의 사건을 구약에서 찾아서 해설하는 것으로, 우리 교회의 신앙 수준에 잘 맞습니다.

성서 고고학: 3대 문서의 발굴

이집트에서 3대 문서가 발굴되었는데, 첫 번째가 '옥시링쿠스' 문서입니다. 1898년 이집트 옥시링쿠스라는 사원에서 발견되었는데, 사원의 유물은 대부분 도굴이 된 상태였고 쓰레기더미에서 그리스어로 된 도마복음을 찾아냈습니다. 이때부터 도마복음에 대한 연구가 활발해졌습니다.

두 번째는 '나그함마디 문서'로서 52편의 문서들이 밀봉된 항아리 속에서 발견되었습니다. 그 문서들은 글자가 적힌 파피루스를 한 장씩 끈으로 묶고 가죽 장정이 되어 있었는데, 이런 형태를 '코덱스(Codex)'라고 합니다. 여기서 발견된 문서들 중에는 도마복음을 비롯한 여러 외경과 위경, 영지주의 책들이 있습니다.

세 번째는 '아마르나 문서'입니다. 1887년 텔-아마르나(Tell'l-Amarna)라는 지역에서 이집트의 한 여인이 땅속에 파묻힌 360여 점의 토판문서를 발견했습니다. 토판문서는 양피지가 아니라 진흙에 글을 써서 구운 서판입니다. 이 문서는 이집트의 상형 문자가 아니라 당시 메소포타미아에서 상용되던 아카드어로 기록되어 있었습니다.

베뢰아 사람입니까

아마르나 문서 속 히브리

아마르나 문서는 기원전 14세기 이집트 18왕조의 아멘호테프 4세 파라오 때의 것으로 이집트 왕국과 주변 속국들 간의 외교문서의 일종으로 밝혀졌습니다. 그런데 이 중에는 "하비루가 총독 관저를 공격하고 곡식 창고를 습격하였다."라거나 "하비루가 노예들과 합세하여 왕을 암살하였다."라는 등 '하비루(Habiru)'라는 명칭이 125회나 빈번히 사용되고 있었습니다. 가나안에서 소동을 일으킨 하류층을 '하비루'라고 불렀는데, 문서 속에 "하비루의 하나님은 야훼다."라는 말이 있었습니다. 그러자 고고학계에서 난리가 났습니다. 왜냐하면 셈족은 'H' 발음을 하지 않는데 하비루를 발음할 때 '이비루, 이브루, 이브리'라고 발음을 하니까 '히브리'란 단어와 비슷하게 들리는 것입니다. 그러니까 "히브리의 하나님은 야훼다."라는 말이 되는 것입니다.

구약의 하나님 이름

출애굽기 3장에서 모세가 처가살이하면서 양을 치던 중 가시덤불에 불이 났는데 가시가 타지 않았습니다. 이상하게 여겨 가까이 가 보니 "모세야, 모세야."라고 누가 불렀습니다. "제가 여기 있습니다."라고 대답을 하자, 하나님께서 "나는 네 조상 아브라함의 하나님, 이삭의 하나님, 야곱의 하나님이다."라고 하시며 이집트에 가서 이스라엘 백성들을 인도해 내라고 하십니다. 이것은 모세가 아무리 생각해 봐도 말이 안 되는 이야기였습니다. '이집트가 얼마나 큰 제국인데 나에게 이스라엘 백성을 인도해

내라고 하시나?' 모세는 파라오 체제를 잘 알고 있고 이집트의 전차부대가 얼마나 강력한지 잘 알고 있었기 때문에 가지 않으려 했지만 그래도 하나님은 자꾸 가라고 하셨습니다.

> 출 3:13-14 "모세가 하나님께 아뢰되 내가 이스라엘 자손에게 가서 이르기를 너희의 조상의 하나님이 나를 너희에게 보내셨다 하면 그들이 내게 묻기를 그의 이름이 무엇이냐 하리니 내가 무엇이라고 그들에게 말하리이까 ○ 하나님이 모세에게 이르시되 나는 스스로 있는 자이니라 또 이르시되 너는 이스라엘 자손에게 이같이 이르기를 스스로 있는 자가 나를 너희에게 보내셨다 하라"

모세가 이집트에 가서 하나님을 어떻게 설명해야 할지 물었습니다. 이때 하나님이 자신의 이름을 계시하셨습니다. 히브리어로 "에허예 아쉐르 에허예(나는 스스로 있는 자이다/I am who I am)"입니다. 하나님이 분명히 이름을 말씀하셨습니다. '에허예'가 두 번 나오는데 Be동사라서 과거에도 있었고, 지금도 있으며, 앞으로도 있을 것이라는 뜻입니다. '에허예'의 어근이 '하야'인데 '행동하시다'라는 단어에서 온 것입니다.

아마르나 문서의 의의

하나님 이름을 이스라엘 민족에게 계시했지만 "내 이름을 망령되이 행치 말라"고 하셨기 때문에 마지막 지성소에 들어가는 제사장만 알았습니다. 지성소에서 나온 제사장이 "이번엔 하나님 이름을 이렇게 불러라."라고 말해 주는 방식으로 전해져 내려왔는데, 이스라엘 민족이 중간에 포로가 되고 쫓기다 보니 제사도 못 지내게 되어 하나님 이름의 전달 전통이 없어졌습니다. 그래서 하나님 이름을 아는 사람이 아무도 없고 '유일하다'라는 뜻의 '에하드'만 기억하고 있었습니다.

그러다 아마르나 문서에서 "히브리 하나님의 이름이 야훼"라는 기록이 발견되어 하나님 이름을 찾게 되었습니다. 셈족은 'ㅎ(H)' 발음을 강하게 하지 않으니까 '야훼'가 아닌 '야웨'로 들립니다. 아마르나 문서에서 하나님 이름이 발견되자 세계의 구약학자들은 박수를 쳤습니다.

하나님 이름의 구조

하나님은 이름을 말씀하실 때 "나는 -이다"라는 주어와 동사로만 말씀하십니다. 헬라어로는 "에고 에이미"입니다. 예수님이 오셔서 "에고 에이미"라고 하셨습니다. 하나님께서 하신 말씀을 예수님이 직접 하신 것입니다. 너무나 놀라운 일입니다. 이 표현은 신약에 약 164회가 나오는데 특히 요한복음에 많이 있습니다. 7가지 표적을 보였을 때 7가지 자기 선언을 하셨습니다. 이것이 전부 "에고 에이미"인데 하나님으로서 하신 말씀입니다.

성경을 읽다가 '야훼'가 나오면 우리는 그대로 읽지만, 이스라엘 사람들은 지금도 그 부분은 건너뜁니다. '야훼'를 바로 읽으면 망령되다고 해서 건너뛰었는데 그러다가 잊어버렸습니다. 그래서 모여서 의논한 결과 '주님'이라고 부르자고 결정을 했습니다. 히브리 원어로 '아도나이'입니다. 성경을 전문적으로 기록하는 갈릴리 지방에 있던 마소라 학파들의 생각에 히브리어에는 모음이 없으니까 '에허예' 다음에 '아도나이'를 넣어서 읽으면 어떨까 싶었습니다. 그랬더니 발음이 '야훼' 비슷하게 나왔습니다. 이런 연후로 하나님 이름이 야훼인가 보다 하다가 아마르나 문서에서 정식으로 '야훼'란 하나님 이름이 나온 것입니다.

우리가 기도할 때는 하나님 이름을 부르지만 평상시에는 부르지 맙시다. 하나님은 이름을 중요하게 생각하십니다. 이 이름들은 기도의 능력이 있는 이름들입니다.

야훼 하나님의 특징

"네 이웃을 네 몸과 같이 사랑하라."라는 말씀을 실천하지 않고 소외 계층, 불쌍한 자들을 생각하지 않는 사람들은 야훼 하나님으로부터 외면 받습니다. 왜 그렇습니까? 야훼 하나님이 계시될 때 중근동의 모든 신은 왕들의 신이었습니다. 무식하고 돈 없는 노예들의 신이 아닙니다. 중근동 종교의 제일 큰 기능은 국가를 번성시키는 것이었습니다. 그런데 '야훼 하나님'은 가난하고 불행한 자들에게 계시되며 고백된 신입니다. 우리가 신앙하는 하나님은 구약적 전통으로 볼 때 어려운 사람에게 관심이 없는 사람은 버리십니다. 이를 잘 알고 있어야 합니다.

수가성 여자가 "메시아가 오면"이라고 하자 예수님이 "내가 바로 그다.(에고 에이미 호)"라고 답하셨습니다. 지금 여자에게 인류 최고의 하나님의 이름을 계시하신 것입니다. 이유가 무엇일까요? 그 여자가 '하비루'이기 때문입니다. 지배계층이 아니지 않습니까? 하비루를 통해서 하나님이 말씀하셨고, 당시 하비루인 이 여자에게 가서 예수님이 하나님이

심을 선포하십니다. 자존하시고 독립적이며 영원하신 그분이 복음서 시대 최초로 가장 천한 여자에게 가서 계시하십니다. "내가 네게 말하노니 내가 그로라. 과거에 너희가 나를 섬겼고 나도 너희를 알고 있다. 내가 하나님이다."라고 하신 것입니다. 성경은 고고학적 배경과 언어학적인 배경을 잘 알아야 합니다.

맺는말

출애굽기의 '에허예 아쉐르 에허예'는 신약에서 '에고 에이미'라고 할 수 있는데, 특히 요한복음에 계시되어 있습니다. 어려운 이야기가 없고 평범하고 상식적인 말씀을 하셨습니다. 7가지 자기 선언이 뭐가 어렵습니까? 그분은 일상적인 사회에서 가장 평범한 말씀을 가지고 자신을 계시하셨습니다.

우리는 누구나 유전적으로 결정되어 있습니다. 탈출할 길이 없습니다. 그러나 그리스도께서 창세전 아버지와 함께 있었다는 말씀이 있습니다 (태초에 말씀이 계시니라 이 말씀이 하나님과 함께 계셨으니 이 말씀은 곧 하나님이시니라 요 1:1).

또한 "이는 혈통으로나 육적으로나 사람의 뜻으로 나지 아니하고 하나님께로서 난 자들이니라(요 1:13)"라는 말씀도 있습니다. 여러분이 신앙하는 것은 하나님의 뜻이지 부모나 형제나 자신의 의지가 아닙니다. 이런 우주적인 초월로 우리를 세우시고 말씀하시고 우리에게 모범을 보이신 것입니다. 그러니 우리는 우리의 구세주로서 주님을 생각하며 나아가야겠습니다.

14

수가성 여인과 3대 종교

2019. 9. 1.
요한복음 4:21-42

"예수께서 이르시되 여자여 내 말을 믿으라 이 산에서도 말고 예루살렘에서도 말고 너희가 아버지께 예배할 때가 이르리라 ○ 너희는 알지 못하는 것을 예배하고 우리는 아는 것을 예배하노니 이는 구원이 유대인에게서 남이라 ○ 아버지께 참되게 예배하는 자들은 영과 진리로 예배할 때가 오나니 곧 이 때라 아버지께서는 자기에게 이렇게 예배하는 자들을 찾으시느니라 ○ 하나님은 영이시니 예배하는 자가 영과 진리로 예배할지니라 ○ 여자가 이르되 메시야 곧 그리스도라 하는 이가 오실 줄을 내가 아노니 그가 오시면 모든 것을 우리에게 알려 주시리이다 ○ 예수께서 이르시되 네게 말하는 내가 그라 하시니라 ○ 이 때에 제자들이 돌아와서 예수께서 여자와 말씀하시는 것을 이상히 여겼으나 무엇을 구하시나이까 어찌하여 그와 말씀하시나이까 묻는 자가 없더라 ○ 여자가 물동이를 버려 두고 동네로 들어가서 사람들에게 이르되 ○ 내가 행한 모든 일을 내게 말한 사람을 와서 보라 이는 그리스도가 아니냐 하니 ○ 그들이 동네에서 나와 예수께로 오더라 ○ 그 사이에 제자들이 청하여 이르되 랍비여 잡수소서 ○ 이르시되 내게는 너희가 알지 못하는 먹을 양식이 있느니라 ○ 제자들이 서로 말하되 누가 잡수실 것을 갖다 드렸는가 하니 ○ 예수께서 이르시되 나의 양식은 나를 보내신 이의 뜻을 행하며 그의 일을 온전히 이루는 이것이니라 ○ 너희는 넉 달이 지나야 추수할 때가 이르겠다 하지 아니하느냐 그러나 나는 너희에게 이르노니 너희 눈을 들어 밭을 보라 희어져 추수하게 되었도다 ○ 거두는 자가 이미 삯도 받고 영생에 이르는 열매를 모으나니 이는 뿌리는 자와 거두는 자가 함께 즐거워하게 하려 함이라 ○ 그런즉 한 사람이 심고 다른 사람이 거둔다 하는 말이 옳도다 ○ 내가 너희로 노력하지 아니한 것을 거두러 보내었노니 다른 사람들은 노력하였고 너희는 그들이 노력한 것에 참여하였느니라 ○ 여자의 말이 내가 행한 모든 것을 그가 내게 말하였다 증언하므로 그 동네 중에 많은 사마리아인이 예수를 믿는지라 ○ 사마리아인들이 예수께 와서 자기들과 함께 유하시기를 청하니 거기서 이틀을 유하시매 ○ 예수의 말씀으로 말미암아 믿는 자가 더욱 많아 ○ 그 여자에게 말하되 이제 우리가 믿는 것은 네 말로 인함이 아니니 이는 우리가 친히 듣고 그가 참으로 세상의 구주신 줄 앎이라 하였더라"

중국고사의 교훈

중국의 만리장성 동쪽 끝에 있는 관문이 산해관인데, 거기에 '천하제일관'이라는 현판이 붙어 있습니다. 세월이 흐르니 현판 글씨가 다 낡아서 글씨가 잘 안 보이게 되었습니다. 그래서 조정에서 의논해서 글씨를 다시 쓸 사람을 모집했는데, 전국에서 유명한 각 문파가 모여서 글씨를 써서 보냈지만 정작 당선된 사람은 학자들이 모두 모르는 사람이었습니다. 알고 보니 그는 산해관 옆 객잔에서 일하는 심부름꾼이었습니다. 분명 대단한 문파에서 당선이 되어야 하는데 일개 심부름꾼의 글씨가 당선되었으니 학자들이 발칵 뒤집어졌습니다. 그 심부름꾼이 어째서 그렇게 글씨를 잘 썼는가 했더니, 청소하며 매일 쳐다보는 것이 '천하제일관'이라는 글씨여서 걸레질을 하면서도 써 보고 물로도 써 보고 빗자루로도 써 보고 온갖 방식으로 써 봤다는 일화가 있습니다. 결국 지금 '천하제일관'이라고 붙어 있는 현판의 글씨는 이름도 없는 당시 일하는 사람이 쓴 글씨입니다. 30년을 일하면서 자기 식대로 글씨를 연습한 결과입니다.

무엇이든지 열심히 노력해서 실력이 있으면 되는 것이지 수준이 없으면 학파가 어디이고, 누구에게 사사받았는지만 따집니다. 신학도 그렇습니다. 예수님이 신학을 했습니까? 아무것도 안 했습니다. 그런데 그분의 말씀이 온 우주를 계속 울리고 있습니다. 그 말씀을 깊이 이해하는 사람도 잘 없습니다.

베뢰아 사람입니까

예수님 시대의 예배 종류

이번 설교의 제목은 '수가성 여인에게 말씀하신 3대 종교'입니다. 세계적인 신학자 김세윤 교수의 설교를 참고로 했습니다. 예수님께서 수가성 여인에게 3대 종교를 말씀하셨습니다. 3대 종교가 예수님의 가르침 속에 다 들어 있습니다. 주보 뒤에 보면 예수님의 7가지 표적이 나오는데, 이 표적들이 3대 종교를 나타내는 표적들입니다. 하나님의 말씀은 진리이므로 프렉탈 구조입니다. 말씀 속에 모든 것이 무한대로 들어 있지만 이번 시간은 몇 가지만 끄집어내겠습니다.

예수님 시대에 유명한 종교가 유대교입니다. 유대교는 반드시 예루살렘 성전에서 예배를 드립니다. 둘째는 사마리아 종교입니다. 이스라엘 민족이 모세의 인솔로 출애굽해서 가나안으로 들어갔을 때 축복과 저주를 선포한 산이 그리심산과 에발산인데, 사마리아인들은 그리심산에서 모세오경만을 가지고 예배를 드립니다. 셋째는 예수 그리스도의 "새 술은 새 포대에"라는 그리스도교입니다.

> 21-24절 "예수께서 이르시되 여자여 내 말을 믿으라 이 산에서도 말고 예루살렘에서도 말고 너희가 아버지께 예배할 때가 이르리라 ○ 너희는 알지 못하는 것을 예배하고 우리는 아는 것을 예배하노니 이는 구원이 유대인에게서 남이라 ○ 아버지께 참되게 예배하는 자들은 영과 진리로 예배할 때가 오나니 곧 이 때라 아버지께서는 자기에게 이렇게 예배하는 자들을 찾으시느니라 ○ 하나님은 영이시니 예배하는 자가 영

과 진리로 예배할지니라"

예수님께서 대화 중에 대단한 말씀을 하시면서 수가성 여자의 수준을 계속 끌어올려주시니 여자가 결국 "우리는 그리심산에서 예배하는데 유대인은 예루살렘에서만 예배를 드려야 한다고 말합니다. 어디서 예배를 드려야 합니까?"라는 질문까지 합니다.

"이 산에서도 말고 예루살렘에서도 말고"

예배를 드리는 곳은 어떤 장소에 특정되지 않습니다.

"하나님은 영이시니 예배하는 자가 영과 진리로 예배할지니라"

말씀으로 성령 안에서 예배를 드리면 세계 곳곳이 다 예배를 드리는 장소입니다. 너무나 놀라운 말씀입니다.

우리는 어느 곳에서 예배를 드려야 하는지 지역주의에 국한되어 있습니다. 항아리 속의 금붕어는 항아리 때문에 더 이상 못 큽니다. 항아리를 깨고 강으로 가야 합니다. 그러나 죽을까봐 겁이 나서 항아리를 못 깹니다. 우리는 예수님 안에서 우리가 만든 항아리, 교회가 만든 항아리, 부모가 만든 항아리를 깨야 합니다. 그곳에 앉아서 아무것도 못 하고 있습니다.

예수님께서 여자에게 "이 산에서도 말고."라고 하시며 그리심산 예배도 아니라고 하셨습니다. 그리심산에서는 모세오경만 가지고 예배를 드립니다. 그래서 예배 방법이 발전하지 못했습니다. 모세오경 이후에 선지서와 지혜서가 있는데, 그들에게는 모세오경 외에 다른 성경이 없습니다. 모세오경에 있는 예배드리는 방법밖에 모릅니다.

수가성 여인의 '남편 다섯'은 남자가 아니라 종교로 해석하는 신학자들이 많습니다. 당시 랍비의 율법이나 신명기 율법에서는 남자를 세 번 이상 만나면 창녀로 취급하고 사람 취급을 하지 않았으니 여자들은 이혼을 두 번밖에 못 합니다. 그런데 남편 다섯이라고 하니 종교로 보는 것이 적절하지 않느냐는 것입니다.

역사적 배경으로 볼 때 이 사마리아 사람들은 아시리아로 잡혀가 메소포타미아 지역에서 포로 생활을 했던 역사가 있습니다. 그 지역마다 신이 있습니다. 그 신을 지방 신이라고 합니다. 지방 신이 있고 국신이 있습니다. 아시리아의 인종혼합정책으로 사마리아에 이주해 온 다섯 지역의 이방인들이 엔릴, 티아맛, 마르둑, 안사르, 닌릴 같은 메소포타미아 지역의 신들을 예배한 것이 아닌가 추측합니다. 수가성의 여자도 그들의 후손이니 메소포타미아 지역의 지방신들을 섬겼을 가능성이 있습니다. '남편'은 원어로 '바알'이며, 신이란 뜻도 됩니다.

여자가 그 신들을 예배했으니 예수님께서 "네 남편을 데리고 오라", 즉 "네 신을 데리고 오라."고 하시는 것입니다. 아울러 여자가 "나는 남편이 없습니다."라고 한 것은 "예전에 섬긴 신도 저의 신이 아니고 사마리아의 신도 저의 신이 아닙니다."라는 뜻으로 해석할 수 있습니다. 그러자 예수님이 "너희는 알지 못하는 것을 예배하고, 유대인은 아는 것을 예배하니, 구원은 유대인에게서 난다."고 하셨습니다.

예루살렘 성전 예배

유대교에서는 예루살렘 예배를 구체적으로 드립니다. 7대 절기 중 유월절, 초막절, 칠칠절의 3대 절기에는 모든 유대인이 예루살렘으로 올라가야 합니다. 성전에 올라가는 것부터 예배입니다. 계곡에서 올라갈 때부터 쇼파르를 부르고 순례자의 노래를 합니다. 순례하러 오는 사람들을 위한 예배는 찬양대인 고라 자손이 나와서 지도합니다. 그래서 춤추면서 올라가는 것이 순례자의 노래이고, 시편에 보관되어 있습니다. 고라 자손의 악대들이 전부 여리고에 살았는데 지금 고고학적으로 연구되고 있습니다.

예루살렘 성전에 들어오면 아삽, 헤만, 여두둔이 지휘하는 찬양대가 있습니다. 아삽, 헤만, 여두둔이 찬양하는 주제가 각각 달라서 예배자는 자신의 실존 정황에 따라 주제별로 찬양을 들을 수가 있습니다. 인생이 허무하고 괴로울 때, 지혜를 얻고 싶을 때, 우주를 창조하신 하나님을 찬양하고 싶을 때 듣는 찬양이 각각 다른 것입니다.

실존 상황이 어떤지에 따라 예배의 내용이 달라야 합니다. 찬송가도 제대로 선택하지 않은 예배는 올바른 예배가 아니라는 말입니다. 그래서 설교를 할 때에는 청중을 중요시해야 합니다. 청중은 농사짓는 사람들인데, 인공지능이 어떻고 컴퓨터가 어떻고 하면 이해를 못합니다. 또 청중이 노인인데 "젊은이여 일어나라."고 하면 코미디입니다. 이스라엘의 예배는 내용에 따라 나누어져 있었습니다. 이런 내용은 볼 때마다 은혜스럽습니다.

영혼을 살리는 신령과 진정의 예배

주님께서 사마리아 여인에게 "너희는 알지 못하는 것을 예배한다. 엉뚱한 예배를 하고 있다."라고 말씀하셨습니다. 설교자들이 설교 제목을 받을 때 "하나님, 설교 잘하게 해 주세요."라고 기도하면 깨닫게 되는 말씀이 있습니다. 그런데 그것으로 설교하면 안 됩니다. 그것으로 성경에 이리저리 갖다 맞추고 확신하면 '이단'이라고 합니다. 성경 본문에 대해 많이 기도하고 묵상하면 전체 문맥상 본문의 뜻을 알게 되고, 그 본문의 뜻을 메시지로 설교해야 합니다.

그런데 요즘 이런 설교 방식이 사라졌습니다. 설교 강단에 올라가서 돈 이야기만 하는 목사를 '먹사'라고 합니다. 먹는 것밖에 모른다는 것입니다. 또 앞에서 웃고 사람 기분만 좋게 하는 목사를 '마담 목사'라고 합니다. 하나님께서 제사의 책임자로 레위 지파를 선택하실 때 예배자의 조건을 보지 말고 오직 말씀에 계시된 대로 제사를 지내라고 하셨습니다. 그래야 영혼들이 사는 예배가 됩니다. 이 예배를 잘 생각해야 합니다.

예수님의 말씀은 당시 주류인 유대교도, 또한 사마리아 종교도 다 안 된다는 것입니다. "이 산에서도 말고 예루살렘에서도 말고"라고 하셨습니다. "새 술은 새 포대에"라는 말씀처럼 그리스도의 말씀만이, 기독교만이 참되다는 말씀을 하십니다. 그 내용은 신령과 진정의 예배가 되어야 합니다. 말씀을 통한 예배입니다. 그 외의 예배는 모여서 하는 쇼입니다. 쇼에 출연하듯 사람들이 많이 모이고, 말씀 아닌 것에 "할렐루야, 아멘" 하는 것이 하나도 부럽지 않아야 합니다. 하나님께서는 그런 것을 보시지 않습니다.

요한이 사마리아 수가성 여자를 이야기 하면서 3대 종교까지 예시하는데, 이 외 일곱 가지 표적 속에서도 3대 종교의 특징을 찾아내는 것이 이번 시간 설교의 핵심입니다.

예수님을 알지 못하는 유대교의 악

표적 속에 나타난 3대 종교의 특징으로서 첫째, 유대교부터 말씀드립니다.

예수님께서 혼인잔치에 참가하셨는데 하객이 너무 많아서 포도주가 떨어졌습니다. 잔치의 핵심은 포도주인데 포도주가 없는 상황입니다. 이것은 유대교를 상징합니다. 유대교가 몇천 년 되었는데 포도주가 없습니다. 복음이 없다는 말입니다. 복음의 기쁨이 없습니다. 유대교의 최고 학자인 니고데모가 궁금해서 밤에 예수님을 찾아왔습니다. 니고데모는 유대교의 대표입니다. 수가성 여인은 사마리아 종교의 대표입니다. 유대종교와 사마리아 종교의 한계를 알 수 있습니다.

니고데모에게는 예수님이 너무나 신비로운 분이었습니다. 랍비학교도 안 나왔지, 조상들의 랍비 족보도 없지, 아무것도 없는 갈릴리 깡촌의 촌사람이 와서 기적을 행하니 도대체 이해할 수가 없었습니다. 니고데모가 예수님을 찾아와서 "당신은 하나님께로부터 온 사람인지 압니다." 하고 좋은 말 들으려고 먼저 아첨합니다. 예수님께서 물과 성령으로 거듭나는 말씀을 하니 무슨 말인지 이해를 못 해서 "그런 일이 있을 수가 있습니까? 제가 어떻게 작아져서 태속으로 다시 들어가지요?"라고 합니다. 니고데모는 영적인 세계를 모릅니다. 그러니 예수님께서 "누가 너를 이스라엘의 선생이라 하느냐? 네가 영적으로 아는 것이 뭐가 있느냐?"라고 하십니다. 경상도 말로 참 쪽팔렸을 것입니다.

예수님께서 "너희 유대교가 제일 모르는 것이 있다."라고 하십니다. 핵심은 '모세의 놋뱀'입니다. 모세 시대의 놋뱀을 모른다는 것입니다. 출애굽 여정에서 이스라엘 민족이 길이 너무 멀다고 불평하니 하나님께서 불 뱀을 보내 물게 하셨습니다. 뱀에 물리자 피 속에 독이 퍼져서 피가 순환을 못 하니 퉁퉁 부어서 죽을 지경입니다. 그러자 살려 달라고 하나님께 기도했는데, 하나님께서는 "놋으로 불뱀 모양을 만들어서 그것을 장대 위에 달아라. 그것을 보면 살 것이고 안 보면 죽는다."고 하셨습니다. 불뱀에 물린 유대인들이 생각할 때는 이것이 치료법인가 싶습니다. 약을 바르라고 하든지, 침을 놓든지, 수술을 하든지, 주술을 하든지 해야지, 놋뱀을 달아 놓고 보라니 뭐 이런 방법이 다 있나 합니다. 그 놋뱀을 '느후스단'이라고 합니다. 놋뱀은 예수님의 십자가의 죽으심을 상징합니다. 예수님은 우리를 구원할 자입니다.

유대교는 예수를 모릅니다. 그뿐 아니라 예수 그리스도를 십자가에 다는 본질적 악이 자신들에게 있다는 것을 모른 채 똑똑한 것처럼 "율법 613조에 의하면 어떻다."라고 하며 나팔을 불고 삽니다. 소외계층과 이웃을 돌아보지 않고 자기들끼리 모여서 잘 지내는 바벨론 종교처럼 그저 모여서 자기들에게 구원이 있다고 하니 마치 잔치집의 핵심인 포도주가 없는 것과 마찬가지입니다. 하늘나라의 새로운 백성이 오면 포도주가 있어야 대접을 하는데 포도주가 없습니다.

뱀에게 물렸는데 뱀을 보라고 합니다. 그런데 뱀을 보니까 낫습니다. 이는 자존심 문제입니다. 이것이 유대교의 한계입니다. 유대교 최고 학자인 니고데모의 한계가 그의 질문 속에 드러납니다. 니고데모는 실컷 꾸지람만 듣고 답을 못 얻었습니다.

사마리아 종교의 병폐

둘째로 사마리아 종교는 베데스다 못가의 38년 된 병자와 같습니다. 뭐가 뭔지 모릅니다. 예수님이 오셔서 "네가 낫기를 원하느냐"고 하면 "예"하면 되는데, 엉뚱한 대답만 합니다. 영적으로 바르지 않으면 본질적인 핵심을 모르고 평생 엉뚱한 말만 합니다. 실컷 예수 믿고는 "나는 지옥 가지 싶다."라고 말하는 것과 비슷합니다.

베데스다 못에 가끔씩 천사가 내려와서 물을 움직인다고 하는데, 이는 미신이나 마찬가지입니다. 무슨 천사가 내려와서 물을 움직인단 말입니까? 지진이나 소용돌이가 있거나 바람이 불면 그럴 수 있습니다. 아무튼 그때 먼저 들어가면 병이 낫는다고 합니다. 그런데 물이 휘돌아도 움직일 수 없는 사람들이 주변에 다 누워 있습니다. 이 사람도 38년 동안 들것에 누워 있으면서 "저기만 들어가면 된다."라고 합니다. 그러나 설령 물이 움직여도 이 사람은 못 들어갑니다. 이 병자와 같은 사람들은 "예수만 잘 믿으면 돼."라고 하지만, "네가 낫기를 원하느냐? 행하라."고 하면 무슨 말이지 모릅니다.

사마리아 종교는 또한 하나님의 점진적 계시를 모릅니다. 하나님이 시대마다 주시는 말씀의 내용을 모르니까, 모세가 죽고 모세 율법만 있으니 거기서 끝입니다. 모세 이후에도 뭐가 있냐고 하면서 있다고 하니 그러면 '타헤브', 자기들의 메시아가 오면 안다는 말만 합니다. 그러니 예수님께서 사마리아 종교를 대표하는 수가성 여자에게 말씀하시는 것입니다. 베데스다 못가의 38년 된 병자에게 네가 낫기를 원하느냐고 물으셨던 것처럼 수가성 여자에게 당신이 그리스도이심을 계시하시는 것입니다.

예수님의 치료는 모두 반전이 있습니다. 사람들이 상상도 못합니다. 38년 동안 널부러져 있는 사람에게 "낫기를 원하느냐?"고 묻는 것이 말이 됩니까? 이는 마치 돈 없는 사람에게 가서 "네가 부자가 되기를 원하느냐?"라고 묻자 "복권만 당첨되면 되는데요."라고 대답하는 상황과 비슷합니다. 예수님께서는 동문서답하는 38년 된 병자에게 "네 자리를 들고 일어나 가라."고 하셨는데, 그 환자가 엉겁결에 일어나니 움직여집니다. 사마리아 종교가 이런 상황과 같습니다. 알지 못하는 것을 예배하고 있다는 말입니다.

저는 요한의 이 편집의도를 보고 너무나 놀랐습니다. 이것을 다 알고 기록한 것입니다. 물론 예수님께서 다 아시고 말씀하셨습니다. 지금 유대 종교에도 신선한 포도주 같은 복음이 필요하고, 사마리아 종교도 핵심이 무엇인지 알아야 한다는 것입니다. 베데스다 못가의 38년 된 병자에게 "네가 낫기를 원하느냐?"라고 질문하셨을 때 병자가 엉뚱한 대답을 하는 것이 우리에게 복음입니다.

저도 많은 제자가 있어서 상담을 해 보면 제일 답답한 것이 엉뚱한 말만 하는 것입니다. 자기와 관계없는 말만 하고 현실성이 없는 황당한 이야기를 뭐 있는 것처럼 말합니다. 안타깝다가도 어떤 때는 화가 납니다. 분명 핵심이 있는데 다른 말만 하니 말입니다. 예수님을 안다는 것은 우리의 실존 문제가 뭔지 정확하게 알고 예수님께 바로 기도하고 고백하는 것입니다.

그리스도교의 생명과 부활

셋째로 그리스도교의 가르침과 모든 내용이 있습니다. 물 위로 걸으신 것은 세상을 초월한다는 뜻의 표적입니다. 오병이어의 기적은 복음의 우주성과 전체성을 뜻합니다. 보리떡 다섯 개와 고기 두 마리로 수천 명이 먹는다는 것은 현실적으로 말이 안 됩니다. 이것은 복음의 능력입니다. 예수 그리스도를 믿으면 이와 같이 능력이 나타납니다. 그러니 이런 표적들을 보고 깨달으라고 그렇게 말씀하신 것입니다.

요한복음 11장에 나자로의 죽음이 나옵니다. 이것은 유대 종교의 종말에 비유할 수 있습니다. 썩는 길밖에 없습니다. 사마리아 종교도 마찬가지입니다. "모세오경 잘 지켰나?" 해서 "잘 지켰는데요." 하면 끝입니다. 그런데 예수님께서 "나자로의 시체를 어디에 두었나?"라고 물으십니다. 이것이 기독교입니다. 이미 동굴 묘에 넣어서 냄새가 난다고 하자 예수님께서 "너 믿으면 하나님의 영광 보리라"고 말씀하시는데, 이것이 기독교의 생명성입니다. 마르다가 똑똑하게 나서서 "저도 알지요. 마지막 날 부활 때에는 사는 줄 압니다."라고 하자 그것이 아니니 돌을 치우라고 말씀하십니다.

이것을 영적으로 해석하면 사망권세에 눌려서 죽은 자처럼 사는 사람들이 많습니다. 그때 돌을 치우라고 하면 돌을 못 치웁니다. 돈 돌, 성격 돌 등 온갖 돌들이 박혀 있습니다. 예수님께서 동굴 무덤을 향해 "나자로야 나오라" 하고 부르셨습니다. "사망권세로 썩어가는 나자로야 나오라."라고 하신 것입니다. 이는 믿는 사람의 산 소망입니다.

우리가 말씀을 바로 믿고 살 때 역사적 종말이 와서 주님이 오시면 모두 주님께 갑니다. 그전에 죽으면 땅에서 자다가 마지막에 부활해서 영원한 천년국에 갑니다. 이것이 기독교의 가장 핵심적 가르침입니다. 예수님께서 실제로 오셔서 요한복음의 기적으로 바로 보여 주셨습니다. "나는 길이요, 진리요, 생명이니, 나를 믿는 사람은 죽어도 살겠고, 살아서 믿는 사람은 영원히 죽지 아니하리니 이것을 네가 믿느냐?" "예, 믿습니다."

예수님의 반전

유대사회에서 버려진 여자, 사마리아에서조차 버려진 보잘것없는 여자, 소외계층인 하비루, 바로 그 수가성 여인에게 예수님께서 인류 최고의 3대 종교를 선포하셨습니다. 그리고 일곱 가지 표적을 통하여 3대 종교의 특징을 나타내셨습니다.

예수님은 창조주이시므로 상황을 창조하시며 그분의 원대로 변화시키십니다. 그것을 '반전'이라고 합니다. "나는 평화를 주러 온 것이 아니요 칼을 주러 왔다."는 말씀도 반전입니다. 성전에서 "내 아버지 집에서 무슨 장사를 하느냐."고 하시며 상을 뒤엎은 것도 반전입니다. 잔치 집에 포도주가 없으면 포도주를 사러 가야 하는데 예수님은 반전의 명수시니까 기막힌 포도주가 나옵니다.

하나님의 역사는 반전의 역사입니다. 우리의 일상적 역사가 아닙니다. 그래서 예배가 너무 중요합니다. 올바른 예배, 예배자의 태도를 통해 기독교가 구현됩니다. 이번 말씀을 통해 하나님의 말씀의 비밀을 확실히 깨달아야 합니다. 하나님의 말씀은 영원한 진리이므로, 이렇게도 설명할 수 있고 다음에는 또 다르게도 설명할 수 있습니다. 이것이 하나님 말씀의 무한성입니다.

15

다윗 범죄에 관한 역사서의 두 관점

2019. 9. 15.

사무엘하 11:1-27, 사무엘하 12:1-25, 역대상 20:1-8

삼하 11:1-27 "그 해가 돌아와 왕들이 출전할 때가 되매 다윗이 요압과 그에게 있는 그의 부하들과 온 이스라엘 군대를 보내니 그들이 암몬 자손을 멸하고 랍바를 에워쌌고 다윗은 예루살렘에 그대로 있더라 ○ 저녁 때에 다윗이 그의 침상에서 일어나 왕궁 옥상에서 거닐다가 그 곳에서 보니 한 여인이 목욕을 하는데 심히 아름다워 보이는지라 ○ 다윗이 사람을 보내 그 여인을 알아보게 하였더니 그가 아뢰되 그는 엘리암의 딸이요 헷 사람 우리아의 아내 밧세바가 아니니이까 하니 ○ 다윗이 전령을 보내어 그 여자를 자기에게로 데려오게 하고 그 여자가 그 부정함을 깨끗하게 하였으므로 더불어 동침하매 그 여자가 자기 집으로 돌아가니라 ○ 그 여인이 임신하매 사람을 보내 다윗에게 말하여 이르되 내가 임신하였나이다 하니라 ○ 다윗이 요압에게 기별하여 헷 사람 우리아를 내게 보내라 하매 요압이 우리아를 다윗에게로 보내니 ○ 우리아가 다윗에게 이르매 다윗이 요압의 안부와 군사의 안부와 싸움이 어떠했는지를 묻고 ○ 그가 또 우리아에게 이르되 네 집으로 내려가서 발을 씻으라 하니 우리아가 왕궁에서 나가매 왕의 음식물이 뒤따라 가니라 ○ 그러나 우리아는 집으로 내려가지 아니하고 왕궁 문에서 그의 주의 모든 부하들과 더불어 잔지라 ○ 어떤 사람이 다윗에게 아뢰되 우리아가 그의 집으로 내려가지 아니하였나이다 다윗이 우리아에게 이르되 네가 길 갔다가 돌아온 것이 아니냐 어찌하여 네 집으로 내려가지 아니하였느냐 하니 ○ 우리아가 다윗에게 아뢰되 언약궤와 이스라엘과 유다가 야영 중에 있고 내 주 요압과 내 왕의 부하들이 바깥 들에 진 치고 있거늘 내가 어찌 내 집으로 가서 먹고 마시고 내 처와 같이 자리이까 내가 이 일을 행하지 아니하기로 왕의 살아 계심과 왕의 혼의 살아 계심을 두고 맹세하나이다 하니라 ○ 다윗이 우리아에게 이르되 오늘도 여기 있으라 내일은 내가 너를 보내리라 우리아가 그 날에 예루살렘에 머무니라 이튿날 ○ 다윗이 그를 불러서 그로 그 앞에서 먹고 마시고 취하게 하니 저녁 때에 그가 나가서 그의 주의 부하들과 더불어 침상에 눕고 그의 집으로 내려가지 아니하니라 ○ 아침이 되매 다윗이 편지를 써서 우리아의 손에 들려 요압에게 보내니 ○ 그 편지에 써서 이르기를 너희가 우리아를 맹렬한 싸움에 앞세워 두고 너희는 뒤로 물러가서 그로 맞아 죽게 하라 하였더라 ○ 요압이 그 성을 살펴 용사들이 있

는 것을 아는 그 곳에 우리아를 두니 ○ 그 성 사람들이 나와
서 요압과 더불어 싸울 때에 다윗의 부하 중 몇 사람이 엎드
러지고 헷 사람 우리아도 죽으니라 ○ 요압이 사람을 보내 그
전쟁의 모든 일을 다윗에게 보고할새 ○ 그 전령에게 명령하
여 이르되 전쟁의 모든 일을 네가 왕께 보고하기를 마친 후에
○ 혹시 왕이 노하여 네게 말씀하기를 너희가 어찌하여 성에
그처럼 가까이 가서 싸웠느냐 그들이 성 위에서 쏠 줄을 알지
못하였느냐 ○ 여룹베셋의 아들 아비멜렉을 쳐죽인 자가 누
구냐 여인 하나가 성에서 맷돌 위짝을 그 위에 던지매 그가
데벳스에서 죽지 아니하였느냐 어찌하여 성에 가까이 갔더냐
하시거든 네가 말하기를 왕의 종 헷 사람 우리아도 죽었나이
다 하라 ○ 전령이 가서 다윗에게 이르러 요압이 그를 보낸 모
든 일을 다윗에게 아뢰어 ○ 이르되 그 사람들이 우리보다 우
세하여 우리를 향하여 들로 나오므로 우리가 그들을 쳐서 성
문 어귀까지 미쳤더니 ○ 활 쏘는 자들이 성 위에서 왕의 부하
들을 향하여 쏘매 왕의 부하 중 몇 사람이 죽고 왕의 종 헷 사
람 우리아도 죽었나이다 하니 ○ 다윗이 전령에게 이르되 너
는 요압에게 이같이 말하기를 이 일로 걱정하지 말라 칼은 이
사람이나 저 사람이나 삼키느니라 그 성을 향하여 더욱 힘써
싸워 함락시키라 하여 너는 그를 담대하게 하라 하니라 ○ 우
리아의 아내는 그 남편 우리아가 죽었음을 듣고 그의 남편을
위하여 소리내어 우니라 ○ 그 장례를 마치매 다윗이 사람을
보내 그를 왕궁으로 데려오니 그가 그의 아내가 되어 그에게

베뢰아 사람입니까

아들을 낳으니라 다윗이 행한 그 일이 여호와 보시기에 악하였더라"

삼하 12:1-25 "여호와께서 나단을 다윗에게 보내시니 그가 다윗에게 가서 그에게 이르되 한 성읍에 두 사람이 있는데 한 사람은 부하고 한 사람은 가난하니 ○ 그 부한 사람은 양과 소가 심히 많으나 ○ 가난한 사람은 아무것도 없고 자기가 사서 기르는 작은 암양 새끼 한 마리뿐이라 그 암양 새끼는 그와 그의 자식과 함께 자라며 그가 먹는 것을 먹으며 그의 잔으로 마시며 그의 품에 누우므로 그에게는 딸처럼 되었거늘 ○ 어떤 행인이 그 부자에게 오매 부자가 자기에게 온 행인을 위하여 자기의 양과 소를 아껴 잡지 아니하고 가난한 사람의 양 새끼를 빼앗아다가 자기에게 온 사람을 위하여 잡았나이다 하니 ○ 다윗이 그 사람으로 말미암아 노하여 나단에게 이르되 여호와의 살아 계심을 두고 맹세하노니 이 일을 행한 그 사람은 마땅히 죽을 자라 ○ 그가 불쌍히 여기지 아니하고 이런 일을 행하였으니 그 양 새끼를 네 배나 갚아 주어야 하리라 한지라 ○ 나단이 다윗에게 이르되 당신이 그 사람이라 이스라엘의 하나님 여호와께서 이와 같이 이르시기를 내가 너를 이스라엘 왕으로 기름 붓기 위하여 너를 사울의 손에서 구원하고 ○ 네 주인의 집을 네게 주고 네 주인의 아내들을 네 품에 두고 이스라엘과 유다 족속을 네게 맡겼느니라 만일 그것이 부족하였을 것 같으면 내가 네게 이것 저것을 더 주었으리라 ○ 그러한

데 어찌하여 네가 여호와의 말씀을 업신여기고 나 보기에 악을 행하였느냐 네가 칼로 헷 사람 우리아를 치되 암몬 자손의 칼로 죽이고 그의 아내를 빼앗아 네 아내로 삼았도다 ○ 이제 네가 나를 업신여기고 헷 사람 우리아의 아내를 빼앗아 네 아내로 삼았은즉 칼이 네 집에서 영원토록 떠나지 아니하리라 하셨고 ○ 여호와께서 또 이와 같이 이르시기를 보라 내가 너와 네 집에 재앙을 일으키고 내가 네 눈앞에서 네 아내를 빼앗아 네 이웃들에게 주리니 그 사람들이 네 아내들과 더불어 백주에 동침하리라 ○ 너는 은밀히 행하였으나 나는 온 이스라엘 앞에서 백주에 이 일을 행하리라 하셨나이다 하니 ○ 다윗이 나단에게 이르되 내가 여호와께 죄를 범하였노라 하매 나단이 다윗에게 말하되 여호와께서도 당신의 죄를 사하셨나니 당신이 죽지 아니하려니와 ○ 이 일로 말미암아 여호와의 원수가 크게 비방할 거리를 얻게 하였으니 당신이 낳은 아이가 반드시 죽으리이다 하고 ○ 나단이 자기 집으로 돌아가니라 우리아의 아내가 다윗에게 낳은 아이를 여호와께서 치시매 심히 앓는지라 ○ 다윗이 그 아이를 위하여 하나님께 간구하되 다윗이 금식하고 안에 들어가서 밤새도록 땅에 엎드렸으니 ○ 그 집의 늙은 자들이 그 곁에 서서 다윗을 땅에서 일으키려 하되 왕이 듣지 아니하고 그들과 더불어 먹지도 아니하더라 ○ 이레 만에 그 아이가 죽으니라 그러나 다윗의 신하들이 아이가 죽은 것을 왕에게 아뢰기를 두려워하니 이는 그들이 말하기를 아이가 살았을 때에 우리가 그에게 말하여도

베뢰아 사람입니까

왕이 그 말을 듣지 아니하셨나니 어떻게 그 아이가 죽은 것을 그에게 아뢸 수 있으랴 왕이 상심하시리로다 함이라 ○ 다윗이 그의 신하들이 서로 수군거리는 것을 보고 그 아이가 죽은 줄을 다윗이 깨닫고 그의 신하들에게 묻되 아이가 죽었느냐 하니 대답하되 죽었나이다 하는지라 ○ 다윗이 땅에서 일어나 몸을 씻고 기름을 바르고 의복을 갈아입고 여호와의 전에 들어가서 경배하고 왕궁으로 돌아와 명령하여 음식을 그 앞에 차리게 하고 먹은지라 ○ 그의 신하들이 그에게 이르되 아이가 살았을 때에는 그를 위하여 금식하고 우시더니 죽은 후에는 일어나서 잡수시니 이 일이 어찌 됨이니이까 하니 ○ 이르되 아이가 살았을 때에 내가 금식하고 운 것은 혹시 여호와께서 나를 불쌍히 여기사 아이를 살려 주실는지 누가 알까 생각함이거니와 ○ 지금은 죽었으니 내가 어찌 금식하랴 내가 다시 돌아오게 할 수 있느냐 나는 그에게로 가려니와 그는 내게로 돌아오지 아니하리라 하니라 ○ 다윗이 그의 아내 밧세바를 위로하고 그에게 들어가 그와 동침하였더니 그가 아들을 낳으매 그의 이름을 솔로몬이라 하니라 여호와께서 그를 사랑하사 ○ 선지자 나단을 보내 그의 이름을 여디디야라 하시니 이는 여호와께서 사랑하셨기 때문이더라"

대상 20:1-8 "해가 바뀌어 왕들이 출전할 때가 되매 요압이 그 군대를 거느리고 나가서 암몬 자손의 땅을 격파하고 들어가 랍바를 에워싸고 다윗은 예루살렘에 그대로 있더니 요압이 랍바를 쳐서 함락시키매 ○ 다윗이 그 왕의 머리에서 보석 있는 왕관을 빼앗아 중량을 달아보니 금 한 달란트라 그들의 왕관을 자기 머리에 쓰니라 다윗이 또 그 성에서 노략한 물건을 무수히 내오고 ○ 그 가운데 백성을 끌어내어 톱과 쇠도끼와 돌써래로 일하게 하니라 다윗이 암몬 자손의 모든 성읍을 이같이 하고 다윗이 모든 백성과 함께 예루살렘으로 돌아오니라 ○ 이 후에 블레셋 사람들과 게셀에서 전쟁할 때에 후사 사람 십브개가 키가 큰 자의 아들 중에 십배를 쳐죽이매 그들이 항복하였더라 ○ 다시 블레셋 사람들과 전쟁할 때에 야일의 아들 엘하난이 가드 사람 골리앗의 아우 라흐미를 죽였는데 이 사람의 창자루는 베틀채 같았더라 ○ 또 가드에서 전쟁할 때에 그 곳에 키 큰 자 하나는 손과 발에 가락이 여섯씩 모두 스물넷이 있는데 그도 키가 큰 자의 소생이라 ○ 그가 이스라엘을 능욕하므로 다윗의 형 시므아의 아들 요나단이 그를 죽이니라 ○ 가드의 키 큰 자의 소생이라도 다윗의 손과 그 신하의 손에 다 죽었더라"

리더의 자질을 가진 다윗

사사기에는 아비멜렉을 왕으로 삼은 세겜 사람들의 잘못을 지적한 요담의 비유가 있고 다윗 왕 시대에는 우리아를 죽인 다윗의 잘못을 지적한 나단의 비유가 있습니다. 다윗은 믿는 사람의 최고 모델이자 업적도 영광도 큰 사람이지만 이번에는 그의 흑역사에 대해서 말씀드리겠습니다.

나단이 어느 날 다윗 왕을 찾아와서 이야기를 하나 들려주었습니다. "부자와 가난한 사람이 있었습니다. 가난한 사람은 양 한 마리밖에 없고 그 양을 애지중지하며 아기처럼 키우고 있었습니다. 어느 날 부잣집에 손님이 왔는데, 부자가 자기 집에 양이 많은데도 불구하고 가난한 집에 와서 그 양을 빼앗아서 손님을 대접했습니다." 요즘 말로 부자가 가난한 사람에게 큰 갑질을 한 것입니다.

> 삼하 12:5 "다윗이 그 사람으로 말미암아 노하여 나단에게 이르되 여호와의 살아 계심을 두고 맹세하노니 이 일을 행한 그 사람은 마땅히 죽을 자라"

5절부터 다윗의 반응이 나오는데, "세상에 그런 법이 어디 있느냐?"라고 다윗이 그 부자에게 노합니다. 의분입니다. 다윗의 판단력이 정확합니다.

> 삼하 12:6 "그가 불쌍히 여기지 아니하고 이런 일을 행하였으니 그 양 새끼를 네 배나 갚아 주어야 하리라 한지라"

'공감지수'라는 말이 있습니다. 남의 불행을 보고 그냥 지나치지 않고 애틋한 마음이 드는 것을 '공감지수가 높다'라고 합니다. 맹자는 이를 측은지심이라고 했습니다. 양을 빼앗긴 가난한 집을 생각하니 다윗의 마음이 너무 아파 "그 양 새끼를 네 배나 갚아 주어야 하리라"고 분노해서 말합니다.

이제 그 부잣집은 큰일 났습니다. 다윗이 분노해 있습니다. 다윗의 의분, 다윗의 공감지수, 측은지심, 판단력을 생각합시다. 다윗은 리더로서 이 4가지 기본적인 마음을 다 가지고 있습니다. 이것이 본문을 이해하는 첫 번째 길입니다.

성공과 실패

> 삼하 12:7 "나단이 다윗에게 이르되 당신이 그 사람이라 이스라엘의 하나님 여호와께서 이와 같이 이르시기를 내가 너를 이스라엘 왕으로 기름 붓기 위하여 너를 사울의 손에서 구원하고"

나단이 "그 악당 부자가 바로 당신입니다."라고 합니다. 그리고 다윗의 죄를 지적하시는 하나님의 말씀을 전합니다. "베들레헴에서 양치는 너를 선택하여 골리앗을 이기게 하고 왕으로 세워서 평생 너와 함께 하였다. 곳곳에서 네가 좋아하는 여자들도 모두 부인으로 삼게 했는데, 너는 네 부하인 우리아의 아내 밧세바와 간통했다. 그리고 밧세바가 임신했다고 하니까 죄를 덮으려고 1차 2차 시도를 하다가 안 되니 3차로 요압을 시켜서 우리아를 죽이고 완전범죄를 도모했다."

우리아가 전쟁에서 죽자 다윗은 그 부인을 위로하며 결혼까지 했습니다. 그녀가 밧세바입니다. 그런데 백성들은 이 사건의 전말을 하나도 모릅니다. 그리고 1년이 지났습니다. 1년 동안 다윗은 무감각한 상태로 잘 지냈습니다. 사무엘하 11장과 12장이 1년 차이입니다. 다윗은 젊은 밧세

베뢰아 사람입니까

바에게서 아이도 낳았습니다. 그리고 1년 후에 이 사건이 터졌습니다.

다윗이 그런 죄를 짓고도 그렇게 판단력도 좋고 의롭고 측은지심도 가지고 있다는 것이 큰 문제입니다. 완전범죄로 사람을 죽였으면 불안과 죄책감 때문에 실수라도 할 텐데 아무 일이 없습니다. 첫 번째 문제가 이것입니다. 그렇게 죄를 지어 놓고도 어떻게 그렇게 사리분별이 정확하냐는 것입니다.

두 번째 문제는 남의 죄는 정확하게 아는데 자기 죄는 모른다는 사실입니다. 자기가 지은 죄, 자기 결점을 모르는 것이 인간의 가장 본질적인 특징입니다. 《인간 본성의 법칙(로버트 그린 저)》이라는 책이 최근에 발간되었는데, 이 책에서 밝히는 것도 인간은 자기 잘못을 모른다는 것입니다. 이 유전자는 어떤 문제가 발생했을 때 '내가 뭐 잘못했는데' 하고 합리화하든지 도망갑니다. 다윗은 머리가 좋으니 합리화를 시도합니다.

다 같이 말해 봅시다. "남의 죄는 알되, 자기 죄는 모르는구나." 이것이 두 번째로 깜짝 놀라는 문제입니다.

이제 11장으로 다시 돌아가서 이 사건이 어떻게 일어났는지 조금 설명 드리겠습니다.

> 삼하 11:1 "그 해가 돌아와 왕들이 출전할 때가 되매 다윗이 요압과 그에게 있는 그의 부하들과 온 이스라엘 군대를 보내니 그들이 암몬 자손을 멸하고 랍바를 에워쌌고 다윗은 예루살렘에 그대로 있더라"

"왕들이 출전할 때"라고 합니다. 중근동의 과거의 전쟁은 상당히 낭만

적입니다. 낮에 실컷 싸우다가 저녁때가 되면 "내일 다시 싸우자." 하고
는 자러 갑니다. 또 비가 오면 마차와 전차가 못 움직이고 불화살을 쏴도
꺼지니까 막사에서 쉽니다. 이스라엘에는 건기와 우기가 있는데, 우기가
시작되면 전쟁을 안 합니다. 그런데 건기가 되었을 때는 전쟁을 해야 합
니다. 이것이 "왕들이 출전할 때"입니다.

다윗 군대는 암몬의 수도인 랍바를 칩니다. 이곳은 현재의 요르단입니
다. 그런데 다윗은 전쟁에 나가지 않고 왕궁에 있었습니다. 왕궁은 예루
살렘에 있습니다. 헤브론에 7년 있다가 예루살렘으로 왔습니다. 다윗은
통일왕국을 이루어 정치적으로 성공했습니다. 성공 다음에는 무엇이 기
다립니까? 아주 귀한 손님인 '실패'가 기다립니다. 다윗의 말년에 큰 문제
가 발생합니다.

다윗의 완전범죄

그날 다 전쟁하러 가고 왕궁에 아무도 없으니 아침에도 늘어지게 자고
오후에 일어났습니다. 기운도 나고 기분도 좋아서 산보나 해야겠다고 생
각했습니다. 그런데 그날은 마침 또 시력도 얼마나 좋은지 궁전 옥상에
서 보니 저 멀리 아주 아름다운 여자가 목욕하는 것이 보입니다. 남자는
성욕과 음란이 보는 데서 출발합니다.

사람이 망하는 가장 중요한 요인은 돈과 권력이 세지는 것입니다. 그러
면 대부분 고꾸라집니다. 한국 대형교회들이 망하는 모양새를 보면 이와
같습니다. "목사님, 외제차입니다." 하고 교회에서 목사에게 외제차를 선
물하고, "목사님, 우리 교회는 억대 봉급 줄게요."라고 하면 2-3년 안에 문

닫습니다.

보통 사람 같으면 남의 부인을 못 데려오는데 다윗은 권력이 있으니까 데려옵니다. 데려와서 보니까 다윗도 좋고 밧세바도 기분이 좋았습니다. 두 사람이 케미가 맞습니다. 두 사람이 잘 지내고 나서 얼마 있다가 밧세바가 임신을 했다는 소식을 전해 왔습니다. 큰일 났습니다. 밧세바는 다윗 부하의 아내입니다. 다윗은 십계명에 "간통하지 말라", "이웃집 여자를 탐하지 말라"는 2개의 율법을 범했습니다. 죄는 눈덩이처럼 자꾸 불어납니다. 거짓말을 해 보면 자꾸 거짓말을 하게 됩니다.

다윗이 해결책을 생각하다가 "옳지. 지금 전쟁 중인 우리아에게 특별 휴가를 주고 오게 해서 부부가 만나면 그쪽으로 덮어씌우자." 싶었습니다. 그리하여 우리아가 전쟁 중에 특별 휴가를 받아서 왔습니다. 아마 우리아가 낌새를 알아차렸을 수도 있습니다. 우리아가 오자 다윗이 직접 대면해서 친절하게 맞으며 "집에 가서 발을 씻으라."고 말했습니다. 이는 관용적 표현으로써 부부생활을 하라는 뜻입니다. 그런데 우리아는 우리 부대가 모두 전쟁터에 있는데 나 혼자 집에 가서 편하게 잘 수 없다고 하면서 가지 않습니다. 그리고는 성문 옆에서 문지기들과 함께 잤습니다.

다윗이 쇼크를 받았습니다. 그다음 날에는 우리아에게 술을 잔뜩 먹여서 취하게 한 후에 집에 가도록 머리를 썼습니다만 우리아는 둘째 날도 집에 가지 않고 왕궁의 군인들과 함께 잤습니다. 다윗이 우리아에게 카운터펀치를 맞은 것입니다. 이렇게 해도 안 되고 저렇게 해도 안 되자 다윗이 요압에게 편지를 씁니다. "우리아를 앞장세워서 전쟁하다가 전 부대를 퇴각시켜서 그가 전쟁에서 죽게 하라." 자기를 죽게 하라는 편지를 들고 우리아가 요압에게 갑니다. 세상에 이런 일이 있을까요? 요압이 편지를 뜯어보니 우리아를 죽게 하라는 내용이 적혀 있었습니다.

결국 우리아는 전쟁에서 죽었습니다. 요압이 다윗에게 전령을 보내면서 "만약 왕이 왜 무리하게 성을 공격했냐고 하면서 아비멜렉이 성에 바싹 다가가서 공격하다가 여자가 위에서 맷돌을 떨어뜨려서 죽은 일도 기억하지 못하느냐고 하시면 우리아도 죽었다고 하라."고 시킵니다. 요압도 그런 머리는 잘 돌아갑니다. 그러면 다윗이 입을 딱 닫을 것을 알고 있습니다. 전령이 다윗에게 와서 그대로 전하자 역시 다윗이 "전쟁하다가 죽을 수도 있지."라고 대답합니다. 그리고 밧세바를 데리고 와서 결혼을 하고 아이까지 낳았습니다. 이 내용들이 11장 마지막까지 이어집니다. 다윗의 완전범죄 같지만 마지막 절을 봅시다.

삼상 11:27-b "다윗이 행한 그 일이 여호와 보시기에 악하였더라"

다윗은 통일 왕국을 세울 때도 하나님을 경외하였고, 그 많은 시편을 기록하였으며, 법궤를 가져올 때 옷이 다 내려가도록 기쁨으로 춤을 추었던 열정적인 사람이었습니다. 하나님께서 다윗을 내 마음에 합한 사람, 사랑하는 사람이라고 할 정도였는데 그에게 이런 범죄를 저지른 흑역사가 있습니다.

역사서의 두 관점

성경은 다윗에 관한 역사를 어떻게 기록했을까요? 하나님의 성경을 인

베뢰아 사람입니까

류에게 쓴 큰 목적은 '하나님 나라'입니다. 하나님 나라를 세우기를 원했으므로 헌법을 주셨습니다. 그것이 신명기 율법입니다. 그 중에서도 특히 30장이 중요합니다. 다윗은 지금 3가지 율법을 어겼습니다. 간통죄, 이웃집 여자를 탐낸 것, 살인죄가 그것입니다. 완전범죄로 덮었다가 오늘 밝혀졌습니다.

구약의 역사서는 여호수아, 사사기, 룻기, 사무엘상하, 열왕기상하, 역대기상하, 에스라, 느헤미야, 에스더, 총 12권입니다. 이 중 다윗에 대한 기록이 있는 역사서는 사무엘, 열왕기, 역대기인데, 역대기에서는 다윗의 이야기 중에 이 사건만 제외시켰습니다. 역대기 저자는 다윗의 결점을 이야기하지 않습니다. 그러나 신명기 사관에 의해 기록된 사무엘서와 열왕기는 밧세바 사건을 이야기하고 있습니다. 한쪽은 정밀하게 기록하고, 한쪽은 기록하지 않았습니다.

신학자들은 열왕기와 역대기 두 역사서의 기록 시기를 바벨론 포로기 이후로 봅니다. 역대기는 제사장적 관점에서 왕 중심으로 기록되었고, 열왕기는 선지자적 관점에서 기록되었습니다. 또한 열왕기와 사무엘서는 신명기 사관에 의해 기록되었는데, 신명기 사학자들은 "다시는 이런 범죄가 일어나지 않아야 한다. 그러기 위해서는 다윗이고 누구고 간에 모든 결점을 다 기록해야 된다."라고 주장합니다. "우리가 생각하는 최고의 영웅이 이러했다. 인간은 하나님 없으면 다 이렇게 되니 우리는 모두 회개하고 살아가야 한다."라는 것을 강조합니다.

하나님께서 모세오경의 헌법을 주었는데 이것을 어떻게 실천하나 보자는 것이 역사서입니다. 북이스라엘의 왕들이 19명이었는데, 모두 양아치 같았습니다. 북이스라엘의 역사는 208년밖에 되지 않습니다. 남유다의 왕들은 그래도 8명 정도는 정신 차려서 신명기 율법을 준수했습니다. 히스기야, 요담, 요시야 등이 그랬습니다. 남유다의 역사는 344년 정도 갔습니다.

지금 강조하는 것은 같은 역사서인데 사무엘서와 열왕기서는 다윗의 결점을 기록한 데 반해 역대기서는 왜 다윗의 결점을 기록하지 않았는가 하는 것입니다. 역대기의 관점은 이렇습니다. 인간은 흙으로 지어져서 누구든지 다 부족하고 결점이 있을 수 있다는 것입니다. 그러니 과거보다 미래를 바라보고, 유대 나라가 발전해야 하니 과거의 잘못을 자꾸 이야기하지 말자는 것입니다. 특히 다윗 왕에 대해서 그렇게 하자는 것이 역대기 관점입니다.

역사의식이 없으면 조○ 사태도 잘못 이해합니다. 지금 검찰권이 하늘같이 높아서 부정부패의 뿌리가 되어 있는데, 누구든지 개혁해야 합니다. 검찰권은 일본의 잔재입니다. 지금 여론몰이를 하고 있지만 역사의식도 없고 아무것도 모르는 사람들이 하는 말입니다. 우리는 역사의 관점을 분명히 알고 있어야 합니다.

성경은 무엇을 섬기는가의 문제이다

다윗 사건을 역대기에서 의도적으로 제외시킨 것을 어떻게 생각해야 할까요? 빼도 될까요? 하나님 나라의 헌법이 신명기입니다. 성경은 이스라엘 왕국과 유다 왕국이 하나님 나라를 위해 신명기 율법을 실천하는가를 역사적으로 보는 것입니다.

유대 나라는 자기 나름대로 잘한다고 하는데 선지자는 끊임없이 왕에게 우상을 섬기지 말라고 합니다. 우리와 그들의 공통점은 돈도 섬기고 권력도 섬기면서 '하나님만' 섬기지 않는 것입니다. 서울의 어떤 교회에 헌금도 잘하고 청소도 잘하는 착실한 집사가 있었습니다. 교회가 그 사람을 다 칭찬했습니다. 그 사람의 이름이 최○○입니다. 최○○ 집사가 그랬습니다. 하나님만 섬겨야 하는데 돈도 섬기고 권력도 섬기고 세속적 가치를 다 필요로 하니까 이중적인 인간들이 나오기 시작합니다. 그러니 무슨 뜻인지도 모르고 무조건 "할렐루야 아멘" 합니다. 하나님 말씀이 바로 선포되는지 아닌지를 교인들이 모르면 공범죄입니다. 십자가 들고 같이 지옥 갑니다. '예수 믿으면 구원된다.'가 아니라 '예수만' 믿어야 구원됩니다. 왜 예수 믿는다고 해놓고 세상 믿고 돈 믿고 권력 믿고 자기 스펙을 믿습니까? 하나님 말씀을 똑바로 알아야 합니다. 다윗의 기록을 통해서도 너무나 놀라야 합니다.

다윗이 1년 동안 자신의 죄는 완전범죄로 덮어놓고, 나단이 다윗의 죄를 비유해서 이야기를 하니까 그런 사람이 있을 수가 있냐고 하면서 분노합니다. 그러자 나단이 "당신이 바로 그런 사람이다."라고 말했습니다. 자기 죄는 모르면서 남의 죄는 정확하게 압니다. 특히 요즘처럼 지식 중심 사회에서는 지식만 있으면 똑똑하고 자기가 최고인 줄 압니다. 자기 결점을 모릅니다. 지금 우리나라 검찰 출신의 정치인들이 특히 그렇습니다. 지식만 있어서 고시에 합격하고 권력기관과 국회에 들어가 있으니, 실제로는 국민의 대표가 될 수 없습니다. 그 속에서 패스트트랙이라도 해서 정치를 바로 하려고 하니 벌떼처럼 나섭니다. 문 대통령이 부드럽게 정치를 하니 온갖 죄들이 다 드러납니다. 하나님의 주권적 섭리가 있구나 싶습니다.

기독교인들이 말씀도 구별하지 못하고 공범죄를 짓다 보니, 사회적으로도 친일파나 토착왜구 같은 사람들이 큰소리를 칩니다. 저는 ○○ 장관이 끝까지 밀고 나가야 한다고 생각합니다. 앞으로도 애로 사항이 많을 것입니다. 그러나 해내야 합니다. 검찰 권력을 어떻게든지 빼앗아내야 합니다. 국민들을 간첩으로 몰아서 불행하게 죽은 사람들이 많습니다. 옳고 그름을 양심적으로 판단해야 합니다. 검찰과 ○○당은 권력을 뺏기지 않으려고 법무장관의 가족들을 시비하며 위협하고 있는데, 그렇다면 그들의 집도 다 털어야 합니다.

다윗의 교훈

우리는 다윗의 문제를 성경이 어떻게 말하는가를 알아야 합니다. "다윗, 다윗" 하면서도 그 결점을 알아야 합니다. 뒤에 가서 다윗이 눈물을 펑펑 쏟으며 회개합니다. 하나님이 그 회개를 받으셨습니다. 인간은 흙으로 지어서 잘못할 수 있습니다. 성공이 크면 클수록 더 큰 결점으로 실수할 수 있습니다. 때가 되어서 바로 지적하면 "예 제가 잘못했습니다." 하고 하나님 앞에 꿇어앉아야 합니다. 사무엘서는 "하나님이 때를 주면 반드시 회개해야 한다."는 교훈을 가지고 있습니다. 그런데 일반적으로 사람들은 때가 주어져도 회개도 안 하고 미안하다는 말도 하지 않습니다. 하나님께서 다윗을 용서하십니다. 그러나 네 죄는 네 가족을 통해, 네 왕국을 통해 벌힐 것이라고 하십니다.

하나님은 사람을 상대 평가로 비교하지 않으십니다. 너와 나의 관계로 절대평가 하십니다. "내가 너를 왕으로 세웠는데 네가 우리아를 죽여? 이

베뢰아 사람입니까

제 네 아들들도 죽을 것이다." 이후부터 다윗의 집에 큰 사건들이 일어납니다. 맏아들인 암논이 이복 여동생인 다말에게 반해서 강간을 하고 버립니다. 다말이 크게 쇼크받아 병이 나자 다말의 친오빠인 압살롬이 암논을 죽이고 도망갔습니다. 이때부터 다윗은 죽을 때까지 불행을 겪습니다. 다윗은 물론 천국에 갔습니다만 그의 죄에 대해서는 죽을 때까지 벌을 받았습니다. 죄는 때에 맞춰 회개해야 합니다. 그러나 하나님 앞에 죄지은 것은 다 벌을 받습니다. 하나님께는 "그래 봐줄게." 하는 패싱이 없습니다. 각오해야 합니다.

그래서 저는 하나님 앞에 감사합니다. 제가 얼마나 죄가 많은 사람인데, 다른 것을 다 주시고 다리 좀 아프게 두시는 것은 딴 소리 않습니다. 오후 5-6시쯤이면 통증이 심합니다만 달게 받습니다. 한 번씩 불평은 하지만 말입니다.

그 대단한 다윗도 결점이 있는 것처럼 성을 통해 태어난 인간은 다 똑같습니다. 죄를 회개할 때 하나님께서 용서는 하지만 죄의 값은 다 묻겠다는 것이 다윗을 통해 나타납니다. 다윗의 맏아들인 암논이 압살롬에게 죽었고, 나중에 아도니야도 솔로몬에게 죽었습니다. 용서는 하지만 죗값은 다 묻겠다는 것이 하나님의 입장이면서, 신명기 사학자들의 입장입니다. 그래서 정밀하게 기록되었습니다.

설교를 마치며 한 번 더 강조하겠습니다. 하나님은 상대평가가 아닌 절대평가입니다. 너와 나의 관계입니다.

16

선재하신 그리스도, 성육신하신 그리스도

2019. 10. 13.

요한복음 20:31

"오직 이것을 기록함은 너희로 예수께서 하나님의 아들 그리
스도이심을 믿게 하려 함이요 또 너희로 믿고 그 이름을 힘입
어 생명을 얻게 하려 함이니라"

복음을 이해하는 방법

지금까지 수가성 여자에 대한 말씀을 다섯 번 설교했습니다. 요한복음 전체를 알면 예수님께서 왜 수가성 여자를 찾아가서 그 말씀을 하셨는지 이해됩니다. 이번 시간에는 요한복음 전체와 부분을 같이 이해하는 것을 전략으로 삼아 설교하겠습니다. 전체가 곧 부분이고 부분이 곧 전체입니다. 이것이 주님의 초월과 내재입니다. 주님은 우리 일상 속에 함께 계십니다. 세상을 살아가다 보면 돈에 매이고 병에 매이고 온갖 삶의 어려움 속에 매입니다만 그것을 초월할 수 있어야 합니다. 아니면 평생 종질 하

다가 끝납니다. 참 신앙은 주님께서 우리 속에 내재하셔서 삶이 변하는 것입니다.

이번 설교를 들을 때 요한복음 전체와 부분을 같이 깨우쳐야 합니다. 니케아 신조에서 예수님을 '베레 데우스 베레 호모(VERE DEUS, VERE HOMO)', 즉 '참 하나님이시고 참 사람이시다'라고 규정한 내용이 있습니다. 우리는 먼저 참 인간이 되어야 합니다. 그때 제일 핵심은 진실한 인간이 되어야 한다는 것입니다. 거짓된 인간은 참 인간이 될 수 없습니다. 주님은 성육신 사건을 통해 "참 사람이 어떤 사람인지 보아라."고 하시며 그분의 말씀과 삶을 제시하셨습니다. 참 하나님은 선재하신 그리스도, 천지창조 전에 계신 예수님을 말합니다. 우리도 천지창조 전에 그분과 함께 영원한 생명으로 있었습니다. 이것을 깨우치는 것이 요한복음의 전체 핵심입니다.

요한 사도는 예수님의 제자 중에 막내에 속했습니다. 그는 예수님의 사랑을 깨우쳤습니다. 스승의 모든 것 중에 어느 것을 깨우치는지가 중요합니다. 요한은 "이분은 사랑이시구나."라는 핵심을 가지고 놀라운 복음서를 썼습니다.

요한복음이 마지막에 기록된 이유가 있습니다. 마태, 마가, 누가는 함께 본 것처럼 기록했습니다. 그래서 '공관복음서'입니다. 공관복음서에서 말하는 예수 그리스도의 핵심은 '하나님 나라 운동'입니다. 그러나 요한복음은 하나님 나라란 말이 없습니다. 대신 '생명'이란 말이 있습니다. 하나님 나라 대신 생명의 삶, 진리의 삶을 요한은 강조했습니다.

요한복음의 기록 목적과 구조

요한은 어떤 의도로 요한복음을 썼는지 성령 안에서 이를 이해하는 것이 아주 중요합니다. 복음서는 어렵지 않습니다. 다만 내 경험에 근거한 생각이나 이론을 포기해야 합니다. 그것으로 복음을 이해하려니 이해가 안 되는 것입니다. 기도하고 겸손한 마음으로 성경을 대해야 합니다.

> 요 20:31 "오직 이것을 기록함은 너희로 예수께서 하나님의 아들 그리스도이심을 믿게 하려 함이요 또 너희로 믿고 그 이름을 힘입어 생명을 얻게 하려 함이니라"

요한복음이 기록된 전체적인 목적이 이것입니다. 이것을 게이트로 열고 들어가야 합니다. "모두가 논쟁하지만 나사렛의 평범한 요셉의 아들 목수 예수가 바로 하나님의 아들이며 그가 바로 메시아다. 이것을 믿으라."고 합니다. 그것을 믿게 하기 위해 요한복음을 기록했습니다. 믿으면 어떻게 됩니까? 그 이름 때문에 생명의 삶을 살게 됩니다. "예수 이름 때문"입니다. 예수를 믿는다면서 비생명적인 삶을 살고 진실하게 살지 않는다면 그 사람은 한마디로 '꽝'입니다.

요한복음은 사건이 있고 나면 반드시 말씀 선포가 뒤따르는 구조로 구성되어 있습니다. 유대 나라에서 가장 신성한 수는 7입니다. 하나님께서 6일간 천지창조를 하신 후 7일째 안식하셨기 때문입니다. 삼위 하나님이신 성부 하나님, 성자 하나님, 성령 하나님에 각각 7을 배당해서 세 번 반복하면 21이 되는데, 그런 의미로 요한복음을 21장까지 구성하였습니다.

창세전에 계신 예수님

우리가 초월과 내재의 하나님을 신앙하며, 또한 우리도 그렇게 되기 위해서는 선재하신 그리스도를 믿고 알아야 합니다.

요 1:1 "태초에 말씀이 계시니라 이 말씀이 하나님과 함께 계셨으니 이 말씀은 곧 하나님이시니라"

창세전에 예수님이 계셨습니다. 이것을 '선재하신 그리스도'라고 합니다. 이분은 창세전에 계셔서 우주를 어떻게 창조할 것인지, 세상을 어떻게 창조할 것인지 하나님과 함께 의논하셨습니다.

창 1:1 "태초에 하나님이 천지를 창조하시니라"

로마서 1장 17절에 의하면 복음에는 하나님의 의가 나타나서 믿음으로 믿음에 이르게 한다고 하였습니다. 예수를 믿기 전에 창세기 1장 1절부터 믿어야 합니다. 여기서부터 안 믿어지면 예수님을 믿는 데 실패합니다. 진화론부터 이야기하면 그 사람은 믿는 사람이 아닙니다. 하나님이 천지를 창조했다는 것을 믿는 사람이 결국 성경 속의 예수님도 믿습니다. 그 믿음으로 생명의 삶을 얻습니다. 믿음은 초월과 내재의 속성을 가지고 있습니다.

요 8:32 "진리를 알지니 진리가 너희를 자유케 하리라"

'돈 문제와 병 문제 등 일상 속의 온갖 문제를 뛰어넘을 힘이 있습니까? 어렵지만 자유롭습니까? 그런 것들 속에서 노예질 하는 자신이 보입니까?' 그것이 안 보이면 헛것입니다. 믿어야 생명을, 영생을 얻게 됩니다.

> 요 5:24 "내가 진실로 진실로 너희에게 이르노니 내 말을 듣고 또 나 보내신 이를 믿는 자는 영생을 얻었고 심판에 이르지 아니하나니 사망에서 생명으로 옮겼느니라"

주제 말씀입니다. 사망에서 생명으로 옮겼습니다. 흑암의 권세에서 사랑하는 아들의 나라로 옮김을 받았습니다. 외국에 가려고 해도 여권을 들고 여러 곳을 통과하듯이 하나님 나라에 갈 때도 영적으로 통과하는 곳이 많습니다. 돼지 열병이 유행인데 배낭 안에 돼지고기를 가져가다가는 잡힙니다. 하나님 나라도 마찬가지입니다. 천국에 들어가는데 거짓된 것을 숨겨서 들어가다가는 '삐' 소리가 나면서 "당신은 저 옆으로 나가시오." 라고 합니다. 그 나라에 들어가려면 그 나라 법을 준수해야 하듯이 믿음은 믿음의 법에 순종해야 합니다.

생명의 선재성

예수님이 선재했다고 하신 것은 이제 이해합니다. 그런데 태초 전에, 천지창조 전에 하나님이 우리도 창조하셨다는 것을 믿을 수 있을까요? 하지만 예수님께서 분명히 말씀하셨습니다.

베뢰아 사람입니까

요 17:24 "아버지여 내게 주신 자도 나 있는 곳에 나와 함께 있어 아버지께서 창세 전부터 나를 사랑하시므로 내게 주신 나의 영광을 저희로 보게 하시기를 원하옵나이다"

너무 놀라운 말씀입니다. 생명은 이미 창세전에 다 있었습니다. 우리도 모두 창세전에 다 있었습니다. 우리는 "어머니 아버지가 나를 낳았다."라고 하지만 예수님의 시간에서는 태초 전에, 천지창조 전에 우리가 다 있었습니다. 바울도 에베소서에서 그렇게 말합니다(엡 1:4-5 "곧 창세 전에 그리스도 안에서 우리를 택하사 우리로 사랑 안에서 그 앞에 거룩하고 흠이 없게 하시려고 ○ 그 기쁘신 뜻대로 우리를 예정하사 예수 그리스도로 말미암아 자기의 아들들이 되게 하셨으니"). 이 말씀에 관련하여 아주 중요한 논쟁이 있었습니다.

요 8:56-59 "너희 조상 아브라함은 나의 때 볼 것을 즐거워하다가 보고 기뻐하였느니라 ○ 유대인들이 가로되 네가 아직 오십도 못되었는데 아브라함을 보았느냐 ○ 예수께서 가라사대 진실로 진실로 너희에게 이르노니 아브라함이 나기 전부터 내가 있느니라 하시니 ○ 저희가 돌을 들어 치려하거늘 예수께서 숨어 성전에서 나가시니라"

선재하신 그리스도에 대한 말씀입니다. 예수님께서 지금 유대인들과 논쟁을 하십니다. 그들이 예수를 받아들이지 않는 것은 깨닫지도 못하고 죄 속에 있고 싶어서, 즉 본질적으로 깨달으려는 마음이 없기 때문이라는 것입니다. 지금 삶이 좋다는 것입니다. 현재의 양극체제, 자기 고집대로 잘난 척하며 사는 것이 편해서 안 합니다. 이러한 유대인들에게 예수님은 "너희는 근원적으로 악한 마귀의 후손이고 거짓말쟁이다."라고 하십니다.

유대인들이 "우리는 아브라함의 후손이다."라고 하자 예수님께서 "아브라함이 나를 보고 기뻐했다."라고 놀라운 말씀을 하십니다. 그러자 "당신이 50세도 되지 않았으면서 아브라함을 보았다고?"라고 합니다. 아브라함은 당시로부터 1,500-2,000년 전의 사람입니다. 그러니 50세도 안 된 예수님이 아브라함을 보았다는 것은 말도 안 되는 이야기인 것입니다. 그런데 예수님은 한 술 더 떠서 "아브라함 전에 내가 있었다."고 하십니다. 그러자 유대인들이 참람하다고 예수님을 돌로 치려고 했고, 예수님은 피하셨습니다. 이것이 '선재하신 그리스도'를 설명하시는 장면입니다.

그리스도 안에서 새로운 시간관

예수님께 시간은 흐르지 않습니다. 태초나 지금이나 똑같습니다. 시간을 보는 관점에 있어 예수님이 보는 관점과 우리가 보는 관점과 유대인이 보는 관점이 다릅니다. 예를 들어 우리에게는 현재 년도가 2019년이지만 유대력은 5779년입니다. 시간을 보는 관점은 시간을 계산하는 차이에 따라서, 측정하는 사람에 따라서 다릅니다. 이것을 아인슈타인의 상대성 원리로도 이해할 수 있을 것입니다. 아인슈타인에게 상대성 원리에 대해 설명해 달라고 하니 "당신이 좋아하는 사람과 있으면 시간 가는지 모를 정도로 시간이 빨리 가지만 미워하는 사람과 있으면 시간이 너무 더디게

간다고 느낄 것입니다. 시간은 상대적인 것입니다."라고 말했습니다. 속도 또한 상대적입니다. 멀리 산 위에서 기차를 보면 천천히 가는 것 같지만 기차에 가까이 갈수록 빨리 가는 것을 느낄 수 있습니다. 바로 옆에 서 있으면 바람처럼 지나갑니다.

예수님의 시간 안에서 우리는 태초 전에 있었습니다. 인간은 최고로 시간을 돌려봐야 전생 이야기를 합니다. 그러나 그분은 우리를 태초 전에 있었다고 하셨습니다. 우리도 그리스도 안에서 태초 전으로 돌아가야 합니다. 그 기쁨을 찬양하지 않을 수 없습니다.

믿음 안에서 우리는 태초 이전부터 하나님과 함께 있었고, 이 시간에 태어나서 믿게 되어 있습니다. 그래서 칼빈은 '예정설'을 주장했습니다. 안 믿는 사람은 죽어도 안 믿습니다. 사막에서 이스라엘 민족이 불뱀에 물렸을 때 장대 위의 놋뱀을 쳐다보면 살 것이라고 하나님이 명령하셨는데, "차라리 죽지 뭐." 하고 끝까지 안 보고 자존심을 세우며 죽은 사람들처럼 말입니다.

오늘 요한복음 안에서 우리의 시간관을 바꿉시다. 우리는 과거에서 현재로, 현재에서 미래로 가는 시간밖에 모릅니다. 직선적 시간관입니다. 동양은 원으로 보았습니다. 하지만 예수님은 영원으로 보았습니다. 이 시간관을 볼 때마다 그 초월성에 너무 놀랍니다.

선재하신 그리스도가 이 땅에 오셨습니다. 간음한 여인이 죽게 되었는데 그를 둘러싼 사람들 앞에 가셨습니다. 그들이 율법을 말하며 "이 여자는 죽여야 된다."고 했을 때 그 사람들 앞에서 각자의 죄를 썼습니다. 그리고 "너희 중에 죄 없는 사람이 먼저 돌로 치라"고 하시니 그들이 양심의 가책이 되어서 아무도 여자를 치지 못했습니다. 그러자 예수님이 여자에게 "나도 너를 정죄하지 않겠다."라고 하시며 그녀를 보내셨습니다. 이 여자를 낸 분은 하나님이십니다. 수가성 여인도 태초 전에 하나님과 함께 있던 여인입니다. 그리스도 안에서 우리를 얽어매는 것은 어떤 것이든 초월해야 합니다. 성전보다 크신 분, 요나보다 크신 분을 배우며 인간성을 회복해야 합니다.

"내가 나이가 몇 살이다." "늙었다. 그래서 힘들다."는 말을 저는 하지 않습니다. 나이가 들면 당연히 그런 것입니다. 주님께서 부르시면 가면 되는 것이지, 어디에 얽혀서 이것도 못 하고 저것도 못 하고 사는 것은 믿는 사람이 아닙니다.

> 요 1:1 "태초에 말씀이 계시니라 이 말씀이 하나님과 함께 계셨으니 이 말씀은 곧 하나님이시니라"

한 번 더 강조하지만 우리의 시간관을 바꿔야 합니다. 우리는 태초 전에 선재하신 그리스도와 함께 있던 사람들입니다. 이것을 '초월'이라고 하고, '신성'이라고 합니다. 주님께서는 우리의 신성을 회복해 주시려고 이 땅에 오셨습니다. 이것이 '선재하신 그리스도'의 의미입니다.

성육신된 말씀

> 요 1:14 "말씀이 육신이 되어 우리 가운데 거하시매 우리가 그 영광을 보니 아버지의 독생자의 영광이요 은혜와 진리가 충만하더라"

'성육신하신 그리스도'입니다. 하나님이 사람이 되셨습니다. 인간적인 삶이 어떤지, 참 사람의 삶이 어떤지 보여 줘야 하시기 때문에 사람의 모습으로 오셨습니다. 그분은 이 땅에서 참 사람으로 사셨습니다.

중세까지 큰 논쟁이었던 것이 예수님이 식사하신다는 말은 성경에 있는데 화장실에 가셨다는 말은 없었으니 생리현상이 있었는가에 대한 문제였습니다. 그분도 피곤하실 때가 있었고 우리와 같은 모습을 보이셨는데, 많은 사람들이 예수님이 식사는 하셨지만 소화도 필요 없고 화장실도 안 갔다고 생각했습니다. 예수님을 오해한 것입니다. '이분은 참 사람으로서 우리와 같은 사람이지만 우리와 다르게 참 하나님이시다.'라는 것을 깨우쳐야 합니다.

창조된 후에 우리는 타락했지만 예수 그리스도를 통해 창세전의 사람으로 되돌아갔음을 깨우쳐야 합니다. 이를 구속사라고 합니다. 하나님의 형상으로 창조된 인간이 죽었다는 것은 영성이 죽었다는 뜻입니다. 영성이 죽은 채로 그냥 삽니다. 나쁜 말로 개돼지처럼 산다는 것입니다. 하나님이 누구인지, 말씀이 무엇인지 아무리 이야기를 해도 모릅니다. 자기 자신이 어떤 사람인지도 모른 채 내재도, 초월도 없는 삶을 삽니다. 이것을 하나님께서 사랑으로 불쌍히 여기시고, 예수님을 우리와 똑같은 모습으로 오게 하셔서 우리에게 모범을 보이셨습니다. 그러니까 예수님이 답인 것입니다.

골 3:10 "새 사람을 입었으니 이는 자기를 창조하신 자의 형상을 좇아 지식에까지 새롭게 하심을 받는 자니라"

고후 5:17 "그런즉 누구든지 그리스도 안에 있으면 새로운 피조물이라 이전 것은 지나갔으니 보라 새 것이 되었도다"

우리가 죄 때문에 타락된 존재로 심각하게 사는데, 그분이 우리를 위해 십자가에 죽으셨습니다. 우리가 그분을 믿으니 죄 문제가 해결되었습니다. 그런데 왜 새사람으로 못 삽니까? 실제로는 안 믿기 때문입니다. 믿으면 우리는 다 새사람입니다.

말씀이 육신이 되셨는데, '육신'은 헬라어로 '사르크스'입니다. 우리 몸이란 말입니다. 바울이 "오호라 나는 곤고한 사람이로다 이 사망의 몸에서 누가 나를 건져 내랴(롬 7:24)"라고 했는데, 믿음은 새 옷을 입었다는 말입니다. 그러면 속은 똑같습니다. 우리의 욕망, 생각, 고집, 질투 같은 속성들은 그대로 있고 거룩한 옷만 걸친 것입니다.

믿으면 속사람도 아주 고상하게 될 줄로 압니다만 그렇지 않습니다. 육체의 몸, 사망의 몸은 그대로입니다. 끊임없이 상대성에서 고통스러워하고, 사인과 코사인을 그리는 실존의 삶 자체입니다. 바로 그 삶으로 예수님이 오셨습니다. 그래서 그분의 삶을 들여다볼 때 "그 몸을 가지고 어떻게 사시는가?"를 보아야 합니다. 이것이 답입니다. 이것이 '성육신 된 말씀'입니다.

그분은 인간적인 삶을 보여 주셨는데, 사람들은 예수님이 물 위로 걷고, 떡 만드시는 이적에만 관심이 있습니다. 예수님에 대한 그런 관점은 틀렸습니다. 평범하게 사는 인간적인 삶을 완성해야 합니다. 그 핵심이 '진실한 사람'이 되는 것입니다. 거짓되지 않아야 합니다. 코스프레나 하는 위선의 삶을 살면 아직 정신 못 차린 것입니다. 쓸데없는 삶입니다.

극복해야 할 과제들

'성육신 된 삶'이 핵심입니다. 우리는 인간적이면 무시하고 깔본다고 생각합니다만 그것은 잘못된 생각입니다. 인간적인 삶에서 율법을 지키고 말만 그럴듯하게 하면 변한 줄 생각하지만, 먼저 믿음으로 변해야 합니다. 그렇게 변하게 되면 일상이 달라집니다. "저 사람은 우리와 똑같은데 다르다."라는 말을 들어야 합니다. "지나 내나."라고 하면 사실 하나도 변하지 않은 것입니다. "우리와 같은 것 같은데 완전히 다르네."라는 말을 듣는 사람이 믿는 사람입니다. 그런 말을 듣는 사람은 성육신된 예수를 바로 이해한 사람입니다.

이때 몇 가지 문제를 극복해야 합니다. 첫째로, 성경이 헬라어로 번역되었으니 헬라문명의 이원론을 극복해야 합니다. "나는 옳고 너는 틀렸다.", "너 때문에 그렇다."라는 것을 극복해야 합니다. 자유는 원래 혼란을 통해 얻어지는 것이지 질서를 통해 얻어지지 않습니다. 우리의 삶 속에서 이원론을 극복해야 합니다. "나는 옳고 너는 그르다."라고 하는 흑백 개념이 없어져야 합니다. '저 사람 때문에 내가 잘못되었다.'라는 생각을 하면 안 됩니다. 다 자기 문제입니다.

또 우리는 실존 삶에서 근원적으로 회개를 안 합니다. 예수님 당시의 이스라엘 민족을 보면 지도자들 입장에서는 양극 사회를 더 좋아합니다. 부자는 더 부자가 되고 가난한 자는 더 가난한 자가 되면서, 부자들은 가난한 자들에 대해 불쌍하다는 말만 하고 맙니다. 그들은 이런 사회를 좋아하며 근원적으로 회개를 하지 않습니다. 그런데 이런 사회는 구조적으로 문제가 있습니다. 이웃 사랑을 실천하지 않으면 신앙이 잘못된 것입니다. 지금 우리가 살고 있는 자본주의 사회도 그 구조를 바꿀 수는 없습니다. 그러나 분명히 알아야 합니다. 이런 양극 사회에서 잘사는 사람들은 이웃을 돌아보지 않습니다.

하나님이 우리를 부르실 때는 개인이면서도 단체와 교회로 부르십니다. 교회와 단체가 한 인격체로 일을 해내지 않으면, 즉 하나님 말씀을 지키지 않으면 성장과 성숙이 없습니다. 개인적으로 부름 받아서 확신에 이른 사람은 공동체 속에서 자발적으로 일을 합니다. 이것이 중요합니다.

예수님의 인간 혁명에 동참해야 합니다. 우리는 먼저 예수를 통해 자기 혁명을 하고 자기 관리를 해야 합니다. 자기 혁명이 되었을 때 사회생활을 바로 할 수 있으며, 그때 비로소 믿는 사람이라고 할 수 있습니다. 우리는 어떤 점에서 하늘나라의 홀로그래피입니다. 하늘나라에 참 사람이 있는데, 우리는 세상에 이런 모습으로 비춰는 것입니다.

맺는말

이전 설교에서 아마르나 문서를 통해 성경의 하나님은 소외 계층을 어떻게 사랑하고 돌아보느냐를 기준으로 사람을 판단했음을 알았습니다. 야훼는 하비루의 하나님입니다. 그래서 예수님께서도 수가성 여자를 찾아가셨습니다. 수가성 여자에게 가서 인류 최고의 예배를 선포하신 것은 필연적인 일이고 당연한 일입니다. 이상한 것이 아닙니다. 그런데 우리는 "그 여자는 소외계층으로서 돈도 없고 스펙도 없는데 그 여자를 왜 찾아가셨을까? 이상하다."라고 생각하는 수준입니다.

우리는 이런 문제 앞에서 첫째로 '선재하신 그리스도'를 통해 우리 생명의 존재를 창조 전으로까지 소급해서 올라가야 합니다. 둘째는 '성육신하신 그리스도'를 통해 참 사람이 되는 것입니다. 그 핵심은 '진실함'입니다. 내 콤플렉스가 뭔지 알고 살아야 합니다. 콤플렉스의 원인을 따져보면 자기 잘못이 하나도 없습니다. 나는 부모에게서 상처를 받고 부모 역시 그 위로부터 상처를 받았습니다. 그런데 그 상처와 콤플렉스를 정면돌파해서 해결하려 하지 않고 숨기거나 다른 식으로 해결하려 하는 것이 문제입니다. 그러면 거짓된 사람이 됩니다. 형식적이고 이중적이었던 유대인들처럼 우리도 그렇게 될 수 있습니다.

우리는 내재하신 그리스도를 통해 인간성을 회복하고, 참 사람이 되어서 예수님처럼 되어야 합니다. 이것이 요한복음의 가장 중요한 핵심입니다. 참 사람인 예수님은 소외계층인 수가성 여자에게 가서 사랑으로 말씀하셨습니다. 지금도 많은 소외계층이 있습니다. 그들에게 따뜻한 사랑을 표하고 돕는 것이 참 사람의 길입니다.

17

미가집의 우상과 레위지파

2019. 11. 10.

사사기 17:1-13

삿 17:1-13 "에브라임 산지에 미가라 이름하는 사람이 있더니 ○ 그의 어머니에게 이르되 어머니께서 은 천백을 잃어버리셨으므로 저주하시고 내 귀에도 말씀하셨더니 보소서 그 은이 내게 있나이다 내가 그것을 가졌나이다 하니 그의 어머니가 이르되 내 아들이 여호와께 복 받기를 원하노라 하니라 ○ 미가가 은 천백을 그의 어머니에게 도로 주매 그의 어머니가 이르되 내가 내 아들을 위하여 한 신상을 새기며 한 신상을 부어 만들기 위해 내 손에서 이 은을 여호와께 거룩히 드리노라 그러므로 내가 이제 이 은을 네게 도로 주리라 ○ 미가가 그 은을 그의 어머니에게 도로 주었으므로 어머니가 그 은 이백을 가져다 은장색에게 주어 한 신상을 새기고 한 신상을 부어 만들었더니 그 신상이 미가의 집에 있더라 ○ 그 사람 미가에게 신당이 있으므로 그가 에봇과 드라빔을 만들고 한 아

베뢰아 사람입니까

들을 세워 그의 제사장으로 삼았더라 ㅇ 그 때에는 이스라엘에 왕이 없었으므로 사람마다 자기 소견에 옳은 대로 행하였더라 ㅇ 유다 가족에 속한 유다 베들레헴에 한 청년이 있었으니 그는 레위인으로서 거기서 거류하였더라 ㅇ 그 사람이 거주할 곳을 찾고자 하여 그 성읍 유다 베들레헴을 떠나 가다가 에브라임 산지로 가서 미가의 집에 이르매 ㅇ 미가가 그에게 묻되 너는 어디서부터 오느냐 하니 그가 이르되 나는 유다 베들레헴의 레위인으로서 거류할 곳을 찾으러 가노라 하는지라 ㅇ 미가가 그에게 이르되 네가 나와 함께 거주하며 나를 위하여 아버지와 제사장이 되라 내가 해마다 은 열과 의복 한 벌과 먹을 것을 주리라 하므로 그 레위인이 들어갔더라 ㅇ 그 레위인이 그 사람과 함께 거주하기를 만족하게 생각했으니 이는 그 청년이 미가의 아들 중 하나 같이 됨이라 ㅇ 미가가 그 레위인을 거룩하게 구별하매 그 청년이 미가의 제사장이 되어 그 집에 있었더라 ㅇ 이에 미가가 이르되 레위인이 내 제사장이 되었으니 이제 여호와께서 내게 복 주실 줄을 아노라 하니라"

혼돈의 사사 시대

사사기 17장부터 21장까지는 두 개의 에피소드를 가지고 있는데, 이번 시간에는 첫 번째 에피소드가 있는 17-18장을 설교하겠습니다.

여호수아가 가나안에 들어가서 이민족과 정복 전쟁을 했는데 100% 다 정복하지는 못했습니다. 하나님 앞에 기도하니 "가나안에 들어온 2세대들은 전쟁도 모르고 그냥 들어왔기 때문에 그들을 위하여 적들을 쫓아내지 않겠다. 그들이 나의 명령을 지키는지 시험하고, 그 수준이 되는 만큼 쫓아낼 것이다."라고 말씀하셨습니다. 사사기 3장에 그 내용이 있습니다. 결국 여호수아가 죽은 후에 문제가 터지고, 다윗까지 400여 년 동안 혼돈의 시대가 이어집니다. 그런데 이 시대를 아주 정확하게 보고 기록한 편집자가 있습니다. 사사기 편집자입니다.

> 삿 1:21 "베냐민 자손은 예루살렘에 거주하는 여부스 족속을
> 쫓아내지 못하였으므로 여부스 족속이 베냐민 자손과 함께
> 오늘까지 예루살렘에 거주하니라"

다윗과 요압이 예루살렘을 점령하고 시온 산성을 세운 때가 B.C. 1004년입니다. 학자들은 그때를 사사기의 기록 연대로 봅니다.

> 삿 2:16 "여호와께서 사사들을 세우사 노략자의 손에서 그들
> 을 구원하게 하셨으나"

하나님께서는 무질서 속에서 출애굽을 경험하지 않고 어려움을 겪지 않은 세대를 위해 사사를 세우셨습니다. 여기서 생각을 좀 해 봅시다. 우리는 자식이나 다음 세대에게 고생 없이 유산을 물려주려 하지만 그건 다 실패합니다. 사사기를 알아야 그것을 압니다. 하나님께서 "이민족을 쫓아내지 않겠다. 수준 안 되는데 쫓아내면 뭐 하나."라고 하신 것처럼 자

식의 수준이 안 되는데 집 사 주면 다 날립니다. 자식이 스스로 돈을 벌지 않았는데 부모가 자기 고생한 것만 생각해서 자식에게 그냥 물려주는 것은 요즘 말로 다 '꽝'입니다. 유대 민족들이 혼란 속에서 바닥을 치고 괴로워하며 "하나님 살려 주세요."라고 기도했을 때 사사를 세우시고 보내셨습니다. 너희 수준만큼 보낸다는 것입니다.

사사는 히브리어로 '쇼페팀'입니다. 공동번역에서는 사사기를 '판관기'라고 하는데, 판관은 재판장이란 뜻입니다. 사사는 주로 두 가지 업무를 했습니다. 첫째, 백성들끼리 싸우면 그것을 해결해 주었습니다. 둘째, 전쟁의 위험이 있으면 나가서 앞장서서 싸웠습니다.

이스라엘 민족의 반복하는 죄의 패턴

사사기에는 이스라엘 민족의 반복되는 죄의 악순환이 기록되어 있습니다.

(1) 이스라엘 민족은 가나안에 살면서 또 우상을 섬깁니다. 말씀 공동체 속에서 하나님을 섬기고 하나님 말씀을 따라 살려니 어렵고 너무 절제할 것도 많습니다. 그런 가운데 당시 인기 있는 종교가 가나안의 바알 종교였습니다. 바알 신전에 가면 매춘부들이 있습니다. 하나님 공동체에 오면 거룩하게 예배드려야 하니 오지 않고 바알 신전에 가서 우상을 섬기고 음행하는 범죄를 짓습니다.

(2) 하나님 백성이 범죄를 저지르면 이방 민족이 강대해집니다. 그래서 이스라엘 민족을 압제하며 종처럼 밟고 부립니다.

(3) 하나님께 징계를 당하는 것도 한두 번이지 30-40년 당하니 못살겠

다 싶습니다. 그래서 실로의 공동체에 모여서 "하나님 살려 주세요."라고 땅을 치면서 울고 기도하면 사사를 보내 주십니다.

(4) 그 사사가 전쟁을 아주 잘해서 이방 민족을 이깁니다. 그래서 평화가 옵니다.

(5) 그런데 얼마 지나지 않아 하나님 은혜를 또 망각합니다. 말씀이 안 보이고 또 바알 산당으로 갑니다.

이것을 악순환의 고리라고 합니다.

진리인 하나님의 말씀은 인간의 원형을 다룹니다. 인간은 원형(原型)인 프로토타입(Prototype)에서 못 벗어납니다. 특히 고생하지 않은 세대는 더욱 그렇습니다. 그들은 헝그리 정신이 없습니다. 부모가 고생한 대가로 잘 먹고 잘살다 보니 시간만 있으면 우상 섬기고 어려운 말씀은 지키지 않습니다. 이런 역사가 400년 동안 이어졌습니다. 그 400년 중에 12명의 사사를 세웠습니다.

그런데 나중에는 사사도 타락합니다. 사사 기드온의 아들인 아비멜렉은 왕이 되려고 이복형제들을 다 죽였는데, 결국 여자에게 맷돌에 맞아 죽은 사건이 있습니다. 삼손은 하나님이 나실인으로 보낸 사람으로서 특별한 힘을 가졌지만 성욕에 지배되어 삽니다. 블레셋과 싸우라고 사사로 세웠는데 끊임없이 자기 욕구 충족을 위해서 살고, 아무와도 협치하지 않고 자기 혼자 성문 들고 다니고 나귀 뼈로 블레셋 사람들 죽이고 하다가 데릴라에게 속아서 힘을 뺏기고 비참한 형편이 됩니다. 나중에는 "하나님 한 번만 더 힘을 주세요."라고 해서 하나님을 통해서 받은 능력을 블레셋인들과 함께 자살하는 것에 사용합니다.

베뢰아 사람입니까

레위인의 타락

말씀 공동체가 말씀이 어렵고 복잡하다고 말씀을 떠나면 내면의 가치가 붕괴됩니다. 그리고 무의미와 허무감이 자꾸 들어옵니다. 그다음에는 "돈이 최고지."로 이어집니다. 그리고 "복 받아야 돼.", "힘이 최고야."라는 생각이 지배적 가치관이 되어 버립니다. 이런 수준으로 떨어진 이스라엘 민족의 상태를 지금 사사기 편집자가 17-18장을 통하여 보여 주고 있습니다. 이 본문의 주인공은 레위인입니다. 이스라엘은 말씀 공동체이자 제사장 공동체인데, 그 핵심이 레위인입니다. 레위인을 보고 이스라엘의 종교적 경건성을 판단합니다. 그런데 본문 속의 레위인은 타락을 해도 보통 타락한 것이 아닙니다.

이것을 현대 한국 사회에 적용하면 교회의 목사들이 레위인과 같은 역할을 하는 것이라고 볼 수 있습니다. 교회의 시작으로부터 한국 사회가 이만큼 부흥해 왔습니다. 그런데 교회가 타락하고 목사가 타락하니까 한국 사회도 타락하는 것입니다.

> 삿 17:1-6 "에브라임 산지에 미가라 이름하는 사람이 있더니 ○ 그의 어머니에게 이르되 어머니께서 은 천백을 잃어버리셨으므로 저주하시고 내 귀에도 말씀하셨더니 보소서 그 은이 내게 있나이다 내가 그것을 가졌나이다 하니 그의 어머니가 이르되 내 아들이 여호와께 복 받기를 원하노라 하니라 ○ 미가가 은 천백을 그의 어머니에게 도로 주매 그의 어머니가 이르되 내가 내 아들을 위하여 한 신상을 새기며 한 신상을 부

어 만들기 위해 내 손에서 이 은을 여호와께 거룩히 드리노라 그러므로 내가 이제 이 은을 네게 도로 주리라 ○ 미가가 그 은을 그의 어머니에게 도로 주었으므로 어머니가 그 은 이백을 가져다 은장색에게 주어 한 신상을 새기고 한 신상을 부어 만들었더니 그 신상이 미가의 집에 있더라 ○ 그 사람 미가에게 신당이 있으므로 그가 에봇과 드라빔을 만들고 한 아들을 세워 그의 제사장으로 삼았더라 ○ 그 때에는 이스라엘에 왕이 없었으므로 사람마다 자기 소견에 옳은 대로 행하였더라"

1-6절은 도입부입니다. 당시 이스라엘 공동체 중에 최고 실세가 에브라임 지파였습니다. 에브라임은 요셉의 아들로서, 이집트에서 요셉의 힘이 컸으니 에브라임이 자연적으로 큰소리치게 되어 있습니다.

그 에브라임 지파에 미가라는 사람이 있었습니다. 미가의 어머니가 집에 현찰을 숨겨 놨는데 돈이 없어지자 훔쳐간 사람을 저주했습니다. 사실은 미가가 그 돈을 훔쳤는데, 어머니가 저주를 하니까 안 되겠다 싶어서 돈을 도로 어머니에게 돌려주면서 자기가 훔쳤다고 이실직고를 했습니다. 어머니는 아들이 정직하게 회개하니까 기뻤습니다. 돈을 찾은 것보다 자식이 정직하니까 기쁜 것입니다. 그러고 나서 아들 미가를 위해 신상을 만들기로 했습니다.

그 당시 유대 나라는 가나안 종교들처럼 신상을 만들어서 집집마다 보관했는데, 그것을 드라빔이라고 했습니다. 은을 부어서 신상을 만들고 제단을 쌓았습니다. 그리고 미가의 아들 중 한 명을 제사장으로 세워 예배를 주관하게 했습니다. 요즘으로 말하면 가정 예배 같은 것입니다.

베뢰아 사람입니까

가정은 복, 개인은 돈

삿 17:7-13 "유다 가족에 속한 유다 베들레헴에 한 청년이 있었으니 그는 레위인으로서 거기서 거류하였더라 ○ 그 사람이 거주할 곳을 찾고자 하여 그 성읍 유다 베들레헴을 떠나가다가 에브라임 산지로 가서 미가의 집에 이르매 ○ 미가가 그에게 묻되 너는 어디서부터 오느냐 하니 그가 이르되 나는 유다 베들레헴의 레위인으로서 거류할 곳을 찾으러 가노라 하는지라 ○ 미가가 그에게 이르되 네가 나와 함께 거주하며 나를 위하여 아버지와 제사장이 되라 내가 해마다 은 열과 의복 한 벌과 먹을 것을 주리라 하므로 그 레위인이 들어갔더라 ○ 그 레위인이 그 사람과 함께 거주하기를 만족하게 생각했으니 이는 그 청년이 미가의 아들 중 하나 같이 됨이라 ○ 미가가 그 레위인을 거룩하게 구별하매 그 청년이 미가의 제사장이 되어 그 집에 있었더라 ○ 이에 미가가 이르되 레위인이 내 제사장이 되었으니 이제 여호와께서 내게 복 주실 줄을 아노라 하니라"

7절부터 본론이 시작됩니다. 레위인을 잘 관찰해야 합니다. 레위인은 예루살렘 성전에서 하나님께 예배해야 하는데 레위인이 먹고살 것이 없습니다. 하나님이 12지파를 나눌 때 한 지파(레위 지파)는 다른 11지파에서 나오는 헌금을 가지고 먹고살도록 하셨는데 아무도 돈을 안 냅니다. 그러니까 레위인도 자기 팔 자기 흔드는 격으로 먹고살겠다고 내려가다가 미가 집에 간 것입니다.

베들레헴에서 온 이 레위인은 모세의 손자요 게르솜의 아들인 요나단입니다. 레위인이 먹고살 것이 없어서 왔다고 하니 미가가 자기 집으로 오라고 합니다. 레위인은 연봉을 따집니다. 해마다 은 열과 의복 한 벌과 먹을 것을 받기로 딜을 합니다. 개인으로서 레위인은 돈을 추구하고, 미가는 자신과 가정의 복을 구합니다. 가정은 복을 구하고 개인은 돈을 구한다는 것을 편집자가 이야기하고 있는데, 요즘과 비슷합니다. 3,000년 전에 이렇게 기록했다는 것이 너무 놀랍습니다.

힘을 앞세우는 무리의 타락상

삿 18:1-6 "그 때에 이스라엘에 왕이 없었고 단 지파는 그 때에 거주할 기업의 땅을 구하는 중이었으니 이는 그들이 이스라엘 지파 중에서 그 때까지 기업을 분배 받지 못하였음이라 ㅇ 단 자손이 소라와 에스다올에서부터 그들의 가족 가운데 용맹스런 다섯 사람을 보내어 땅을 정탐하고 살피게 하며 그들에게 이르되 너희는 가서 땅을 살펴보라 하매 그들이 에브라임 산지에 가서 미가의 집에 이르러 거기서 유숙하니라 ㅇ 그들이 미가의 집에 있을 때에 그 레위 청년의 음성을 알아듣고 그리로 돌아가서 그에게 이르되 누가 너를 이리로 인도하였으며 네가 여기서 무엇을 하며 여기서 무엇을 얻었느냐 하니 ㅇ 그가 그들에게 이르되 미가가 이러이러하게 나를 대접하고 나를 고용하여 나를 자기의 제사장으로 삼았느니라 하

베뢰아 사람입니까

니라 ㅇ 그들이 그에게 이르되 청하건대 우리를 위하여 하나
님께 물어 보아서 우리가 가는 길이 형통할는지 우리에게 알
게 하라 하니 ㅇ 그 제사장이 그들에게 이르되 평안히 가라 너
희가 가는 길은 여호와 앞에 있느니라 하니라"

레위인이 단 지파와 연결되는 고리를 잘 찾아야 합니다. 단 지파는 삼
손이 무언가 해 줄 줄 알았더니 자살해 버려서 정말 허탈합니다. 삼손이
단 지파입니다. 단 지파는 우리도 살아야 하지 않겠나 하고 좋은 땅을 구
하려고 합니다. 단은 야곱이 사랑한 라헬의 여종 빌하가 낳은 아들입니
다. 빌하는 르우벤과 통간 문제가 생겼던 여종입니다.

본문을 보면 단 지파에서 가장 발 빠르고 용맹하고 능력 있는 다섯 명
을 뽑아 좋은 땅을 알아보라고 보냅니다. 그들이 지나가다 미가 집에 들
르게 되었습니다. 그날 저녁 그 집에서 묵게 되었는데, 옆방에서 노래도
부르고 말씀도 전하는 것을 보니 제사장이 있는 것 같았습니다. 예루살렘
에서 온 레위 지파가 이 집에 제사장으로 고용되었다고 들었습니다. 그러
자 단 지파 사람들이 "우리가 가는 길이 형통할지 하나님께 물어봐 달라."
고 했는데, 레위인은 기도도 하지 않고 "형통할 것이니 평안히 가라."고
가볍게 축복합니다. 기도해야 하는지 아닌지 따지지도 않고 축복부터 하
는 모습에서 레위 지파가 어떻게 타락하고 있는가를 볼 수 있습니다.

삿 18:7-10 "이에 다섯 사람이 떠나 라이스에 이르러 거기 있
는 백성을 본즉 염려 없이 거주하며 시돈 사람들이 사는 것처
럼 평온하며 안전하니 그 땅에는 부족한 것이 없으며 부를 누

리며 시돈 사람들과 거리가 멀고 어떤 사람과도 상종하지 아니함이라 ○ 그들이 소라와 에스다올에 돌아가서 그들의 형제들에게 이르매 형제들이 그들에게 묻되 너희가 보기에 어떠하더냐 하니 ○ 이르되 일어나 그들을 치러 올라가자 우리가 그 땅을 본즉 매우 좋더라 너희는 가만히 있느냐 나아가서 그 땅 얻기를 게을리 하지 말라 ○ 너희가 가면 평화로운 백성을 만날 것이요 그 땅은 넓고 그 곳에는 세상에 있는 것이 하나도 부족함이 없느니라 하나님이 그 땅을 너희 손에 넘겨 주셨느니라 하는지라"

이 다섯 명이 올라가서 보니 정말 선경 같은 마을이 하나 있는데, 부족한 것 없이 물산이 풍부하고 아주 평화롭게 잘사는 마을이었습니다. 레위인이 그들에게 하나님이 함께한다고 했으니 거기서 내려와 단 지파에게 돌아가서는 "그 땅을 치러 올라가자."고 합니다.

삿 18:11-16 "단 지파의 가족 중 육백 명이 무기를 지니고 소라와 에스다올에서 출발하여 ○ 올라가서 유다에 있는 기럇여아림에 진 치니 그러므로 그 곳 이름이 오늘까지 마하네 단이며 그 곳은 기럇여아림 뒤에 있더라 ○ 무리가 거기서 떠나 에브라임 산지 미가의 집에 이르니라 ○ 전에 라이스 땅을 정탐하러 갔던 다섯 사람이 그 형제들에게 말하여 이르되 이 집에 에봇과 드라빔과 새긴 신상과 부어 만든 신상이 있는 줄을 너희가 아느냐 그런즉 이제 너희는 마땅히 행할 것을 생각하라

베뢰아 사람입니까

하고 ○ 다섯 사람이 그 쪽으로 향하여 그 청년 레위 사람의 집 곧 미가의 집에 이르러 그에게 문안하고 ○ 단 자손 육백 명은 무기를 지니고 문 입구에 서니라"

단 지파 중에 600명의 특수부대가 먼저 올라가서 공격하기로 했습니다. 올라가는 길에 600명이 미가 집을 포위하고 다섯 명이 레위인을 만나러 집으로 들어갔습니다.

지금 성경이 이야기하려는 것은 인간이 단체가 되면 힘 정치를 구사한다는 사실입니다. 가서 의논하거나 협치 같은 것이 없습니다. "여호와께서 우리를 위해 이 땅을 줬다. 제사장도 그렇게 말하더라."라고 하고는 평화롭게 사는 사람들을 다 죽입니다. 편집자가 이것을 기록하는 이유는 하나님의 백성이라는 사람들이 이래서 되겠느냐는 것입니다.

삿 18:17-19 "그 땅을 정탐하러 갔던 다섯 사람이 그리로 들어가서 새긴 신상과 에봇과 드라빔과 부어 만든 신상을 가져갈 때에 그 제사장은 무기를 지닌 육백 명과 함께 문 입구에 섰더니 ○ 그 다섯 사람이 미가의 집에 들어가서 그 새긴 신상과 에봇과 드라빔과 부어 만든 신상을 가지고 나오매 그 제사장이 그들에게 묻되 너희가 무엇을 하느냐 하니 ○ 그들이 그에게 이르되 잠잠하라 네 손을 입에 대라 우리와 함께 가서 우리의 아버지와 제사장이 되라 네가 한 사람의 집의 제사장이 되는 것과 이스라엘의 한 지파 한 족속의 제사장이 되는 것 중에서 어느 것이 낫겠느냐 하는지라"

600명이 무기를 들고 협박을 하고, 다섯 명이 들어가서 미가 집에 있는 드라빔과 에봇과 신상을 다 빼앗아 나옵니다. 뺏기는 입장에서 안 된다는 말도 못 합니다. 그랬다가는 죽습니다. 마침 미가는 어디 나가고 없었습니다.

> 삿 18:20-25 "그 제사장이 마음에 기뻐하여 에봇과 드라빔과 새긴 우상을 받아 가지고 그 백성 가운데로 들어가니라 ○ 그들이 돌이켜서 어린 아이들과 가축과 값진 물건들을 앞세우고 길을 떠나더니 ○ 그들이 미가의 집을 멀리 떠난 때에 미가의 이웃집 사람들이 모여서 단 자손을 따라 붙어서 ○ 단 자손을 부르는지라 그들이 얼굴을 돌려 미가에게 이르되 네가 무슨 일로 이같이 모아 가지고 왔느냐 하니 ○ 미가가 이르되 내가 만든 신들과 제사장을 빼앗아 갔으니 이제 내게 오히려 남은 것이 무엇이냐 너희가 어찌하여 나더러 무슨 일이냐고 하느냐 하는지라 ○ 단 자손이 그에게 이르되 네 목소리를 우리에게 들리게 하지 말라 노한 자들이 너희를 쳐서 네 생명과 네 가족의 생명을 잃게 할까 하노라 하고"

600명이 미가 집에 들이닥쳐서는 신상이든 무엇이든 다 빼앗아 나왔습니다. 집단이 되면 이런 힘을 행사합니다. 일본도 이런 악한 힘을 우리나라를 비롯한 동아시아에 행사했습니다. 독일은 회개라도 했지만 일본은 회개도 안 합니다.

미가가 뒤에 왔는데, 며칠 전에 재워 준 사람들이 와서 몽땅 빼앗아갔다는 얘기를 들었습니다. 그러자 동네 사람을 다 모아서 그들을 뒤쫓아 갔습니다. 미가가 그들에게 나의 신상들과 제사장을 빼앗다니 은혜를 이런 식으로 갚아서 되는가 하고 따지니 조용히 하라고 합니다. 안 그러면 죽이겠다고 하는데 미가가 가만히 생각해 보니 상대가 600명입니다. 안 되겠다 싶어 할 수 없이 집으로 돌아갔습니다.

> 삿 18:26-31 "단 자손이 자기 길을 간지라 미가가 단 자손이 자기보다 강한 것을 보고 돌이켜 집으로 돌아갔더라 ○ 단 자손이 미가가 만든 것과 그 제사장을 취하여 라이스에 이르러 한가하고 걱정 없이 사는 백성을 만나 칼날로 그들을 치며 그 성읍을 불사르되 ○ 그들을 구원할 자가 없었으니 그 성읍이 베드르홉 가까운 골짜기에 있어서 시돈과 거리가 멀고 상종하는 사람도 없음이었더라 단 자손이 성읍을 세우고 거기 거주하면서 ○ 이스라엘에게서 태어난 그들의 조상 단의 이름을 따라 그 성읍을 단이라 하니라 그 성읍의 본 이름은 라이스였더라 ○ 단 자손이 자기들을 위하여 그 새긴 신상을 세웠고 모세의 손자요 게르솜의 아들인 요나단과 그의 자손은 단 지파의 제사장이 되어 그 땅 백성이 사로잡히는 날까지 이르렀더라 ○ 하나님의 집이 실로에 있을 동안에 미가가 만든 바 새긴 신상이 단 자손에게 있었더라"

이 제사장을 잘 봐야 합니다. 미가 집에서 제사장으로서 연봉을 받고 있었는데 다섯 사람이 와서 한 집의 제사장을 하는 것보다 단 지파라는 큰 공동체의 제사장을 하는 게 낫지 않겠는가 하니 펄쩍 뛰며 좋아합니다. 당연히 연봉도 많아집니다. 레위 지파가 이래서 되겠습니까? 그리고 살육하는 것을 축복해 줘서 되겠습니까? 편집자가 말하고자 하는 것이 이런 것입니다.

600명이 칼을 가지고 라이스에 들어가서 조용하게 지내는 백성들을 다 죽였습니다. 그러면서 하는 말이 "여호와께서 우리에게 이 땅을 주셨다." 입니다. 그러나 사사기 편집자는 "너희가 이런 악행을 하는데 하나님이 정말 주신 것이 맞나?"라고 그들의 악행을 고발하고 있습니다.

개인은 돈밖에 모르고, 가족은 복을, 단체는 힘만 추구합니다. 하나님의 말씀 공동체를 버리고 자기 생각대로 하기 때문에 이런 말기적 증상이 나타나는 것이 아닌지 사사기 편집자는 강변하고 있습니다. 하나님 없이 자기중심으로 하다 보니 이와 같은 결과가 나타나는 것입니다.

하나님의 말씀은 '잘살아 보자.'가 아니라 '바르게 살자.'입니다. 정의롭게 살아야 합니다. 바르게 살아야 합니다. 우리나라도 워낙 없이 살다 보니 "잘살아 보자."고 하면 "만세!" 합니다. 인사도 "부자 되세요."라고 합니다. 이러다 보니 한국 사회가 피폐해졌습니다.

맺는말

이번 설교의 핵심은 고생하지 않은 세대에게 하나님은 바로 행복과 평화를 주시지 않는다는 것입니다. 잘못해서 고생하다가 하나님께 살려달라고 하면 사사를 보내시는데, 그 사사가 12명입니다. 이와 같은 기간이 400년 정도 계속되었습니다. 예수 그리스도의 이미지이자 메시아의 상

베뢰아 사람입니까

징인 다윗 왕조가 세워질 때까지 혼돈의 길을 겪었습니다. 우리 역시 말씀 공동체로 부름 받았습니다. 말씀을 버리면 편할 줄 압니다만 허무해서 못 삽니다. 거기서 나오는 사회적 문제가 버닝썬 사건이고 마약 문제입니다.

종교 국가인 이스라엘에서 레위 지파가 타락했을 때 그 결과가 어떻게 되는지에 대해 작가가 3,000년 전에 성령 안에서 기록했습니다. 사사기 19-21장도 레위 지파에 대한 이야기입니다. 여자의 시체를 토막 내서 돌리는 이야기가 나옵니다. 여자를 어떻게 대우하는가를 보면 그 사회에 얼마나 망조가 들었는지 알 수 있습니다.

본문 말씀을 통해 개인으로서, 가족의 일원으로서 우리 자신도 모르게 말씀에서 떠나서 돈밖에 모르고 복밖에 모르고 힘밖에 모를 때 그 결과가 어떻게 되는가를 말씀의 거울을 통해 깨닫기를 바랍니다.

18

믿고 순종하면 하나님나라 백성이다

2019. 12. 8.

요한복음 9:1-7

"예수께서 길을 가실 때에 날 때부터 맹인 된 사람을 보신지라 ○ 제자들이 물어 이르되 랍비여 이 사람이 맹인으로 난 것이 누구의 죄로 인함이니이까 자기니이까 그의 부모니이까 ○ 예수께서 대답하시되 이 사람이나 그 부모의 죄로 인한 것이 아니라 그에게서 하나님이 하시는 일을 나타내고자 하심이라 ○ 때가 아직 낮이매 나를 보내신 이의 일을 우리가 하여야 하리라 밤이 오리니 그 때는 아무도 일할 수 없느니라 ○ 내가 세상에 있는 동안에는 세상의 빛이로라 ○ 이 말씀을 하시고 땅에 침을 뱉어 진흙을 이겨 그의 눈에 바르시고 ○ 이르시되 실로암 못에 가서 씻으라 하시니 (실로암은 번역하면 보냄을 받았다는 뜻이라) 이에 가서 씻고 밝은 눈으로 왔더라"

12월은 우리 주님이 이 땅에 오신 성탄절이 있습니다. 장막절이기도 한데 주님께서 이 땅에 메시아로 오신 것을 기념하는 영적인 달입니다. 이스라엘 민족은 아직도 예수님이 메시아시라는 것을 인정하지 않습니다. 그러나 믿는 사람으로서 이 달에 반가운 성도로 살면 그리스도 안에서 새사람으로 완성되는 놀라운 기회가 있습니다.

메시아에 대한 두 가지 반응

이번 시간은 요한복음에 나타난 예수 그리스도, 메시아에 대해 말씀을 전하겠습니다. 요한복음 7-9장은 초막절에 일어난 사건입니다. 여기서 예수님은 자기 계시를 확실히 하셨습니다. 그런데 놀라운 일이 있었습니다. 예수님이 메시아로 오신 것을 선포하니 홍해가 갈라지듯 둘로 나뉩니다. 믿는 사람이 있는가 하면 안 믿는 사람이 있습니다. 우리는 어느 쪽인지 생각해 보십시오. 그래서 이번 설교의 제목이 '믿고 순종하면 하나님나라 백성이다.'입니다. 믿지도 않고 순종도 안 하고 "그럴 수도 있지." 하면서 빈정대거나, 말로만 믿는다고 하면서 순종하지 않는 사람은 마귀의 자손입니다. 그것을 극명하게 나타내고 있는 것이 7-9장입니다.

6장은 유월절 때의 이야기입니다. 예수님이 5천 명을 먹이신 사건이 나옵니다. 7장에서는 예수님이 초막절에 예루살렘에 올라가서서 말씀을 하시는데, 예수님 자신을 빛이라고 하십니다. 메시아는 어떤 모습으로 오는 것일까요?

사 9:2 "흑암에 행하던 백성이 큰 빛을 보고 사망의 그늘진 땅에 거주하던 자에게 빛이 비치도다"

사 49:6 "그가 이르시되 네가 나의 종이 되어 야곱의 지파들을 일으키며 이스라엘 중에 보전된 자를 돌아오게 할 것은 매우 쉬운 일이라 내가 또 너를 이방의 빛으로 삼아 나의 구원을 베풀어서 땅 끝까지 이르게 하리라"

흑암에 거하던 백성이 큰 빛을 보고, 사망의 그늘진 땅에 거하는 곳에 빛이 비칩니다. 메시아를 예언한 이사야 49장 6절에서는 그를 빛이라고 합니다. 그래서 빛으로 메시아가 오십니다.

요 8:12 "예수께서 또 말씀하여 이르시되 나는 세상의 빛이니 나를 따르는 자는 어둠에 다니지 아니하고 생명의 빛을 얻으리라"

이 말씀이 초막절에 올라온 사람들에게 엄청 큰 충격이었습니다. 그들에게는 웃기는 말입니다. 아버지가 목수이고, 공부도 안 하고 스펙도 없는, 가난하고 이름 없는 청년이 거짓말 하는 것이 아닌가 합니다. 그러자 예수님께서 "하나님의 아들인 내가 와서 말하고 있는데 너희가 나를 그런 식으로 몰아붙이는구나. 너희가 내 말에 거하면 참으로 내 제자가 되고 진리를 알지니 진리가 너희를 자유케 하리라."고 말씀하셨습니다. 뒤에 가니까 예수님을 사마리아 사람이라고 하고 귀신 들렸다고 하며 악을 씁니다. 그때 예수님께서 답을 하셨습니다. "아하 이제 알겠구나. 너희는 하나님 백성이 아니라 마귀의 자식이다. 네 아비가 살인자이고 거짓말쟁이니 너희 속에는 진리를 알 만한 마음이 없어. 그러니까 너희는 마귀의 자식이구나."

초막절에 메시아가 오셨는데 유대 나라 사람들은 받아들이지 않습니다. 이것이 서문입니다. 중요한 것은 예수님이 이 땅에 오셨는데, 두 파로 갈린다는 사실입니다. "나는 빛이다. 메시아로 왔다."고 말하니 한 파는 말씀을 듣고 믿고 순종해서 진리 안에서 평안을 얻고 감사하며 삽니다. 그런데 다른 파는 "귀신 들렸다. 사마리아인이다."라고 하며 악을 씁니다. 사마리아인이란 잡종이라는 뜻입니다. 아버지도 확실하지 않고, 동정녀에게서 났다는 말을 믿을 수 있냐면서 거부합니다. 외경인 니고데모복음서에 의하면 예수님의 출생 배경을 의심하는 무리들이 있었다고 합니다.

죄 문제와 하나님의 일

예수님 말씀을 믿고 순종하는 자와 순종하지 않는 자를 2차 방정식처럼 판별할 수 있는 확실한 증거가 요한복음 9장 본문 말씀입니다.

> 요 9:1-2 "예수께서 길을 가실 때에 날 때부터 맹인 된 사람을 보신지라 ○ 제자들이 물어 이르되 랍비여 이 사람이 맹인으로 난 것이 누구의 죄로 인함이니이까 자기니이까 그의 부모니이까"

이 말씀은 먼저 유대 나라 문화 전통을 알아야 이해됩니다. 1세기 때 가난과 난치병과 불행은 모두 죄 때문에 그리된 것으로 이해했습니다.

이 맹인은 태어날 때부터 맹인입니다. 현대도 녹내장으로 눈이 어두워지는 사람이 있고, 노화로 인해 서서히 눈이 어두워지는 사람이 있고, 날 때부터 눈이 안 보이는 사람이 있습니다. 본문의 맹인은 날 때부터 못 보는 사람입니다.

　제자들은 날 때부터 맹인인 자를 보고 예수님께 누구의 죄 때문인지 물었습니다. 당시 유대 나라 식으로 대답하면 자기 죄나 부모의 죄 때문입니다. 자기 죄라면 어머니의 배 속에서부터 무엇을 했는지 알 수가 없습니다. 날 때부터 그러니까 말입니다.

　요 9:3 "예수께서 대답하시되 이 사람이나 그 부모의 죄로 인
　한 것이 아니라 그에게서 하나님이 하시는 일을 나타내고자
　하심이라"

　그런데 예수님께서 그 사람의 죄도 아니고 그 부모의 죄도 아니라고 말씀하십니다. 이제 난리 났습니다. 그러면 누구의 죄란 말입니까? 주님께서는 이것은 죄의 문제가 아니라 하나님이 이 사람을 통해 나타낼 일이 있기 때문이라고 말씀하십니다. 예수님의 이 판단에 대해서 가만히 생각해 봐야 합니다.

　우리는 모든 불행의 원인을 과거로 봅니다. 과거의 관점으로 현재를 판단합니다. 어려운 일이 생기고 삶의 문제가 많을 때 '이게 다 부모 잘못 만나서 그런 거지.'라고 생각합니다. 난치병도 부모 죄 때문이고 팔자소관이라고 생각합니다. 그렇게 생각하지 않으면 해결이 안 됩니다. 그러나 예수님은 관점을 바꾸어서 과거를 보지 말라고 하십니다. 우리가 가

　베뢰아 사람입니까

신(家神)[5]을 말하는 것도 가신으로 그 사람을 결정하려는 것이 아니라 한 단계 더 나아가려 하기 때문입니다.

3절에서 답을 찾아내야 합니다. 인간은 보편적으로 결점이 없는 사람이 없고 문제가 없는 가정이 없습니다. 저 집은 괜찮겠지 싶습니다만, 들여다보면 문제가 많습니다. 부부간에 문제가 없으면 자식 문제가 있거나 돈 문제가 있거나 또 다른 문제들이 있습니다. 그런데 그게 누구 잘못입니까? 예수님의 제자들은 잘못을 과거에서 찾습니다만 예수님은 그게 아니라고 하십니다. 오늘이나 미래에 하나님의 일을 나타내시기 위함이라고 하십니다. 이것이 우리가 생각해야 할 점입니다.

저도 어려울 때 이 말씀을 생각합니다. 자꾸 내가 뭘 잘못했나 싶은 생각에 빠지지만, 내가 좀 더 말씀을 믿고 순종하고 도전해야 할 것으로 알아야 합니다. 딸들은 대개 아버지 잘못 만나서 그렇다고 하고, 아들들은 엄마가 그래서 그렇다고 하지만 모두 불신자들이 하는 말입니다. 너를 통해서 오늘 하나님이 하실 일이 있다고 주님께서 말씀하십니다.

> 요 9:4-5 "때가 아직 낮이매 나를 보내신 이의 일을 우리가
> 하여야 하리라 밤이 오리니 그 때는 아무도 일할 수 없느니라
> ○ 내가 세상에 있는 동안에는 세상의 빛이로라"

여기서 밤은 십자가 수난 당한 이후입니다. 공생애가 끝나면 이 땅에서의 일이 끝나니 지금 이 기회를 잡아야 합니다. 오늘 너의 불행은 하나님

---

5 사단의 졸개로서 그 집안을 대대로 지배하여 병과 사고, 가난 등으로 불행에 빠뜨리는 잡신(雜神)을 일컫는다. - 편집자 주.

께서 너를 통해 하실 일이 있는 것이니 그것을 증명해 내라는 것입니다.

때로는 하나님이 하시는 일을 나타내기 위해 병을 주시거나 고쳐 주시지 않는 경우도 있습니다. 그 예가 바울입니다. 바울은 육체의 가시로 인해 하나님께 세 번이나 기도했습니다. 알려진 바로는 바울은 편두통, 안질, 간질, 언어장애 등이 있었다고 합니다. 육체의 병을 고쳐 주실 것을 하나님께 간절히 구했으나 하나님은 "내 능력이 약한 데서 온전해진다."라고 하시며 안 된다고 하셨습니다. "네가 그런 약점을 가지고 있으니 하나님 신앙을 한다."라는 뜻입니다. 이에 바울이 크게 깨닫습니다. "내 육체의 가시가 없으면 내 자랑하고 내 영광을 나타내려고 정신없겠구나. 이 병 속에서 예수 그리스도가 나타나는구나." 그래서 바울에게 그러한 병들이 있는 것입니다. 하나님께서는 "너는 인간의 분수에 넘치게 계시도 많이 받고 많은 깨달음을 얻었으니 너의 분수를 알고 지키게 하기 위해 병을 고쳐 주지 않겠다. 병이 나으면 네가 어떤 행동을 할지 모르니 나는 너를 믿을 수 없다."라고 하십니다.

5절 "세상의 빛이로라"는 헬라어로 "에고 에이미 토 포스 투 코스무"입니다. '내가 하나님이다'라고 할 때 '에고 에이미' 형식으로 말씀하시는데, 여기서는 빛이신 하나님을 말씀하십니다. 이 말씀을 하시더니 땅에 침을 뱉어 진흙을 이겨 맹인의 눈에 바르시고 실로암 못에 가서 눈을 씻고 오라고 하십니다.

맹인의 태도

실로암은 예수님 만난 장소에서 1㎞ 정도의 거리에 있습니다. 맹인이

베뢰아 사람입니까

그곳까지 가려면 얼마나 힘든지 모릅니다. 기어서 내려가기도 하고 밧줄 잡고 가기도 하고, 동굴도 있어서 몇 시간이나 걸려서 가야 합니다. 아마 물어물어 갔을 것입니다.

그때 맹인은 이렇게 생각했을 것입니다. '주님께서 나는 왜 바로 안 고쳐 주시고 실로암까지 가라고 하시지요? 벳새다의 소경은 침 뱉어서 눈에 바르고 기도하니 흐릿하게 보여서 다시 한번 안수하셔서 똑바로 보게 하셨고, 또 소경 바디메오는 네 소원대로 되라고 하셔서 즉석에서 눈을 뜨게 해 주셨잖아요.'라고 말입니다. 모두가 약간의 어려움은 있었지만 주님께서 그 자리에서 다 고쳐 주셨습니다. 그런데 오늘 이 사람은 바로 고쳐 주지 않으십니다. 진흙을 눈에 발라서 실로암에 가서 씻으라고 하십니다. 이것은 하나님이 하시는 일을 나타내야 하는 그의 몫입니다. 비교하지 말라는 말씀입니다. 어려움이 있으면 '나는 왜 이러나.' 하고 생각하지 말라는 것입니다.

여기서 중요한 것이 이 사람의 태도입니다. 예수님께서 실로암에 가서 씻으라고 하셨을 때 바로 드는 생각은 '나는 왜 바로 안 고쳐 주시나.'입니다. 인간이니까 그렇습니다. 그러다가 옆에 있는 사람에게 실로암이 어디인지 물으니 '너는 못 간다. 물까지 건너야 하고 멀다.'라고 했을 것입니다. 또 가면서도 엉금엉금 기어서 내려가다가 얼마나 넘어졌겠습니까? 그런데 이런 내용을 복음은 기록하지 않습니다.

하나님 백성은 자기 문제를 스스로 해결한다

내게 실로암은 무엇입니까? '나는 왜 바로 안 고쳐 주시고 실로암에 가라고 하시나?'라고 생각하면서 '못 가겠다.'라고 하면 그는 하나님의 백성이 아니라 마귀의 백성입니다. '하나님은 공의롭다고 하더니 누구는 그냥 낫게 하시고, 나에게는 끝까지 가라고 하시나. 왜 주님을 만났는데 말씀으로 바로 해결 안 해 주시고 자식 문제, 돈 문제, 병 문제 다 생기게 하시나.'라며 온갖 비교를 하고 이유를 댈 수 있습니다.

그러나 하나님의 영광을 나타낼 내 몫이 있습니다. 내가 무엇을 통해서 하나님의 영광을 나타내겠습니까? 바로 그것이 예수님께서 "하나님이 하시는 일을 나타내고자 하심이라."라고 말씀하신 의미입니다. 그런데 한 번도 안 가 본 길이라서 갈 수가 없다고 가다가 주저앉거나 집에 앉아 있으면 이 사람은 끝입니다. 바디메오가 목숨 걸고 고함을 지르는 이유도 '오늘 예수님이 예루살렘에 올라가시면 마지막이다. 이번에 주님을 통해 고침 받지 못하면 나는 계속 눈 감고 다녀야 한다.'라는 생각 때문입니다. 우리 각자가 하나님이 우리를 통해 나타낼 일을 다 가지고 있습니다. 주님이 즉시 안 고쳐 주고 실로암에 가라고 하시면 가야 합니다. 그래야 하나님 백성입니다.

요한이 9장 말씀을 기록한 이유가 무엇입니까? 예수님이 유대인들에게 "나는 빛이다."라고 하셔도 그들은 듣지 않고 "사마리아인이다. 귀신 들렸다."라고 합니다. 이렇게 마귀의 자식은 예수님의 말씀을 안 듣습니다. 그러나 하나님의 백성, 하나님의 자식은 듣습니다. 엉금엉금 기어서라도, 가다가 죽더라도 간다고 합니다. 자기 문제를 자기가 해결합니다. 그것이 실로암입니다. 참 은혜스럽습니다. 우리 자신에게 적용해도 맞는 말씀입니다. "제가 이 맹인 같은 형편에 있습니다. 주님 용서해 주세요."라고 기도해야 합니다.

주님께서 왜 맹인을 고치십니까? 빛이신 그리스도이시기 때문입니다. 눈의 빛을 회복시켜 주십니다. 우리는 다 영적으로 눈이 캄캄합니다. 교회를 위해 봉사하라고 하면 입이 쑥 나오고, "너 실로암 가라."고 하면 "저 사람은 왜 안 가나요?"라고 하는 수준입니다. 성령 하나님이 직접 역사하시는 교회는 말씀을 바로 가르치고, 그 말씀을 지켜야 하기 때문에 오히려 사람이 별로 없습니다. 그러나 성령 하나님의 역사가 없으면 말씀을 지킬 부담이 없으니까 쉽고 재밌어서 많이 모입니다.

우리는 우리에게 주어진 삶의 난제들, 즉 가난과 병 등을 하나님이 우리를 통해 나타내려는 일로 생각하고 실로암으로 내려가야 합니다. 누구와 비교하고 비판하지 말고 기어서라도 내려가야 합니다. 이것이 본문에서 예수님이 말씀하시는 내용입니다.

19

옥중서신 속에 나타난 새사람

2020. 1. 19.

에베소서 4:22-24, 빌립보서 2:3-8, 골로새서 3:10-17

엡 4:22-24 "너희는 유혹의 욕심을 따라 썩어져 가는 구습을 따르는 옛 사람을 벗어 버리고 ○ 오직 너희의 심령이 새롭게 되어 ○ 하나님을 따라 의와 진리의 거룩함으로 지으심을 받은 새 사람을 입으라"

빌 2:3-8 "아무 일에든지 다툼이나 허영으로 하지 말고 오직 겸손한 마음으로 각각 자기보다 남을 낫게 여기고 ○ 각각 자기 일을 돌볼뿐더러 또한 각각 다른 사람들의 일을 돌보아 나의 기쁨을 충만하게 하라 ○ 너희 안에 이 마음을 품으라 곧 그리스도 예수의 마음이니 ○ 그는 근본 하나님의 본체시나 하나님과 동등됨을 취할 것으로 여기지 아니하시고 ○ 오히려 자기를 비워 종의 형체를 가지사 사람들과 같이 되셨고 ○ 사람의 모양으로 나타나사 자기를 낮추시고 죽기까지 복종하셨으니 곧 십자가에 죽으심이라"

골 3:10-17 "새 사람을 입었으니 이는 자기를 창조하신 이의 형상을 따라 지식에까지 새롭게 하심을 입은 자니라 ○ 거기에는 헬라인이나 유대인이나 할례파나 무할례파나 야만인이나 스구디아인이나 종이나 자유인이 차별이 있을 수 없나니 오직 그리스도는 만유시요 만유 안에 계시니라 ○ 그러므로 너희는 하나님이 택하사 거룩하고 사랑 받는 자처럼 긍휼과 자비와 겸손과 온유와 오래 참음을 옷 입고 ○ 누가 누구에게 불만이 있거든 서로 용납하여 피차 용서하되 주께서 너희를 용서하신 것 같이 너희도 그리하고 ○ 이 모든 것 위에 사랑을 더하라 이는 온전하게 매는 띠니라 ○ 그리스도의 평강이 너희 마음을 주장하게 하라 너희는 평강을 위하여 한 몸으로 부르심을 받았나니 너희는 또한 감사하는 자가 되라 ○ 그리스도의 말씀이 너희 속에 풍성히 거하여 모든 지혜로 피차 가르치며 권면하고 시와 찬송과 신령한 노래를 부르며 감사하는 마음으로 하나님을 찬양하고 ○ 또 무엇을 하든지 말에나 일에나 다 주 예수의 이름으로 하고 그를 힘입어 하나님 아버지께 감사하라"

바울 서신의 갈래

신약성경의 사복음서는 예수 그리스도론으로서 그분에 대한 전기체입니다. 바울 서신 열세 권은 신앙 성장과 성숙에 대한 내용입니다. 신약 설교가 없으면 그리스도 안에서의 성장의 방향과 내용을 혼동하기 쉽습니다. 여러분은 신약성경에서 바울 서신에 주목하시기 바랍니다.

바울 서신 중에서 4권은 옥중서신입니다. 바울은 가이사랴와 로마에서 각각 투옥되었습니다. 처음에는 가이사랴의 감옥소였고, 말년에는 로마 시민이므로 로마에서 재판을 받았습니다. 로마에 가서 재판을 기다리는 동안 2년간 갇혀 있었는데, 다른 감옥에 비하면 고급스러운 집으로 요즘으로 치면 가택연금 비슷한 곳입니다. 바울이 일정 구역을 벗어나지 못하도록 경비를 세워 두었습니다. 그때 쓴 서신이 4권의 옥중서신입니다 (에베소서, 빌립보서, 골로새서, 빌레몬서). 그다음에는 사랑하는 제자에게 어떻게 목회할 것인가에 대한 내용의 편지를 보냈는데, 이것을 '목회서신'이라고 하고 '디모데전후서', '디도서'가 이에 해당합니다. 고린도전후서나 로마서는 기독교의 교리를 정확하게 정리한 교리서신입니다.

바울은 로마의 감옥에서 2년을 지내는 동안 자유롭게 글을 쓰고, 사람들이 찾아오면 복음을 가르치고, 1, 2, 3차의 전도 여행을 통해 개척한 소아시아 교회에서 문제가 발생했다는 소식을 들으면 편지로 답을 보냈습니다. 바울은 자기의 편지가 복음이 될지 꿈에도 몰랐습니다. 나중에 마르시온이 바울을 연구하려고 바울이 쓴 편지를 모았습니다.

옥중서신의 내용

옥중서신 중 에베소서는 에베소 교회에 보낸 편지인데, 그 에베소 교회는 요한계시록에도 있습니다. 빌립보서는 빌립보 교회에, 골로새서는 골

　베뢰아 사람입니까

로새 교회에 보낸 편지입니다. 빌레몬서는 '빌레몬'이라는 사람에게 보낸 편지입니다.

빌레몬서에 대한 내용을 스토리텔링으로 말씀드리겠습니다. 바울이 로마 감옥에서 말씀을 가르치는데 어떤 남자 한 사람이 와서 열심히 배웁니다. 당신은 어디에서 왔냐고 하니 울기만 합니다. 그 사람의 이름은 오네시모인데, 그가 말하길 "저는 빌레몬 집의 종이었는데 재산을 훔쳐서 로마로 와서 돈을 주고 자유인이 되려다가 쫓기는 신세가 되었습니다. 빌레몬이 늘 바울, 당신 자랑을 해서 여기 와서 배웁니다."라고 합니다. 오네시모는 바울에게 성경을 배워서 회개하고 새사람이 되었습니다. 바울이 빌레몬에게 오네시모를 용서해달라는 편지를 쓰고 보니 보낼 사람이 없어서 오네시모를 빌레몬에게 보냈는데, 그것이 빌레몬서입니다. 빌레몬이 바울의 편지를 읽고는 회개한 오네시모를 용서해 주었습니다.

에베소, 골로새, 빌립보 교회에도 차례대로 편지를 보냈습니다. 그때는 인편으로 직접 편지를 전해야 했습니다. 이것이 4개의 옥중서신인데, 핵심 내용이 앞의 반은 그리스도는 어떤 사람인가에 관한 그리스도론이고 뒤의 반은 그리스도를 통해 새사람이 되었으면 어떻게 살아야 하는가에 관한 것입니다. 새사람답게 사는가, 아닌가를 계속 이야기합니다. 예수 그리스도를 통해 죄 사함을 받았으므로 새사람으로 살아야 한다는 말입니다. 그리고 마지막에는 추신으로 누구에게 이 편지를 주라고 합니다. 이제 누워서도 옥중서신 4권의 내용에 대해 상상할 수 있어야 합니다.

우리 모두가 새사람이 되려고 회개하고 애를 많이 썼습니다만 거의 다 실패했습니다. 이번 시간은 그 실패의 원인과 함께 성공의 노하우를 공개합니다. 12월 25일의 설교 시간에 '초등학문'의 인간 시대가 끝나고 진리의 그리스도가 성육신하신 시대가 시작되었다고 말씀드렸습니다. 동양은 초등학문 시대가 도교시대입니다. 그리스와 로마는 철학, 바벨론은 신화학입니다. 학문의 궁극 목표가 구원인데 초등학문은 자연의 질서와 합일하고 끝입니다. 자연의 질서는 하나님이 창조한 원리입니다. 초등학문 시대는 열심히 해도 구원이 없습니다. 예를 들어 유교를 아무리 연구해도 구원은 없습니다. 기독교만이 유일하게 구원 종교로서 내재와 초월이 있습니다. 내 몸 속에 주님의 말씀이 거하는 것이 내재이며, 주님을 통해 새로운 삶을 살아내는 것이 초월입니다. 변화해야 초월할 수 있습니다. 그런데 새사람이 되려다가 실패한 사람이 어떻게 초월의 길을 갈 수 있습니까?

> 골 3:10 "새사람을 입었으니 이는 자기를 창조하신 자의 형상
> 을 따라 지식에까지 새롭게 하심을 받은 자니라."

성도 한 분이 나와서 새사람이 되려는 사람의 세 가지 유형을 퍼포먼스로 보여드리겠습니다.

1. (십자가를 지고 가며) "주님 제 삶이 왜 이렇게 힘듭니까? 답을 주세요. 아, 새사람이 되어야 하는구나. 이제 새 옷을 입고 십자가 지고 새사람으로 사는 거야. 그래야지. 그런데 너무 괴롭구나. 안 되겠다."

첫째 유형은 이제 회개했다고 눈물까지 흘리고는 또 옛 사람으로 돌아

베뢰아 사람입니까

갑니다. 눈물에 속지 말아야 합니다. 감정적으로 눈물, 콧물 흘리면서 회개하면 나는 변했구나 싶지만, 중요한 것은 변해서 열매를 맺어야 합니다. 한참 울고는 카타르시스 되어서 마음 편하다 하고 예전과 똑같은 옛사람으로 사는 유형이 가장 많습니다. 헌옷을 안 벗습니다.

2. "주님 제 삶이 왜 이렇게 힘듭니까? 답을 주세요. 아, 새사람이 되어야 하는구나. 이제 헌 옷은 벗고 새 옷을 입고 십자가를 지고 새사람으로 사는 거야. (헌 옷을 벗고 새 옷으로 갈아입는다.) 하지만 십자가를 지니 너무 힘들어. (다시 헌 옷으로 갈아입는다.) 옛 사람이 더 편해."

둘째 유형은 십자가가 힘들어서 옛 사람으로 돌아갑니다. 옛 사람이 더 편하니 다시 옛 옷을 입는 것입니다.

3. "지금까지 내가 옛 사람으로 살았구나. 지금부터는 새 옷을 입고 새사람으로 사는 거야. 주님처럼 십자가를 지고 기도하겠습니다. 감사합니다. 기뻐하겠습니다."

셋째 유형은 가장 이상적인 사람입니다. 그는 이제 그리스도 안에서 변하여 정말로 새사람이 되었습니다.

엡 4:22-24 "너희는 유혹의 욕심을 따라 썩어져 가는 구습을 따르는 옛 사람을 벗어 버리고 ○ 오직 너희의 심령이 새롭게 되어 ○ 하나님을 따라 의와 진리의 거룩함으로 지으심을 받은 새 사람을 입으라"

　한국 교회의 신도들이 제일 속는 것이 눈물 흘리며 감동하면 새사람이 된 줄 아는 것입니다. 옷은 바꿔 입었지만 몸은 같습니다. 성경에서 왜 새 사람을 입으라 했습니까? 우리의 욕심과 생각은 다 그대로라는 말입니다. 그리스도의 십자가의 죽으심을 믿고 십자가를 져야 합니다. 자기를 이기고 제 십자가를 져야 합니다. 좀 전의 퍼포먼스에서 두 번째 유형은 십자가가 무겁다고 포기하지만 세 번째 유형은 십자가를 지고 힘들 때 기도합니다. 기도하지 않으면 새사람이 못 됩니다.

　바울이 옥중서신에서 끊임없이 말하는 것을 우리가 퍼포먼스로 보았습니다. 새사람답게 살아야 한다는 것입니다. 위에서도 말씀드렸지만 인간의 초등학문에는 구원이 없습니다. 자연과 하나 되어서 "산이 나이고 내가 산이다."라고 하면 끝입니다. 그러면 졸업입니다. 그러나 구원은 안 됩니다. 그것을 바울은 '초등학문'이라고 했습니다.

새사람으로 사는 것은 의지의 문제가 아니다

　뇌과학자이자 심리학자인 웬디 우드가 『해빗』이란 책을 냈습니다. 목표를 내 생각과 의지로 이루려는 것은 다 실패한다는 것을 뇌과학과 심리학적으로 분명히 밝혔습니다. 우리도 새사람이 되는 방식을 언제나 의지의 문제로 접근합니다. 『그릿(안젤라 더크워스 지음)』은 끈기와 열정으로 성공에 도전하자는 내용입니다. 그런데 뇌는 상대적이라서 한 가지만 오래 하면 짜증내고 싫증냅니다. 몸 자체가 안 되는 것입니다.

신앙 생활하면서 하루에 성경을 몇 장 읽고, 새벽에 일어나서 기도하는 것을 우리는 전부 의지의 문제로 생각합니다. 새벽에 일어났을 때 머리가 맑지 않으면 찬물에 머리를 감으면서 도전을 합니다만 사실 이것은 의지로 해결되지 않습니다. 끈기와 열정으로 끝까지 버틴다는 '그릿'도 안 되고, 부드럽게 자극해서 더 좋은 선택을 유도한다는 '넛지'도 안 됩니다. 『해빗』에서는 분위기를 창조해 보라고 권합니다. 예를 들면 공부를 집에서 하지 말고 도서관에 가서 하라고 합니다. 주위를 돌아보면 다 책을 보니 자기도 열심히 할 수밖에 없지 않느냐는 것입니다.

우리는 자기를 이기는 데 있어 모두 패배자들입니다. 신앙의 성장적인 측면에서도 모두 패배자입니다. 주님이 십자가에 죽어서 우리 죄를 사하셨고, 우리는 그 죄에서 벗어났는데도 새사람이 되지 못합니다. 그중에서 '회개하고 말씀 중심으로 살 거야.' 하고는 똑같이 사는 제1 유형이 제일 많습니다. 회개하고 돌아서서 십자가를 지니 힘들어서 또다시 옛 옷을 꺼내 입는 제2 유형도 많습니다. 이 두 유형은 정상입니다. 인간은 다 그런 것입니다. 이제는 의지나 노력으로 신앙생활을 하지 맙시다. 저부터 회개합니다. 저도 의지라면 2등이 억울한 사람이지만 의지로 새사람이 될 수는 없습니다.

믿는다는 것, 새사람이 된다는 것은 의지와 노력의 문제가 아니라는 것만 깨달아도 큽니다. 믿음의 법은 반드시 진실하게 기도를 통해 이루어지는 것입니다. 의지로 "나는 성경을 몇 번 볼 거야."라는 것으로는 안 됩니다. 성경을 30회 필사한 장로님이 있는데 실제로는 성경을 하나도 모릅니다. 또한 설교는 안 듣고 자기 나름대로 성경 보는 사람이 있는데, 성경은 설교의 내용을 제대로 이해하는 만큼 알게 되어 있습니다.

> 고전 15:57-58 "우리 주 예수 그리스도로 말미암아 우리에게 승리를 주시는 하나님께 감사하노니 ○ 그러므로 내 사랑하는 형제들아 견실하며 흔들리지 말고 항상 주의 일에 더욱 힘쓰는 자들이 되라 이는 너희 수고가 주 안에서 헛되지 않은 줄 앎이라"

믿는 사람은 독특한 방법이 있습니다. 반드시 실천해야 합니다. 승리의 삶은 누구로 말미암습니까? 그리스도로 말미암습니다. 예수님께 기도하고 의존해야 자기 자신을 이길 수 있습니다. 의지로는 못 이깁니다. 자기가 자기 자신을 들 수 있습니까? 못 듭니다. 의지적인 힘의 마지막이 종교 행위인데, 종교 행위는 진리에 이르는 것을 막는 가짜입니다. 모여서 찬송가 부르면 뭉클하고, 부흥회 하면 은혜받는 것 같지만 그저 위약효과일 뿐입니다. 종교 행위로는 참 믿음에 이르지 못하는데 이것을 신앙생활이라고 하면서 믿는 사람의 삶이라고 생각합니다.

> 고후 2:14 "항상 우리를 그리스도 안에서 이기게 하시고 우리로 말미암아 각처에서 그리스도를 아는 냄새를 나타내시는 하나님께 감사하노라"

그리스도 안에서 이기게 하신다고 하였습니다. 기도해야 이깁니다. 진정성을 가지고 "저는 의지적으로 안 됩니다."라고 고백해야 이길 수 있습

베뢰아 사람입니까

니다. 이 비밀이 큽니다. 이것을 안 하고 자꾸 자기가 노력해서 하려고 하는데, 이런 것으로는 신앙 성장과 성숙이 다 실패합니다. "예수 그리스도로 말미암아 이김을 주시는 하나님께 감사합니다."라고 해야 합니다. 그리스도 안이란 말이 에베소서에 아주 많이 나오는데, 그리스도 예수 안에서의 복을 바울이 말하고 있습니다.

올바른 성경 지식의 중요성

옥중서신 중에는 골로새서가 가장 핵심입니다. 골로새서와 에베소서는 내용이 같은 부분이 많습니다. 골로새서와 빌립보서도 3분의 1이 원어상으로 그 내용이 같습니다. 그러니 골로새서가 그만큼 중심에 있다는 말입니다. 골로새서를 알면 다른 옥중서신들을 쉽게 이해할 수 있습니다.

오네시모에게 골로새 교회에 편지를 가지고 가라고 했지만 혹시나 빌레몬[6]에게 잡혀서 심부름을 못 할까 봐 한 사람을 같이 보냅니다. 그가 두기고입니다(골 4:7 "두기고가 내 사정을 다 너희에게 알려 주리니 그는 사랑 받는 형제요 신실한 일꾼이요 주 안에서 함께 종이 된 자니라"). 바울이 편지를 보내면 그 경로에 있는 교회에서 모두 이 편지를 회람합니다. 예를 들어 골로새 교회에 편지를 보내면 골로새 교회 사람들이 편지를 본 후에 다른 교회에 편지를 보냅니다. 에베소 교회에서도 보고 빌립보 교회에서도 보는 것입니다. "우리 교회는 다 봤습니다."라고 하면 그다음 교회에 인편으로 편지를 보냅니다.

....

6 빌레몬은 골로새 교회의 부유한 교인이었다. - 편집자 주.

에베소 교회에 보내는 서신에는 교회 자체의 문제에 대한 것이 아니라 보편적인 그리스도인으로서 누리는 삶을 적었습니다. 완전히 보편적인 복음입니다. 하지만 골로새 교회는 바울에게 질문을 해서 그 질문에 답을 하는 서신을 보냈습니다. 새사람이 되는 데 있어 먼저 성경 지식이라도 똑바로 있어야 합니다. 옥중서신이라고 하면 서신이 어디서 어디로 갔는지, 내용이 무엇인지 알고 있어야 합니다.

자신을 먼저 사랑해야 남을 사랑할 수 있다

골로새서의 핵심은 "새사람을 입었으니 이는 자기를 창조하신 자의 형상을 따라 지식에까지 새롭게 하신 자다."라는 말씀입니다. 새롭게 하신 그분이 그리스도입니다. 예수님은 제2의 아담으로서 완벽한 사람입니다. 우리는 그를 통해 배워야 합니다. 예수님께서 하나님을 사랑하고 네 이웃을 네 몸과 같이 사랑하라고 하셨습니다. 이 말씀에서 우리가 꼭 알아야 할 것은 "네 몸과 같이 사랑하라"는 것입니다. 즉 자기 자신의 문제를 해결하고 남을 도와야 하는데 교회에 가면 많은 사람들이 자기 문제는 해결 안 되었으면서 남의 다리 긁듯이 "사랑, 사랑." 한다는 사실입니다. 다 헛것입니다. 바울의 권면을 봅시다.

> 빌 2:4 "각각 자기 일을 돌볼뿐더러 또한 각각 다른 사람들의
> 일을 돌보아 나의 기쁨을 충만하게 하라"

각각 자기 일을 먼저 돌아봐야 합니다. 하나님을 사랑하고 자기를 사랑

베뢰아 사람입니까

해서 충만해졌을 때 진정으로 감사해서 남을 사랑하고 봉사하는 것입니다. 평생 신앙한다고 하면서 쓸데없는 짓을 하는 사람이 많습니다. 반드시 자기 사랑이 우선입니다. 예전에 제자 한 명에게 심부름을 보냈는데, 돌아올 때는 얼굴이 벌겋게 익어서 왔습니다. 왜 그런지 물었더니 불쌍해 보이는 사람이 있어서 그 사람에게 차비를 주고 본인은 1시간여의 거리를 걸어왔다는 것입니다. 저는 그 제자에게 "차비는 네가 올 때를 위해 써야지. 네가 베푼 것은 약한 온정주의이지 사랑이 아니야."라고 말했습니다. 온정주의와 사랑을 혼동하면 안 됩니다. 온정주의는 사랑이 아니라 못 쓰는 사탕입니다. 자신부터 똑바로 하라는 것입니다. 자신은 쓸데없는 짓을 하면서 문제를 해결하지 않고, 남의 일에 이러니저러니 조언하고 관여하면 안 됩니다.

> 빌 2:5 "너희 안에 이 마음을 품으라 곧 그리스도 예수의 마음이니"

바울은 네 일부터 돌아보라고 하면서 5절부터 예수님의 마음을 말합니다.

골로새서와 빌립보서의 그리스도론

우리의 열심은 상대적입니다. 그 사람이 열심히 노력해서 성공했다면 다른 무언가 악이 하나 크게 만들어졌음을 의미합니다. 자기 나름대로 잘나고 오만해져서 쓸데없는 곳에 가서 쓸데없는 짓을 하며 "남이 모르겠지." 하고 생각합니다.

그리스도론을 똑바로 압시다. 바울이 골로새서에서 말한 것이 "자기를 창조하신 자의 형상을 따라"입니다. 예수님을 보고 예수님께 기도하고 나가야 합니다. 그분은 완벽하게 자신을 이겼습니다. 예수님의 제자들도 자신을 못 이겼고, 바울도 기도를 통해 자신을 이기게 되었습니다. 바울은 자기 삶을 충만하게 살았습니다. 그렇기에 남을 도울 수 있었습니다.

빌립보서에서는 언제든지 너부터 사랑하라고 합니다. 이것을 현대적으로 말하면 너의 트라우마부터 우선 해결하라는 것입니다. 트라우마도 해결하지 않고 좋은 말만 하고 돌아다니는 것은 쓸데없는 삶이라는 것입니다. 그리고 빌립보서 2장 5절부터 예수님의 마음이 펼쳐지는데, 한마디로 '낮아지심'입니다. 낮아져야 높아집니다. 우리는 높아져서 또 높아지려고 합니다. 자기 자랑이나 하면서 천해집니다. 그리스 로마에서는 자기를 낮추는 개념이 없습니다. 자기가 얼마나 대단한지 자랑하고 웅변하는 문화입니다. 그리스 로마 문화가 들어와서 우리나라도 시간만 있으면 자기 자랑합니다. 특히 정치권이 심합니다. 자기에게 동조하지 않고 박수 안 치면 원수시합니다. 정치에서는 이런 것을 '진영론'이라고 하는데, 나를 찬성하면 너는 옳고, 나를 반대하면 너는 틀렸다고 하는 극단적인 관점입니다.

맺는말

우리는 이제 새사람다워야 합니다. 예수님을 왜 믿습니까? 새사람답게 살려고 믿습니다. 예수님은 하나님만 사랑했습니다. 그런데 우리는 하나님도 사랑하면서 돈도 적당히 사랑하고 자기 고집과 자존심도 적당히 사랑합니다. 하지만 우리도 예수님처럼 하나님만 사랑해야 하고 예수님만 섬겨야 합니다. 그래야 말씀이 이루어집니다.

새사람이 되고 새사람다워지기 위한 과정으로 우리는 세 유형을 보았습니다. 각 유형을 보면서 본인과 비슷하다고 느낀 점이 있다면 복됩니다. 제가 설교하면 우는 성도들이 있는데 저는 눈물을 안 믿는다고 합니다. 삶이 바뀌어야 하는데 감동만 하고 말기 때문입니다. 회개의 열매가 맺혀야 회개한 것입니다. 예를 들어 돈 문제에 걸려 있는 자신을 회개하고는 전과 똑같이 구두쇠 짓을 하면 그것이 무슨 회개란 말입니까? 다만 돈에 대한 자기 마음이 걸려서 찜찜해 있다가 한 번 울면서 회개하면 카타르시스가 되는 수준일 뿐입니다. 그리고는 다시 개운하게 옛날처럼 걸어간다면 그건 안 된다는 것입니다. 확실하게 돌아와서 자기를 이기고 제 십자가를 져야 합니다.

옥중서신들 속에서 가장 큰 분량을 차지하는 내용이 그리스도론이고, 그다음은 새사람으로 사는 당당한 삶입니다. 단, 에베소서는 보편적인 그리스도 안에서의 복에 대해 말했습니다. 그래서 그리스도 안이란 말을 13번 말하고 13가지 복을 말했습니다.

20

성경의 역사서를 이해하자 1

2020. 2. 16.

역대상 9:1

"온 이스라엘이 그 계보대로 계수되어 그들은 이스라엘 왕조 실록에 기록되니라 유다가 범죄함으로 말미암아 바벨론으로 사로잡혀 갔더니"

봉준호 감독의 사례를 통해 공의를 생각하다

최근에 국내와 국제적으로 가장 큰 이슈가 두 가지입니다. 첫째는 신종 코로나 바이러스입니다. 둘째는 한국에서 봉준호 감독이 세계 최고라는 미국의 아카데미 영화제에서 상을 무려 4개나 휩쓸었습니다. 기적입니다. 영화 〈기생충〉은 자본주의라는 거대한 흐름 속에는 부자나 가난한 사람이나 모두가 기생충이라는 메시지를 전합니다. 자본주의는 다 그렇습니다. 부잣집에 들어가서 일하는 사람이나 그 집의 지하실에서 몰래 사는 사람을 기생충이라고 말하는데, 사실은 모두 다 기생충입니다. 돈

눈치 보고 살면 하나님의 아들이 아니라 기생충입니다.

봉준호 씨는 1995년에 결혼을 했는데 무명감독 시절이라 10년 가까이 생활고에 시달렸다고 합니다. 그래도 좋은 영화를 만들겠다는 신념으로 영화에만 전념하였는데, 장편 데뷔작 〈플란다스의 개〉도 흥행에는 실패했습니다. 그러다 〈살인의 추억〉을 필두로 많은 작품들이 성공을 거두면서 유명세를 타기 시작했는데, 이명박과 박근혜 정부 때는 블랙리스트에 오르기도 했습니다.

〈기생충〉이 상을 받기 전에는 ○○당에서 온갖 욕을 다했습니다. 김○○는 빨갱이 영화라고까지 했습니다. 그런데 그가 아카데미상을 받자 지금까지 욕하던 사람들이 태세전환해서 칭송하기 바쁩니다. 봉준호가 대구 출신인데, 선거가 얼마 안 남았는지 봉준호 동상을 세우겠다, 공원을 조성하겠다, 거리를 만들겠다, 박물관을 만들겠다고 난리입니다. 블랙리스트를 작성했던 사람들이 지금은 봉준호 감독에게 숟가락을 얹으려고 난리인 것입니다. 이런 상황이 마치 한국 교회가 일제 강점기 때 신사참배와 동방요배를 해 놓고는 안 한 것처럼 시치미를 뚝 떼는 것과 비슷해서 세상은 참 재미있다고 생각했습니다. 그러나 하나님의 공의는 살아 있습니다.

포로기 이후 이스라엘 민족의 고민

구약에는 역사서가 두 가지 형태로 있습니다. 첫째는 사무엘상하와 열왕기 상하입니다. 상하라 하지만 한 권입니다. 둘째는 역대상하가 있습니다. 이것도 한 권입니다. 중요한 것은 언제 기록되었는가 하는 점입니다.

대상 9:1-2 "온 이스라엘이 그 계보대로 계수되어 그들은 이스라엘 왕조실록에 기록되니라 유다가 범죄함으로 말미암아 바벨론으로 사로잡혀 갔더니 ○ 그들의 땅 안에 있는 성읍에 처음으로 거주한 이스라엘 사람들은 제사장들과 레위 사람들과 느디님 사람들이라"

유대 민족이 범죄함으로 바벨론으로 사로잡혀 갔는데, 70년간 포로 생활을 하며 고생 끝에 돌아오니 궁금한 것이 있습니다. 첫 번째가 "우리는 정말 하나님의 백성입니까?"라는 것입니다. "그래. 하나님의 백성이다."라고 하니, 두 번째로 "그러면 왜 잡혀가서 죽을 고생을 한 것일까요? 아시리아와 바벨론은 잘만 되는데 우리는 왜 잡혀가서 노예로 힘들게 살았던 것입니까?"라고 질문합니다. 세 번째는 "우리가 정신 차려도 새로운 세상은 오지 않고 또 페르시아 제국에게 지배당하고 있으니 이것은 무엇입니까?"입니다.

첫 번째 질문은 '우리가 잡혀간 이유가 혹시 하나님보다 바벨론의 신 마르둑이 더 센 것 아닌가? 파라오가 믿는 수많은 신이 더 센 것 아닌가? 아수르 신이 더 센 것 아닌가? 하나님이 그들보다 더 세면 왜 우리가 잡혀갔을까? 하나님이 그 신들보다 약하니 우리가 잡혀갔지.'라는 의문이 포함되어 있습니다. 이러한 의문들이 그들의 불만의 이유이고, 이 의문을 해결해야 했습니다. 이 수많은 질문에 하나님께서 답을 내 주셔야 하는 것입니다. 그래서 편집자 에스라를 통해 하나님이 성령으로 역사하셔서 역대상하를 기록하게 하셨습니다. 하나님의 답으로 역대상하가 기록된 것입니다.

베뢰아 사람입니까

역대기를 읽어야 하는 이유

1절 말씀은 너희가 바벨론에 잡혀간 것은 너희의 범죄 때문이지, 하나님의 힘이 약해서 그런 것이 아니라는 뜻입니다. 그래서 묻습니다. "그러면 우리 죄가 무엇입니까? 다른 민족은 우상 섬겨도 괜찮은데 왜 우리만 잡혀가게 하십니까?" 하나님이 말씀하십니다. "너희는 내가 선택한 민족이다. 내가 사랑해서 선택한 민족이므로 내가 준 율법을 지키지 않으면 너희는 끝까지 고생할 것이다. 또 잡혀갈 것이다. 너희들은 안식일도 안 지키고 70년을 떼어먹었잖아. 그래서 잡혀간 것이다. 너희들의 죄 때문이지, 내가 바벨론의 마르둑보다 못 해서 잡혀간 것이 아니다."

이스라엘 민족이 "그러면 우리의 죄를 구체적으로 말씀해 주십시오."라고 또 묻습니다. 그러자 하나님께서 "첫째는 우상을 섬긴 것이다. 하나님 외의 것은 섬기지 말라고 했는데 너희는 바알도 섬기고 돈도 섬기고 하지 않았느냐? 그것이 하나님 백성인 선민으로서 할 행동이냐? 그렇게 하면 너희는 이방인들에게 잡혀가서 종질하고 죽을 고비를 당할 것이라고 내가 신명기에서 말하고 약속하지 않았느냐? 내가 너희를 애굽의 400년 노예 생활에서 끌어내어 광야와 가나안으로 인도한 목적을 알지 않느냐?"라고 하셨습니다.

> 출 19:6 "너희가 내게 대하여 제사장 나라가 되며 거룩한 백성
> 이 되리라 너는 이 말을 이스라엘 자손에게 전할지니라"

"출애굽시켜 노예에서 벗어나게 해 주니 광야를 지나 가나안에 들어

가도 여전히 노예근성에서 못 벗어나서 종질하고 있구나. 나의 제사장이 되라고 너희를 선택한 것인데 제사장은 언제 될 것이냐? 내가 가나안까지 들어가게 해 주었는데 거기서도 아무 잡신이나 섬기는구나. 너희가 내 말을 어기면 너희는 또 잡혀갈 것이다. 종처럼 밟히고 종보다 더 못한 생활을 할 것이다."라는 내용을 역대기가 다루고 있습니다. 이는 하나님께서 답을 한 것이므로 역대기를 꼭 읽어야 합니다.

우리도 하나님께서 흑암의 권세에서 사랑하는 아들의 나라로 옮겨 놓았는데 새사람답지 못하고 항상 헌 사람이 되어 있습니다. "세상 사람들이 더 잘사는 것 같다."는 식으로 어쩌고저쩌고 하면 새사람답지도 못하고 세상 사람보다 더 못한 수준입니다. 위에서 말씀드린 여기도 붙고 저기도 붙는 위정자들보다 더 나은 것이 뭐 있겠습니까?

역대기의 편집자

대하 36:22-23 "바사의 고레스 왕 원년에 여호와께서 예레미야의 입으로 하신 말씀을 이루시려고 여호와께서 바사의 고레스 왕의 마음을 감동시키시매 그가 온 나라에 공포도 하고 조서도 내려 이르되 ○ 바사 왕 고레스가 이같이 말하노니 하늘의 신 여호와께서 세상 만국을 내게 주셨고 나에게 명령하여 유다 예루살렘에 성전을 건축하라 하셨나니 너희 중에 그의 백성 된 자는 나 올라갈지어다 너희 하나님 여호와께서 함께 하시기를 원하노라 하였더라"

스 1:1-2 "바사 왕 고레스 원년에 여호와께서 예레미야의 입을 통하여 하신 말씀을 이루게 하시려고 바사 왕 고레스의 마음을 감동시키시매 그가 온 나라에 공포도 하고 조서도 내려 이르되 ○ 바사 왕 고레스는 말하노니 하늘의 하나님 여호와께서 세상 모든 나라를 내게 주셨고 나에게 명령하사 유다 예루살렘에 성전을 건축하라 하셨나니"

역대하와 에스라서의 내용이 똑같습니다. 그래서 편집자를 에스라로 봅니다. 이제 서론을 끝내고 본론을 말씀드리겠습니다.

구약 히브리 성경에는 역대상하가 마지막 권입니다. 그런데 우리 성경에는 말라기가 마지막에 있습니다. 이집트 왕 프톨레마이오스 때 70인의 학자가 모여서 번역한 것이 70인 역 성경인데, 우리 성경은 70인 역을 바탕으로 하고 있습니다. 그래서 구조와 순서도 같습니다. 이것이 우리 성경에서 말라기가 마지막에 있는 이유입니다. 원래 히브리 성경은 이렇게 되어 있지 않습니다. 마지막에 역대기가 있고 그 바로 앞에 에스라서가 있습니다. 그러니까 에스라가 역대기를 기록했다는 것입니다.

역대기는 히브리어로 '디브레 하야밈(the words of the days)'입니다. '디브레'는 매일의 일상적인 사건들을 의미합니다. '하야밈'에서 '하'는 정관사이고, '야밈'은 '욤'의 복수로서 '날들'입니다. 즉 역대기는 '그 날들의 사건들'이라는 뜻입니다. 우리 성경에서 '역대기'는 '디브레 하야밈'을 한문으로 번역한 것입니다.

역사서의 두 버전

서두에서 히브리의 역사서에는 두 가지 버전이 있다고 말씀드렸습니다. 첫째는 열왕기상하와 사무엘상하입니다. 원래는 각각 한 권이었는데 내용이 길어서 70인 역에서 상, 하로 분리하였습니다. 그리고 원래는 성경 본문의 장, 절도 없었습니다. 장, 절이 구분된 지 400년 정도밖에 안 됩니다. 옛날에는 두루마리째로 읽었습니다. 둘째는 역대상하입니다. 역대기가 히브리 성경에서 마지막인 이유는 유대 민족이 바벨론에 포로가 되어 갔다 올 때까지 남유대와 북이스라엘의 전 역사를 종합했기 때문입니다.

유대 민족이 "우리는 도대체 누구입니까?"라고 질문합니다. "너희는 하나님 백성이다." "증거가 무엇입니까?" "아담부터 족보를 한번 보자." 그래서 역대상을 펼쳐보면 1장부터 10장까지가 족보입니다. 그다음에 다윗 왕과 솔로몬이 나오고 역대하 11장부터는 유다의 20명의 왕들이 나옵니다. 역대상하가 복잡하지만 3부분으로 나눌 수 있습니다. 첫째가 역대상 1장부터 10장까지, 유대 민족은 하나님의 백성이라는 족보입니다. 아담부터 시작해서 본인들까지 연결되어 있으니 다른 말이 필요 없습니다. 둘째는 역대상 11장부터 역대하 10장까지로, 다윗과 솔로몬을 주로 한 통일왕국 이야기입니다. 특히 성전건축에 대한 이야기가 많습니다. 셋째는 역대하 11장부터 마지막장까지로, 분열왕국 남유다의 20명의 왕들에 대한 이야기입니다. 북이스라엘의 역사에 대해서는 기록하지 않았는데, 그것은 우상을 섬기는 자들은 하나님의 백성이 아니라는 뜻입니다. 이것이 역대기 저자의 특징입니다.

다윗이 정점에 갔을 때 두 가지 실수를 합니다. 첫째는 이웃집 여자 밧

베뢰아 사람입니까

세바를 취하고 남편 우리아를 죽이는 간통살인죄를 저지른 것입니다. 두 번째, '내 군인이 얼마나 많나 보자.' 하고 하나님께 묻지도 않고 통일왕국의 전체 인구를 조사한 것입니다. 그런데 다윗의 실수인 밧세바 사건은 역대기에 없습니다. 역대기는 왕들의 잘못은 거의 기록하지 않고 좋은 점만 기록하였습니다. 다윗은 성전 건축을 위해서 돈을 모으고 준비했고, 아들인 솔로몬은 성전을 짓고 일천 번제를 지냈다고 과장법까지 쓰면서 자랑을 합니다. 그리고 솔로몬의 결점에 대해서는 약간만 이야기하고 넘어갑니다. 그럼 왜 이렇게 기록했는지 그 이유를 말씀드리겠습니다.

우선 역사를 보는 세 관점에 대해 알아보겠습니다.

A 관점: "우리 조상은 잘났어."

이 관점이 역대상하입니다. 그래서 역대상하에서는 다윗이나 솔로몬, 그리고 다른 왕들에 대해서도 잘한 점만 기록합니다. 그러면 왜 이렇게 기록하였을까요? 포로가 되어 갔다가 돌아온 이스라엘 민족은 "우리는 불행하다, 우리 조상들은 못났어."라며 힘 빠지고 위축된 모습을 보였습니다. 이런 모습을 본 에스라는 이스라엘 재건을 위해 용기를 주려고 "아니다. 하나님 안에서 우리 조상들은 대단했다. 다윗과 솔로몬 때는 중근동 최고의 제국이었다."라고 쓴 것입니다. 역대기는 P 문서(제사장 문서)라고 하는데, 제사장 문서는 성전 중심으로 예배를 잘 드리느냐, 못 드리느냐를 기준으로 합니다.

B 관점: "우리 조상은 못났어."

자기 부모와 조상을 나무랍니다. 나는 누구 때문에 불행해졌다는 것입니다. 그러나 성경에 자기 부모와 조상을 욕한 버전은 없습니다.

C 관점: "우리 조상의 장점과 단점은?"

부모와 조상의 장점과 단점을 세밀히 기록합니다. 예를 들어 다윗이 잘한 점은 이런 것이고 못한 점은 이런 것이라는 것을 그대로 기록하는 것입니다. 우리도 부모에 대해서 단점만 말하면 누워서 침 뱉는 격이고, 장점만 말하면서 "우리 부모 최고."라고 하면 역대기 저자와 비슷해집니다. 다만 역대기 저자로 알려진 에스라는 이스라엘 민족에게 용기와 자부심을 주고 이스라엘을 재건하기 위해 조상의 장점 위주로 기록한 것인데, 개인이 내적 성숙이 되지 않아 부모에 대해서 무조건 좋게만 생각하는 것과는 다릅니다. 두 경우를 잘 구분해야 합니다.

다윗이 잘나갈 때 이웃집 여자를 뺏고 그의 남편을 죽이며 율법을 3개나 어기고, 그 이후에는 인구조사로 하나님께 죄를 지었는데, 이러한 내용들을 자세히 알려면 열왕기를 봐야 합니다. 열왕기는 D 문서(신명기 문서)입니다. 신명기 문서는 율법을 기준으로 해서 율법을 잘 지켰는지 못 지켰는지에 중점을 두고 기록했습니다. 그에 따라 다윗의 결점도 기록되는 것입니다. 역사서를 이렇게 두 가지로 분류해서 알고 있어야 합니다.

역사서의 관점과 관련하여 알아두어야 할 것은 성경의 다섯 가지 문서입니다. 첫째, 하나님 이름을 엘로힘이라 부르는 공동체가 기록한 문서는 E(Elohim) 문서입니다. 둘째, 하나님 이름을 야훼라고 부르는 야훼공동체의 Y(Yahweh) 문서가 있습니다. 셋째, 제사장 문서인 P(Priest) 문서가 있고, 넷째, 신명기 문서인 D(Deuteronomy) 문서가 있습니다. 다섯째, 유목민의 문서인 N(Nomad) 문서가 있습니다. 구약의 문서를 종합해서 연구한 신학자는 벨 하우젠, 노트, 폰라드가 유명하니 이 정도는 기억하도록 합시다.

베뢰아 사람입니까

역대기의 구조

역대상하를 세 단계로 나눈다고 하였습니다. 첫 단계로 1장부터 10장까지는 족보입니다. 족보를 기록한 이유는 너희는 하나님 백성이라는 것입니다. 그래서 족보는 아담부터 시작합니다. 너희가 잡혀가서 고생하더라도 너희는 하나님의 백성이라는 것입니다. 옛날 신분 제도가 있던 시절에 양반이 아무리 고생해도 신분은 여전히 양반인 것과 비슷합니다.

역대기는 이스라엘 민족의 자존심을 높여 줍니다. 현재 상황이 너무 형편없어서 "우리는 안 돼."라고 하며 괴로워하니 "아니다. 너희는 하나님 백성이다. 그 표가 족보다. 다윗 봐라. 솔로몬 봐라. 하나님이 직접 지혜를 주어서 세계 열 왕이 그를 보러 왔다. 그중에는 에티오피아의 시바 여왕도 있다."라고 긍정마인드를 주고 힘을 주며 위로하는 것입니다. 그래서 다윗의 실수나 아들 문제는 역대기에 없습니다. 그 의도를 잘 알아야 합니다. 거짓말을 하려는 것이 아니라 후손들의 힘이 너무 빠져 있으니 격려하려는 것입니다. 역대기는 포로 이후에 돌아온 사람들이 힘이 빠져서 하나님께 질문하고 불평하는 것에 대한 하나님의 답입니다.

열왕기의 특징

그러나 열왕기는 또 다릅니다. "우리 조상들이 행한 것을 똑바로 말씀해 주세요, 잘한 것은 무엇이고 못한 것은 무엇입니까?"라는 관점입니다. 그래서 열왕기는 장단점을 정밀하게 기록했습니다. 다윗의 실수, 솔로몬의 실수를 다 말합니다. 솔로몬도 정점에 가서는 실수를 하였습니다. 사치를 너무 했고, 노역에 시달린 백성들은 불평불만이 극에 달하여 노동운동이 일어났습니다. 그 대장이 여로보암입니다. 솔로몬의 왕비가 7백 명이고 3백 명의 궁녀들이 있었는데, 새 왕비가 올 때마다 새 왕궁을 지으니 그 부역을 어떻게 감당합니까? 그래서 백성들이 답을 듣기 위해 이야기 좀 하자고 하니 왕을 반대한다고 여로보암을 죽이려고 했습니다. 그래서 여로보암이 이집트로 도망갔다가 나중에 돌아와서 북이스라엘을 세웠습니다. 그리고 북이스라엘 사람들이 남유다의 예루살렘으로 내려가서 예배를 보니 그것이 싫어서 벧엘과 단에다 금송아지를 만들어 놓고 백성들로 하여금 거기서 예배를 보게 했습니다. 정치공학적인 수를 쓴 것입니다.

그러니 역대기에 북이스라엘이 기록되어 있을까요? 당연히 기록되어 있지 않습니다. 부끄러우니까 싹 빼 버리는 것입니다. 이런 사정에 대한 전반적인 내용을 모르면 성경을 읽다가 거짓말한다고 생각할 수 있지만 그런 것이 아닙니다. 힘이 빠지고 용기를 잃었을 때는 격려해야 한다는 관점입니다.

맺는말

오늘은 역사서 두 가지를 비교해서 설명했는데, 다시 한번 요약하겠습니다. 첫째, 조상을 자랑하는 역사관의 역대기는 P 문서라고 말씀드렸습니다. P 문서는 성전과 제사장 중심이며, 레위 지파까지 확장됩니다. 둘째, 조상들의 장단점을 다 알고 기록해야 한다는 관점의 역사서는 열왕기와 사무엘서입니다. 이들은 D 문서입니다.

베뢰아 사람입니까

역대기에 재미있는 족보 내용이 있습니다.

> 대상 2:7 "갈미의 아들은 아갈이니 그는 진멸시킬 물건을 범
> 하여 이스라엘을 괴롭힌 자이며"

여호수아가 여리고성 전투에서 승리한 후 아이성에는 기도하지 않고 들어갔다가 졌습니다. 그런데 그때 문제의 발단이 된 사람이 '아간'입니까, '아갈'입니까? '아간'입니다. 그러나 역대기 저자는 일부러 '아갈'이라고 기록했습니다. '아간'은 '문제를 가진 자'라는 뜻이고, '아갈'은 '너 때문이다'라는 뜻입니다. 이것은 하나님의 언어유희입니다. 말만 약간 돌려서 다른 뜻처럼 하는 것으로, 그놈 때문에 이스라엘이 망했다고 말하는 것입니다.

열왕기와 역대기가 어떤 식으로 기록되었는지 이제 파악되었습니까? 역사서의 뜻을 어느 정도 알았다면 이제 읽어 볼 생각이 들어야 합니다. 그래야 설교를 잘 들은 것입니다.

21

성경의 역사서를 이해하자 2

2020. 2. 23.

역대상 21:1-30

"사탄이 일어나 이스라엘을 대적하고 다윗을 충동하여 이스라엘을 계수하게 하니라 ○ 다윗이 요압과 백성의 지도자들에게 이르되 너희는 가서 브엘세바에서부터 단까지 이스라엘을 계수하고 돌아와 내게 보고하여 그 수효를 알게 하라 하니 ○ 요압이 아뢰되 여호와께서 그 백성을 지금보다 백 배나 더하시기를 원하나이다 내 주 왕이여 이 백성이 다 내 주의 종이 아니니이까 내 주께서 어찌하여 이 일을 명령하시나이까 어찌하여 이스라엘이 범죄하게 하시나이까 하나 ○ 왕의 명령이 요압을 재촉한지라 드디어 요압이 떠나 이스라엘 땅에 두루 다닌 후에 예루살렘으로 돌아와 ○ 요압이 백성의 수효를 다윗에게 보고하니 이스라엘 중에 칼을 뺄 만한 자가 백십만 명이요 유다 중에 칼을 뺄 만한 자가 사십칠만 명이라 ○ 요압이 왕의 명령을 마땅치 않게 여겨 레위와 베냐민 사람은 계수하지 아니하였더라 ○ 하나님이 이 일을 악하게 여기사 이스라엘을 치시매 ○ 다윗이 하나님께 아뢰되 내가 이 일을 행함으로 큰 죄를 범하였나이다 이제 간구하옵나니 종의 죄를 용서하여 주옵소서 내가 심히 미련하게 행하였나이다 하니라 ○ 여호와께서 다윗의 선견자 갓에게 말씀하여 이르시되 ○ 가서 다윗에게 말하여 이르기를 여호와의 말씀이 내가 네게 세 가지를 내어 놓으리니 그 중에서 하나를 네가 택하라 내가 그것을 네게 행하리라 하셨다 하라 하신지라 ○ 갓이 다윗에게 나아가 그에게 말하되 여호와의 말씀이 너는 마음대로 택하라 ○ 혹 삼년 기근이든지 혹 네가 석 달을 적군에게 패하여 적군의 칼에 쫓길 일이든지 혹 여호와의 칼 곧 전염병이 사흘 동안 이 땅에 유행하며 여호와의 천사가 이스라엘 온 지경을 멸할 일이든지라고 하셨나니 내가 무슨 말로 나를 보내신 이에게 대답할지를 결정하소서 하니 ○ 다윗이 갓에게 이르되 내가 곤경에 빠졌도다 여호와께서는 긍휼이 심히 크시니 내가 그의 손에 빠지고 사람의 손에 빠지지 아니하기를 원하나이다 하는지라 ○ 이에 여호와께서 이스라엘 백성에게 전염병을 내리시매 이스라엘 백성 중에서 죽은 자가 칠만 명이었더라 ○ 하나님이 예루살렘을 멸하러 천사를 보내셨더니 천사가 멸하려 할 때에 여호와께서 보시고 이 재앙 내림을 뉘우치사 멸하는 천사에게 이르시되 족하다 이제는 네 손을 거두라 하시니 그 때에 여호와의 천사가 여부스 사람 오르난의 타작 마당 곁에 선지라 ○ 다윗이 눈을 들어 보매 여호와의 천사가 천지 사이에 섰고 칼을 빼어 손에 들고 예루살렘 하늘을 향하여 편지라 다윗이 장로들과 더불어 굵은 베를 입고 얼굴을 땅에 대고 엎드려 ○ 하나님께 아뢰되 명령하여 백성을 계수하게 한 자가 내가 아니니이까 범죄하고 악을 행한 자는 곧 나이니이다 이 양 떼는 무엇을 행하였나이까 청하건대 나의 하나님 여호와여 주의 손으로 나와 내 아버지의 집을 치시고 주의 백성에게 재앙을 내리지 마옵소서 하니라 ○ 여호와의 천사가 갓에게 명령하여 다윗에게 이르시기를 다윗은 올라가서 여부스 사람 오르난의 타작마당에서 여호와를 위하여 제단을 쌓으라 하신지라 ○ 이에 갓이 여호와의 이름으로 이른 말씀대로 다윗이 올라가니라 ○ 그 때에 오르난이 밀을 타작하다가 돌이켜 천사를 보고 오르난이 네 명의 아들과 함께 숨었더니 ○ 다윗이 오르난에게 나아가매 오르난이 내다보다가 다윗을 보고 타작 마당에서 나와 얼굴을 땅에 대고 다윗에게 절하매 ○ 다윗이 오르난에게 이르되 이 타작하는 곳을 내게 넘기라 너는 상당한 값으로 내게 넘기라 내가 여호와를 위하여 여기 한 제단을 쌓으리니 그리하면 전염병이 백성 중에서 그치리라 하니 ○ 오르난이 다윗에게 말하되 왕은 취하소서 내 주 왕께서 좋게 여기시는 대로 행하소서 보소서 내가 이것들을 드리나이다 소들은 번제물로, 곡식 떠는 기계는 화목으로, 밀은 소제물로 삼으시기 위하여 다 드리나이다 하는지라 ○ 다윗 왕이 오르난에게 이르되 그렇지 아니하다 내가 반드시 상당한 값으로 사리라 내가 여호와께 드리려고 네 물건을

베뢰아 사람입니까

빼앗지 아니하겠고 값 없이는 번제를 드리지도 아니하리라 하니라 ○ 그리하여 다윗은 그 터 값으로 금 육백 세겔을 달아 오르난에게 주고 ○ 다윗이 거기서 여호와를 위하여 제단을 쌓고 번제와 화목제를 드려 여호와께 아뢰었더니 여호와께서 하늘에서부터 번제단 위에 불을 내려 응답하시고 ○ 여호와 께서 천사를 명령하시매 그가 칼을 칼집에 꽂았더라 ○ 이 때 에 다윗이 여호와께서 여부스 사람 오르난의 타작 마당에서 응답하심을 보고 거기서 제사를 드렸으니 ○ 옛적에 모세가 광야에서 지은 여호와의 성막과 번제단이 그 때에 기브온 산 당에 있었으나 ○ 다윗이 여호와의 천사의 칼을 두려워하여 감히 그 앞에 가서 하나님께 묻지 못하더라"

다윗의 실수

역대상 21장은 성경의 난제 중의 하나입니다. 배경은 다음과 같습니다. 다윗이 통일왕국의 인구조사를 했습니다. 인구조사를 한 근원으로써 첫째는 이스라엘이 사탄에게 힘을 줄 만한 어떤 잘못이 있었고, 다윗을 충동질하였다고 말씀은 전합니다.

1절 "사탄이 일어나 이스라엘을 대적하고 다윗을 충동하여 이스라엘을 계수하게 하니라"

이스라엘은 통일왕국이 되어 다윗이 승리만 하니까 들떴습니다. 다윗은 가장 성공적인 삶을 살 때 두 가지 결정적 실수를 저질렀는데, 첫째는 이웃집 여인 밧세바를 빼앗은 것뿐 아니라 우리아를 살인한 일입니다. 살인간통죄를 저지른 것인데, 역대상에는 이 기록이 없습니다. 그런데 역대상에서 인구조사 문제는 기록했습니다.

예수님께서 사탄에게 시험받으실 때 돌로써 떡을 만들어 보라는 요구를 받았습니다. 그것은 예수님이 돌로써 떡을 만드는 능력이 있었기 때문에 가능한 시험이었습니다. 그런 능력이 애초부터 없다면 시험을 받지도 않았을 것입니다. 우리에게는 능력이 없으므로 이런 시험 자체가 불가능합니다. 다윗의 문제도 마찬가지입니다. 일반 백성들에게는 이웃집 여자와 만나는 것 자체가 불가능합니다. 그러나 다윗은 왕이기 때문에 이웃집 여자를 데려오라고 할 수 있습니다. 그래서 다윗이 시험에 든 것입니다. 우리가 오해하는 것이 어려운 것만 시험 치는 줄 아는데, 그렇지 않습니다. 성경은 할 수 있는 사람이 참아야 하는 것에 대한 교훈을 주고 있습니다. 세상에는 좋은 일만 있는 것이 아닙니다. 좋은 일이 있으면 그만큼 나쁜 일이 정량적으로 몰려옵니다. 다윗은 그 중요한 원칙을 까먹었습니다.

사탄은 다윗에게 "다윗 네가 정말 대단하다. 고생해서 통일 왕국을 이루었는데 인구가 얼마인지, 군인을 얼마나 동원할 수 있는지. 정복 국가가 얼마인지 조사해 봐라."라고 충동질합니다. 다윗은 사탄의 충동이라는 것을 모르고 요압을 불러서 인구조사를 시킵니다. 성경에는 다윗이 인구조사를 왜 하는지, 그것이 왜 문제인지에 대한 기록이 없습니다. 현재 국가들도 인구조사를 합니다. 세금을 위한 목적으로 실시하기도 하는데, 다윗은 사탄이 주는 충동질에 인구조사를 했습니다. 그의 행위가 하

베뢰아 사람입니까

나님 보시기에 악했습니다. 그것을 갓 선지자가 와서 이야기합니다.

갓 선지자가 다윗에게 "당신은 하나님 앞에 실수했다. 벌이 세 가지인데 그중 하나를 선택해야 한다."라고 말했습니다. 3년의 흉년, 석 달 쫓김, 3일간의 전염병 중 하나를 고르라고 합니다. 다윗이 사실상 전염병을 선택하자 하나님께서 이스라엘에 전염병을 내리시니 단번에 7만 명이 죽었습니다. 그때 다윗이 눈을 떠서 하나님의 천사들이 칼을 빼들고 예루살렘을 향해 서 있는 모습을 보았습니다. 영적으로 본 것입니다.

이제 다윗이 정신을 차렸습니다. "제가 하나님께 범죄하였으니 저를 벌하시고 백성들에게는 재앙을 거두어 주십시오."라고 합니다. 이것이 사울과 다른 점입니다. 사울은 죄를 지적받으면 "하나님이 왕으로 세워 놓고 왜 자꾸 트집을 잡으십니까?"라고 합니다. 그러나 다윗은 그렇지 않습니다. 하나님의 천사들이 칼을 빼고 예루살렘을 향해 선 것을 영적인 눈으로 보고는 엎드려서 "제 잘못이니 제가 다 책임지겠습니다."라고 잘못을 빕니다. 그러자 하나님이 갓 선지자를 통해 다윗에게 오르난의 타작마당에서 번제를 드리도록 명령하셨고, 그 명령에 의해 다윗이 번제와 화목제를 드리니 하나님께서 번제단에 불을 내려 응답하시고 천사들이 칼집에 칼을 넣습니다. 이것이 21장의 내용입니다.

인구조사의 목적

그러면 인구조사가 뭔데 이렇게 큰 문제가 발생하는지 찾아야 합니다.

출 30:12 "네가 이스라엘 자손의 수효를 조사할 때에 조사받

은 각 사람은 그들을 계수할 때에 자기의 생명의 속전을 여호
와께 드릴지니 이는 그것을 계수할 때에 그들 중에 질병이 없
게 하려함이라"

하나님께서 인구조사 하시는 목적을 모세에게 분명하게 계시하셨습니
다. 인구조사를 받은 사람은 생명의 속전을 드리게 하라고 하시며, 그 목
적이 그들에게 전염병이나 다른 병을 보내지 않으려는 것이라고 하셨습
니다. 원래 인구조사의 목적이 출애굽 시기에 그 사람의 생명을 위한 것
이라고 기록되어 있는데, 다윗은 지금 자기가 통일왕국의 왕으로서 얼마
나 대단한지를 보여 주려고 자랑을 하려는 것입니다. 그래서 요압을 쫓
다시피 보냈습니다. 하나님께서 다윗을 벌하시는 이유는 다윗이 인구조
사를 하는 목적이 하나님의 사람으로서 잘못되었다는 것입니다. 하나님
께서는 다윗에게 "왜 너는 내게 묻지도 않고 네 자랑, 네 영광, 네 오만을
위해 내 백성을 조사하느냐?"라고 하십니다.

다윗의 인구조사가 왜 문제가 되는지 출애굽기 30장에 분명히 나와 있
습니다. 다윗은 뒤에 가서야 자기가 벌받는 이유를 알게 됩니다. 하나님
이 보시기에 잘못되었다는 것입니다.

하나님의 사람이란

다윗이 하나님께 번제를 드리는 제단을 세운 곳이 오르난의 타작마당
입니다. 이 오르난의 타작마당은 창세기 22장에서 이삭만 생각하는 아
브라함에게 하나님이 "네 아들을 번제로 드려라."라고 지정하신 곳입니

다. 대체로 부모가 나이 들면 자식밖에 모릅니다. 그래서 하나님께서는 아들을 내놓으라고 하십니다. 하나님의 사람은 그래서는 안 된다는 것입니다. 아브라함이 기도하고 며칠 고민하다가 이삭을 데리고 올라갑니다. 부인인 사라와는 의논하지 않았습니다. 이삭을 데리고 같이 가는데, 이삭이 "땔감은 있는데 번제드릴 양은 어디 있나요?"라고 묻습니다. 차마 너를 번제로 드린다는 말은 못 하고 "하나님께서 준비하셨겠지."라고 대답합니다. 번제드릴 장소에 도착해서는 이제 이삭을 치려고 하는데, 천사가 아브라함을 불러서 멈추게 합니다. 그리고 "네가 네 독자까지도 내게 아끼지 아니하였으니 이제야 네가 여호와를 경외하는 줄을 알았다."라고 하십니다. 이 말씀에는 "네가 나이가 드니 나보다 자식을 의존한다. 그래서 내가 번제를 드리라고 한 것이다."라는 의미가 들어 있습니다. 그제야 아브라함이 둘러보니 덤불에 뿔이 걸린 숫양이 있습니다. 미리 준비하시는 하나님의 이름 '여호와 이레'가 이 사건에서 유래되었습니다.

　그 장소가 오늘 본문에서 천사들이 칼을 빼들고 서 있는 장소입니다. 하나님께서 이미 만세 전부터 주관하시고, 섭리하신다는 말이 여호와 이레입니다. 하나님의 사람은 불신자들과 생각이 달라야 합니다. 일반적으로는 나이 들어서 자식 의존하는 아브라함이 무슨 잘못입니까? 그러나 하나님의 생각은 다릅니다. '질투하시는 하나님'이시지 않습니까? 나를 믿으면 자식까지 잘될 것이라는 말씀입니다. 다윗도 마찬가지입니다. 하나님께서 함께하셔서 전쟁에서 이긴 것인데 자기가 대단한 것으로 생각했기 때문에 결정적인 실수를 하는 것입니다.

역사서의 갈래

역대상은 P 문서이므로 제사장 관점입니다. 본문 내용이 사무엘하 24장에도 그대로 있습니다만 사무엘하는 신명기 관점이므로 그 해석이 조금 다릅니다. 신명기 관점은 율법을 지키는가, 안 지키는가에 초점을 맞춥니다. 역대상에서는 다윗이 하나님의 성전을 어떻게 세웠나에 대한 관점이므로 제사장 관점이라고 합니다. 이것을 해석할 줄 알아야 합니다. 통일 왕조와 성전과의 관계, 특히 다윗과의 관계를 풀어나가는 데 중요한 관점입니다.

역대상은 이스라엘 민족이 바벨론에 포로 되었다가 귀환한 뒤에 기록되었고, 열왕기상하는 포로기에 기록되었습니다. 시점이 다릅니다. 열왕기상하는 우리가 어쩌다가 이런 고생을 하는가에 대한 회개 쪽에 관점을 두었고, 역대상하는 포로 생활에서 돌아와서 성전을 건축해야 하니 이스라엘 민족을 격려할 필요가 있어서 기록된 책입니다. 성경의 기록 목적을 모르면 이단에 빠질 수 있습니다. 성경 해석을 이상하게 하기 때문에 그런 곳에 빠지는 것입니다.

역대상에는 그래서 다윗의 시점이 강조되어 있습니다. 다윗이 궁전 건축을 준비하다가 하나님의 궤는 한 번도 편안하게 못 계시고 장막 속에 있는데 자기는 궁전 지을 생각이나 한다면서 울었습니다. 그러자 하나님이 그 이튿날 나단 선지자를 보내어 다윗을 축복했습니다. 그것이 유명한 '나단의 언약'입니다. "나는 네 집을 짓고, 네 아들은 내 성전을 지을 것이다. 네 마음이 아주 곱다."고 칭찬하셨습니다. 자기가 성전을 짓겠다고하는 다윗에게 "너는 전쟁에서 피를 너무 많이 흘렸기 때문에 성전을 지을 자격이 없다."고 하십니다. 다윗이 당대에 성전을 지을 수는 없었지만 성전 지을 준비를 위해 레바논에서 백향목도 사고 돈도 모았는데, 이런 내용은 역대상에 가장 잘 나와 있습니다. 성전 중심의 관점이므로 그렇습니다.

성경은 내러티브이다

하나님께서는 다윗에게 오르난의 타작마당에서 하나님께 번제를 드리라고 하십니다. 오르난의 타작마당은 여부스 족속에게 속해 있는데, 오르난과 네 명의 아들은 하나님의 천사들이 칼을 빼고 서 있으니 도망가서 숨어 있다가 다윗을 보고는 나옵니다. 다윗이 타작마당을 사려고 하니 그냥 가져가라고 합니다. 하나님의 천사를 보고 겁을 먹은 것입니다. 그러나 다윗은 600세겔이라는 아주 많은 돈을 주고 타작마당을 삽니다. 하나님의 일에 대해 철저하게 돈을 다 갚고 준비를 하는 것입니다. 다윗은 아라우나 타작마당에서 성전 지을 준비를 하겠다고 약속을 합니다. 이것이 하나님의 일입니다. 대충이란 것이 없습니다.

이렇게 하나님의 비밀이 들어 있는 이야기는 '스토리'라고 하지 않고 '내러티브'라고 합니다. 구약의 많은 이야기가 내러티브입니다. 이런 이야기는 하나님의 사람이 오지 않으면 해석이 안 됩니다. 신앙적으로 기도하고 배우든지 깨우치든지 하라는 것이 내러티브입니다. 이제 성경을 봐도 그 관점을 알고 해석을 하면서 읽어야 합니다. 그것도 모르는 사람에게는 성경에 대해 들어서도 안 됩니다.

아라우나 타작마당 사건은 창세기에 이미 나왔는데 이것이 예수님의 십자가의 죽으심까지 연결됩니다. 우리 교회에서 전재영 교수님이 성서 신학적 관점에서 구약의 이삭 사건과 예수님 사건을 연결해서 강의한 적이 있습니다. 하나님은 전체를 섭리하시고 주관하신다는 뜻입니다.

22

예수님의 제2표적

2020. 3. 1.

요한복음 4:46-54

"예수께서 다시 갈릴리 가나에 이르시니 전에 물로 포도주를 만드신 곳이라 왕의 신하가 있어 그의 아들이 가버나움에서 병들었더니 ○ 그가 예수께서 유대로부터 갈릴리로 오셨다는 것을 듣고 가서 청하되 내려오셔서 내 아들의 병을 고쳐 주소서 하니 그가 거의 죽게 되었음이라 ○ 예수께서 이르시되 너희는 표적과 기사를 보지 못하면 도무지 믿지 아니하리라 ○ 신하가 이르되 주여 내 아이가 죽기 전에 내려오소서 ○ 예수께서 이르시되 가라 네 아들이 살아 있다 하시니 그 사람이 예수께서 하신 말씀을 믿고 가더니 ○ 내려가는 길에서 그 종들이 오다가 만나서 아이가 살아 있다 하거늘 ○ 그 낫기 시작한 때를 물은즉 어제 일곱 시에 열기가 떨어졌나이다 하는지라 ○ 그의 아버지가 예수께서 네 아들이 살아 있다 말씀하신 그 때인 줄 알고 자기와 그 온 집안이 다 믿으니라 ○ 이것은

예수께서 유대에서 갈릴리로 오신 후에 행하신 두 번째 표적
이니라"

심판과 구원의 동시성

우리의 영심신에 새로운 다짐과 믿음이 필요합니다. 코로나 바이러스
의 창궐이라는 이 어려움도 하나님이 하신 일이므로 우리는 믿음으로 최
선을 다해야 합니다. 여기서 최선이라는 것은 우선 개인적인 위생입니
다. 손과 기침을 통해 가장 많이 전염되기 때문에 손을 자주 깨끗이 씻고
소독을 철저히 해야 합니다. 원래 코로나는 동물과 조류에게 있는 바이
러스입니다. 그런데 인간들이 자연을 파괴하니 인간에게 와서 변종이 되
어 인간에게 해를 끼치고 있습니다. 그러나 믿는 사람의 입장에서 볼 때
이 문제는 하나님의 주권이고 심판입니다. 심판은 반드시 구원과 함께
옵니다. "의인은 그의 믿음으로 말미암아 살리라"는 하박국 2장 4절 말씀
대로 어떤 경우에도 믿음으로 최고의 시민의 삶을 살아야겠습니다.

또한 빌립보서 4장 6-7절 말씀처럼 마음과 생각을 지킬 줄 알아야 합니
다(아무것도 염려하지 말고 다만 모든 일에 기도와 간구로, 너희 구할 것
을 감사함으로 하나님께 아뢰라 ○ 그리하면 모든 지각에 뛰어난 하나님
의 평강이 그리스도 예수 안에서 너희 마음과 생각을 지키시리라). 믿고
철저하게 위생도 신경써야하지만 쓸데없는 마음과 생각으로 괴로움을
겪을 수 있습니다. 따라서 이 말씀을 암기하여 생활 속에서 마음과 생각
을 절제해야 합니다.

믿음의 단계

이번 시간은 주님께서 이 땅에 오셔서 두 번째 표적을 행했을 때 믿음 없는 왕의 신하가 어떻게 하여 말씀까지 믿게 되는지 보여 주는 부분입니다. 성경에서는 '어떻게 하면 더 깊게 믿을 수 있는가'라고 해서 믿음의 단계를 말합니다. 예수님은 이 사건을 통해서 너무나 놀랍게도 왕의 신하를 말씀을 믿고 돌아가는 사람으로 재창조하였습니다. 이것을 확실하게 아는 것이 이번 설교의 핵심입니다.

> 롬 1:17 "복음에는 하나님의 의가 나타나서 믿음으로 믿음에
> 이르게 하나니 기록된 바 오직 의인은 믿음으로 말미암아 살
> 리라 함과 같으니라"

믿음으로 믿음에 이르게 한다고 합니다. 말씀 속의 언어이므로 일반적으로는 좀 어렵습니다. 구원받은 사람은 예수님의 생명의 말씀을 들으면 처음에는 믿음으로 반응하고, 그다음에는 성숙된 믿음의 단계로 간다는 뜻입니다. 그것이 "믿음으로 믿음에 이르게 한다."는 말입니다.

바울은 믿어서 의인화되고 성화되고 영화되는 3단계를 계속 말합니다. 구원파처럼 믿으면 끝이 나는 것이 아닙니다. 믿음도 신앙성숙에 따라서 단계적으로 변하는데, 행함으로 구체화되고 일상화되어 믿음이 삶 자체가 됩니다. 예수님께서는 왕의 신하의 아들을 고치심을 통해 의도적으로 이와 같은 단계를 보여 주십니다.

롬 8:30 "또 미리 정하신 그들을 또한 부르시고 부르신 그들을 또한 의롭다 하시고 의롭다 하신 그들을 또한 영화롭게 하셨느니라"

믿고 나서 의인화되고, 의인화된 사람이 성화되고, 성화된 사람이 영화된다는 것을 단적으로 표현한 말씀입니다.

창 15:6-7 "아브람이 여호와를 믿으니 여호와께서 이를 그의 의로 여기시고 ○ 또 그에게 이르시되 나는 이 땅을 네게 주어 소유를 삼게 하려고 너를 갈대아인의 우르에서 이끌어 낸 여호와니라"

하나님께서 아브람의 믿음을 그의 의로 여기셨다는 말입니다. 하나님이 아브람을 부른 후 상당히 초기에 하신 말씀입니다. 아브람은 이 칭찬을 받고도 자기 생각에 빠져 끊임없이 실수를 반복합니다. 이제야 네가 참으로 믿는 줄 알았다는 말씀을 들을 때까지 그는 방황했습니다. 믿음은 있었으나 영원한 믿음이 아니라 일시적 믿음에만 머물렀다가 어려움이 오면 믿음이 떨어지는 것을 반복하는 수준이었습니다.

이 말씀을 드리는 이유는 여러분들도 마찬가지이기 때문입니다. 믿고 나서 바로 완성되는 것이 아닙니다. 단계적으로 완성되어 갑니다. 아브람이 처음에 칭찬받고 마지막에 이삭을 바치는 사건까지 과정이 성경에 세밀하게 기록되어 있습니다. 하나님 말씀을 제대로 알지 못하면 믿는 사람 중에도 낙심하는 사람이 있습니다. '믿었는데도 왜 이러나.'라는 생

베뢰아 사람입니까

각이 드는 사람은 그리스도 안에서 성경 말씀에 귀를 기울이고 순종해야 합니다.

믿음의 종류

설교의 포인트는 왕의 신하가 결국 말씀을 믿는 신앙의 단계까지 나아간다는 것이므로 예수님께서 어떻게 하시는지에 초점을 맞추어서 들어야 합니다. 본문의 배경으로 43-45절의 내용을 문맥상으로 이해하고 있어야 합니다. 또한 예수님의 갈릴리 방문에 대한 공관복음의 평행본문을 같이 읽어야 오늘 설교를 더 잘 이해할 수 있습니다.

> 요 4:43-45 "이틀이 지나매 예수께서 거기를 떠나 갈릴리로 가시며 ○ 친히 증언하시기를 선지자가 고향에서는 높임을 받지 못한다 하시고 ○ 갈릴리에 이르시매 갈릴리인들이 그를 영접하니 이는 자기들도 명절에 갔다가 예수께서 명절 중 예루살렘에서 하신 모든 일을 보았음이더라"

예수님이 예루살렘 성전에서 하신 모든 놀라운 말씀과 기적들을 갈릴리 사람들이 보았습니다. 하지만 예루살렘에서 능력을 행하실 때 그 능력을 받는 자리까지는 못 나아가서 기다리고 있었는데 예수님이 갈릴리로 오셨습니다. 그러자 "이제 되었다. 예수님께서 오셨다."라고 합니다. 그래서 모두가 모여서 잔치가 벌어졌습니다. 그런데 갈릴리 사람들의 신앙은 떡 먹고 감사하는 신앙, 떡 안 주면 삐치는 신앙에 머물러 있었습니다. 그들의 신앙은 예수님을 이용하여 어려움을 해결하자는 수준입니다. 44절은 예수님께서 기적의 능력만 바라는 그들의 신앙 수준에 대해 한탄하시는 장면입니다. 믿음에도 병 고치려는 믿음, 부자 되려는 믿음 등 여러 종류의 믿음이 있는데, 우리는 말씀에 대한 믿음으로 가야 합니다.

누가복음에서는 "이 사람이 요셉의 아들이 아니냐"고 하면서 예수님의 말씀에 감탄하더니 예수님이 그들에게 찔리는 말씀을 하시자 자존심이 상해 예수님을 절벽에서 밀어 죽이려는 장면이 나옵니다. 여기서 포인트는 선지식입니다. 그 사람에 대해서 잘 알거나 가까이 있으면 더 무시하는 심리가 있습니다. 이런 것을 우리는 주의해야 합니다.

결국 갈릴리 사람들의 신앙은 모두 기적 신앙이고 먹는 것을 해결해 주면 몰려드는 떡 신앙입니다. 이러한 배경 위에서 오늘 본문인 제2의 '표적(세메이온)'이 성립합니다.

예수님의 딜레이

예수님께서 첫 번째 표적을 일으키신 갈릴리 가나에 갔습니다. 본문에서 예수님께 나온 왕의 신하는 헤롯 안티파스의 신하입니다. 그의 아들이 가버나움에서 병들었습니다. 그런데 예수님께서 갈릴리 가나에 오셨다고 하니 우리 아들을 고칠 수 있겠다고 생각하여 바로 예수님을 만나러 갑니다.

> 요 4:47 "그가 예수께서 유대로부터 갈릴리로 오셨다는 것을 듣고 가서 청하되 내려오셔서 내 아들의 병을 고쳐 주소서 하

니 그가 거의 죽게 되었음이라"

가나와 가버나움은 34㎞의 거리가 있습니다. 그 당시에 34㎞ 거리면 아무리 빨리 걸어도 8시간은 걸립니다. 왕의 신하는 자기 아들이 죽게 되었다고 하며 예수님께 빨리 내려가자고 다급하게 재촉합니다. 왕의 신하의 아들을 고쳐 주면 대접도 좋을 것입니다. 하지만 예수님은 딴소리를 하십니다.

요 4:48 "예수께서 이르시되 너희는 표적과 기사를 보지 못하면 도무지 믿지 아니하리라"

표적과 기사를 보지 못하면 믿지 않는 갈릴리 사람들의 신앙의 본질을 예수님께서 지적하십니다. 그러니 왕의 신하는 답답해서 미칩니다.

요 4:49 "신하가 이르되 주여 내 아이가 죽기 전에 내려오소서"

왕의 신하는 예수님께 두 번이나 다그칩니다. 내 아들이 죽게 생겼는데 본질 문제는 나중에 이야기하자는 것입니다.

우리는 예수님의 이 '딜레이'를 이해해야합니다. 예수님은 죽은 자도 살릴 수 있는 분으로서, 예수님의 딜레이는 "나를 만났으면 다 되었다. 급할 것이 없다."라는 뜻입니다. 왕의 신하는 얼마나 답답하였을까요? 그러나 이 와중에 예수님이 본질 문제를 말씀하시는 이유가 있습니다.

요 4:50 "예수께서 이르시되 가라 네 아들이 살아 있다 하시
니 그 사람이 예수께서 하신 말씀을 믿고 가더니"

예수님께서 내려가시지도 않고 34km나 떨어진 먼 곳에 있는 아들이 살
아 있다고 말씀하십니다. 그런데 여기서 보이는 왕의 신하의 믿음이 중
요합니다. 인간적으로 우리가 이 사람의 입장이라면 "아이고, 주님 너무
합니다."라며 울 수도 있고, "안 고쳐 주실 거면 그냥 말씀하시지 뭐 자꾸
본질 문제나 들추고 그러십니까?"라고 할 수도 있습니다. 그러나 신하는
말씀을 믿고 갔습니다.

말씀을 믿은 왕의 신하

핵심은 이것입니다. 말씀을 믿고 갔다는 것입니다. 믿음 중에 최고의
믿음은 말씀을 믿는 것입니다. 우리는 현실적인 문제가 해결되어야 믿습
니다. 갈릴리 사람들의 믿음이 병고치고 떡 먹는 수준에만 머물러있는
데, 예수님은 딜레이 해서라도 왕의 신하가 말씀을 믿고 가기를 요구하십
니다. 예수님의 이 창조 능력을 다시 한번 생각해야 합니다. 위험천만한
과정을 늘리면서 그의 믿음을 확실하게 하십니다. 한편 신하도 놀랍습니
다. 예수님이 두 번 딜레이 하셨으니 삐쳐서 갈 수도 있는데 말씀을 믿고
내려갑니다. 이분이 말씀하셨으니 그렇게 된다는 믿음입니다.

요 4:51-53 "내려가는 길에서 그 종들이 오다가 만나서 아이
가 살아 있다 하거늘 ○ 그 낫기 시작한 때를 물은즉 어제 일

곱 시에 열기가 떨어졌나이다 하는지라 ○ 그의 아버지가 예
수께서 네 아들이 살아 있다 말씀하신 그 때인 줄 알고 자기
와 그 온 집안이 다 믿으니라"

번역상으로는 "살아 있다"고 하지만 문맥상으로는 "살았다"가 더 낫습
니다. 살아 있다는 말씀을 믿고 내려가다 보니 종들이 올라옵니다. 부모
된 자로서 얼마나 조마조마하며 내려갔겠습니까? 종들에게 물어보니 아
이가 살아 있다고 합니다. 그런데 아이가 언제 나았는지가 궁금합니다.
그래서 나은 때를 물으니 어제 일곱 시에 열기가 떨어졌다고 합니다. 유
대 나라는 일몰 후에 새로운 하루가 시작된다고 생각합니다. 유대의 시
간 계산법은 우리와 다른데, 여기서 일곱 시는 우리 시간으로 오후 1시를
말합니다. 아마 신하는 이 시간을 체크해 놓았을 것입니다. 예수님이 네
아들이 살아 있다고 말한 그 시간에 아이가 나은 것입니다.
왕의 신하가 집에 돌아가서 이 모든 과정을 식구들에게 얘기했을 것입
니다. "아들이 죽게 되었으니 먼저 아들부터 고쳐 주면 될 텐데 답답하게
본질적인 얘기만 하시고, 한 번 더 재촉하니 네 아들이 살아 있다고 하셨
다. 그 말씀을 믿고 내려오다 보니 종들을 만났고, 예수님이 말씀하신 그
시간에 우리 아들이 나았다는 것을 알았다. 그분은 진정한 생명의 주인
이시니 이제부터 그분과 말씀을 믿는다." 이렇게 해서 온 집안이 믿게 되
었습니다.

요 4:54 "이것은 예수께서 유대에서 갈릴리로 오신 후에 행하
신 두 번째 표적이니라"

요한은 이것을 두 번째 표적이라고 말했습니다.

맺는말

믿음이 부족한 우리가 알아야 할 것은 말씀에 대한 믿음만이 유일한 답이라는 사실입니다. 창조주 안에서 말씀을 믿으면 자기를 창조하신 자의 형상을 따라서 새롭게 되는 놀라운 재창조의 역사를 경험할 수 있습니다. 또한 어떤 재앙 속에서도 "오직 의인은 믿음으로 말미암아 살리라"는 말씀 안에서 새로워질 수 있습니다.

베뢰아 사람입니까

23

성경의 역사서를 이해하자 3

2020. 3. 8.
열왕기하 8:7-15

"엘리사가 다메섹에 갔을 때에 아람 왕 벤하닷이 병들었더니 왕에게 들리기를 이르되 하나님의 사람이 여기 이르렀나이다 하니 ○ 왕이 하사엘에게 이르되 너는 손에 예물을 가지고 가서 하나님의 사람을 맞이하고 내가 이 병에서 살아나겠는지 그를 통하여 여호와께 물으라 ○ 하사엘이 그를 맞이하러 갈새 다메섹의 모든 좋은 물품으로 예물을 삼아 가지고 낙타 사십 마리에 싣고 나아가서 그의 앞에 서서 이르되 당신의 아들 아람 왕 벤하닷이 나를 당신에게 보내 이르되 나의 이 병이 낫겠나이까 하더이다 하니 ○ 엘리사가 이르되 너는 가서 그에게 말하기를 왕이 반드시 나으리라 하라 그러나 여호와께서 그가 반드시 죽으리라고 내게 알게 하셨느니라 하고 ○ 하나님의 사람이 그가 부끄러워하기까지 그의 얼굴을 쏘아보다가 우니 ○ 하사엘이 이르되 내 주여 어찌하여 우시나이까 하는지라 대답하되 네가 이스라엘 자손에게 행할 모든 악을 내가 앎이라 네가 그들의 성에 불을 지르며 장정을 칼로 죽이며 어린 아이를 메치며 아이 밴 부녀를 가르리라 하니 ○ 하사엘이 이르되 당신의 개 같은 종이 무엇이기에 이런 큰일을 행하오리이까 하더라 엘리사가 대답하되 여호와께서 네가 아람왕이 될 것을 내게 알게 하셨느니라 하더라 ○ 그가 엘리사를 떠나가서 그의 주인에게 나아가니 왕이 그에게 묻되 엘리사가 네게 무슨 말을 하더냐 하니 대답하되 그가 내게 이르기를 왕이 반드시 살아나시리이다 하더이다 하더라 ○ 그 이튿날에 하사엘이 이불을 물에 적시어 왕의 얼굴에 덮으매 왕이 죽은지라 그가 대신하여 왕이 되니라"

본문의 배경

지난 시간에는 역대기를 어떻게 해석할 것인가에 대해 말씀드렸고 이번에는 열왕기를 어떻게 해석할 것인가에 주안점을 두어 말씀드리겠습니다. 본문 속 엘리사의 에피소드를 어떤 관점에서 해석할 것인가가 중요한 포인트입니다.

왕하 8:7-8 "엘리사가 다메섹에 갔을 때에 아람 왕 벤하닷이 병들었더니 왕에게 들리기를 이르되 하나님의 사람이 여기 이르렀나이다 하니 ○ 왕이 하사엘에게 이르되 너는 손에 예물을 가지고 가서 하나님의 사람을 맞이하고 내가 이 병에서

베뢰아 사람입니까

살아나겠는지 그를 통하여 여호와께 물으라"

먼저 본문에 대한 배경설명을 하겠습니다. 유대와 이스라엘은 지형적으로 아람과 아시리아 사이에 있어서 아시리아가 팽창하든지 아람이 팽창하든지 바로 영향을 받게 되어 있습니다. 이스라엘이 팽창하여 올라갈 때 제일 부딪히는 나라는 아람입니다. 하나님은 이스라엘과 유대뿐 아니라 아람의 왕들에 대해서도 직접 예언하시고, 자격이 없으면 그들의 왕을 폐하시고 새로운 왕을 세우셨습니다. 이 말씀을 통하여 '하나님은 열국의 왕이시다'라는 것을 성경은 말하고 있습니다.

엘리사는 아람의 선지자가 아니고 이스라엘의 선지자인데 아람의 수도인 다메섹에 갔습니다. 물론 하나님께서 명령하셔서 간 것입니다. 잠시 기억을 해 보면 엘리사는 아람과 두 가지 사건으로 유명합니다. 첫째 사건은 엘리사가 도단에 가 있을 때 엘리사를 잡으려고 아람의 군인들이 성읍을 모두 포위한 일입니다. 그런데 엘리사는 거기서 여유 있게 기도하고 편안하게 있으니 게하시가 "아람의 군대가 우리를 포위하고 있는데 어떻게 이리 편하게 계십니까?"라고 물었습니다. 그러자 엘리사가 "두려워하지 마라. 저들보다 우리의 군대가 더 많다."라고 합니다. 게하시가 "우리 군대가 어디 있어요?"라고 또 묻자 엘리사가 게하시의 영안이 열리도록 기도해서 하나님의 천사들이 불 수레와 불 말을 타고 가득히 있는 것을 보여 줍니다. 그 사건 이후로 엘리사는 아람의 지명 수배 1위가 됩니다. 그런데 엘리사가 다메섹에 나타난 것입니다. 그러니 엘리사가 왔다는 보고가 왕에게 바로 들어갑니다. 이때 아람 왕 벤하닷은 몹쓸 병에 걸렸습니다. 사경을 헤매는 중에 엘리사가 왔다고 하니 "전에 보니 우리 군대 장관 나아만의 문둥병도 고치더라, 도단에서도 참으로 신기한 일이 많았다."라고 하며 자기의 심복 하사엘을 보내어 "내 병이 어떻게 될지 물어봐라. 그러면 그가 대답할 것이다."라고 합니다.

> 왕하 8:9-10 "하사엘이 그를 맞이하러 갈새 다메섹의 모든 좋은 물품으로 예물을 삼아 가지고 낙타 사십 마리에 싣고 나아가서 그의 앞에 서서 이르되 당신의 아들 아람 왕 벤하닷이 나를 당신에게 보내 이르되 나의 이 병이 낫겠나이까 하더이다 하니 ○ 엘리사가 이르되 너는 가서 그에게 말하기를 왕이 반드시 나으리라 하라 그러나 여호와께서 그가 반드시 죽으리라고 내게 알게 하셨느니라 하고"

아람 왕은 가장 가까이에 있는 심복 하사엘 장군에게 "낙타 사십 마리에 예물을 싣고 가서 엘리사에게 예물을 바치고 내 병에 대해서 나을지 안 나을지 물어보라."고 합니다. 이 명령을 받고 하사엘이 갑니다. 하사엘이 엘리사를 만나서 인사를 하고 왕의 병에 대해 물으니 "왕은 나으리라. 그런데 곧 죽을 것이다."라고 합니다. 이 말을 들으니 하사엘이 헷갈립니다. '낫는데 곧 죽는다니 이게 도대체 무슨 말이지?' 싶습니다.

열왕기와 역대기의 차이

열왕기는 D(신명기) 문서이고, 이것은 왕들의 이야기입니다. 히브리 원제목은 '멜라킴'입니다. '멜라'는 '왕', '킴'은 복수(複數)를 의미합니다.

유대와 이스라엘 왕들의 이야기를 모은 것입니다. 이 문서는 역대기와는 다르게 신명기 문서로서, 신명기 문서의 핵심은 하나님의 율법을 지키는 가 안 지키는가에 있습니다. 또한 선지자가 지적한 말을 지키나 안 지키나, 듣고 회개하는가 안 하는가에 중점을 둡니다. 그래서 신명기 문서에는 반드시 선지자가 나오며, 본문에 엘리사가 나오는 이유가 여기에 있습니다.

구약에서 하나님 나라를 이룬다는 희망을 가지고 첫 번째로 헌법을 만든 것이 모세오경의 신명기 율법입니다. 이스라엘과 유다의 헌법이 바로 토라, 즉 모세오경인 것입니다. 역대기는 율법 문서 중에서도 레위기 중심이지만 열왕기는 신명기 중심입니다. 하나님 나라를 이루는 핵심인 헌법이 주어지고 나면 그 나라의 국민과 지도자들이 결성이 됩니다. 역대기는 히브리어 원제목 '디브레 하야밈(the words of the days)'에서 보다시피 매일 일상적인 삶에 대해서 기록되었으며, 성전 중심으로 예배를 거룩하게 드리는지에 중점을 둡니다. 열왕기는 하나님께서 선택해서 출애굽 시키시고 가나안으로 인도한 민족이 율법을 지키는지 안 지키는지, 또 지도자인 왕들은 어떠한지 보려고 기록된 말씀입니다.

예수님이 이 땅에 오신 최고의 핵심이 하나님 나라 구현입니다. 구약에서도 마찬가지로 하나님께서 이스라엘 민족에게 율법을 주시고 지키는지 안 지키는지 보는 것입니다. 하나님은 왕 제도를 별로 좋지 않게 생각하셨습니다. 왜냐하면 하나님이 왕이시기 때문입니다. 그런데 백성들은 왕을 달라고 조르기 시작했습니다. 하나님을 왕으로 모시며 살 만한 수준이 되지 않았습니다.

이 시대가 사사기 시대입니다. 하나님께서 사사를 보내시며 계속 교육하지만 결국 실패로 끝납니다. 그런 가운데 백성들은 계속 왕을 달라고 조르니 하나님께서 왕을 허락하였습니다. 그래서 사울부터 시작하여 다윗, 솔로몬 이후 남유다의 20명의 왕과 북이스라엘의 19명의 왕이 약 500년 동안 재위했는데, D 문서는 이들이 율법을 잘 지키는지 살펴보자는 관점을 가지고 있습니다. 하나님께서는 왕들이 어떤 식으로 통치해야 하는지 그 근거로서 먼저 율법을 주셨기 때문에 거기에 따르는지 따르지 않는지가 아주 중요합니다.

왕들이 지켜야 할 율법

신 17:14-20 "네가 네 하나님 여호와께서 네게 주시는 땅에 이르러 그 땅을 차지하고 거주할 때에 만일 우리도 우리 주위의 모든 민족들 같이 우리 위에 왕을 세워야겠다는 생각이 나거든 ○ 반드시 네 하나님 여호와께서 택하신 자를 네 위에 왕으로 세울 것이며 네 위에 왕을 세우려면 네 형제 중에서 한 사람을 할 것이요 네 형제 아닌 타국인을 네 위에 세우지 말 것이며 ○ 그는 병마를 많이 두지 말 것이요 병마를 많이 얻으려고 그 백성을 애굽으로 돌아가게 하지 말 것이니 이는 여호와께서 너희에게 이르시기를 너희가 이 후에는 그 길로 다시 돌아가지 말 것이라 하셨음이며 ○ 그에게 아내를 많이 두어 그의 마음이 미혹되게 하지 말 것이며 자기를 위하여 은금을 많이 쌓지 말 것이니라 ○ 그가 왕위에 오르거든 이 율법서의 등사본을 레위 사람 제사장 앞에서 책에 기록하여 ○ 평생에 자기 옆에 두고 읽어 그의 하나님 여호와 경외하기를 배우며 이 율법의 모든 말과 이 규례를 지켜 행할 것이라 ○ 그리하면 그의 마음이 그의 형제 위에 교만하지 아니하고 이 명령에서 떠나 좌로나 우로나 치우치지 아니하리니 이스라엘 중에서 그와 그의 자손이 왕위에 있는 날이 장구하리라"

이 내용은 왕들이 지켜야 할 가장 핵심적인 신명기 율법의 규례입니다. 일반적으로 볼 때 다윗이 이에 가장 근접한 이상적인 왕이었습니다. 그런데 다윗의 아들 솔로몬은 처음에는 성전도 짓고 대단한 신앙을 가졌지만 나중에는 궁전을 화려하게 짓고 사치하며 외국에서 데려온 후궁들도 너무 많았습니다. 그들이 들어올 때 모두가 자기들의 신을 가지고 왔는데, 그들이 신전에서 예배 보는 것을 다 허락했습니다. 우상을 섬겼다는 말입니다. 그래서 솔로몬은 말기에 완전히 실패자가 됩니다.

왕국 분열의 단초

신명기 17장 16절에서 병마를 많이 두지 말고 애굽에 가지 말라고 했는데 솔로몬은 애굽에 가서 말을 많이 사고 전차도 많이 사들였습니다. 이것이 고고학적으로 발굴되고 있는데, 이 점부터 잘못된 것입니다. 거기에다 이집트 왕녀를 후궁으로 맞이하고, 그 여자에게 빠져서 궁전을 아주 잘 지어 주었습니다. 그리고 각 나라에서 후궁이 들어올 때 자기 신을 가지고 오는 것을 허용하여 예배를 보게 하고 솔로몬도 그쪽으로 순례하면서 이방신에 대한 예배를 보기도 하였습니다. 이것이 하나님 보시기에 솔로몬의 치명적인 결점이었습니다.

또 처첩을 많이 두지 말라고 했는데 후궁을 많이 두었고, 은금을 많이 쌓지 말라고 했는데 솔로몬의 보물은 아주 유명합니다. 율법 책을 복사해서 매일 옆에 두고 읽으라고 한 신명기 17장 18절 말씀도 지키지 않았을 것입니다. 그러니 하나님 보시기에 솔로몬 왕국은 자격미달인 것입니다. 그래서 솔로몬 이후에 통일 왕국이 깨어집니다. 솔로몬의 죄가 분열 왕국으로 쪼개지는 원인이 된 것입니다.

솔로몬이 성전을 지을 때는 백성들이 참았습니다. 그러나 자기 궁전은 더 화려하게 짓고 각 후궁들마다 궁전을 다 지어 주니 재정적으로도 어렵고 백성들도 부역에 동원되어 너무 힘들었습니다. 이 모든 총 책임자는 여로보암이었는데, 아히야 선지자가 그에게 왕이 될 것을 예언하자 그 소문을 들은 솔로몬이 여로보암을 죽이려고 했습니다. 그러자 여로보암이 이집트로 피신했다가 솔로몬이 죽은 후에 돌아왔습니다.

결국 솔로몬의 아들 르호보암 때 열 지파와 두 지파로 나눠져 북쪽 이스라엘과 남쪽 유다가 됩니다. 북이스라엘은 예루살렘에서 예배를 보지 않고 단과 벧엘에서 금송아지를 만들어 섬겼습니다. 제사장은 레위 지파가 해야 한다고 하니 여로보암은 그렇게 해도 솔로몬 때 보니 별것 없더라 하며 아무나 하라고 합니다. 그래서 제사장도 아무나 하는 암흑기로 들어갔습니다. 이후에 북이스라엘은 아시리아에 멸망했고 유다는 바빌론에 멸망하여 포로로 잡혀갔습니다.

포로로 잡혀가서 세월이 흐르고 보니 너무 고통스럽고 후회가 되었습니다. 이때 회개하며 기록한 것이 열왕기상하입니다. 그래서 잘못한 것과 잘한 것을 구분해서 기록하였습니다. 교차기록입니다. 북이스라엘과

베뢰아 사람입니까

남유다 왕들을 비교하며 기록하였습니다. 열왕기상하는 '그때 선지자는 누구였고, 그가 이런 말을 했는데 그 선지자 말이 맞았다. 우리가 선지자의 말을 듣지 않았다.'라는 식으로 서술됩니다.

선지자 관점으로 해석하기

이제 본문으로 다시 돌아가겠습니다.

아합 왕 말기 때 엘리야와 엘리사 선지자가 나오는데, 엘리사는 아람의 입장에서는 천하 밉상입니다. 왜냐하면 성령께서 가르쳐 주어 엘리사가 아람의 움직임을 다 알기 때문입니다. 그래서 아람에서는 엘리사를 어떻게 죽일까 생각하고 있는데 그가 왔습니다. 하지만 왕이 난치병이 들어 죽게 생겼으니 우선 이것부터 해결해야 해서 하사엘을 보냅니다. 이런 배경을 알아야 성경을 더 정확하게 깊이 알 수 있습니다. 열왕기는 신명기 문서이므로 왕들을 볼 때도 신명기의 관점으로, 즉 선지자 엘리사의 관점에서 해석해야 합니다. 아람 왕의 이름이 벤하닷인데, '벤'은 '아들', '하닷'은 아람에 있는 신의 이름입니다. 즉 아람에 있는 '신의 아들'이라는 뜻입니다. '하사엘'이라는 이름은 '하사'는 '눈으로 본다', '엘'은 '하나님'으로, 하나님을 본다는 뜻입니다.

> 왕하 8:11-12 "하나님의 사람이 그가 부끄러워하기까지 그의 얼굴을 쏘아보다가 우니 ○ 하사엘이 이르되 내 주여 어찌하여 우시나이까 하는지라 대답하되 네가 이스라엘 자손에게 행할 모든 악을 내가 앎이라 네가 그들의 성에 불을 지르며

장정을 칼로 죽이며 어린 아이를 메치며 아이 밴 부녀를 가르
리라 하니"

엘리사가 하사엘을 보며 웁니다. 하사엘이 "선생님 왜 그리 우십니까?"
라고 하니 "네가 나중에 이스라엘 자손에게 할 악행을 생각하니 눈물이
난다."고 합니다. "네가 이스라엘 성을 정복할 것이고 남녀노소를 다 죽이
며 특히 아이 밴 부녀의 배를 가를 것이다."라고 합니다.

> 왕하 8:13 "하사엘이 이르되 당신의 개 같은 종이 무엇이기에
> 이런 큰일을 행하오리이까 하더라 엘리사가 대답하되 여호와
> 께서 네가 아람 왕이 될 것을 내게 알게 하셨느니라 하더라"

엘리사가 빤히 쳐다보며 우는 이유가 네가 그런 나쁜 일을 할 것이기 때
문이라고 하니, "개 같은 제가 그런 나쁜 일을 하겠습니까?"라고 합니다.
왕이 병에서 낫는다고 하였는데 또 죽는다고 하니 하사엘이 눈치를 채고
돌아갑니다. 아람 왕이 될 것이라는 예언을 듣고 돌아가는 것입니다.

> 왕하 8:14-15 "그가 엘리사를 떠나가서 그의 주인에게 나아
> 가니 왕이 그에게 묻되 엘리사가 네게 무슨 말을 하더냐 하니
> 대답하되 그가 내게 이르기를 왕이 반드시 살아나시리이다
> 하더이다 하더라 ○ 그 이튿날에 하사엘이 이불을 물에 적시
> 어 왕의 얼굴에 덮으매 왕이 죽은지라 그가 대신하여 왕이 되
> 니라"

하사엘에게서 자신이 살 것이라는 엘리사의 말을 들으니 벤하닷도 기분이 좋았을 것입니다. 하지만 그다음 날 하사엘은 물에 적신 이불을 왕의 얼굴에 덮어 질식사시킵니다. 아시리아의 살만에셀 비문에 '비천한 인간이 왕이 되었다.'라고 하사엘의 이야기가 기록되어 있습니다. 본인이 '개 같은 종'이라고 한 말이 바로 이 말입니다. 그는 평민 출신으로서 출세한 사람입니다. 그 이후에 아람의 왕이 되어 상당히 정치를 잘하였습니다. 이스라엘도 공격하였습니다.

엘리사가 다메섹에 간 이유

여기서 우리가 상기할 것이 있습니다. 엘리야 사건입니다. 엘리야가 갈멜산에서 바알 선지자와 싸워서 승리했는데 이세벨이 이 소식을 듣고 이를 갈며 "엘리야를 죽이지 않으면 신들에게 벌을 받을 것이다."라는 맹세를 합니다. 그래서 엘리야가 광야를 지나 호렙산(시내산)으로 도망갑니다. 겁이 나서 시내산의 동굴에 숨어 있었습니다. 하나님이 "엘리야야, 네가 왜 이 동굴 속에 있느냐?"라고 물으시자 "제가 열심히 하나님 나라 일을 했는데 이세벨까지 저러니 차라리 죽는 게 낫겠습니다."라고 합니다. 그러자 하나님이 엘리야에게 나가서 서라고 하시는데 폭풍우 속에도, 불속에도, 바람 속에도 하나님이 계시지 않았습니다. 나중에 세미한 음성 속에서 "너는 왔던 곳으로 돌아가서 아람 왕 하사엘에게 기름을 붓고 엘리사를 네 후계자로 세워라. 예후 장군을 이스라엘 왕으로 세워 아합 가문을 멸망시켜야 한다."고 하나님이 말씀하십니다.

여기서 주목할 것은 하나님이 엘리야에게 하사엘에게 기름 부으라고 하셨는데 그 이후에 기록이 없다는 사실입니다. 하나님이 엘리야에게 명령하신 세 가지 중 엘리사를 제자로 세우는 것은 이루었는데 이루지 못한 두 가지는 승천할 때 아마 엘리사에게 부탁을 한 것이 아닐까 추측합니다. 그래서 엘리사가 하나님 명령을 받고 엘리야가 못한 그 일을 하러 다메섹에 간 것이 아닐까 하는 것입니다. 이렇게 생각하면 엘리사가 다메섹에 간 이유를 알게 됩니다.

맺는말

하나님 나라 율법인 모세오경을 일상적인 삶에서 어떻게 나타내는가를 보는 것이 역대상하(디보레 하야밈)이고, 왕들이 그 말씀을 어떻게 순종하는가를 보는 것이 열왕기상하(멜라킴)입니다. 역대기는 제사장 관점이고, 열왕기는 선지자 관점입니다. 이런 특수성을 알고 성경을 해석해야 합니다. 자의적으로 해석한다든지 자기 식대로 깨우침을 말한다든지 하는 식으로 성경을 해석하면 안 됩니다. 성경 본문을 바로 깨달아야 은혜를 받을 수 있습니다.

엘리사의 관점이 곧 하나님의 관점인데, 하나님이 아람까지 통치의 주권을 세우시며 왕을 쫓아내기도 하고 세우기도 하신다는 국제적 섭리와 주권을 보여 주고 있습니다. 구약을 묵상할 때 이런 것을 알아야 합니다.

24

환난과 그의 대응에 관한 베드로의 권면

2020. 3. 15.
베드로전서 5:13

"택하심을 함께 받은 바벨론에 있는 교회가 너희에게 문안하
고 내 아들 마가도 그리하느니라"

서신서의 저자

신약은 예수 그리스도에 대한 전기 복음서가 4권, 바울 서신이 13권, 제
자들의 전기인 사도행전 1권, 사도들의 공동서신과 일반서신 9권으로 구
성되어 있습니다. 그래서 모두 27권입니다. 바울 서신의 이름은 그 편지
를 받는 사람들의 지역과 교회 중심으로 되어 있습니다. 예를 들어 에베
소서는 에베소 교회 사람들에게 보내는 편지입니다. 그런데 공동서신의
이름은 서신을 보내는 사람들의 이름으로 되어 있습니다. 베드로 전후
서, 야고보서 등이 그러합니다. 베드로 전후서는 전서와 후서로 분명히
나눠져 있습니다. '전서'는 미리 보낸 첫 번째 편지를 말하고 '후서'는 두

번째 편지를 말합니다.

그런데 신약의 서신들 중에서 가장 특이한 서신이 히브리서입니다. 히브리서는 히브리 사람들에게 보내는 편지로써 바울 서신으로 구분하기도 하는데 문장의 특징이 다른 바울 서신과는 많이 다릅니다. 그래서 아볼로나 그 외의 신약시대 학자들이 거론되고 있습니다만 아직까지 통설이 없습니다. 히브리서에 대해서는 바나바라는 설도 있는데, 저자가 구약을 통달해서 이야기한다는 입장에서는 조금 문제가 있습니다.

베드로 전후서 배경

복음을 이해하기 위해서는 먼저 배경을 정확하게 이해해야 합니다. 가톨릭 전승에 의하면 베드로는 네로 황제 때 거꾸로 십자가에 못 박혀 로마에서 죽었습니다. 그 자리에 바티칸 성전이 서 있습니다. 기독교의 정경에는 이런 이야기가 없습니다만 천주교의 전승에 따라서 바울과 베드로가 로마에서 순교했다고 봅니다. 바울이 먼저 순교하고 그다음에 베드로가 순교했습니다. 헨리크 시엔키에비치의 소설을 바탕으로 만든 영화 〈쿼바디스 도미네〉를 보면 그 배경을 알 수 있습니다.

베드로 전후서의 저자는 현실적으로 생각할 때 베드로입니다. 물론 베드로 옆에 있던 제자가 받아 적었다는 설도 있지만 베드로가 썼다는 것이 일반적 견해입니다. 베드로는 로마의 5대 황제인 네로 황제 때 죽었습니다. 4대 황제인 클라우디우스 때 1차 편지를 보내고 2차는 아마 죽기 전에 로마에서 마지막으로 보낸 것이 아닌가 하는 것이 학자들의 통설입니다. 클라우디우스 황제는 네로의 양아버지였는데, 네로 때보다는 덜했지만 클라우디우스 당시에도 기독교인에 대한 박해가 심했습니다. 그때 베드로에게 전도받아 신앙하는 교회가 튀르키예의 타우루스산 북쪽의 다섯 개 지역에 있었는데, 이 다섯 개 지역에 편지를 보냈습니다. 전서를 보낸 후에 후서를 보냈는데, 베드로후서는 특히 유언이라는 이야기가 많습니다. 내용도 읽어 보면 유언에 가깝습니다.

편지의 목적

> 벧전 5:13 "택하심을 함께 받은 바벨론에 있는 교회가 너희에게 문안하고 내 아들 마가도 그리하느니라"

바벨론에서 편지를 썼다고 하는데, 바벨론은 이미 멸망한 나라인데 폐허가 된 그곳에서 썼을 리는 없고 그 당시에 능력과 부패함을 동시에 가지고 있던 로마를 은유적으로 표현한 것이라고 봅니다. 베드로가 이야기하는 바벨론은 영적으로 로마를 상징하는 것입니다. 수신자는 튀르키예에 속한 타우루스산 북쪽 다섯 지역에 흩어져 있는 교회들입니다. 베드로가 여기에 있는 사람들을 전도한 후 그들이 세운 교회에 권면의 글을 써서 보냈습니다. 그 당시는 그리스 로마 사회이기 때문에 이 편지는 헬라어로 기록되었습니다. 베드로 전승에 의하면 베드로는 헬라어를 잘 못하고 아람어를 썼다고 합니다. 그래서 베드로가 은혜롭게 말한 것을 제자가 옆에서 대필하여 편집한 것이 아닌가 하는 학설이 설득력을 얻고 있는 것입니다.

베드로전서를 쓸 당시 기독교인들은 그리스도를 따른다는 이유로 로마 제국 전역에서 박해를 당하고 있었습니다. 그 박해 속에서 베드로는 교인들을 위로할 필요가 있었습니다. 그에 대해 쓴 편지가 베드로전서입니다. "그리스도인으로서 진실하게 살려고 하면 모두가 박해를 받는다. 박해를 받을 때 예수 그리스도는 죄 없으시면서 십자가 수난을 받으신 후 부활하셨다는 것을 항상 생각하고 희망을 가지고 잘 견뎌내야 한다."라는 메시지를 가지고 있습니다. "외적인 환난 앞에서 예수 그리스도의 십자가에 죽으심을 생각하고 우리 모두가 잘 견뎌 나가자."라는 것이 베드로전서의 핵심입니다.

여덟 가지 신성

벧후 1:1-8 "예수 그리스도의 종이며 사도인 시몬 베드로는 우리 하나님과 구주 예수 그리스도의 의를 힘입어 동일하게 보배로운 믿음을 우리와 함께 받은 자들에게 편지하노니 ○ 하나님과 우리 주 예수를 앎으로 은혜와 평강이 너희에게 더욱 많을지어다 ○ 그의 신기한 능력으로 생명과 경건에 속한 모든 것을 우리에게 주셨으니 이는 자기의 영광과 덕으로써 우리를 부르신 이를 앎으로 말미암음이라 ○ 이로써 그 보배롭고 지극히 큰 약속을 우리에게 주사 이 약속으로 말미암아 너희가 정욕 때문에 세상에서 썩어질 것을 피하여 신성한 성품에 참여하는 자가 되게 하려 하셨느니라 ○ 그러므로 너희가 더욱 힘써 너희 믿음에 덕을, 덕에 지식을, ○ 지식에 절제를, 절제에 인내를, 인내에 경건을, ○ 경건에 형제 우애를, 형제 우애에 사랑을 더하라 ㅇ 이런 것이 너희에게 있어 흡족한 즉 너희로 우리 주 예수 그리스도를 알기에 게으르지 않고 열매 없는 자가 되지 않게 하려니와"

여기서 주제 말씀은 5절부터 8절까지의 '신성'에 대한 조건입니다. 예수 그리스도 안에서 우리는 신의 성품을 가져야 합니다. 신약 전체 내용의 핵심은 예수 그리스도의 인격입니다. 어떻게 하면 예수 그리스도의 신성을 가지느냐 하는 것이 후서에서 베드로 사도가 강조하는 내용입니다. 이 신성을 가진 사람을 신인(神人)이라고 했습니다.

신성에는 여덟 가지 캐릭터가 있습니다. '그리스도를 믿으면 여덟 가지 신성이 우리 마음속에 있다. 그 신성을 가지고 마지막 날까지 견뎌 나가야 한다.'는 것이 베드로후서의 중요한 주제입니다. 그래서 이번 설교의 주제로 잡은 것이 신성입니다. "그리스도 예수를 믿음으로 신성을 가지고 어려움을 견뎌 나가자."입니다.

베드로 종말론

로마 제국 시대에 어려운 환난이 외적으로 오지만 그리스도의 수난과 십자가의 죽으심을 믿고 끝까지 견뎌 나가자는 것이 베드로전서의 핵심입니다. 베드로후서의 핵심은 예수 그리스도 안에서 바로 믿게 되면 생명을 사랑하고 경건한 일상을 살게 되며 그때 여덟 가지의 신성이 생기는데, 그 신성의 캐릭터를 가지고 예수님 재림까지 대망하며 나가자는 것입니다.

베드로후서에서 말하는 이 신성을 다른 사도들도 이야기했습니다. 바울도 갈라디아서에서 성령의 능력과 신성을 이야기했습니다. 그런데 베드로는 믿고 나면 바로 여덟 가지의 중요한 신성이 생긴다고 베드로후서에서 직접적으로 말합니다. 신성을 가지고 재림을 대망하며 종말론적 세계를 살아야 한다는 것입니다. "우리가 주님과 함께 있을 때 변화산에서 능력의 주님을 체험하지 않았느냐? 그분이 변화산에서 우리에게 변한 모습을 보였듯이 승천 후 재림은 반드시 있다. 재림이 늦다 싶으면 너희를 위해서 참으시는 것이니 빨리 믿고 신성을 가지고 살아가자."라는 것이 베드로후서의 핵심입니다.

> 벧후 1:5-7 "그러므로 너희가 더욱 힘써 너희 믿음에 덕을, 덕에 지식을, ○ 지식에 절제를, 절제에 인내를, 인내에 경건을, ○ 경건에 형제 우애를, 형제 우애에 사랑을 더하라"

믿음은 생명성이 있기 때문에 자랍니다. 자라서 가지를 뻗고 열매를 맺습니다. 그 열매들이 바로 여덟 가지 특성입니다. 믿음은 살아 있는 생명체이기 때문에 우리 일상의 경건함 속에서 성령의 열매가 맺힐 때까지 자랍니다. 그래서 갈라디아서에서도 성령의 열매를 말한 것입니다.

두 편지에 나타난 환난의 차이

베드로후서의 또 다른 중요한 특징 중의 하나는 베드로전서가 로마라는 외부적 조건에 의해 어려움을 겪는 성도들을 위한 편지였다면, 후서는

베뢰아 사람입니까

내적으로 겪는 어려움에 대한 권면과 당부라는 것입니다. 교회 내적으로 이단이 일어나서 예수님의 신성에 대해 거부하고 반대하는 일들이 있었습니다. "세상이 이렇게 계속되는 것을 봐라. 예수님은 영원히 안 온다. 하나님은 안 계시기 때문에 우리가 죄를 지어도 심판은 없다. 죄 한번 지어 봐라 심판이 있는가."라고 하며 내적으로 교인들을 미혹하고 교인들을 흔드는 현상이 일어났습니다.

내적으로 거짓 교사들이 일어나서 교인들을 흔들었는데, 이들을 초기 영지주의자들로 보는 사람들이 많습니다. 영지주의자들은 몸은 악하기 때문에 무슨 죄를 지어도 괜찮고 영적인 지혜만 있으면 된다고 주장했습니다. 이들은 기독교적 윤리를 지킬 필요가 없다는 도덕무용론에, 특히 경건은 외식이니 필요 없다고 주장했습니다. "예수님도 이 땅에 몸으로 오신 것이 아니다. 어떻게 하나님이 악을 가진 몸으로 오실 수 있는가."라고 하며 예수님의 성육신을 부인했습니다. 십자가 수난에 대해서도 몸으로 오신 것이 아니니 십자가에 아무리 매달려 있어도 고통스럽지 않다며 예수님이 실제로 십자가에 달린 것이 아니라 환영으로 보일 뿐이라는 가현설을 주장했습니다. 이러한 소식을 듣고 베드로가 편지를 보낸 것이 베드로후서입니다.

내적 환난의 내용

그들에게 내적인 어려움이 일어났을 때 문제점은 두 가지입니다.

첫째는 영지주의적인 혼란스러움입니다. 두 번째는 발람의 기운을 따라가는 사람들입니다.

벧후 2:15 "그들이 바른 길을 떠나 미혹되어 브올의 아들 발람
의 길을 따르는도다 그는 불의의 삯을 사랑하다가"

발람은 민수기 22-24장에 나오는 인물입니다. 이스라엘 민족이 홍해를
건너 모압 평지에 갔을 때 모압 왕 발락이 메소포타미아의 유명한 예언자
이면서 점을 잘 치는 사람인 발람에게 사람을 보내서 이스라엘 민족을 저
주해 달라고 부탁합니다. 발람이 처음에는 "나는 못 한다. 하나님의 백성
을 저주할 수 없다."고 하더니 재물을 좀 더 많이 주니 "그러면 한번 해 볼
까?"라고 마음이 변합니다. 그렇게 발락 왕이 보낸 사람들을 따라나섰다
가 칼을 뺀 천사가 길에 선 것을 본 당나귀가 길을 가지 못하자 당나귀를
채찍질했는데, 당나귀가 말을 하더니 칼을 빼고 서 있는 천사의 모습이
발람의 눈에 보였습니다. 천사는 발람을 꾸짖으며 시키는 말만 하라고
하고는 보내 줍니다. 발람은 이스라엘을 저주하러 갔지만 결국 축복하여
이스라엘이 더 잘됩니다. 모압 왕 발락 입장에서는 돈만 주고 실패하였
으니 발람에게 다시 저주하라고 해서 발람이 꾀를 내어 이스라엘 민족을
성적으로 타락시킵니다. 이것이 바알 종교입니다(민 31:16 "보라 이들이
발람의 꾀를 따라 이스라엘 자손을 브올의 사건에서 여호와 앞에 범죄하
게 하여 여호와의 회중 가운데에 염병이 일어나게 하였느니라", 계 2:14
"그러나 네게 두어 가지 책망할 것이 있나니 거기 네게 발람의 교훈을 지
키는 자들이 있도다 발람이 발락을 가르쳐 이스라엘 자손 앞에 걸림돌을
놓아 우상의 제물을 먹게 하였고 또 행음하게 하였느니라"). 여기서 이스
라엘 민족이 크게 시험당하고 낭패를 봅니다.
발람의 교훈을 말한 부분이 유다서 1장과 거의 같습니다. 당시의 상황

　　　　　　　　　　　　　　　베뢰아 사람입니까

을 정확하게 나타내는 내용이 아닌가 합니다. 발람은 돈에 따라서 예언을 이렇게도 하고 저렇게도 하는 거짓 선지자를 상징합니다. '발람을 조심하라'는 말은 당시 교회 내부에서 분란을 일으키는 가짜 교사들은 발람의 기운과 전통을 가지고 온 사람들이라는 뜻입니다.

맺는말

베드로 전후서를 읽을 때는 먼저 기도하시고 전체 개요에 대한 안내 글을 읽고, 유튜브에서 김윤희 교수의 강의를 들으면 상당히 도움이 될 것입니다. 김 교수는 구약학 교수이지만 그래도 많은 도움이 됩니다. 저도 대여섯 명의 학자들의 강의나 글을 늘 참고하고 주석도 참고합니다.

25

다윗 왕의 균형감각

2020. 3. 22.
사무엘하 21:1-14

"다윗의 시대에 해를 거듭하여 삼 년 기근이 있으므로 다윗이
여호와 앞에 간구하매 여호와께서 이르시되 이는 사울과 피
를 흘린 그의 집으로 말미암음이니 그가 기브온 사람을 죽였
음이니라 하시니라 ○ 기브온 사람은 이스라엘 족속이 아니
요 그들은 아모리 사람 중에서 남은 자라 이스라엘 족속들이
전에 그들에게 맹세하였거늘 사울이 이스라엘과 유다 족속을
위하여 열심이 있으므로 그들을 죽이고자 하였더라 이에 왕
이 기브온 사람을 불러 그들에게 물으니라 ○ 다윗이 그들에
게 묻되 내가 너희를 위하여 어떻게 하랴 내가 어떻게 속죄하
여야 너희가 여호와의 기업을 위하여 복을 빌겠느냐 하니 ○
기브온 사람이 그에게 대답하되 사울과 그의 집과 우리 사이
의 문제는 은금에 있지 아니하오며 이스라엘 가운데에서 사
람을 죽이는 문제도 우리에게 있지 아니하니이다 하니라 왕

베뢰아 사람입니까

이 이르되 너희가 말하는 대로 시행하리라 ○ 그들이 왕께 아뢰되 우리를 학살하였고 또 우리를 멸하여 이스라엘 영토 내에 머물지 못하게 하려고 모해한 사람의 ○ 자손 일곱 사람을 우리에게 내주소서 여호와께서 택하신 사울의 고을 기브아에서 우리가 그들을 여호와 앞에서 목 매어 달겠나이다 하니 왕이 이르되 내가 내주리라 하니라 ○ 그러나 다윗과 사울의 아들 요나단 사이에 서로 여호와를 두고 맹세한 것이 있으므로 왕이 사울의 손자 요나단의 아들 므비보셋은 아끼고 ○ 왕이 이에 아야의 딸 리스바에게서 난 자 곧 사울의 두 아들 알모니와 므비보셋과 사울의 딸 메랍에게서 난 자 곧 므홀랏 사람 바르실래의 아들 아드리엘의 다섯 아들을 붙잡아 ○ 그들을 기브온 사람의 손에 넘기니 기브온 사람이 그들을 산 위에서 여호와 앞에 목 매어 달매 그들 일곱 사람이 동시에 죽으니 죽은 때는 곡식 베는 첫날 곧 보리를 베기 시작하는 때더라 ○ 아야의 딸 리스바가 굵은 베를 가져다가 자기를 위하여 바위 위에 펴고 곡식 베기 시작할 때부터 하늘에서 비가 시체에 쏟아지기까지 그 시체에 낮에는 공중의 새가 앉지 못하게 하고 밤에는 들짐승이 범하지 못하게 한지라 ○ 이에 아야의 딸 사울의 첩 리스바가 행한 일이 다윗에게 알려지매 ○ 다윗이 가서 사울의 뼈와 그의 아들 요나단의 뼈를 길르앗 야베스 사람에게서 가져가니 이는 전에 블레셋 사람들이 사울을 길보아에서 죽여 블레셋 사람들이 벧산 거리에 매단 것을 그들이 가만히 가져온 것이라 ○ 다윗이 그 곳에서 사울의 뼈와 그의 아

들 요나단의 뼈를 가지고 올라오매 사람들이 그 달려 죽은 자
들의 뼈를 거두어다가 ○ 사울과 그의 아들 요나단의 뼈와 함
께 베냐민 땅 셀라에서 그의 아버지 기스의 묘에 장사하되 모
두 왕의 명령을 따라 행하니라 그 후에야 하나님이 그 땅을
위한 기도를 들으시니라"

사무엘서 기초

사무엘상에는 엘리 제사장부터 사무엘, 사울, 다윗의 일대기가 기록되
어 있습니다. 사무엘상에서 다윗은 아직까지 왕위에 오르지 못하고 15년
이나 쫓기는 신세로 있습니다. 사무엘하에 가면 사울이 전쟁 속에서 죽
고 다윗이 드디어 왕이 되어 헤브론에서 7년을 있다가 예루살렘으로 옮
겨 가서 33년을 통치합니다. 그래서 총 40년을 통치했습니다.

사무엘상하는 신명기 문서로서 그 핵심은 '율법을 지키느냐 안 지키느
냐'입니다. 다윗이 율법을 안 지켰을 때는 어떤 화를 당하느냐를 계속 추
적합니다. 이때 제일 중요한 사람은 선지자입니다. 선지자의 관점이 중
요하기 때문입니다. 당시 선지자는 나단과 갓 선지자입니다.

다윗의 실수와 대가

사무엘하는 총 24장인데, 중간 부분인 11장에 다윗 통치의 가장 정점에
서 일어난 밧세바 사건이 기록되어 있습니다. 인간은 누구든지 최고 성
공의 정점에 있을 때 치명적인 결점이 나오게 되어 있습니다. 다윗은 밧

베뢰아 사람입니까

세바와 간통하고 그의 남편 우리아를 죽였습니다. 밧세바와의 간통도 죄 인데 거기에 더해서 충성스러운 신하 우리아를 죽인 것입니다. 다윗은 이 사건 이후 두 가지 큰 재앙을 겪습니다.

첫째, 가정에 우환이 생겨서 자식들이 하나씩 죽습니다. 다윗은 회개 하였습니다. 하나님께서 나단 선지자를 통해 용서한다고 하였지만 벌은 다 받아야 합니다. 이것이 하나님의 공의의 법칙입니다. 특히 살인 문제 는 끝까지 생명 대 생명으로 갚아야 합니다. 다윗의 말기에 발생한 모든 가족 문제는 우리아를 살해한 죄 때문입니다. 하나님께서 밧세바를 허용 하고 솔로몬을 인정하였지만 다윗에게 죗값은 계속 묻습니다. 그것이 다 윗 자식들의 죽음으로 나타납니다. 맏아들 암논은 이복동생 다말을 사랑 한다 해 놓고는 버리고 다말의 오빠 압살롬에 의해 죽게 됩니다. 둘째 아 들 압살롬도 쿠데타를 일으켜 요압에 의해 죽고, 셋째 아들 아도니야 역 시 요압의 도움을 받아 쿠데타를 일으켰지만 죽게 됩니다. 다른 아들들 역시 압살롬이 쿠데타를 일으킬 때 죽습니다(삼하 13:30 "그들이 길에 있 을 때에 압살롬이 왕의 모든 아들들을 죽이고 하나도 남기지 아니하였다 는 소문이 다윗에게 이르매"). 왕국은 통일되어서 모든 것이 잘 되고 있지 만 가정적으로는 죗값을 다 물어야 하는 것입니다.

둘째, 압살롬의 쿠데타로 쫓겨나는 다윗을 보며 베냐민 지파의 시므이 가 온갖 조롱을 다 했습니다. 그리고 다윗이 돌아올 때는 역시 베냐민 지 파의 세바가 반역을 일으킵니다. 하지만 나중에는 그들도 다 죽습니다. 그리고 이후에 두 가지 큰 사건이 터집니다. 하나는 전에 설교한 것처럼 인구조사 때문에 전염병의 화를 당합니다. 그리고 또 하나는 오늘 본문 사건입니다. 본문의 사건은 인구조사 이전에 일어난 사건입니다. 이 사건은 다윗이 균형감각으로 잘 처리한 내용인데, 이 말씀을 잘 묵상함으로써 우리의 신앙 성장과 함께 균형감각도 깊이 체크할 수 있습니다.

기브온족과 유대의 역사

1절 "다윗의 시대에 해를 거듭하여 삼 년 기근이 있으므로 다윗이 여호와 앞에 간구하매 여호와께서 이르시되 이는 사울과 피를 흘린 그의 집으로 말미암음이니 그가 기브온 사람을 죽였음이니라 하시니라"

지금은 다윗 통치의 최전성기입니다. 아들들의 죽음을 통해 우리아를 죽인 다윗의 죄에 대한 대가를 다 지급해서 이제 평화시대가 와야 하는데 갑자기 비가 안 오기 시작합니다. 내리 3년을 비가 안 옵니다. 다윗이 하나님께 간구하니 하나님께서 "사울이 기브온 사람을 학살해서 이러한 재앙을 내렸다."라고 하십니다. 40년 전에 사울이 기브온 사람을 죽였기 때문에 비가 안 온다는 것입니다. 다윗 잘못은 아닙니다. 그동안 하나님께서 다윗의 잘못을 지적하셨지만 이번에는 다윗 잘못이 아니라고 합니다.

2절 "기브온 사람은 이스라엘 족속이 아니요 그들은 아모리 사람 중에서 남은 자라 이스라엘 족속들이 전에 그들에게 맹세하였거늘 사울이 이스라엘과 유다 족속을 위하여 열심히 있으므로 그들을 죽이고자 하였더니 이에 왕이 기브온 사람을 불러 그들에 물으니라"

베뢰아 사람입니까

500년 전에 여호수아가 가나안을 치러 들어갈 때 여리고성과 아이성을 함락하는 데 첫 번째는 실패했지만 두 번째는 성공했습니다. 하나님께서는 여호수아에게 가나안의 7족속을 다 멸하라고 명령하셨습니다. 그러나 여호수아도 인간인지라 가나안을 정복했다는 우쭐한 마음에 오만해져서 실수를 합니다.

가나안 7족속 중의 하나인 아모리족에 속한 기브온 사람들이 이스라엘 민족에 대한 소문을 들었습니다. 소문을 듣자하니 그 민족이 이집트의 파라오에게 항복을 받고 홍해를 가르고 나왔으며 근방의 성들을 모두 정복하고 있다는 것입니다. 이거 큰일 났다 싶었습니다. 그래서 기브온 사람들이 모여서 의논을 합니다. 가나안 7족속도 모여서 연합전선을 형성하였습니다. 함께 힘을 모아 여호수아를 막자고 하는데 기브온 족속은 여기서 스르르 빠집니다. 여호수아 9장에 이 기록이 있습니다.

> 수 9:2 "모여서 일심으로 여호수아와 이스라엘에 맞서서 싸우려 하더라"

> 수 9:14-15 "무리가 그들의 양식을 취하고는 어떻게 할지를 여호와께 묻지 아니하고 ○ 여호수아가 곧 그들과 화친하여 그들을 살리리라는 조약을 맺고 회중 족장들이 그들에게 맹세하였더라"

사사기 시대가 400년이고 이후 엘리와 사무엘, 다윗까지 약 100년이 지났으니 500년 전 일입니다. 당시 기브온족은 여호수아에게 전멸할 것 같으니 모여서 꾀를 냈습니다. 약하면 꾀가 많습니다. "여호수아가 이기고 있을 때 속이자. 우리는 7족속에 속한 사람들이 아닌 것처럼 가장을 하자. 우리는 멀리서 온 가나안 바깥의 민족인데 당신의 민족이 여리고성 등을 함락했다는 소문을 들으니 간담이 녹는다며 불가침 조약을 하자." 라고 의논한 후 여호수아를 찾아와서 화친을 제안합니다. 여호수아가 가만히 보니 그들의 말이 맞는 것 같았습니다. 누더기 옷에 포도주 가죽부대도 찢어져서 기운데다 떡도 곰팡이가 핀 것을 확인하고는 자기 마음대로 봐줍니다. 14절에 보면 어떻게 할지 하나님께 기도도 하지 않습니다. 원래 오만하면 기도하지 않습니다. "내가 민족 하나를 봐주었다."라고 하며 화해를 하고 장로들도 좋다고 하여 협약을 맺습니다.

그런데 조약을 맺고 사흘이 지난 후, 바로 가까이에 기브온족이 있다는 것을 알았습니다. 여호수아가 속은 것입니다. 그 착실한 리더십의 소유자인 여호수아가 기도하지 않더니 속은 것입니다. 그러나 하나님의 이름으로 약속을 했기 때문에 그 약속은 영원합니다. 할 수없이 기브온족에게 성전에서 물을 긷고 장작 패는 일을 시켰습니다. 그리고 기브온 성읍은 베냐민 지파에 분배되었습니다.

사울의 열심의 악

그다음에 문제가 생깁니다. 사울이 왕이 되고 보니 그들이 눈엣가시입니다. 사울은 하나님의 약속은 아랑곳하지 않고 기브온족을 학살합니다. 기브온족은 군대도 없이 성전에서 물 긷고 장작만 패고 있었으므로 많은 사람이 학살되었습니다. 그때 그들은 하소연할 데가 없어 "하나님, 약속해 놓고 이러면 됩니까?"라며 계속 원망 기도만 하고 있었습니다. 하나님 께서는 3년 흉년을 내린 것이 이 문제 때문이라며 다윗에게 해결하라고 하십니다.

> 2절 "기브온 사람은 이스라엘 족속이 아니요 그들은 아모리 사람 중에서 남은 자라 이스라엘 족속들이 전에 그들에게 맹 세하였거늘 사울이 이스라엘과 유다 족속을 위하여 열심이 있으므로 그들을 죽이고자 하였더라 이에 왕이 기브온 사람 을 불러 그들에게 물으니라"

목적 없는 열심은 저지레하는 수준인데, 사울처럼 목적이 있는 분명한 열심은 사람을 죽이는 것으로 나타납니다. 사울의 조상은 원래 기브온족 입니다.[7] 기브온족 자손이라는 열등감이 있었던 사울은 '내가 사무엘에게 는 인정 못 받았지만 백성들에게는 인정받는다.'라는 마음에 이스라엘 민 족의 환심을 얻으려고 동족인 기브온족을 살해한 것입니다. 그런데 하나 님께서 이 일을 40년 후에 다윗에게 해결하라고 하십니다.

---

7   대상 9:35-39 "기브온의 조상 여이엘은 기브온에 거주하였으니 그의 아내의 이름은 마아가라 ○ 그의 맏아들은 압돈이요 다음은 술과 기스와 바알과 넬과 나답과 ○ 그돌과 아히오와 스가랴와 미글롯이며 ○ 미글롯은 시므암을 낳았으니 그들은 그들의 친족들과 더불어 마주하고 예루살렘 에 거주하였더라 ○ 넬은 기스를 낳고 기스는 사울을 낳고 사울은 요나단과 말기수아와 아비나 답과 에스바알을 낳았으며"

다윗이 기브온족에게 직접 묻다

3-4절 "다윗이 그들에게 묻되 내가 너희를 위하여 어떻게 하
랴 내가 어떻게 속죄하여야 너희가 여호와의 기업을 위하여
복을 빌겠느냐하니 ○ 기브온 사람이 그에게 대답하되 사울
과 그의 집과 우리 사이의 문제는 은금에 있지 아니하오며 이
스라엘 가운데에서 사람을 죽이는 문제도 우리에게 있지 아
니하니이다 하니라 왕이 이르되 너희가 말하는 대로 시행하
리라"

이제 강자와 약자의 문제 해결입니다. 다윗은 통일 왕국의 막강한 왕
으로서 그에게 기브온족은 아무것도 아닙니다. 다윗 당대의 일도 아니고
사울 왕 때의 일인데 사울 왕가는 다 죽었으므로 나는 모른다고 하면 끝
입니다. 아니면 일반적인 해결방법으로 돈을 물어주면 됩니다. 피해 당
사자와 의논하지 않고 사람을 보내어 자기 식대로 해결할 수도 있습니
다. 그러나 다윗은 그렇게 하지 않았습니다. 본인이 직접 갑니다. 강자로
서 피해자를 뭉개고, "우리 영내에 들어와서 사는 놈들이니 돈이나 좀 주
면 되지."라고 무시할 수도 있지만 다윗은 어떻게 하면 마음이 풀리겠느
냐고 묻습니다. 이것이 다윗의 특징입니다. 피해를 받은 사람과 직접 이
야기를 하는 것이 문제 해결의 길입니다. 자기 식대로 풀면 안 됩니다. 작
은 생명이라도 본인에게 물어야 합니다.

다윗이 기브온족에게 가서 어떻게 풀어야 될지 물으니 그들이 이 문제
는 은금으로 해결할 문제가 아니라고 말합니다. 그들이 이렇게 말한다는

것은 돈으로 해결하려는 시도를 했을 것이라고 추측할 수 있습니다. 기브온족은 "우리는 이스라엘 경내의 누구도 죽일 수 없습니다. 생명 대 생명으로서 우리 부족의 죽은 사람만큼 이스라엘 민족을 죽일 수가 없다는 말입니다. 소수부족으로서 여기에 붙어사는 주제에 우리가 어떻게 할 수 있겠습니까?"라는 말을 합니다. 다윗은 어떻게 하면 너희의 마음이 풀리겠느냐고 이제 설득합니다. 이 문제를 풀지 못하면 비가 안 옵니다. 하나님께서 3년 동안 비를 내리지 않으시는 이유를 여기에 걸어 놓고 문제를 풀도록 하십니다.

많은 사람들이 잘못을 해 놓고 사죄를 하지 않습니다. 자기 식대로 기도하고 회개한 양 주님께 용서를 빌고는 끝입니다. 자식이 다른 사람과 어떤 문제를 일으켰을 때도 "제 자식들이 문제가 많습니다. 다 제 잘못입니다. 주님 해결해 주세요."라고 기도하는 사람들이 많습니다. 하지만 이런 기도는 필요 없습니다. 자식과 피해 당사자에게 사실 관계를 묻고 어떻게 보상해 주면 좋을지 의논해야 합니다. 다윗 옆에도 적당하게 보상해 주고 끝내라고 한 사람들이 있었을 것입니다. 하지만 하나님의 법칙에는 그런 것이 없습니다.

하나님과의 약속을 저버린 결과

5절 "그들이 왕께 아뢰되 우리를 학살하였고 또 우리를 멸하여 이스라엘 영토 내에 머물지 못하게 하려고 모해한 사람의
○ 자손 일곱 사람을 우리에게 내주소서 여호와께서 택하신 사울의 고을 기브아에서 우리가 그들을 여호와 앞에서 목 매

어 달겠나이다 하니 왕이 이르되 내가 내주리라 하니라"

이제 큰일 났습니다. 학자들은 사울이 수천 명을 학살했다고 봅니다. 기브온 사람들이 의논한 결과 사울의 자손 중에서 일곱 사람을 내어 달라고 합니다. 그러면 일곱 사람을 데리고 사울이 태어난 성읍 기브아로 가서 하나님이 보시는 앞에서 그들의 목을 달겠다는 것입니다. 참 기가 막힌 일입니다. 그러나 이것은 그들이 원하는 대로 해야 할 일입니다. 다윗이 그대로 해 주겠다고 했으니 생명을 내주어야 합니다. 생명 대 생명으로 하면 많은 이스라엘 사람과 사울의 후손이 죽어야 하지만 일곱만 뽑아서 주면 하나님 앞에서 그 사람들의 목을 매어 달고 끝내겠다고 합니다. 그래야 마음이 풀리겠다고 합니다.

> 7절 "그러나 다윗과 사울의 아들 요나단 사이에 서로 여호와를 두고 맹세한 것이 있으므로 왕이 사울의 손자 요나단의 아들 므비보셋은 아끼고 ○ 왕이 이에 아야의 딸 리스바에게서 난 자 곧 사울의 두 아들 알모니와 므비보셋과 사울의 딸 메랍에게서 난 자 곧 므홀랏 사람 바르실래의 아들 아드리엘의 다섯 아들을 붙잡아 ○ 그들을 기브온 사람의 손에 넘기니 기브온 사람이 그들을 산 위에서 여호와 앞에 목 매어 달매 그들 일곱 사람이 동시에 죽으니 죽은 때는 곡식 베는 첫날 곧 보리를 베기 시작하는 때더라"

다윗이 사울의 아들 요나단과 친구로서 어려우면 서로 돕겠다고 약속을 하였습니다. 후손도 돌봐주겠다고 하였는데, 사울의 자손 일곱을 내어놓으려고 보니 요나단의 아들 므비보셋도 들어 있습니다. 요나단과 하나님의 이름으로 약속을 했기 때문에 므비보셋은 제외했습니다. 사울의 첩 리스바에게서 난 아들 중에 므비보셋이 있는데 그는 요나단의 아들 므비보셋과 다른 사람입니다. 결국 다윗이 원래 결혼하려 했었던 사울의 딸인 메랍의 아들 다섯 명과 사울의 첩 리스바의 아들 두 명을 내어줍니다. 기브온 사람이 이 일곱을 목을 달아 죽였습니다.

그런데 생명 대 생명으로 갚는 길 외에 다른 방법은 없었을까요? 사울의 학살이 너무 컸고, 기브온족들은 하나님 앞에 계속 기도를 했습니다. "하나님, 우리는 하나님께만 이야기할 수 있습니다. 하나님 이름으로 약속된 민족이 사울로 인해 못된 짓을 했는데, 우리의 원한을 신원해 주세요. 신원해 주세요." 그러니 하나님께서 40년 후에 비가 안 오도록 해서 다윗이 신원하게 하십니다. 무서운 이야기입니다.

> 10-11절 "아야의 딸 리스바가 굵은 베를 가져다가 자기를 위하여 바위 위에 펴고 곡식 베기 시작할 때부터 하늘에서 비가 시체에 쏟아지기까지 그 시체에 낮에는 공중의 새가 앉지 못하게 하고 밤에는 들짐승이 범하지 못하게 한지라 ○ 이에 아야의 딸 사울의 첩 리스바가 행한 일이 다윗에게 알려지매"

이제 일곱 명을 달았습니다. 죽은 지 일주일만 지나면 썩어 내립니다. 낮에는 새들이 와서 쪼아 먹고 밤에는 짐승이 달려듭니다. 죽은 아들의 엄마는 너무 원통하고 분합니다. 너무 고통스럽습니다. 하나님도 그 고통을 보십니다. 그런데 기브온족의 고통도 똑같다는 것입니다. 기브온족은 하나님 이름으로 약속된 민족인데 그런 식으로 죽이고 모른 척하면서 넘어가면 안 된다는 것입니다.

아들들의 시체를 지키는 리스바가 굵은 베를 펴고 앉아 낮에는 새를 쫓고 밤에는 짐승을 쫓으며 울고 있습니다. 리스바도 아무 대안이 없습니다. 남편 사울의 죄 때문에 이러지도 저러지도 못합니다. 이 보고가 다윗 왕에게 들어갑니다. 다윗도 참 기가 막힙니다. 문제 하나를 해결했는데 또 다른 문제가 생깁니다. 이렇게 되면 사울 가문, 즉 베냐민 지파와는 영원히 원수가 될 수 있습니다.

> 12-14절 "다윗이 가서 사울의 뼈와 그의 아들 요나단의 뼈를 길르앗 야베스 사람에게서 가져가니 이는 전에 블레셋 사람들이 사울을 길보아에서 죽여 블레셋 사람들이 벧산 거리에 매단 것을 그들이 가만히 가져온 것이라 ㅇ 다윗이 그 곳에서 사울의 뼈와 그의 아들 요나단의 뼈를 가지고 올라오매 사람들이 그 달려 죽은 자들의 뼈를 거두어다가 ㅇ 사울과 그의 아들 요나단의 뼈와 함께 베냐민 땅 셀라에서 그의 아버지 기스의 묘에 장사하되 모두 왕의 명령을 따라 행하니라 그 후에야 하나님이 그 땅을 위한 기도를 들으시니라"

다윗이 이 문제를 해결하려고 솔선수범으로 나서서 사울의 묘가 어디 있는지 알아봅니다. 사울이 길보아 전투에서 아들들과 죽었을 때 블레셋 사람들이 거리에 매달았는데, 그것을 야베스 사람들이 몰래 가져갔습니다. 이제 다윗이 야베스 사람에게서 사울과 요나단의 **뼈**를 가져오고, 기브온 사람들에게 달려 죽은 자들의 **뼈**도 거두어다가 사울의 아버지 묘에 가서 합장을 해 줍니다. 이렇게 하는 것이 당시 시대의 가장 합리적인 방법입니다. 이제 하나님께서 기도를 듣고 비를 내리기 시작하십니다. 이것을 다윗이 해결할 때 앞부분에서 기브온족에게 "어떻게 하면 너희가 이스라엘을 위하여 기도하겠느냐."라고 물어보는 장면이 있습니다.

기브온족 문제의 본질

겔 17:18-19 "그가 이미 손을 내밀어 언약하였거늘 맹세를 업신여겨 언약을 배반하고 이 모든 일을 행하였으니 피하지 못하리라 ○ 그러므로 주 여호와의 말씀이니라 내가 나의 삶을 두고 맹세하노니 그가 내 맹세를 업신여기고 내 언약을 배반하였은즉 내가 그 죄를 그 머리에 돌리되"

여호와께 맹세한 것은 안 지키면 안 된다는 말씀입니다. 영원히 살아계신 하나님이시기 때문에 영원히 보신다는 것입니다. 특히 생명 대 생명의 약속은 더 그렇습니다.

겔 18:19-20 "그런데 너희는 이르기를 아들이 어찌 아버지의 죄를 담당하지 아니하겠느냐 하는도다 아들이 정의와 공의를 행하며 내 모든 율례를 지켜 행하였으면 그는 반드시 살려니와 ○ 범죄하는 그 영혼은 죽을지라 아들은 아버지의 죄악을

담당하지 아니할 것이요 아버지는 아들의 죄악을 담당하지
아니하리니 의인의 공의도 자기에게로 돌아가고 악인의 악도
자기에게로 돌아가리라"

아버지의 죄를 아들에게 돌리지 않고 아들의 죄도 아버지에게 돌리지
않는다고 했습니다. 성경에서는 연좌법이 없습니다. 그러면 기브온족의
문제는 과연 연좌법에 걸리는가 안 걸리는가 하는 문제가 있습니다. 다
윗이 해결은 했지만 너무 참담합니다. 기브온족의 일도 참담하고, 엄마
가 죽은 아들 옆에서 계속 지키고 있는 것도 너무 참담한 이야기입니다.
'이 두 가지를 다윗이 어떻게 해결을 할 것인가.'에 대해서 믿음이 있는 사
람은 묻는 것입니다.

그러면 기브온족 문제는 에스겔서가 말하는 신명기 율법을 적용할 수
있을까요? 문제는 해당 당사자들이 모두 죽었다는 것입니다. 회개하면
하나님께서 문제를 해결해 주라고 하였는데 모두 죽어서 역사 속에 묻혀
버렸습니다. 그래서 다윗은 이렇게 해결할 수밖에 없습니다. 다른 길이
없었던 것입니다. 다윗 왕 당대에 그들이 살아 있어서 한쪽은 탄원을 하
고 한쪽은 회개를 하지 않는다면 신명기 율법대로 판단하면 됩니다. 하
지만 이미 500년 전에 행해진 맹세이고, 40년 전에 행해진 살육으로써 범
죄를 행한 당사자가 죽어 버렸으니 어떻게 해결하면 좋을까 하는 것입니
다.

그래서 다윗은 기브온족에게 물어서 기브온족이 원하는 대로 풀어줍
니다. 피해자를 직접 만나서 해결해 주는 것입니다. 또 그렇게 해결해 주
니까 희생된 아들의 엄마 문제가 너무 참담하고 가슴이 아파서 사울의 뼈

와 아들들의 뼈를 거두어 가족묘에 묻어두는 것으로 일단락 지었습니다. 이것이 성경이 기록하는 내용입니다.

맺는말

지금은 시대적으로 우리 모두가 한 사람도 빠짐없이 똑같이 어렵습니다. 이럴 때 우리가 하나님과 약속하고 안 지키고 있는 것이 있는지 한번 생각해 보아야 합니다. 예전에 헌금 약속을 해 놓고 교회가 어려울 때 헌금을 안 하는 분들이 있어서 제가 "약속을 지켜야지, 믿는 사람이 그래서 되겠습니까?"라고 하였는데, 뒤에 보면 그분들이 삶이 너무 안 좋아졌습니다.

> 마 5:35-37 "땅으로도 하지 말라 이는 하나님의 발등상임이
> 요 예루살렘으로도 하지 말라 이는 큰 임금의 성임이요 ○ 네
> 머리로도 하지 말라 이는 네가 한 터럭도 희고 검게 할 수 없
> 음이라 ○ 오직 너희 말은 옳다 옳다, 아니라 아니라 하라 이
> 에서 지나는 것은 악으로부터 나느니라"

예수님께서 아무것으로도 맹세하지 말라고 하셨습니다. 그만큼 맹세라는 것은 두렵고 엄중한 일인데, 하물며 하나님의 이름으로 맹세한 것은 어떤 일이 있어도 지켜야 할 절대적인 것입니다. 기브온족이 비록 여호수아를 속였지만 기브온족을 해치지 않겠다고 하나님의 이름으로 약속한 이상 그 약속은 대대로 지켜야 하는 것입니다. 그런데 사울이 그 약속을

어기고 기브온족을 학살했으니 하나님께서는 다윗 시대에 와서 다윗의 잘못도 아닌데 40년 전에 일어난 사울의 죄를 해결하라고 하시는 것입니다. 하나님의 이름으로 약속한 것에 대해서는 반드시 지키라는 것입니다. 이것이 다윗 말기에 나타난 가장 균형된 문제 해결의 사건이었습니다.

우리도 이런 어려운 시국에 자기를 돌아보고 부모형제나 가까운 사람 중에 본인으로 인해 마음이 상한 사람이 있다면 반드시 그 사람을 찾아가서 미안하다고 해야 합니다. 예배를 드리기 전에 원망들을 만한 일이 생각나면 반드시 그와 화해하고 와서 예배를 드리라고 주님께서 말씀하셨습니다. 피해자가 기브온족처럼 무시할 만해도 대화하고 그들의 마음을 풀어주는 것이 하나님의 사람으로서 온전히 행할 일입니다.

26

바울의 기독론과 성경론

2020. 3. 29.

디모데전서 3:16, 디모데후서 3:16-17

딤전 3:16 "크도다 경건의 비밀이여, 그렇지 않다 하는 이 없
도다 그는 육신으로 나타난 바 되시고 영으로 의롭다 하심을
받으시고 천사들에게 보이시고 만국에서 전파되시고 세상에
서 믿은 바 되시고 영광 가운데서 올려지셨느니라"

딤후 3:16-17 "모든 성경은 하나님의 감동으로 된 것으로 교
훈과 책망과 바르게 함과 의로 교육하기에 유익하니 ○ 이는
하나님의 사람으로 온전하게 하며 모든 선한 일을 행할 능력
을 갖추게 하려 함이라"

코로나는 심판이다

과거에는 삼재(三災)의 난이 있었습니다. 첫째는 천재(天災)로서 하늘

이 주는 재앙입니다. 둘째는 인재(人災)로서 사람으로 말미암은 재앙입니다. 셋째는 관재(官災)로서 관청과 공무원으로부터 오는 재앙입니다. 이 중 인재와 관재, 두 가지는 막을 수 있지만 천재는 막을 수 없습니다. 옛날에는 나라에 천재가 일어났을 때 왕들이 자기에게 잘못이 있다고 하늘에 제사를 지냈습니다. 이제는 그런 전통이 없습니다.

현재 전 세계적으로 퍼진 코로나 사태는 천재, 하늘이 주는 재앙입니다. 하나님이 창조하신 창조 세계를 파괴하고 인간의 생명을 파괴하는 곳에 이 재앙이 강하게 나타납니다. 미국이나 유럽이나 큰소리치던 국가들은 자연 파괴의 대가를 호되게 당해야 합니다. 인간의 문화와 문명이 얼마나 자연을 파괴하는지에 대한 깊은 깨우침이 있어야 합니다. 모두 과학과 지식에 속아서 오만해져서 개인 바벨탑, 교회 바벨탑 등 세상이 온통 바벨탑 천지입니다. 이런 세상에 대해 하나님이 직접 개입하시는 것입니다.

이런 재앙이 있을 때 믿는 사람은 "오직 의인은 믿음으로 말미암아 살리라"라는 말씀 안에서 평안을 얻어야 합니다. 믿음이 없는 사람은 계속 고통을 경험합니다. 불안과 염려와 걱정 때문에 밤잠을 못 자고 괴로워합니다. 이건 잘못 믿기 때문입니다. 이 기회를 통해서 분명히 알아야 합니다. 믿음은 마지막이 아니라 처음입니다. 이런 재앙이 올 때 '천재지변이구나.' 하고 기도하고 매일 하나님 앞에 경건하게 살면서 하나님께서 특별히 우리를 보호하신다는 믿음으로 지내야 합니다. 실컷 고생하고 나서 나중에야 "아이구, 역시 믿음이야."라고 하는 것은 초보 신앙입니다. 여기에서 좀 벗어나야 합니다. 이런 일을 통해서 확실하게 깨달아야 합니다.

베뢰아 사람입니까

현재 이단인 신천○와 한국 교회들이 시대 상황과 역행하여 대중이 모이는 예배를 강행하여 사회적 물의를 빚고 있습니다. 이들은 과거 일제 강점기의 어려운 시절에는 일제에 굴복하여 신사참배와 동방요배를 다 해놓고 지금 자유로운 민주 공화국 안에서는 역사의 엇박자로 "예배를 꼭 봐야 한다. 헌법상 권리이다."라며 코로나 사태 속에서 대중예배를 강행하고 있습니다. 천재(天災)에 이어 인재(人災)를 더하고 있는 상황입니다. 일제 강점기 때도 가장 저항해야 할 교회가 신사참배와 동방요배를 하며 일제와 타협하더니 코로나 팬데믹을 당해서는 사회에 폐를 끼치는 일만 하고 있으니 큰 문제입니다.

사도 바울의 유언

사도 바울은 A. D. 64-65년경에 로마에서 네로 황제에 의해 교수형으로 순교했습니다. 바울의 서신 중 디모데 전후서와 디도서를 목회 서신이라고 합니다. 이 목회 서신의 핵심은 바울이 후계자를 세우고 그들에게 목회의 방법을 가르치고 당부하는 것입니다. 바울은 많은 제자를 길렀습니다. 그리고 죽을 때가 가까우니 교회를 맡겨야 해서 디모데와 디도를 세웠습니다. 디모데에게는 에베소를 맡기고 디도에게는 그레데(크레타)를 맡깁니다. 그런데 맡기고 보니 문제가 많습니다. 그래서 목회자가 가져야 하는 리더십은 어떤 것인가, 생활 속의 경건은 어떤 것인가, 뭘 가르쳐야 되는가, 어떤 태도여야 되는가에 대해 디모데 전후서를 통해 계속 말하고 있습니다. 나는 죽을 때 어떤 말을 해야 할까 생각할 때 바울의 유언을 적용하면 디모데 전후서와 디도서 말씀이 풀립니다. 접점이 생기기 때문입니다.

이 두 개의 복음에서 바울은 건강법까지 이야기하면서 하고 싶은 말들을 다 남깁니다. 바울이 가장 강조했던 것은 처음부터 끝까지 그리스도였습니다. 그리고 생명의 말씀인 성경입니다. 이 두 가지만을 계속 강조합니다. 디모데와 디도와 그 교인들에게 "이 두 가지만은 믿음으로 꼭 부여잡아라. 그러면 답을 얻을 것이다."라고 전합니다.

바울의 성경론

저는 오늘 이 두 복음의 핵심을 그리스도론과 성경론으로 선택하였습니다. 지도자의 자격, 교인의 자격, 교인과의 만남 등에 대해서도 세밀히 말합니다만 그것은 우리의 상식과 믿음 안에서 대체로 알 수 있는 내용들입니다.

> 딤후 3:16-17 "모든 성경은 하나님의 감동으로 된 것으로 교훈과 책망과 바르게 함과 의로 교육하기에 유익하니 ㅇ 이는 하나님의 사람으로 온전하게 하며 모든 선한 일을 행할 능력을 갖추게 하려 함이라"

바울이 디모데에게 "모든 성경"을 강조하는 이유는 우리의 믿음의 시작과 끝과 삶의 내용이 모두 성경이기 때문입니다. 바울이 말하는 "모든 성경"이 구약만을 의미하는 것은 아닙니다. 왜냐하면 바울이 이 편지를 보낸 때는 초대 교회 시절이니 예수님의 어록과 예수님의 기적 설화 등 Q복음에 대한 여러 가지 이야기를 한 것으로 봅니다. 구약만 보면 예수님의 인격과 사랑을 잘 모릅니다. 저도 예전에는 순수하게 "모든 성경"을 구약으로만 생각했는데, 현대 신학의 최신 이론들은 예수님에 대한 모든 복음을 포함한 것으로 봅니다.

16절의 "모든 성경은 하나님의 감동으로 된 것으로"라는 말씀이 중요합니다. '모든 말씀은 하나님이 쓰셨다. 하나님이 영감을 주셨다.'는 뜻입니다. 신학이 발달하는 와중에 한 때 개방주의, 자유주의 신학이 나와서 말씀을 과학적, 이성적으로 비평하다가 말씀이 없어져 버렸습니다. 그래서 모두 신앙이 없이 갈팡질팡하였습니다. 또한 자유주의 신학의 영향을 받은 유명한 신학자 불트만이 성경에 역사비평과 양식비평을 적용해서 "이것은 예수님의 말씀이다, 아니다."라며 성경을 구분했는데, 이렇게 구분해 놓고 보니 성경의 가장 핵심이 없어졌습니다.

성경 속 인간의 역사

그래서 인간과 성경의 역사를 알 필요가 있습니다. 하나님께서 말씀을 셈족의 유목민인 유대 민족에게 주시고 땅 끝까지 전하라고 하셨습니다. 하나님께서는 인간에게 자유의지를 주셨습니다. 그러나 유대인들은 하나님을 섬기는 것보다 타락의 속성으로 자기 영광을 위하여 자유의지를 사용했습니다. 하나님이 주신 지식과 귀중한 말씀을 자기 영광을 위해 쓰는 것이 타락의 속성입니다. '하나님께서 복음을 우리에게 주셨으니 우리 민족은 세계 최고의 민족이고 나머지는 야만족이야. 짐승만도 못해.'라고 하는 영적 오만이 들어왔습니다. 그러자 하나님이 안 되겠다 싶어

종놈 한번 해 보라며 그들에게 400년 종살이를 시키십니다.

요셉 때 애굽에 들어가서 처음에는 잘 지냈는데, 나중에는 애굽의 노예가 되어 많은 고생을 했습니다. 그러나 그들은 고생을 아무리 해도 자기들의 잘못이 무엇인지 모릅니다. 우상을 섬김으로 인해 문제가 생기는지도 모릅니다. "하나님께서 우리 민족을 선택했다더니 왜 이렇습니까?"라는 의문만 가집니다. 선택받았으니 특권이 있는 것 아니냐는 것입니다. 하나님께서는 먼저 그들을 애굽의 제련소에 넣어 온갖 불순물을 제거하고 끄집어내어 사막으로 보냈습니다. 그랬더니 이번에는 조그마한 것에도 하나님을 원망하고 불평불만 합니다. 그 어려움 속에서도 홍해를 가르며 불기둥과 구름기둥으로 우리를 구원하셨는데 이 정도의 어려움은 별것 아니라는 믿음을 가진 자는 여호수아와 갈렙, 모세밖에 없었습니다. 하도 원망하고 온갖 불평을 다 하니 하나님이 결국 그들을 사막에 묻어 버립니다.

하나님께서 아시리아에 전도하라고 하셨는데 성경에 "전도하라. 이방을 위해 말씀을 나누어라."는 것은 다 빼고 자기 민족만 최고라고 밀고 나가다가 하나님께서 아시리아에 잡혀 가게 하시며 열 지파를 다 흩어 버렸습니다. 이것이 아시리아에 성경이 전해진 배경입니다. 마찬가지로 바벨론에 침입을 받을 때도 죽으면서까지 성경을 안 내놓다가 빼앗겼고 페르시아에도 빼앗겼습니다. 『페르시아와 성경(에드윈 M. 야마우찌 지음)』이라는 책을 참고하십시오.

마지막에는 로마에 지배당하며 끝까지 성경을 지키다가 수많은 사람이 죽었습니다. 예수님이 오셔서 "성경은 만민을 위한 것이다."라고 하니 예수님을 죽이려고 했습니다. 예수님이 말씀으로 오셨기 때문에 그 이후부터 인간의 역사가 부패할 때 성경의 정신으로 돌아가면 살았습니다. 인간은 원래 야만적이고 짐승 수준입니다. 요즘 들어 인간이 대단하고 고상한 존재인 줄 알지만 실제로 성경은 "티끌로 만든 인간들아."라고 말합니다. "흙으로 지은 인간아."라는 말이 바로 그 말입니다.

종교개혁

그런데 천주교가 나중에는 교부들을 앞장세워서 성경을 라틴어로 번역하게 하고 자기들끼리만 보며 자기 오만을 채웠습니다. 그 성경에 의하여 종교재판을 하며 많은 진실한 사람들을 죽이는데, 종교재판의 중요한 조건이 성경을 소지하는 것입니다. 성경을 약간이라도 다른 말로 번역하면 화형하거나 산 채로 묻어 버렸습니다. 교황시대에 천주교가 그런 행동을 한 것입니다.

루터는 신부로서 교황을 하나님처럼 생각하며 살았습니다. 왜냐하면 루터도 성경을 몰랐기 때문입니다. 그런데 교황이 베드로 성당을 신축한다고 돈을 내라고 합니다. 라틴어 성경을 가지고 와서 읽으니 백성들은 잘 모르지만 성경에 적혀 있다고 하며 돈을 내라고 합니다. 그래도 돈이 부족하니 면죄부를 또 팝니다. 죽은 조상에 대한 면죄부까지 팔았습니다. 돌아가신 부모들이 연옥에 가 있다며 돈을 내면 그들이 천당에 간다는 것입니다. 루터가 가만히 보니 말도 안 되는 일이 벌어지고 있습니다. 그래서 교황과 교회를 비판하는 95개조 반박문을 써서 위텐베르그 대학교의 대자보에 붙입니다. 이때 루터의 가장 큰 핵심 메시지는 '솔라 스크립투라', '오직 말씀만'입니다. 이것이 후에 루터가 라틴어 성경을 독일어로 번역한 계기가 됩니다.

보름스 국회에서 루터를 죽이려고 하니 루터는 아주 약한 사람이어서 얼마나 겁이 나는지 모릅니다. 전 유럽의 황제와 귀족들이 다 모여서 루터에게 사형선고를 하려고 재판을 하니 루터는 겁이 나서 밤새도록 기도를 했습니다. 기도 중에 전 유럽의 건물 기왓장에 마귀가 한 마리씩 앉아 있는 것이 보였습니다. 이렇게 목숨 걸고 싸워 뺏은 것이 '솔라 스크립투라(오직 성경)'입니다. 이것이 '오직 성경'이라는 말의 시초입니다. 그래서 종교개혁이 일어납니다.

역사적 예수 논쟁

1, 2차 세계 대전 시기에 칼 바르트에 의해 신학에 '오직 성경'이라는 말이 부활되었습니다. 그리고 본회퍼 같은 사람에 의해 다시 부활되었습니다. 그 이후에 자유세계가 되고 문화가 발달하니 또 이 정신이 없어졌습니다. 이성적으로 성경을 다 해체해 버리고 신이 어디에 있냐고 하니, 이래선 안 되겠다 싶어 미국에서 예수 세미나를 만들어 세계의 신학자들이 다 모였습니다. 20세기에 일어난 일이므로 오래되지 않았습니다. 예수님의 모든 말씀과 기적 설화들을 연구해서 예수님의 비유사성 원칙을 발표했습니다. 이 같은 역사적 예수 연구의 텍스트로 삼은 자료는 정경 외에도 외경과 위경까지 포함되었으며, 특히 중요한 것이 도마복음을 선택한 것입니다.

2차 세계 대전 이후 유명한 신학자로 요아킴 예레미아스(JOACHIM JER-EMIAS)가 있습니다. 그는 루터교회의 파견목사인 그의 아버지를 따라서 예루살렘으로 가서 어린 시절을 보냈습니다. 예레미아스의 책 중『예수의 비유』가 너무나 유명합니다. 신학자들은 성경에서 거의 편집되지 않고 원문 그대로 남아 있는 것이 예수님의 비유라고 생각합니다. 성경에서 비유를 해석하는 내용은 예수님이 직접 말씀하신 것이 아니라 편집자들이 쓴 것도 많습니다. 편집자들이 듣고 편집했으니 그런 것입니다.

19세기의 신학자 부르노 바우어는 예수는 역사가 아니라 신화라고 못 박았는데, 20세기의 신학자들인 슈바이처나 불트만 등도 성경 속의 예수님이 제자들에 의해 신화화 되었다는 주장을 했습니다. 성경 속에 나타난 예수상은 계몽된 이성으로는 믿을 수 없고 당시 제자들이 예수님 실제의 모습을 많이 부풀리고 신화화했기 때문에 신화화된 부분을 분리해서 역사 속에 실재했던 예수님의 본모습을 찾아야 한다는 것입니다. 그들이 말한 '역사적 예수'란 신앙과는 분리된 예수에게 붙은 용어였습니다. 슈바이처도 신화화된 예수는 부정했습니다. 하지만 예수님의 삶은 모든 기독교인들이 따라야 할 실천적 삶이기에 예수님의 삶을 따라서 철저하게 봉사의 삶을 살자는 것이 슈바이처의 신념이었고, 그 신념에 따라 평생 아프리카의 람바레네에 가서 봉사의 삶을 살았다고 합니다.

결국 성경의 정신을 되찾았을 때 인간의 역사는 새롭게 흘러갔습니다. 이것을 우리 개인에게 적용하면 개인도 하나님의 말씀을 찾으면 그의 삶이 달라집니다. 그리고 우리가 말씀으로 지어졌다는 것을 알게 됩니다. 말씀으로 재창조되기 때문입니다. 말씀 없이는 아무것도 안 됩니다. 태어난 유전자대로 살다가 끝납니다. 그래서 루터가 '솔라 스크립투라(Sola Scriptura)'를 말했던 것입니다.

루터가 두 번째로 강조한 것은 '솔라 피데(Sola Fide)', '오직 믿음'입니다. 절대로 열심히 노력하고 일한다고 해서 구원을 얻을 수 있는 것이 아닙니다. 루터는 당시 가톨릭의 공로주의(legalism)를 비판했는데, 공로주의란 인간이 스스로 율법을 잘 지키는 공로로 구원에 이를 수 있다고 믿는 것입니다. '공로'는 결국 '자기 영광'이라는 것인데, 율법을 아무리 잘 지켜도 구원은 될 수 없습니다. 그러니까 그리스도의 사랑을 알고 그를 믿고 말씀을 믿어야 합니다. 루터는 이것을 계속 강조하였습니다. 이것이 찾아질 때 인류의 역사가 달라집니다. 우리도 이 어려운 세상 속에서 솔라 스크립투라, 솔라 피데를 찾아야 합니다. 사람들이 그것을 못 찾아서 우왕좌왕하고 있습니다. 세상을 창조한 그분이 이 세상을 섭리하시지 우리가 할 수 있는 것은 없습니다.

팬데믹 속 믿음의 길

"모든 성경은 하나님의 감동으로 된 것으로"라고 하였으니 우리는 말씀을 믿고 확신을 얻어서 행하고 삶에 적용해서 재창조되어야 합니다. 이것이 성경이 주는 핵심입니다. 그냥 말로만 믿는다고 하다가 어려움이 오면 자기가 믿음이 없음을 압니다. 이런 재앙 속에서 믿음 없는 사람은 정신 차리고 다시 말씀으로 돌아와야 합니다. 그런 사람은 복이 있습니다. 하나님 앞에 '하나님, 저는 믿고 최선을 다했습니다.' 이 말만 할 수 있으면 아무 문제가 없이 편안합니다. 온갖 고민과 걱정을 하는 자신을 보며 분명한 깨달음을 가져야 합니다.

베뢰아 사람입니까

성경이라는 내비게이션

바울은 죽을 때까지 성경을 강조하였습니다. 우리도 말씀을 사랑하고 읽어야 합니다. 인생에는 온갖 실존 문제들이 있습니다. 요즘은 여행을 가면 별 불편함이 없습니다. 내비게이션이 있기 때문입니다. 주소만 알면 바로 갈 수 있습니다. 하나님의 말씀은 인간에게 있어서 내비게이션과 같습니다. 삶에서 어려운 일을 당할 때 주님께 기도하고 믿음 안에서 기다리면 주님께서 여러 가지 방식으로 말씀해 주십니다. 말씀을 읽거나 설교를 듣는 중에 혹은 꿈으로 깨우쳐 주십니다. 이 비밀이 너무 큽니다.

또한 어려운 문제가 있으면 성경을 붙들고 예수님 이름으로 기도한 후에 믿고 반드시 행해야 합니다. 믿음만 가지고 있으면 안 됩니다. 자기는 스스로 믿음이 있다고 생각하지만 어려운 일이 생기면 믿음 없음을 확실히 증명하고 맙니다. 다음부터는 안 그래야지 하는 결론만 평생 내리다가 예수님 앞에 가서도 그럴 것입니까?

말씀으로 열리는 숨겨진 차원

위 본문에서 성경은 네 가지를 준다고 했습니다. "교훈과 책망과 바르게 함과 의로 교육하기에 유익한 것"입니다. 단 말씀을 사랑하면 주십니다. 하나님께서는 인간에게 일어나는 일에 대해 답을 숨겨 놓았습니다. 우리가 알 수 없는 세계들이 접혀 있어서 그 세계를 알려면 차원을 열어야 합니다. 감사하면 감사의 차원이 있습니다. 사랑하면 사랑으로 열리는 차원이 있습니다. 네 잘못이니 내 잘못이니 하며 시비를 가리는 것은

1, 2차원입니다. 공부를 통해 열리는 차원은 3차원입니다. 우리는 그 이상의 신비로운 차원을 모릅니다. 다차원의 신비가 뇌 속에 접혀져 있습니다. 현재 인간에게는 11차원까지 알려져 있습니다.

우리는 성경을 통해서 답을 얻을 수 있습니다. 여러분이 차원을 여십시오. 사랑해서 읽으면 사랑으로 열리는 차원이 있습니다. 감사하면서 읽으면 감사의 차원이 열립니다. 참 비밀스러운 차원입니다. 저는 이 차원들을 향유합니다. 너무 너무 기쁩니다. 과거에 동양사상을 연구할 때는 새벽과 계절에 따라 차원이 열렸습니다. 당시에 그 내용들을 많이 설교하였는데, 그 설교들을 보려면 『말씀과 현대물리학(2018. 박건한 저)』, 『말씀과 동양사상(2019. 박건한 저)』을 보시면 됩니다. 차원이 열리는 세계가 너무나 놀라워서 기록해 놓았습니다.

소크라테스만 해도 자기가 뭘 모르는지 알았습니다. 현대인은 공부만 해서 자신이 실제로 뭘 모르는지 모르니 사단이 이것을 이용합니다. 요즘 사회에 큰 문제가 되는 이단 신천○를 보십시오. 그 신도들은 사단 같은 인간 이○○의 거짓말에 휩쓸려 들어가서 그를 만왕의 왕이라고 합니다. 그 사람들이 세상적으로 무식한 사람들이 아닙니다. 대학도 졸업하고 공부 잘한 수재들도 많습니다. 이것이 큰 문제입니다. 공부 잘하는 사람일수록 자기가 뭘 모르는지 모릅니다.

우리가 공화국에서 사는데, 공화국은 함께 모여 사는 곳입니다. 내 행동이 다른 사람에게 얼마나 나쁜 영향을 미치는지 알아야 하는데 그것을 모릅니다. 나라에서 의무교육도 시키고 부모님이 정성으로 키워 놓았는데 그런 이단에 들어가서 쓸데없는 삶을 살아 버리면 남에게 얼마나 폐를 끼치는지 모릅니다. 이것은 참 심각합니다. 이런 사람들은 참된 성경을

베뢰아 사람입니까

되찾아야 합니다.

인생의 내비게이션은 성경과 그리스도입니다. 이 간단한 것을 모르고 엉뚱하게 남의 다리나 긁고 삽니다. 이 정신이 루터가 말한 '솔라 스크립투라'인데, 물론 루터는 당시에 천주교를 반대하는 데 전념하며 강조한 말입니다. 그는 성경을 일반인들이 읽어볼 수 있도록 독일어로 번역하였습니다. 일반인들이 성경을 못 읽으니 성경으로 교황이 가장 큰 사기를 치고 황제들도 같은 짓거리를 했습니다. 나중에 구텐베르그에 의해 성경이 인쇄되어서 모두가 성경을 보니 황제와 교황이 짐승이고 사단이고 음녀라는 것을 알았습니다. 그래서 성경을 바로 이해하는 것이 중요합니다.

바울의 기독론

딤전 3:16 "크도다 경건의 비밀이여, 그렇지 않다 하는 이 없도다 그는 육신으로 나타난 바 되시고 영으로 의롭다 하심을 받으시고 천사들에게 보이시고 만국에서 전파되시고 세상에서 믿은 바 되시고 영광 가운데서 올려지셨느리라"

빌 2:5-8 "너희 안에 이 마음을 품으라 곧 그리스도 예수의 마음이니 ㅇ 그는 근본 하나님의 본체시나 하나님과 동등됨을 취할 것으로 여기지 아니하시고 ㅇ 오히려 자기를 비워 종의 형체를 가지사 사람들과 같이 되셨고 ㅇ 사람의 모양으로 나타나사 자기를 낮추시고 죽기까지 복종하셨으니 곧 십자가에 죽으심이라"

초대 교회의 전승에 의하면 위의 말씀들은 초대 교회 사람들이 모여서 예수 그리스도를 고백하고 찬양한 시입니다. 이것을 바울이 서신에서 인용한 것입니다.

크도다 경건의 비밀이여

디모데전서 3장 16절 말씀에서는 경건의 비밀이 핵심입니다. 원문에는 3행 6연으로 셈족 고유의 평행대구법으로 기록되었습니다. "크도다 경건의 비밀이여"는 시작하는 문구입니다. "경건"은 우리가 새사람으로서 예수님처럼 되는 데 있어 갖추어야 할 필요충분조건입니다. 그다음에 나오는 "그렇지 않다 하는 이 없도다"로 경건을 풀어보겠습니다.

첫째로 경건은 종교 생활입니다. 안식일에 예배를 드리고 성경을 보는 것입니다. 경건이라는 말을 다른 말로 하면 '예수 그리스도를 통해 구원받고 새사람이 되는 것. 우리의 일상적인 삶 속에서 말씀을 통해 예수 그리스도를 어떻게 고백하는가.' 하는 것입니다. 이것이 안 되면 삶에서 어려움이 왔을 때 헷갈리고 방황합니다. 답은 우리가 믿음이 없다는 것입니다. 일상생활을 그렇게 못 살기 때문에 고통스러운 것입니다. "네가 하나님을 사랑하고 이웃과 생명들을 사랑했느냐? 부르심에 합당한 삶을 사느냐? 경제적으로 너를 축복했는데 양을 잡아야 할 사람이 멸치를 가져오면 되겠느냐?" 이런 내용들을 생각해야 합니다. 부르심에 합당한 삶을 살아 양심의 가책이 없어야 합니다. '이달에도 충분히 그런 삶을 살았습니다. 감사합니다.'라는 말을 할 수 있어야 합니다. 이것은 바울만의 이야기가 아니라 초대 교회의 전승입니다.

그렇지 않다 하는 이 없도다

이 말씀은 내가 정말 신앙을 똑바로 가지고 살았느냐, 안 살았느냐의 문제입니다. 신앙이 바르지 않으면 고통이 옵니다. 바르게 사는 것은 하나님을 사랑하고 이웃을 사랑하고 하나님 말씀을 믿고 행하고 적용해서 감사하며 사는 삶입니다. 믿는 것으로 그칠 것이 아니라 행하고 적용해서 감사하는 삶이 나와야 경건의 비밀을 비로소 알고 해낸 것입니다. 그런 사람은 어떤 어려움이 오더라도 별로 문제가 없습니다. 경건하게 살았기 때문입니다. 경건이란 일상적인 삶입니다. 아주 핵심적인 말입니다. 이렇게 살지 않으면 어려운 일이 생길 때 우왕좌왕하고 난리가 납니다. 주님이 재림하실 때는 더 난리날 것입니다. 주님께서는 지금 믿는 사람을 훈련시키십니다. 자신이 불의하다고 생각되면 말씀 묵상하는 것, 행하는 것, 정직하게 헌금하는 것 중에 어디서 막혔는지 회개해야 합니다.

예수님께서 요한복음 17장 17절에서 "그들을 진리로 거룩하게 하옵소서 아버지의 말씀은 진리니이다"라고 말씀하셨습니다. 말씀은 진리이므로 경건한 삶이 곧 진리의 삶입니다. 예수 그리스도를 중심 삼아 우리가 받은 구원을 감사하면서 현실의 실존 삶을 치열하게 살아야 합니다. 실존 삶은 힘듭니다. 자기를 이겨야 되기 때문입니다. 타고난 것으로는 안 됩니다. 저도 그것이 가장 고통스럽습니다. 저는 새벽 5시에 일어나서 기도하고 말씀 정리를 하였는데, 태양이 뜰 때쯤 되니 말씀이 깨달아졌습니다. 이때 받은 감동과 떠오르는 생각을 정리해서 말씀드리고 있습니다.

그는 육신으로 나타난 바 되시고

바울이 이 말을 강조한 이유는 모든 이단들은 예수의 삶과 죽음을 부정합니다. 성육신은 거짓말이라고 하며 가현설을 주장합니다. 그분이 사람으로 와서 우리처럼 살아야 우리에게 도움이 되고 우리가 깨달을 수 있지 않습니까? 그런데 예수님의 영을 받았느니 계시 받았느니 하면서 사기치면 안 된다는 것입니다. 요즘도 그런 이단이 많습니다.

근심 걱정의 뿌리는 의심입니다. "하나님이 계시나?" "예수님의 이 사건은 진짜인가?"라는 의심을 하면 안 됩니다. 의심병이 없어야 합니다. 의심병이 있으면 행하지 않습니다. 의심이 없어져야 확신이 와서 행합니다. 확신이 없으면 행하지 않습니다. 의심이 들기 때문입니다.

디모데전서 3장 16절 말씀은 예수님의 공생애 초림에서 승천까지 6줄로 노래한 것입니다. 저는 이것을 항상 암송합니다. 오늘 새벽에도 암송했습니다. "그는 육신으로 나타난 바 되시고 영으로 의롭다 하심을 받으시고"라는 말씀은 성령께서 함께 하셨다는 뜻입니다. "천사들에게 보이시고"라고 하였는데, 천사에 대해서 간단하게 개념정리를 하겠습니다.

천사의 정의

> 창 32:24 "야곱이 홀로 남았더니 어떤 사람이 날이 새도록 야곱과 씨름하다가"

야곱이 홀로 남아 있는데 어떤 사람이 와서 그와 밤새도록 씨름을 하

베뢰아 사람입니까

였습니다. 야곱이 환도뼈가 부러지거나 말거나 목숨 걸고 그 사람을 붙들었습니다. 그러니 그가 야곱에게 "네 이름이 뭐냐."고 묻습니다. "야곱인데요."라고 하니 "이름을 바꾸라."고 합니다. 야곱은 사기꾼이라는 뜻입니다. 그런데 "네가 중근동의 최고의 민족이 된다는 뜻으로 이스라엘이라고 하라."고 하며 이름을 바꾸어 줍니다. 창세기 말씀에는 그를 "어떤 사람"이라고 했습니다. 이 사람에 대해서 "야곱이 하나님과 씨름을 했다." 또는 "천사와 씨름을 했다."고 하며 말이 많은데 성경은 이 부분을 강조하지 않습니다. 천사가 어떤 모습인지는 말하지 않습니다.

> 호 12:3-4a "야곱은 모태에서 그의 형의 발뒤꿈치를 잡았고
> 또 힘으로는 하나님과 겨루되 ○ 천사와 겨루어 이기고 울며
> 그에게 간구하였으며"

여기도 천사라고 기록되었습니다. 천사를 간단하게 정의하겠습니다. 천사의 얼굴은 어떻게 생겼고 등에 날개가 있다는 등의 말들이 있는데, 이것은 중세에서 만들어 낸 전승입니다. 앵글로 색슨족을 보니 얼굴이 하얗고 하도 예뻐서 하늘에서 보낸 천사 같다고 했습니다. 그러면서 천사에 날개도 달고 지금 우리가 알고 있는 모습으로 이미지화한 것입니다. 성경은 천사가 어떤 모습인지는 강조하지 않고 천사의 기능만 말합니다.

천사는 우리 식으로 말하면 우편배달부입니다. 하나님 나라 복음을 전해 주는 배달부입니다. 그러니 천사가 잘생겼는지, 못생겼는지는 이야기할 필요가 없고 무엇을 전해 주었는지만 보면 됩니다. 천사의 모습은 중

요하지 않습니다. 나라마다 천사 같은 사람을 보내어 복음을 전한다는 말입니다. 나라마다 천사들이 가듯이 은혜받은 사람들이 가서 전했습니다. 천사의 개념을 잘 이해해야 합니다. 천사나 성인들을 그린 그림을 보면 뒤에 후광이 그려져 있는데, 이것은 중세시대 때 천사와 성인들 뒤에는 후광이 있지 않을까 싶어서 그린 것으로, 실제로 그렇지 않습니다. 당시에 천사들 그림에 후광을 그리니까 교황이나 누구나 할 것 없이 모두 후광을 그리고 나서는데, 모두 거짓입니다.

'세상에서 믿은 바 되시고'

미리 택하신 자들은 복음으로 부르십니다. 칼뱅의 튤립 교리에서는 이를 제한적 구원이라고 합니다. "그는 육신으로 나타난 바 되시고 영으로 의롭다 하심을 받으시고 천사들에게 보이시고 만국에서 전파되시고 세상에서 믿은 바 되시고 영광 가운데서 올려지셨느니라" 딱 여섯 절로 그리스도의 삶을 이원론적으로 표현했습니다. "그는 육신으로 나타난 바 되시고 영으로 의롭다 하심을 받으시고"에서 육신과 영을 대립하고, "천사들에게 보이시고 만국에서 전파되시고"에서 천사와 만국을 대립하며 6절로 노래합니다. 이 그리스도론이 너무나 대단한데 바울이 이것을 디모데전서에 기록하였습니다.

적용

믿는 사람의 처음과 시작과 끝은 그리스도입니다. 우리가 자신을 이기지 못하더라도 예수님을 마음에 모시고 그분의 십자가에 죽으심과 그분의 실존적인 삶을 통해서 이겨야 합니다. 예수님의 수난을 생각하며 매일매일 자기를 싸워서 이겨 나가야 우리는 경건한 삶을 살 수가 있습니다. 그리고 말씀을 암송하고 묵상해야 합니다. 저는 신약의 그리스도론을 거의 다 암송합니다. 이 여섯 절에서 알 수 있듯이 새사람이 되었다면 이 말씀을 자기에게 적용해야 합니다. 남에게 적용하면 안 됩니다. 누구 때문에 이렇게 되었다고 하는 것은 참 믿는 사람이 아닙니다.

> 시 19:1-11 "하늘이 하나님의 영광을 선포하고 궁창이 그의 손으로 하신 일을 나타내는도다 ○ 날은 날에게 말하고 밤은 밤에게 지식을 전하니 ○ 언어도 없고 말씀도 없으며 들리는 소리도 없으나 ○ 그의 소리가 온 땅에 통하고 그의 말씀이 세상 끝까지 이르도다 하나님이 해를 위하여 하늘에 장막을 베푸셨도다 ○ 해는 그의 신방에서 나오는 신랑과 같고 그의 길을 달리기 기뻐하는 장사 같아서 ○ 하늘 이 끝에서 나와서 하늘 저 끝까지 운행함이여 그의 열기에서 피할 자가 없도다 ○ 여호와의 율법은 완전하여 영혼을 소성시키며 여호와의 증거는 확실하여 우둔한 자를 지혜롭게 하며 ○ 여호와의 교훈은 정직하여 마음을 기쁘게 하고 여호와의 계명은 순결하여 눈을 밝게 하시도다 ○ 여호와를 경외하는 도는 정결하여 영원까지 이르고 여호와의 법도 진실하여 다 의로우니 ○ 금 곧 많은 순금보다 더 사모할 것이며 꿀과 송이꿀보다 더 달도다 ○ 또 주의 종이 이것으로 경고를 받고 이것을 지킴으로 상이 크니이다"

다윗이 하나님의 말씀을 노래한 것입니다. 여러분이 이 시편 19편 말씀을 암송하면 좋습니다. 말씀은 예수님과 함께 특별계시입니다. 자연계시를 초월하는 것입니다.

바울의 종말론

> 딤후 3:1-5 "너는 이것을 알라 말세에 고통하는 때가 이르러 ○ 사람들이 자기를 사랑하며 돈을 사랑하며 자랑하며 교만하며 비방하며 부모를 거역하며 감사하지 아니하며 거룩하지 아니하며 ○ 무정하며 원통함을 풀지 아니하며 모함하며 절제하지 못하며 사나우며 선한 것을 좋아하지 아니하며 ○ 배신하며 조급하며 자만하며 쾌락을 사랑하기를 하나님 사랑하는 것보다 더하며 ○ 경건의 모양은 있으나 경건의 능력은 부인하니 이같은 자들에게서 네가 돌아서라"

바울이 개인의 종말에는 어떤 마음과 목적을 가지고 사는지 이야기하고 있습니다. 본인에게 몇 가지가 해당되는지 적용해 보기 바랍니다. 전체 종말은 개인의 종말로 시작합니다. 전체 종말은 지구적인 차원에서 지진, 화재, 해일, 전염병으로 나타납니다. 성경에서 지구 전체적인 종말이 나타나는 표를 이야기했습니다. 그러므로 우리는 모든 일에 있어서 주님 앞에 경건하게 살아야 할 것입니다.

베뢰아 사람입니까

27

순례자의 삶을 살자

2020. 4. 5.

시편 84:1-12

"만군의 여호와여 주의 장막이 어찌 그리 사랑스러운지요 ○ 내 영혼이 여호와의 궁정을 사모하여 쇠약함이여 내 마음과 육체가 살아 계시는 하나님께 부르짖나이다 ○ 나의 왕, 나의 하나님, 만군의 여호와여 주의 제단에서 참새도 제 집을 얻고 제비도 새끼 둘 보금자리를 얻었나이다 ○ 주의 집에 사는 자들은 복이 있나니 그들이 항상 주를 찬송하리이다 (셀라)○ 주께 힘을 얻고 그 마음에 시온의 대로가 있는 자는 복이 있나이다 ○ 그들이 눈물 골짜기로 지나갈 때에 그 곳에 많은 샘이 있을 것이며 이른 비가 복을 채워 주나이다 ○ 그들은 힘을 얻고 더 얻어 나아가 시온에서 하나님 앞에 각기 나타나리이다 ○ 만군의 하나님 여호와여 내 기도를 들으소서 야곱의 하나님이여 귀를 기울이소서 (셀라) ○ 우리 방패이신 하나님이여 주께서 기름 부으신 자의 얼굴을 살펴 보옵소서 ○ 주의 궁정에서의 한 날이 다른 곳에서의 천 날보다 나은즉 악인의 장막에 사는 것보다 내 하나님의 성전 문지기로 있는 것이 좋사오니 ○ 여호와 하나님은 해요 방패이시라 여호와께서 은혜와 영화를 주시며 정직하게 행하는 자에게 좋은 것을 아끼지 아니하실 것임이니이다 ○ 만군의 여호와여 주께 의지하는 자는 복이 있나이다"

시편 기초

시편은 150편까지 있는데 히브리 원어 제목은 '세페르 테힐림'입니다. '세페르'는 '책', '테힐림'은 '찬양'으로, '찬양의 책'이라는 뜻이며 순례자가 찬양하는 내용입니다. 우리는 이 구조에서 먼저 순례자의 성격을 파악해야 합니다. 이스라엘에서는 모세오경인 토라의 분류를 근거로 시편을 5권으로 나누는 경향이 있습니다. 오늘 본문인 시편 84편은 시편 중에서 제3권에 해당합니다. 73편에서 89편까지가 3권에 해당되는데, 내용의 성격상 토라 중에서 레위기에 속합니다. 성전과 제사, 예배에 관한 내용이 주를 이루어 성전 예배가 무엇인지, 왜 성전 예배를 갈망하는지에 대해서 바로 이해할 수 있습니다.

시편 84편은 고라 자손의 노래로서 이 시편은 성격적으로 순례시에 해당합니다. 시편에는 감사의 시, 참회의 시, 청원의 시 등 7가지[8] 종류의 시가 있습니다. 핵심은 84편이 순례시라는 것입니다. 다윗시대의 순례자의

....

8 찬양시, 순례자의 시, 제왕 즉위시, 개인 감사시, 애가, 공동체 감사시 등으로 분류 방법은 학자마다 차이가 있다. - 편집자 주.

베뢰아 사람입니까

노래는 20개의 시편으로, 43편, 46편, 76편, 84편, 87편, 그리고 120편에서 134편까지 성전을 한 계단 한 계단 올라가며 춤추는 노래입니다.

순례란 무엇인가

여행은 가는 의미와 방식에 따라 관광과 여행과 순례로 구분할 수 있습니다. 관광은 여기 갔다, 저기 갔다 하며 아무 의미가 없이 스트레스만 쌓이고 힘이 듭니다. 여행은 새로운 것을 보는 것은 좋은데 욕구불만에 휩싸입니다. 다녀와도 여기저기 또 가고 싶어집니다. 그런데 하나님은 우리에게 우리의 삶이 순례라고 하십니다. 순례의 핵심은 감사입니다. 우리의 인생은 관광도 아니고 여행도 아니고 순례입니다. 순례는 감사로 넘쳐야 합니다. 오늘 설교를 들으면서 내 삶이 순례인지 관광인지 여행인지, 아니면 이것도 저것도 아닌 방콕인지 잘 생각해 보아야 합니다.

우리는 하나님이 창조하신 세계를 보고 감사하고 기뻐하는 순례의 삶으로 부름 받았으니 '오늘 무슨 새로운 일이 있을까?'를 생각하며 매일 감사해야 합니다. 관광은 짐짝 취급당하고 하루 종일 피곤하기만 합니다. 인생이 이런 사람이 있습니다. 또한 인생이 여행인 사람에게는 아무리 해 봐야 늘 욕구불만입니다. 그러나 순례하는 자의 마음가짐은 감사입니다. 그는 늘 노래하고 감사합니다. 시편 84편 말씀을 통하여 우리 모두 순례의 삶으로 바꾸어 나가야 합니다. 우리에게 일반적으로 드는 마음은 옳지 못합니다.

순례의 전통

유대 나라는 7대 절기가 있습니다. 레위기와 민수기를 보면 유대 남자는 3대 절기 때 반드시 예루살렘에 올라가야 합니다. 이때 올라가는 길이 순례자의 길입니다. 이 길을 춤추면서 감사하면서 올라가기를 하나님은 원하십니다. 유월절, 칠칠절, 장막절 이 세 절기에는 반드시 남자들이 올라가서 하나님 앞에 유다지파의 누구, 레위지파의 누구라고 이름을 알려야 합니다. 이름을 알리지 않으면 유대 나라의 율법에 어긋나기 때문에 유대인이 아닙니다. 이 순례의 시는 장막절에 올라가는 노래입니다. 그리고 괄호 안에 보면 '깃딧'이라는 말이 나오는데, 깃딧은 포도주 틀을 밟으면서 부르는 노래라는 뜻으로 어떤 가락이나 악기를 가리키는 것입니다.

시편 84편은 고라 자손의 시라고 했는데, 고라는 출애굽 할 때 모세에게 반기를 들어서 하나님께 벌을 받아 죽은 사람입니다. 고라는 모세의 사촌인데, 그가 생각할 때 '나라고 왜 지도자를 못 하나.' 싶어서 모세와 아론에게 반역을 일으켰습니다. 그래서 하나님이 고라와 함께 고라에게 동조한 무리들을 쳐서 땅속에 묻었습니다. 그러나 연좌법이 아니기 때문에 하나님께서 고라의 아들들은 남겨두셨습니다. 그 아들들이 나중에 회개하여 모세의 진중에 들어와서 음악을 맡게 되었습니다.

고라 자손은 음악 중에서도 제의적인 음악을 맡았다고 되어 있습니다. 절기에 특별히 악장과 악대, 가수가 참가하여 함께 부를 때에 고라 자손이 지휘하였습니다. 찬양대에는 아삽도 있고 다윗도 있습니다. 다윗은 주로 혼자 수금을 타는 솔로연주자입니다. 아삽은 노래를 부를 때 성령의 감동이 임하면 예언한 사람입니다. 그래서 아삽의 시들은 거의 예언입니다.

고라 자손의 시는 제사와 의례가 살아 있습니다. 찬양의 작곡, 작사, 노래, 지휘, 악기를 총괄적으로 지휘하는 사람이 고라 자손입니다. 그런데 이 시편을 찾게 된 유래가 진기합니다. 바벨론 포로 생활에서 돌아온 사람들이 성경을 결집하는 과정에서 각 지파에서 시편을 가지고 나왔는데, 레위지파의 고라 자손이 우리 조상 때부터 예배드릴 때 사용한 곡이라고 하며 11개의 시편을 가지고 왔습니다. 그 속에 시편 84편이 있었습니다.

84편 강해

시편 84편은 3연으로 되어 있습니다. 1연은 1-4절, 2연은 5-8절, 3연은 9-12절까지 '셀라'로 구분할 수 있습니다. 예루살렘에 가면서 소망했던 것으로 복을 받는 내용의 노래입니다.

유대 나라에서는 '가다'와 '오다'의 동사를 동일하게 사용합니다. 시편 84편은 성전을 향해 예루살렘으로 올라가면서 부르는 노래이기도 하지만 포로 생활을 하면서 파괴된 성전을 그리워하며 복구하기를 갈망하는 노래라고 생각하는 학자들도 있습니다. 즉 예루살렘에서, 순례에서 점점 멀어져 멀리 쫓겨 가면서 부르는 노래이기도 하다는 것입니다. 그러나 그리움은 똑같습니다. 가거나 오거나 똑같은 순례자의 노래인 것입니다.

84편에는 하나님의 이름이 곳곳에 나오는데, 주로 '만군의 여호와'가 고백되고 있습니다. 1절과 12절에서 만군의 하나님이라는 이름을 같이 노래하는 구조를 '수미상관법'이라고 합니다. 머리와 꼬리가 서로 관계되어 있는 구조로서 주제와 리듬을 반복하고 강조한다는 뜻입니다.

셈족들은 시를 쓸 때 대구 구조를 많이 사용했습니다. 첫째 행과 둘째 행의 내용이 같거나 같은 이야기를 다른 단어로 반복해서 말하는 방식을 평행 대구법이라고 합니다. 둘째 행이 첫째 행에 비하여 진보되었으면 종합적 대구라고 합니다. 둘째 행이 첫째 행의 의미를 강조하거나 표현을 심화했을 때는 상징적 대구라고 합니다. 시편 84편은 3연을 통해서 의미와 발전을 점층적으로 하고 있기 때문에 종합적 대구 형식의 시라고 할 수 있습니다.

> 1-4절 "만군의 여호와여 주의 장막이 어찌 그리 사랑스러운지요 ○ 내 영혼이 여호와의 궁정을 사모하여 쇠약함이여 내 마음과 육체가 살아 계시는 하나님께 부르짖나이다 ○ 나의 왕, 나의 하나님, 만군의 여호와여 주의 제단에서 참새도 제 집을 얻고 제비도 새끼 둘 보금자리를 얻었나이다 ○ 주의 집에 사는 자들은 복이 있나니 그들이 항상 주를 찬송하리이다 (셀라)"

여기까지가 1연입니다. 1연의 주제는 하나님의 성전에 대한 그리움입니다.

> 5-8절 "주께 힘을 얻고 그 마음에 시온의 대로가 있는 자는 복이 있나이다 ○ 그들은 눈물골짜기로 지나갈 때에 그 곳에 많은 샘이 있을 것이며 이른 비가 복을 채워 주나이다 ○ 그들은 힘을 얻고 더 얻어 나아가 시온에서 하나님 앞에 각기 나

타나리이다 ○ 만군의 하나님 여호와여 내 기도를 들으소서
야곱의 하나님이여 귀를 귀울이소서(셀라)”

5절에서 8절까지가 2연입니다. 2연의 주제는 하나님의 성전을 사모하
며 사는 자에게는 복이 온다는 것입니다. ‘눈물골짜기’란 예루살렘으로
올라가는 길에 있는 골짜기를 말하는 것으로써 히브리어로 ‘바카’, 즉 ‘눈
물을 흘리는 곳’이라는 뜻입니다. 학자들이 조사를 해 보니 바카 골짜기
에는 발삼나무가 있는데, 발삼나무들이 수액을 많이 흘린다고 합니다.
그것을 눈물골짜기로 표현한 것입니다. 이것은 비유법으로 눈물골짜기
이면서 성전에 올라가는 순례의 길이 참 힘들다는 것, 아울러 순례자와
같은 우리의 삶이 그만큼 힘들다는 것을 나타내는 것이라고 학자들은 해
석합니다.

9-12절 “우리 방패이신 하나님이여 주께서 기름 부으신 자의
얼굴을 살펴 보옵소서 ○ 주의 궁정에서의 한 날이 다른 곳에
서의 천 날보다 나은즉 악인의 장막에 사는 것보다 내 하나님
의 성전 문지기로 있는 것이 좋사오니 ○ 여호와 하나님은 해
요 방패이시라 여호와께서 은혜와 영화를 주시며 정직하게
행하는 자에게 좋은 것을 아끼지 아니하실 것임이니라 ○ 만
군의 여호와여 주께 의지하는 자는 복이 있나이다”

3연의 주제는 어떤 희생을 치르더라도 주의 성전에 가서 예배드릴 것
을 결단하는 내용입니다. 11절에서 여호와 하나님은 태양이라고 하였습

니다. 여행자에게 있어 태양은 너무나 필요한 것입니다. 저는 기도하고 아침에 일찍 꼭 태양을 봅니다. 너무나 기쁘게 감사하면서 만납니다. '하나님은 태양이고 방패이시다.'라는 고백을 이 시인도 하고 있습니다. 이 시에서 1연, 2연, 3연의 내용에서 그 의미와 찬양이 확대되고 있습니다. 이런 구조를 종합적 대구라고 합니다.

시편 84편의 내용을 분석하다 보면 우리 시대와 맞지 않는 단어들이 많습니다. 그러나 이 시인의 감정은 충분히 공감할 수 있습니다. 하나님의 성전을 갈망하면서 순례의 길로 나선다는 것이 너무나 축복된 삶이라는 것과 그에 대해 만군의 여호와께 감사하는 내용입니다.

의인의 삶은 순례자의 삶이다

오직 의인은 믿음으로, 순례자의 마음으로 인생을 살아가야 합니다. 감사하고 찬양하면서 살아가야 합니다. 이것이 이 시의 특징이고 핵심입니다. 이것을 놓치면 우리는 이 시를 이해하지 못합니다.

여러분의 삶이 순례자가 되어야 합니다. 삶을 살아 보면 알다시피 실존은 눈물의 골짜기입니다. 정말 괴롭습니다. 그럼에도 불구하고 이 시인은 순례를 받아들여서 태양을 보며 감사하고 나무를 보며 기뻐하고 돌을 소중히 여기고 티끌에서 조차도 하나님이 지으신 손길을 느끼면서 감사하고 있습니다. 우리는 이런 감사를 회복해야 합니다. 이러한 감사를 회복하지 않으면 우리의 삶은 참으로 불행하게 됩니다.

하나님께 우리는 순례자로 부름 받았습니다. "내가 창조한 세계를 모두한번 보거라. 그리고 감사하며 기쁘게 살아라."라는 것이 하나님께서 우리에게 부탁하시는 말씀입니다.

코로나 팬데믹의 역설

코로나 사태로 인해 알게 된 것 중 하나가 우리나라가 이렇게 선진국인 줄 몰랐다는 사실입니다. 미국이 대단한 나라인 줄 알았는데 앞으로 20만 명의 사망자가 나올 것이라고 해서 난리입니다. 트럼프가 큰소리쳐도 내용은 아무것도 없습니다. 어제 뉴스에는 프랑스로 가게 되어 있는 몇 백만 장의 마스크를 미국에서 3배의 가격을 더 주고 가로채서 난리가 났다는 소식이 있었습니다. 지금 세계가 코로나 사태로 요지경입니다.

유럽의 교만이 떨어진 것을 보니 참 재미있습니다. 자기들은 아주 선진국인양 큰소리치더니 국민들을 위한 보건 정책이 형편없습니다. 이런 것을 보면 하늘의 재앙이 인간의 기술과 문명과는 아무 상관이 없음을 알게 됩니다. 유럽이나 미국이 하나님이 창조한 세계를 오염시킬 때 하나님은 재앙을 통하여 지구의 하늘을 되살리십니다. 인도도 미세먼지로 인해 늘 잿빛하늘이었는데 코로나로 13억 인구를 격리시키니 뉴델리에 파란 하늘이 나타났다고 합니다. 우리는 이런 세계적인 팬데믹 앞에서도 장점과 단점을 각각 볼 수 있어야 합니다.

28

이사야서 설교를 시작하며
- 이사야서 강해 1

2020. 4. 12.

이사야 1:1

"유다왕 웃시야와 요담과 아하스와 히스기야 시대에 아모스의 아들 이사야가 유다와 예루살렘에 관하여 본 계시라"

선지서와 배경의 관계

선지서를 이해하기 위해서는 국내, 국제적인 배경 및 주위의 상황에 관한 이해가 중요합니다. 이러한 배경과 상황을 모르고 성경을 자기 식대로, 자의적으로 해석하는 것은 엉터리입니다. 이사야서를 공부하려면 주전 8세기에 일어났던 국제, 국내 문제와 이사야 선지자의 상황을 아는 것이 중요합니다.

사 1:1 "유다왕 웃시야와 요담과 아하스와 히스기야 시대에 아모스의 아들 이사야가 유다와 예루살렘에 관하여 본 계시라"

베뢰아 사람입니까

여기에 나오는 웃시야, 요담, 아하스, 히스기야는 주전 8세기 이사야 시대 때 유명한 남유다의 왕들입니다. 이 네 왕들의 시기에 이사야가 선지자로 사역하였습니다. 이사야 시대 때 중근동의 패권 국가는 아시리아 제국이었습니다. 다음이 바벨론 제국, 그다음이 페르시아 제국으로 이 3대 제국이 순서적으로 이어집니다.

웃시야는 다윗 이후 최고의 왕으로 일컬어졌습니다. '웃시야'는 '야훼는 힘이시다'라는 뜻이고, '이사야'라는 이름의 의미는 '야훼 하나님은 구원이시다'입니다. 이름의 의미를 꼭 기억하십시오. 이사야서에 흐르는 제1주제가 '하나님은 구원이시다'입니다. '어떻게 구원받고 어떻게 심판받을 것인가'라는 것이 중요합니다. 왜냐하면 구원은 언제든지 심판과 함께 있기 때문입니다. 위험과 기회가 함께 있습니다. 이름 속에 상당히 함축적인 의미가 있습니다.

남유다는 다윗 이후로 웃시야 때 가장 세력이 팽창하였습니다. 다윗은 43년간 왕위에 있었는데 웃시야는 52년을 왕위에 있었습니다. 웃시야의 재위 기간 동안 블레셋과 아라비아의 땅들을 공격해 예전에 빼앗긴 영토를 거의 찾았습니다. 또한 아라비아와 무역을 해서 나라가 부유해졌습니다. 그런데 인간의 보편적인 본질은 부유하고 번영하면 게으르고 오만해집니다. 그리고 그때부터 타락이 시작됩니다. 이사야 1장부터 5장까지가 그들의 타락의 내용입니다.

성경에서 역사를 보려면 열왕기상하와 역대상하를 보아야 합니다. 거기에 웃시야, 요담, 아하스, 히스기야가 세밀하게 기록되어 있습니다. 웃시야는 이렇게 번영했지만 나중에 오만해져서 제사장권도 마음대로 하려다가 문둥병에 걸렸습니다. 정치권력에 이어 제사장권도 가지려고 하다가 하나님께 벌을 받아서 문둥병에 걸려 유폐되다시피 해서 죽었습니다.

1장에서 5장 살펴보기

이사야서 1장에서는 모든 남자와 여자들이 불의하고 경건한 삶을 못 살면서 종교 행위만 하며 제물만 바치는 내용이 나옵니다. 약한 사람을 무시하고 희생시키며 경건한 삶은 살지 않고 성전에 가서 예배만 드리는 것입니다.

2장은 우상 문제입니다. 우상을 세워 놓고 그 밑에서 악한 일을 행합니다. 우상과 하나님 신앙의 다른 점이 있습니다. 우상이란 원래 실체가 없는 것을 인간들이 만들어서 섬기는 것인데, 거기에 자기 마음을 실어서 숭배했다가 회개했다가 스스로 용서합니다. 하지만 하나님은 "성전에 오지 마라. 내 마당 밟지 마라. 소 잡아서 피 흘리는 것은 살인하는 것과 똑같다. 피 냄새가 징글징글하니 오지 마라."고 하십니다. 이것을 '반제의 신학'이라고 합니다. 말씀은 지키지 않으면서 제사드리고, 예배드리지 말라고 하는데도 악을 쓰며 열심히 예배를 보고 교회에 옵니다.

3장에서는 여자들의 악이 나옵니다. 남자들은 온갖 악을 다 저지르고 약한 자들을 무시하면서 교회에 와서 제물만 드리고 여자들은 3장에 보면 치장하는 종류가 21가지입니다. 요즘도 그렇게 치장하는 여자는 잘 없습니다. 멀리서 보면 보석이 왔다 갔다 하는 것 같습니다. 타락한 여자의 끝은 사치이고 남자의 끝은 오만입니다.

웃시야 때 경제적으로 축복을 받으니 인간이 이렇게 되었습니다. 그래서 하나님이 심판을 선포하시는데, 하나님의 심판의 내용을 잘 알아야 합

베뢰아 사람입니까

니다. 하나님의 심판은 심판-구원, 심판-구원, 심판-구원의 리듬입니다. 이사야서는 모두 노래로 되어 있습니다. 심판의 노래와 구원의 노래가 계속 반복됩니다.

6장 강해

이사야가 젊을 때 가장 꿈을 준 사람은 웃시야였습니다. 국토도 넓고 무역도 잘해서 나라가 번영했습니다. 당시 북이스라엘의 왕은 여로보암 2세였는데, 이때 남유다와 북이스라엘 모두 정치, 경제, 군사적으로 중흥기를 이루던 시기였습니다. 그런데 하나님의 구원 계획에서 볼 때는 유대 백성들이 오만해져서 남자나 여자나 모두 타락하고 있었습니다. 하나님이 보시기에 "신명기 율법을 그렇게 강조했는데 나의 백성이 이럴 수가 있나."라고 하시며 선지자를 보냈습니다. "잘되면 오만해진다고 신명기를 통해 말했는데 너희들이 또 그렇게 되었구나."라며 정신을 차리라고 계속 선지자를 보냈지만 유대 백성들은 말을 듣지 않았습니다.

웃시야 왕이 죽어 버리자 이사야는 인간적으로 꿈이 사라졌습니다. 그래서 괴로워 성전에 있을 때 하나님을 보았습니다. 6장은 소명의 장입니다. 이번 시간은 이사야서 39장까지의 핵심 내용을 말씀드릴 것인데, 그중에서 태풍의 눈 같은 핵심이 이사야 6장입니다. 저는 이사야 6장의 중요한 말씀들을 다 외우고 좋아합니다. 이사야는 인간적인 길과 소망이 끊기자 성전에 가서 기도를 하기 시작합니다.

사 6:1 "웃시야 왕이 죽던 해에 내가 본즉 주께서 높이 들린 보좌에 앉으셨는데 그의 옷자락은 성전에 가득하였고"

기도를 하다가 보좌에 앉으신 여호와 하나님과 그의 옷자락이 성전에 가득한 것을 보았습니다. 이사야가 구약의 하나님을 본 것입니다.

사 6:2 "스랍들이 모시고 섰는데 각기 여섯 날개가 있어 그 둘
로는 자기의 얼굴을 가리었고 그 둘로는 자기의 발을 가리었
고 그 둘로는 날며"

하나님의 천사들이 아주 독특한 모습으로 날아다니는 것이 보였습니다. 스랍들에 대해서는 다음에 밝히겠습니다.

사 6:3 "서로 불러 이르되 거룩하다 거룩하다 거룩하다 만군
의 여호와여 그의 영광이 온 땅에 충만하도다 하더라(워 카르
제엘제 워 아마르 카도쉬 카도쉬 카도쉬 아도나이 체바오트
멜로 카 하레쯔 카보도)"

세상은 악으로 충만한데 천사들은 하나님의 영광이 충만하다고 합니다. 랍비들이 읽은 히브리 원어는 '멜로 카 하레쯔 카보도'입니다.

사 6:4-5 "이같이 화답하는 자의 소리로 말미암아 문지방의
터가 요동하며 성전에 연기가 충만한지라 ○ 그 때에 내가 말
하되 화로다 나여 망하게 되었도다 나는 입술이 부정한 사람

이요 나는 입술이 부정한 백성 중에 거주하면서 만군의 여호
와이신 왕을 뵈었음이로다 하였더라"

이 당시에는 만군의 하나님의 이름을 불렀습니다. 성전에 가서 하나님
의 크신 위엄을 보고 자기가 죄인임을 깨닫습니다. 우리가 하나님을 바
로 신앙하면 자기 잘못을 깨닫습니다. 하나님을 보고 자기를 보니 '저는
죄인입니다'라고 깨닫는 것이 핵심입니다. 어떤 사람은 하나님을 보고 회
개했다고 하면서 교만하기 짝이 없는 사람이 있습니다. 그리고는 남을
계속 판단하는데, 그것은 사단의 영이 임한 것입니다.

이사야는 말을 잘못한 사람으로서 스스로 죄인이라고 고백합니다. 말
도 해야 하는 말이 있고 해서는 안 되는 말이 있습니다. 그런데 그런 것
을 구분하지 못하고 꼭 해야 할 말은 안 하고, 하면 안 되는 말이나 행동
만 계속하는 사람들이 있습니다. 현재 일부 한국 교회처럼 말입니다. 코
로나 바이러스의 전염 때문에 대면 예배를 드리지 말라고 하면 그 정책을
따라야 하는데 정책이 어떻든지 말든지 대면 예배를 강행하면서 사회에
민폐를 끼칩니다. 그러지 말라고 하면 헌법에 보장된 예배 보는 자유를
왜 막느냐고 합니다. 교회가 사회적 엇박자로 가고 있습니다.

개인적으로도 이처럼 엇박자가 계속됩니다. 이사야는 하나님을 보는
순간 자기를 바라봅니다. "제 입술이 죄인입니다. 정말로 해야 할 말은 안
하고 해서는 안 되는 말을 하였습니다. 어떤 것은 말 안 하고 행동해야 하
는데 말만 했습니다."라고 고백합니다. 이사야는 나비(nabi)로서 궁정 예
언가였는데, 유대 궁궐 안에서 교육받은 선지자였습니다.

사 6:6-7 "그 때에 그 스랍 중의 하나가 부젓가락으로 제단에서 집은 바 핀 숯을 손에 가지고 내게로 날아와서 ㅇ 그것을 내 입술에 대며 이르되 보라 이것이 네 입에 닿았으니 네 악이 제하여졌고 네 죄가 사하여졌느니라 하더라"

스랍이 제단 불의 숯을 가지고 와서 이사야의 입술에 댑니다. 입술로 죄를 지었기 때문입니다. 그리고 이사야에게 네 죄가 사하여졌다고 스랍이 말합니다. 우리가 "예수 그리스도를 믿습니다."라고 고백하고 경건한 생활을 하는 것과 똑같습니다.

사 6:8 "내가 또 주의 목소리를 들으니 주께서 이르시되 내가 누구를 보내며 누가 우리를 위하여 갈꼬 하시니 그 때에 내가 이르되 내가 여기 있나이다 나를 보내소서 하였더니"

하나님을 보았고, 입술에 죄가 있음을 알았습니다. 천사가 와서 입술을 불로 지져 죄 사함을 받았습니다. 그렇게 깨끗한 사람이 되니 귀가 열려 하나님 말씀이 들립니다. 이 순서가 맞아야 합니다. 만약 이사야가 성전을 보고 바로 귀가 열려 하나님 말씀이 들린다고 하면 거짓말입니다. 죄 문제가 있기 때문입니다. 인류 역사의 모든 종교 중에서 죄 문제를 다루는 것은 기독교의 아주 독특한 점입니다.

하나님이 예루살렘에 누가 가서 백성들의 죄를 지적하고 깨우쳐 줄까 하십니다. 이제 하나님의 말씀이 들리니 이사야가 "내가 여기 있나이다 나를 보내소서"라고 합니다. 여호와의 영광을 보았으니 좋은 메시지를 말할 것이고, 하나님을 보았으니 큰 소명을 내릴 것이라 기대합니다.

> 사 6:9-10 "여호와께서 이르시되 가서 이 백성에게 이르기를
> 너희가 듣기는 들어도 깨닫지 못할 것이요 보기는 보아도 알
> 지 못하리라 하여 ○ 이 백성의 마음을 둔하게 하며 그들의 귀
> 가 막히고 그들의 눈이 감기게 하라 염려하건대 그들이 눈으
> 로 보고 귀로 듣고 마음으로 깨닫고 다시 돌아와 고침을 받을
> 까 하노라 하시기로"

참으로 놀라운 말씀을 하십니다. 가서 못 깨닫게 하라고 하십니다. 바보가 되게 하라는 말씀입니다. 이사야가 얼마나 실망하였을까요? "하나님 이것이 도대체 무슨 메시지입니까? 귀를 더 어둡게 하고 눈을 더 어둡게 하여 말씀을 아무리 들어도 무슨 말인지 모르고 아무리 배워도 뭐가 뭔지 모르게 하라니요?"라고 하지 않았겠습니까? 이 말씀의 의미는 이스라엘 백성들의 영적 타락이 심해서 눈과 귀가 막혀 오히려 본문 말씀을 들으면 더 이해하지 못하고 뭐가 뭔지 모르는 무지함에 떨어진다는 뜻입니다. 이사야는 하나님께서 열방의 흥망성쇠를 예언하고 말씀을 선포하라고 하실 줄 알았는데 백성들이 못 깨닫게 하라고 하시니 큰일입니다.

> 사 6:11 "내가 이르되 주여 어느 때까지니이까 하였더니 주께
> 서 대답하시되 성읍들은 황폐하여 주민이 없으며 가옥들에는
> 사람이 없고 이 토지는 황폐하게 되며"

어느 때까지인지를 물으니 이 땅에 사람 사는 곳이 없어야 한다고 하십니다. 이것은 바벨론 포로를 상징합니다. 세상에 이런 충격적인 메시지가 어디 있단 말입니까?

> 사 6:12-13 "여호와께서 사람들을 멀리 옮기셔서 이 땅 가운데에 황폐한 곳이 많을 때까지니라 ○ 그 중의 십분의 일이 아직 남아 있을지라도 이것도 황폐하게 될 것이나 밤나무와 상수리나무가 베임을 당하여도 그 그루터기는 남아 있는 것 같이 거룩한 씨가 이 땅의 그루터기니라 하시더라"

어느 때까지냐고 여쭈니 구체적인 때도 말씀을 안 하고 "예루살렘은 완전히 황폐하게 될 것이고 여기 있는 사람들은 모두 이방 나라로 잡혀간다."라고 하십니다. 이사야는 속으로 '십 분의 일이라도 남겨주시지.'라고 생각했을 것이지만 하나님께서는 "십 분의 일도 안 되도록 다 쫓을 것이다."라고 하십니다. 부유하게 해 주니 신명기 율법을 지키는 사람이 없고 타락해서 못된 짓만 하니 그런 인간들은 모두 쫓아내야 하신다는 것입니다.

그러나 "다 베임을 당하여도 그루터기는 남아 있다. 거기서 혹시 새싹이 날 수 있다."라고 하십니다. 그들이 바로 의인들입니다. 하나님께서 남겨둔 사람들입니다. 악인의 반대는 선인이 아니라 의인입니다. '악인은 멸망하지만 의인은 구원한다.'라는 것이 이사야의 메시지입니다. 이사야는 놀랍고 상상도 할 수 없는 메시지를 받았습니다.

베뢰아 사람입니까

주전 8세기 선지자들

이사야, 호세아, 요나, 요엘, 아모스, 미가 이 여섯 사람은 동시대 선지자들입니다. 궁정 예언가로 폭포수처럼 말하는 자는 이사야이고 서민들을 상대로 선포한 사람은 미가입니다. 호세아와 아모스 선지자는 북이스라엘에 대한 예언을 선포했습니다. 이들은 모두 부유해지고 오만해져서 망할 때 선포한 선지자들입니다. 여기서 중요한 내용은 우리도 가정적으로 경제적으로 편할 때 이런 말씀을 묵상하지 않으면 오만해지거나 피폐해져서 망한다는 사실입니다. 이것은 하나님이 우리 유전자 속에 이미 결정해 놓은 내용입니다.

주전 8세기 시대의 성경의 역사를 공부하면 여섯 명의 선지자를 저절로 알 수 있습니다. 그래서 이 시대의 역사를 아는 것이 중요합니다.

이사야서 구조

7장부터 12장까지는 아하스 왕 때 유대 나라에 대한 예언입니다. 13장부터 23장까지는 열방에 대한 예언으로 열여섯 나라에 대한 예언입니다. 24장부터 27장까지는 소묵시록입니다. 28장부터 34장까지는 이들의 악을 장송곡으로 노래했습니다. "화 있을진저"라는 말은 히브리 원어로 "호이"입니다. "호이"는 장례식에서 하는 말로 "아이고 죽겠다."라는 뜻입니다. 35장부터 39장까지는 히스기야 왕의 이야기입니다. 히스기야 왕 때 아시리아 제국의 왕은 산헤립이었으며, 히스기야와 산헤립의 관계를 이야기합니다. 이것은 내러티브입니다.

히스기야가 병들어 죽게 된 것을 고쳐 놓으니 그만 교만해져 바벨론 왕 므로닥발라단이 보낸 사자가 왔을 때 궁 내의 모든 보물을 다 보여 주며 자기 자랑을 했습니다. 그러자 이때 이사야가 유명한 예언을 합니다. "바벨론에 보물을 다 뺏기고 포로가 되어 잡혀가고 그 포로 중에 많은 젊은 사람은 환관이 될 것이다." 다니엘 같은 사람을 말하는 것입니다.

이사야서는 구약시대 때부터 유대인들과 기독교인들에게 있어 최고의 글로 여김을 받았습니다. 그 이유는 이사야서만 통달하면 성경을 다 통달하기 때문입니다. 이사야서는 예수 그리스도에 대한 예언의 비밀이 있는 복음이라고 해서 '제5복음'이라고 하였습니다. 칼빈을 비롯해서 주석을 쓰지 않은 사람이 없을 정도로 많은 신학자들이 이사야서에 감동하여 주석을 썼습니다.

이사야서의 구조를 보면 39장까지는 이스라엘의 죄와 그에 대한 심판이 주를 이루고, 40장부터 66장까지는 위로와 마지막 구원의 때에 주어질 회복에 대한 내용이 핵심입니다. 재미있는 것은 구약 39권과 신약 27권처럼 이사야서 전반부 39장과 후반부 27장의 메시지가 신구약의 메시지와 일치한다는 점입니다. 구조적으로 장과 절은 후기에 나누었지만 마치 하나님께서 66장으로 하라고 미리 맞추신 것 같습니다.

이사야서의 저자 문제

그런데 18세기 자유주의 신학 시대에 와서 예수님과 성경의 권위를 훼손시키기 위하여 여러 가지 연구를 했는데, 특히 이사야서가 가짜라는 것을 밝히고 싶어서 여러 명이 연구를 하다가 좀 이상한 점을 발견했습니다. 39장까지 심판과 구원을 이야기하더니 40장부터는 내 백성을 위로하라고 하며 위로의 장으로 바뀌는데, 문체도 틀리고 여러 가지 다른 점이 발견되었습니다. 그래서 이사야서는 한 사람이 쓴 것이 아니라는 결론을 내렸습니다.

40장부터 55장까지는 비슷한 내용으로 포로 생활 이후 귀향의 기쁨을 노래하는데, 이 부분을 제2 이사야서라고 말합니다. 39장까지는 제1 이사야서입니다. 종들의 노래와 천년왕국 이야기가 나오는 56장부터 66장까지는 제3 이사야서라고 합니다. 극단적인 자유주의 신학자는 이사야서의 저자가 여섯 명이라고까지 주장했습니다. 이사야는 요담 왕부터 히스기야 왕까지 40년 동안 예언을 선포하면서 바벨론에 대한 예언도 했습니다. 그러니 자유주의자 신학자들의 주장은 바벨론은 50년, 100년 후의 일인데 이사야가 40장부터 바벨론 포로기 이후의 이야기를 한다는 것은 말이 안 되므로 이사야가 죽고 제자들이 모여 스승의 이름을 가탁해서 쓴 것이 아닌가 추측합니다. 그래서 40장부터는 제2 이사야서라는 말을 넣었습니다.

> 사 45:1 "여호와께서 그의 기름 부음을 받은 고레스에게 이같이 말씀하시되 내가 그의 오른손을 붙들고 그 앞에 열국을 항복하게 하며 내가 왕들의 허리를 풀어 그 앞에 문들을 열고 성문들이 닫히지 못하게 하리라"

이사야가 고레스 이야기를 하는데, 고레스는 이사야 시대보다 200년 후의 사람이라서 이사야가 썼다는 것은 거짓말이라고 합니다. 그러니 40

장부터는 다른 사람이 썼다고 주장하며 이사야서를 3권으로 나누었습니다. 200년 후의 일을 어떻게 알고 이야기했겠는가, 고레스 왕 당시를 경험한 사람이 쓴 것이 아니겠냐고 하면서 이사야서를 해체한 것입니다. 이것은 사단의 역사입니다. 사단이 들어가서 어떻게 해서든지 예수 사건과 복음서를 흠집 내려고 한 것입니다. 이들이 자유주의 신학자들입니다. 그다음 공격 대상은 사도행전입니다. 사도행전이 제자들의 삶이라고 하니 이것도 공격합니다. 어떻게 누가와 바울과 아볼로가 로마 시민권이 있느냐며 거짓말이라고 합니다.

18세기부터 1970년대에 이르기까지 자유주의 신학자들은 이사야서를 분해해서 다 조작이라고 주장했지만 또 다른 신학자들은 '이것은 한 사람의 기록이 맞다. 그의 예언의 능력이다. 하나님이 그와 함께해서 미리 보게 하신 것이다.'라고 해서 지금 이사야서 주석을 보면 저자를 한 사람으로 봅니다.

제가 1980년대에 신학대학원에 들어가니 그때도 모두가 이사야서는 세 명이 썼다고 주장했습니다. 교수도 학생도 모두 그랬습니다. 하지만 저는 한 사람이 썼다고 주장했습니다. 이사야가 예언의 능력이 있는데 왜 100년, 200년 후의 일을 바라보고 말하지 못하겠습니까?

이사야서에 나타난 하나님의 구원 사역

이사야서는 하나님의 구원을 나타낸 책입니다. 구원을 이루는 방법으로 1장부터 39장까지는 왕을 대리자로 세우고 선지자들이 가서 신명기로 교육을 하지만 다 실패하는 내용이 나옵니다. 40장부터 54장까지는 고난의 종, 주의 종을 통해서 하나님의 구원 사역이 일어나는 내용입니다. 구원 사역의 대리자는 바로 주의 종으로서, 단수입니다. 주의 종은 예수님이며, 구원 사역의 대리자인 예수님을 예언하고 있습니다. 신약의 마태복음, 마가복음도 서두에서 주의 종을 준비하는 자로서 이사야 40장을 인용하여 세례요한을 거론합니다.

> 사 56:1 "여호와께서 이와 같이 말씀하시기를 너희는 정의를 지키며 의를 행하라 이는 나의 구원이 가까이 왔고 나의 공의가 나타날 것임이라 하셨도다"

56장에서 말하는 종은(사 56:6 "또 여호와와 연합하여 그를 섬기며 여호와의 이름을 사랑하며 그의 종이 되며 안식일을 지켜 더럽히지 아니하며 나의 언약을 굳게 지키는 이방인마다") 정의로운 사람, 공의로운 사람을 말합니다. 그들은 모두 개인적으로나 가정적으로나 사회적으로 정의로운 사람입니다. 이런 사람들이 하늘나라의 복을 받는 선민이라는 것이 이사야서 56장부터의 내용입니다. 이것을 모두 한 사람이 예언을 했습니다.

하나님이 주관하시는 새로운 역사
- 이사야서 강해 2

2020. 4. 19.

이사야 1:1

"유다왕 웃시야와 요담과 아하스와 히스기야 시대에 아모스
의 아들 이사야가 유다와 예루살렘에 관하여 본 계시라"

이사야 사역 당시의 시대 상황

이사야서 설교 두 번째 시간입니다. 지난 시간 설교 내용에 대한 복습
을 해 보겠습니다. 복습은 상당히 좋고 친절한 방식입니다. 저도 피교육
자로 있어 보면 지난 시간에 배운 내용은 다 잊어버립니다. 교수님이 다
시 한번 복습해 주면 '아~ 그렇구나.' 하며 내용을 더 확실하게 알게 되어
좋습니다.

이사야는 웃시야, 요담, 아하스, 히스기야, 이 네 명의 왕들 시대에 사역
을 한 사람입니다. 이때가 주전 8세기입니다. 열일곱 권의 선지서 중에서
여섯 권이 그 당시에 활동했던 선지자들의 책입니다. 가장 돋보이는 선

지자는 나비 예언자 이사야로, 그는 왕족 출신이고 궁중에서 특별히 교육을 받은 선지자입니다.

당시에 히브리어도 궁정에서 쓰는 히브리어가 있었습니다. 일반 평민들은 아람어도 섞어서 사용했으며 문장의 구조나 수식어 등이 달랐습니다. 이사야서는 수준 높은 수사법을 사용하고 있으며 셈족의 대구법이 정확하게 나타나 있습니다. 이사야서 번역은 평문으로 번역되었지만 원문은 운문, 즉 시로 되어 있습니다.

이사야의 각성

지난 시간에 말씀드렸다시피 웃시야 왕은 선지자들에게도, 평민들에게도 꿈을 주었던 사람입니다. 왜냐하면 웃시야의 팽창 정책이 완전히 성공했기 때문입니다. 남유다의 팽창 정책은 주로 다윗과 웃시야 왕 때 시행되었습니다. 북이스라엘은 여로보암 2세 때 요나가 예언했던 대로 잃었던 영토를 다 수복하였습니다. 여로보암 2세와 웃시야는 같은 시기의 왕들입니다. 그 대단했던 웃시야가 죽어서 인간적인 실망감에 성전에 가서 기도를 드리던 이사야가 하나님의 영광을 보았습니다. 웃시야가 죽고 나서 하나님의 영광을 보게 되는 연결은 아주 의미가 있습니다.

인간적인 모든 희망이 끊어졌을 때 이사야가 성전에서 기도하다가 여호와 하나님을 보았는데 그분은 성육신하기 전의 예수 그리스도입니다. 요한복음 12장 41절에 "이사야가 이렇게 말한 것은 주의 영광을 보고 주를 가리켜 말한 것이라"라는 말씀이 있습니다. 그때에 이사야가 본 것은 구약의 예수 그리스도라는 것입니다. 이때 스랍들이 날아가면서 노래를 하는데 "거룩하다 거룩하다 만군의 여호와여(카도쉬 카도쉬 카도쉬 여호와 체바오트)"라고 합니다. 온 땅이 거룩함으로 충만하다고 합니다. 세상이 이렇게 악하고 복잡한데 하나님의 스랍들은 이 세상이 거룩함으로 충만하다고 합니다.

이 노래를 듣고 이사야가 자기 자신을 봅니다. '아, 나는 죄인이구나. 나는 정말 해야 될 말은 하지 않고 해서는 안 되는 말만 했구나.'라는 것을 깨닫습니다. 이것이 타락된 말입니다. 인간은 말을 적절하게 하지 못합니다. 정의롭게 말해야 하지만 언제나 생존 때문에 불의하게 아첨하는 말을 하거나 말을 하지 않습니다. 그리고 말을 안 해야 할 곳에는 가서 이래라저래라 잔소리하며 교육합니다. 이것은 아무 필요가 없습니다. 아이들에게도 그렇고 대부분의 사람에게도 좋은 말로 교육하는 것이 사실은 별로 도움이 되지 않고 오히려 밉상이라는 것을 잘 알고 있어야 합니다.

이사야는 실제로 이것을 깨달았습니다. 그러니까 스랍 중의 하나가 부젓가락으로 숯을 가지고 와서 이사야의 입을 지져 깨끗하게 하였습니다. 그때 이사야의 귀가 열려서 만군의 하나님이 하시는 말씀이 들렸습니다. 아무 때나 들리는 것이 아닙니다. 하나님의 음성은 죄 문제가 해결되어야 들립니다. 이 백성들, 즉 유다와 이스라엘 민족에게 하나님의 말씀을 전할 사람으로 누구를 보낼꼬 하니, 이사야가 "내가 여기 있나이다. 나를 보내소서."라고 하며 바로 소명에 대한 응답을 합니다. 그리고 "가서 무엇을 전할까요?"라고 여쭈니, 이 민족을 살리라는 것이 아니라 망하도록 선포하라고 하십니다. 참 기가 막힙니다.

어떻게 하면 망하는지에 대해서는 지난 시간에 말씀드렸습니다. 아이러니하게도 타락한 백성들이 빨리 망하도록 하기 위해서는 본문 말씀과

베뢰아 사람입니까

정의만 가르치면 됩니다. 그것이 무슨 말인지 모르기 때문입니다. 정말 필요한 말은 안 들리고 아첨하는 말 같은 쓸데없는 말은 잘 들립니다. 인간의 타락된 속성 때문입니다. 마음이 타락되어서 확증편향으로 자기가 듣고 싶은 것만 듣습니다. 그리고 자기가 하고 싶은 말만 합니다. 남에게 도움이 되고 안 되고 관계없이 본인을 위해서만 말합니다.

언제까지 심판의 말씀을 전해야 하느냐고 이사야가 여쭈니 바벨론에 잡혀가서 이 땅이 황폐하게 될 때까지 하라고 하십니다. 십분의 일도 남지 않고 모두 쫓겨날 것이라고 하십니다. 그러면 그루터기만 남을 것인데, 그 그루터기는 악인들이 말끔히 심판된 후 남은 의인들입니다. 하나님을 진실로 믿는 사람은 남을 것이라고 하시며 그때까지 증거하라고 하십니다. 그래서 이사야가 소명을 시작했습니다.

우리가 본문 말씀을 들어도 자기에게 적용하지 못하고, 적용을 해도 모르면 죄 문제가 해결되지 않았기 때문입니다. 이사야 56편부터는 "정의를 행하며 공의를 나타내라."는 것이 핵심 내용입니다. "그리스도 안에서 새사람이 된 사람은 정의롭고 공의롭다. 그렇지 않으면 종말론적인 구원의 나라, 하나님 나라에 들어가지 못한다."는 것이 이사야의 마지막 결론입니다. 그러니 우리가 일상의 삶 속에서 정의로워야 합니다. 그래야 본문 말씀이 정확하게 들립니다.

우리는 기도할 때 "할 말을 해야 할 때는 하고, 하지 않아야 될 때는 안하게 해 주세요."라고 기도해야 합니다. 할 말을 할 때는 해야 되는데 하려고 하면 어렵습니다. 그 대상이 부모일 수도, 친구일 수도, 지인일 수도 있습니다. 특히 해야 할 말이 내 이익과 결탁되어 있으면 말하기가 참 어렵습니다. 잘못하면 손해를 보기 때문입니다. 그래도 그리스도 안에서 겸손하게 말해야 합니다.

역사적 배경

이번 시간에는 이사야서 39장까지 공부할 것인데, 당시의 국제적인 역사 배경을 알아야 합니다. 7장은 아하스 왕 때의 이야기인데, 이때 국제적 배경으로 아시리아 제국의 왕은 디글랏빌레셀 3세입니다. 후반부 히스기야 왕 때의 아시리아 왕은 산헤립입니다. 당시 이사야 시대의 국제 정황을 잘 파악해야 말씀의 핵심을 알 수 있습니다. 무조건 성경을 읽기만 하면 자기 나름대로 뭔가 아는 것 같지만 잘못 이해하는 것이 너무 많습니다.

이번 설교의 핵심 내용은 이사야 선지자가 활동하던 시기의 국제적 정황과 국내적 정황이 맞물린 가운데 메시아에 대한 예언이 선포되고 있다는 사실입니다. 하나님은 언제든지 심판하시면서 구원을 내리시고, 구원을 베푸시면서도 심판하십니다. 이 두 가지를 동시에 읽을 수 있는 통찰력이 있어야 이 말씀을 바로 이해할 수 있습니다.

아시리아의 디글랏 빌레셀이 애굽을 치기 위해서 아래쪽으로 내려오려고 하는데, 그 길목에 있는 나라가 남유대와 북이스라엘, 아람입니다. 아시리아가 북이스라엘에게 조공을 바치고 항복하라고 하는데 항복하지 않고 아람과 동맹을 맺었습니다. 그리고 남유다의 아하스에게 동맹을 하자고 했는데, 아하스는 계산적인 사람이므로 생각을 해 보니 아시리아는 이미 제국을 이루어 세계적으로 팽창하고 있으므로 잘못 건드렸다가는 박살이 나겠다 싶어서 "NO"라고 말합니다. 그러자 북이스라엘과 아람이

베뢰아 사람입니까

남유다를 침공했고, 이것을 시리아 에브라임 전쟁이라고 합니다.

아하스는 아시리아의 디글랏 빌레셀에게 도움을 요청했습니다. 제사장을 보내 아시리아에게 항복하면서 성전과 왕궁에 있는 은금을 선물로 보냅니다. 나중에는 아하스 왕이 직접 디글랏 빌레셀을 만나러 다메섹에 가서는 그곳의 성전과 제단을 그림으로 그려서 본인들 성전 안에 제단을 만들었습니다.[9] 그리고 다메섹의 제사 방식으로 제사를 지내며 다메섹의 신들을 섬겼습니다. 왜냐하면 그 당시 나라 간의 전쟁은 각 나라가 섬기는 신들의 전쟁이라고 생각했기 때문입니다. 아시리아가 이스라엘보다 더 강하니 여호와보다 그들의 신이 더 낫지 않을까 하는 뜻입니다.[10]

이사야 7장의 메시아 예언

이사야 7장의 이런 상황에서 이사야가 나옵니다. 이사야가 첫째 아들을 데리고 가서 아하스 왕에게 "여호와만 의지해야 하는데 왜 아시리아를 의지합니까?"라고 합니다. 이사야는 웃시야 왕의 사촌이기 때문에 아하

....

9   왕하 16:7-11 "아하스가 앗수르 왕 디글랏 빌레셀에게 사자를 보내 이르되 나는 왕의 신복이요 왕의 아들이라 이제 아람 왕과 이스라엘 왕이 나를 치니 청하건대 올라와 그 손에서 나를 구원하소서 하고 ○ 아하스가 여호와의 성전과 왕궁 곳간에 있는 은금을 내어다가 앗수르 왕에게 예물로 보냈더니 ○ 앗수르 왕이 그 청을 듣고 곧 올라와서 다메섹을 쳐서 점령하여 그 백성을 사로잡아 기르로 옮기고 또 르신을 죽였더라 ○ 아하스 왕이 앗수르의 왕 디글랏 빌레셀을 만나러 다메섹에 갔다가 거기 있는 제단을 보고 아하스 왕이 그 제단의 모든 구조와 제도의 양식을 그려 제사장 우리야에게 보냈더니 ○ 아하스 왕이 다메섹에서 돌아오기 전에 제사장 우리야가 아하스 왕이 다메섹에서 보낸 대로 모두 행하여 제사장 우리야가 제단을 만든지라"

10 대하 28:22-23 "이 아하스 왕이 곤고할 때에 더욱 여호와께 범죄하여 ○ 자기를 친 다메섹 신들에게 제사하여 이르되 아람 왕들의 신들이 그들을 도왔으니 나도 그 신에게 제사하여 나를 돕게 하리라 하였으나 그 신이 아하스와 온 이스라엘을 망하게 하였더라"

스가 함부로 대할 수는 없는 사람입니다. 아하스가 마음속으로는 '비현실적인 인간, 세상이 지금 어떻게 돌아가는데 여호와만 의지하라고 해?'라고 생각하면서 분명하게 자기주장을 합니다. 이사야가 "하나님께서 당신에게 징조를 하나 구하라고 합니다."라고 했지만 아하스 왕은 오만에 빠져서 "하나님의 징조는 필요 없다. 내가 알아서 하겠다."라고 합니다. 그러자 이사야가 "다윗의 집이여, 사람을 괴롭히는 것도 부족해서 하나님께도 스트레스를 주려고 하시오?"라고 하며 화를 냅니다만 말을 듣지 않습니다.

그 후 아시리아 왕에게 공물을 바치고 온갖 재물들을 주었는데도 디글랏 빌레셀이 내려와서 유다를 돕기보다는 도리어 포위하고 공격했습니다.[11] 참 기가 막힙니다. 물론 아시리아가 이때 아람도 멸망시키고 북이스라엘도 쳤습니다만 그것은 유다를 도왔다기보다는 이들을 정복할 야심이 있던 차에 그 명분을 유다가 준 것입니다. 당시 유대 나라는 청동기 문화의 농민들이고 아시리아는 철기문화로서 인간적으로는 이길 수가 없는 형편입니다. 그러니 이사야는 우리가 오직 하나님만을 의존해야 이길 수 있다고 하는데, 아하스가 그렇게 하지 않겠다고 하니 이사야가 "주께서 친히 징조를 너희에게 주실 것이라 보라 처녀가 잉태하여 아들을 낳

....

11 대하 28:16-21 "그 때에 아하스 왕이 앗수르 왕에게 사람을 보내어 도와 주기를 구하였으니 ○ 이는 에돔 사람들이 다시 와서 유다를 치고 그의 백성을 사로잡았음이며 ○ 블레셋 사람들도 유다의 평지와 남방 성읍들을 침노하여 벧세메스와 아얄론과 그데롯과 소고 및 그 주변 마을들과 딤나 및 그 주변 마을들과 김소 및 그 주변 마을들을 점령하고 거기에 살았으니 ○ 이는 이스라엘 왕 아하스가 유다에서 망령되이 행하여 여호와께 크게 범죄하였으므로 여호와께서 유다를 낮추심이라 ○ 앗수르 왕 디글랏빌레셀이 그에게 이르렀으나 돕지 아니하고 도리어 그를 공격하였더라 ○ 아하스가 여호와의 전과 왕궁과 방백들의 집에서 재물을 가져다가 앗수르 왕에게 주었으나 그에게 유익이 없었더라"

을 것이요 그의 이름을 임마누엘이라 하리라(사 7:14)"는 예언을 합니다. 이제 메시아의 예언이 시작됩니다. 이것이 7장의 내용입니다.

구원의 대리자로서 왕의 한계

하나님께서 유대 나라에 대한 구원 계획으로 이사야를 통해서 하나님의 주권적 섭리를 행하실 수도 있지만 왕들을 말씀의 대리자로 세웠습니다. 그 왕들이 신명기 율법을 준수하는가 안 하는가를 보는 것입니다. 그런데 웃시야나 아하스나 정치 경제적으로 나아지니까 오만해져서 여호와를 떠났습니다. 그래서 경제적으로 부유해져도 변하지 않는 영원한 메시아를 예언합니다. 이것이 이사야 7장 14절 말씀입니다.

신 17:14-20 "네가 네 하나님 여호와께서 네게 주시는 땅에 이르러 그 땅을 차지하고 거주할 때에 만일 우리도 우리 주위의 모든 민족들 같이 우리 위에 왕을 세워야겠다는 생각이 나거든 ○ 반드시 네 하나님 여호와께서 택하신 자를 네 위에 왕으로 세울 것이며 네 위에 왕을 세우려면 네 형제 중에서 한 사람을 할 것이요 네 형제 아닌 타국인을 네 위에 세우지 말 것이며 ○ 그는 병마를 많이 두지 말 것이요 병마를 많이 얻으려고 그 백성을 애굽으로 돌아가게 하지 말 것이니 이는 여호와께서 너희에게 이르시기를 너희가 이 후에는 그 길로 다시 돌아가지 말 것이라 하셨음이며 ○ 그에게 아내를 많이 두어 그의 마음이 미혹되게 하지 말 것이며 자기를 위하여 은금을 많

이 쌓지 말 것이니라 ○ 그가 왕위에 오르거든 이 율법서의 등
사본을 레위 사람 제사장 앞에서 책에 기록하여 ○ 평생에 자
기 옆에 두고 읽어 그의 하나님 여호와 경외하기를 배우며 이
율법의 모든 말과 규례를 지켜 행할 것이라 ○ 그리하면 그의
마음이 그의 형제 위에 교만하지 아니하고 이 명령에서 떠나
좌로나 우로나 치우치지 아니하리니 이스라엘 중에서 그와
그의 자손이 왕위에 있는 날이 장구하리라"

하나님께서는 이미 이스라엘 민족이 가나안에 들어가서 나중에 왕을
원할 줄을 알았습니다. 그래서 신명기 17장 말씀에서 이미 왕은 어떤 사
람이 되어야 하고 어떤 마음을 가져야 하고 율법책을 어떻게 읽어야 되는
지를 정확하게 계시하였습니다.

이사야가 이 말씀을 기준으로 왕들을 보니 지키는 왕들이 없습니다. 솔
로몬 때부터 하나도 안 지킵니다. 그래서 이런 왕들로는 안 되고 정확하
게 메시아라는 왕이 와야 된다는 것입니다. 이것을 우리 삶에 적용하면
우리가 어려울 때 잘못하면 아하스처럼 됩니다. "기도도 필요 없다. 해도
안 되더라. 누구누구는 어떻던데." 하면서 비교에 빠집니다.

아하스와 히스기야

36장부터는 히스기야 왕의 이야기입니다. 히스기야도 역시 아시리아
문제입니다. 아시리아의 산헤립 왕이 쳐 내려와서 유다의 성을 정복하고
예루살렘에 군대 장관 랍사게를 보냈습니다. 랍사게가 예루살렘에 와서

베뢰아 사람입니까

"히스기야가 말하는 신은 믿지 마라. 아시리아의 신과 아시리아 황제가 모든 나라의 신을 다 격파했다. 그러니 너희는 모두 아시리아의 산헤립 왕에게 항복해라."고 유다 방언으로 말했습니다.

그때 히스기야는 어떻게 했을까요? 먼저 이사야에게 이 내용을 보고하면서 "기도해 주세요."라고 합니다. 아버지인 아하스와는 완전히 다릅니다. 또한 산헤립이 협박하며 보낸 편지를 가지고 예루살렘 성전에 가서 하나님 앞에 펼쳐 놓고 울면서 기도합니다. "하나님, 아시리아 제국이 이처럼 오만방자하게 유다를 멸망시키려고 쳐들어 왔으니 하나님께서 구원하여 주시옵소서."

두 사람을 비교해 보십시오. 한 사람은 하나님께서 징조를 구하라고 함에도 강퍅한 마음으로 구하지 않겠다고 하고 한 사람은 선지자에게 연락하고 기도를 부탁한 후 성전에 가서 하나님께 편지를 보여 주면서 기도를 합니다. 히스기야가 기도를 하고 돌아오니 이사야가 사람을 보내어 하나님의 말씀을 전해줍니다. "하나님께서 너희를 교육시키시려고 아시리아를 허용한 것일 뿐이니 아무 걱정하지 마라."고 하십니다. 아시리아의 18만 부대가 와서 예루살렘성을 포위했습니다. 말도 못 할 정도의 엄청난 규모의 부대입니다. 그런데 놀라운 일이 일어났습니다. 이 특수부대가 밤에 다 죽은 것입니다. 학자들은 아마 그들 사이에 전염병이 돈 것이 아닐까 생각합니다. 이사야는 아하스와 히스기야를 비교하며 "너희는 아시리아와 같은 문제가 생기면 어떻게 할래? 바른말 안 하고 눈치나 보고 다른 신을 섬길래, 아니면 히스기야처럼 할래?"라고 묻고 있습니다.

이사야서를 이해할 때 두 가지의 구조로 이루어진 내용을 이해해야 합니다. 40장부터는 주의 종의 노래로서 신약의 메시지와 비슷합니다. 1장부터 39장까지는 구원의 대행자로 왕을 세웠는데 이 왕들로는 안 된다는 이야기를 하고 있습니다. 히스기야는 좀 낫습니다. 그래서 당시에는 히스기야를 메시아의 모형으로 보는 관점도 있었습니다. 히스기야가 영적으로 분명한 태도를 취해서 승리했습니다만 승리 후에 히스기야도 그만 오만해지는 실수를 범합니다.

성경이 계속 말하는 것이 인간의 오만입니다. 시간만 있으면 자기가 제일 잘났다 싶은 오만에 빠집니다. 왕들의 제일 큰 문제도 '내가 왕인데.'라는 마음입니다. 그래서 신명기에서도 왕에 대해 절대 자기가 더 나은 사람이 아니라는 것을 알고 대화를 통해서 끊임없이 소통하며 정치하라고 합니다. 왕들은 부와 권력을 쌓으면서 본인은 딴 사람과 다른 줄 아는 오만의 함정에 빠집니다. 오만은 사단의 속성입니다. 자신은 남과 다른 줄 압니다만 인간은 99.9%가 똑같습니다. 착각하면 안 됩니다.

이사야 39장 안에서 메시아에 대한 예언이 여러 번 나오는데, 7장, 9장, 11장이 전부 메시아의 인격과 메시아에 대한 예언입니다. 위기와 국제적인 분쟁 속에서 하나님께서는 이미 영원한 인격자를 준비하신다는 것입니다. 위기 속에서 항상 기회를 찾는 것이 우리 믿는 사람입니다. 하나님이 새로운 역사를 전개하신다는 것을 우리는 믿고 나아가야 합니다.

수직과 수평 문제 적용하기

사람이 팔을 벌리고 섰을 때 발에서 머리까지는 수직이고, 팔에서 팔은 수평입니다. 수직으로는 하나님만을 사랑하고 수평으로는 네 이웃을 네 몸과 같이 사랑하라고 했습니다. 수직과 수평이 정상적으로 이루어져야 합니다. 우리 믿는 사람 중에 수직이 잘되는 사람은 많습니다. "하나님 사랑합니다."라고 하는 사람은 많습니다. 그런데 이웃에 대한 사랑은 전혀 되지 않습니다. 밥 얻으러 온 사람, 구걸하러 온 사람들에게 준 금액은 1년 동안 23만 원인데, 교회 건물 증축과 경쟁적으로 선교사를 보내는 일에는 몇 억씩 쓰는 대형교회도 있습니다. 이것이 한국 교회의 가장 큰 특징입니다.

"하나님을 사랑하고 네 이웃을 네 몸과 같이 사랑하라"는 말씀은 한 문장입니다. 따라서 수직과 수평이 다 되어야 하나님 말씀이 똑바로 섭니다. 이것이 참 중요합니다. 제일 쉬운 것은 나 혼자서 하나님을 사랑하는 것입니다. 스스로 옳고 잘났다고 생각해서 남의 생각이나 입장에 대한 배려가 없고 자기 식대로 말하고 행동하는 사람들이 대부분입니다. 수직은 하나님과의 관계이고 수평은 다른 사람과의 관계지수인데, 수평이 제로이거나 마이너스라면 참 신앙인이 아닙니다.

이웃 사랑은 정말 어렵습니다. 가까울수록 어렵습니다. 인간의 본질은 서로 가까울수록 밉상이 됩니다. 나도 부족하고 똑같다는 제로각도가 되어야 이웃을 생각할 수 있습니다. 우리가 이사야서를 배워도 하나님과의 수직 문제는 빨리 해결됩니다만 이웃 문제는 빨리 해결되지 않습니다.

예수 그리스도가 십자가에 달릴 때 손이 아니라 손목의 뼈에 못이 박혔습니다. 그래야 십자가에서 떨어지지 않기 때문입니다. 이것은 수평적인 이웃 사랑을 하지 못하는 것에 대한 상징적인 표입니다. 남과의 커뮤니케이션이 안 되는 이유는 자기 잘남 때문입니다. 스스로 잘나면 남과 대화하기 싫어합니다. 잘난 표시로 첫째, 자기 얘기만 하고 두 번째는 항상 수직적으로 남을 가르치려고 합니다. 그것을 듣고 싶어 하는 사람이 누가 있겠습니까?

　이사야는 위기 속에서 메시아 예언을 했습니다. 이것이 너무나 놀라운 일입니다. 믿는 사람이 신명기 말씀을 모르면 고생하는 이유를 모릅니다. 신명기 말씀을 읽고 묵상하면 알게 됩니다. 이스라엘 민족을 데리고 나와서 고생시킨 이유들을 신명기가 밝혀 줍니다.

맺는말

　수직적으로 자기만 잘 믿는 것이 아니라 수평적인 관계를 회복해야 한다는 것에 대해 말씀드렸습니다. 가까운 사람과의 관계 회복이 가장 어렵습니다. 관계 회복을 하려면 자기 잘난 것과 자기 이야기만 하는 것, 이 두 가지를 없애야 합니다. 말 안 하고 입을 꼭 다물고 있는 것도 똑같습니다. 왜냐하면 자기 스스로 옳아서 할 말도 하기 싫은 것이기 때문입니다.

　우리는 공동체를 통해서 하나님 나라 운동을 구현하도록 부름 받았습니다. 설교도 한 번 더 듣고 꼭 실천하시길 바랍니다. 실천하지 않으면 성경을 아무리 읽어 봐야 바벨탑이 됩니다. 사랑 없이 세워지는 믿음은 바벨탑처럼 결국 무너집니다. 복음 안에서 새로워지려면 적극적으로 인간 관계를 해야 하고 자기 잘못을 알아야 합니다.

30

새 시대를 맞는 신앙인의 자세
- 이사야서 강해 3

2020. 5. 10.
이사야 37:36

"여호와의 사자가 나가서 앗수르 진중에서 십팔만 오천인을
쳤으므로 아침에 일찍이 일어나 본즉 시체뿐이라"

새로운 시대의 도래

코로나 사태 이후에 세계는 '포스트 코로나 시대'로, 인류 역사에서 새
로운 시대가 열리고 있습니다. 이러한 시대에 우리 믿는 사람들은 하나
님 안에서 어떻게 적응해 나가야 할 것인가 하는 것이 이번 설교의 핵심
입니다. 이 새로운 시대를 '뉴노멀(New Normal) 시대'라고 하고 새로운
신인류를 '포노 사피엔스(phono sapiens)'라고 합니다. '사피엔스'는 라틴
어로 지혜를 뜻하고 '포노'는 스마트폰을 가지고 사는 사람들이라는 뜻입
니다. 그러니 '포노 사피엔스'는 스마트폰을 가지고 새로운 시대를 사는
지혜로운 사람들이라는 말입니다.

50대 이후로는 스마트폰의 기능을 익히는 데 힘이 듭니다. 그러나 2000년대에 태어난 아이들은 태어나자마자 컴퓨터와 스마트폰을 접해서 조금 자라면 이런 기기들을 마음대로 가지고 놉니다. 과거 '호모 사피엔스' 시대에는 농업문명, 산업문명, 과학문명이 열렸습니다. 그런데 이제는 스마트폰으로 모든 것을 하는 '포노 사피엔스'의 시대입니다. 정치, 경제, 사회, 문화, 종교, 과학, 일반 상식까지 모두 바뀌고 있습니다.

크리스천이 살아갈 길

이런 충격적인 새로운 시대 앞에서 우리는 어떻게 살아가야 할까요? 오늘 본문 말씀을 통해서 하나님의 귀중한 진리를 깨달을 수 있습니다. 우리가 살아가야 하는 길이 그 속에 있습니다. 본문 말씀을 보면 여호와의 사자가 아시리아 제국의 18만 5천 명을 한 번에 몰살시켰다고 했습니다. 학자들은 군인들이 전염병에 의하여 일시에 죽었을 것이라고 생각합니다.

우리가 하나님을 믿고 성경 말씀을 통달해야 하는 이유가 여기에 있습니다. 왜냐하면 아시리아 제국의 대군 18만 5천 명이 전염병으로 한 번에 몰살당한 것은 이사야의 기도와 함께 히스기야 왕이 아시리아의 산헤립 왕이 보낸 편지를 하나님 앞에 내놓고 간절하게 기도했기 때문입니다. 그래서 하나님이 천사를 보내 놀라운 기적을 행하신 것입니다. 만약 이사야가 기도하지 않았다면, 또한 히스기야가 하나님을 믿고 말씀에 의존해서 기도하지 않았다면 이와 같은 놀라운 기적은 일어나지 않았을 것입니다.

하나님께서는 사람이 사는 곳과 생태계가 보존되어야 할 자연 그대로

베뢰아 사람입니까

의 장소를 비율로 정해 놓았습니다. 그런데 지금 지구 곳곳에서 생태계 파괴가 일어나서 남극과 북극의 얼음이 녹고 바다는 비닐과 플라스틱으로 오염되어 고래나 물고기들이 이런 것들을 먹으며 죽어 가고 있습니다. 또한 숲들이 파괴되어 산소가 부족해지고 있습니다. 지구도 살아 있는 생명체인데 사람들이 하나님의 창조의 원칙에 위배되는 행위를 하면서 지구를 망치고 있습니다. 아마존의 숲도 더 개발하면 안 되는데 개발의 명분으로 마구 불을 지르고 파괴하니 생태계에 극심한 혼란이 오고 있습니다.

동물행동학자인 최재천 교수에 의하면 코끼리 요리나 코뿔소 요리 등 인간이 먹어서는 안 되는 것을 요리하는 식당들이 아주 잘 되는 나라들이 있다고 합니다. 코뿔소는 천연기념물로 지정된 동물이라 잡아먹으면 안 되는데, 돈을 주고 밀렵을 해서 잡아먹는다고 합니다. 코로나 바이러스도 박쥐와 공생해서 살던 바이러스인데 인간이 박쥐를 잡아먹으니 그 바이러스가 숙주를 타고 인간에게 들어와서 변종을 일으킨 것입니다. 그동안 세계적 전염병이었던 사스, 신종플루, 메르스는 어느 정도의 시간적 간격이라도 있었는데 앞으로는 그런 인터발도 없다고 합니다.

이와 같은 코로나 사태는 하나님의 주권적인 섭리 안에 있습니다. 창조하신 세계를 파괴하고 말씀을 믿지 않으면 반드시 이와 같은 하늘의 재앙이 내리게 되어 있습니다. 그것을 우리가 확실하게 알아야 합니다. 미국과 유럽, 중국이 그동안 얼마나 큰소리치고 오만했습니까? 그런데 코로나 사태에서는 정신을 못 차리고 속수무책의 모습을 보입니다. 10만 명이 죽어 나가니 손을 쓸 수가 없습니다. 그래서 이번 설교의 주제는 '하나님 말씀을 통달하자'입니다. 그래야 지구도 보존할 수 있고 창조자의 형상대로 만든 인간도 지구와 함께 생명적으로 잘 살아갈 수 있습니다.

이제 새로운 때인 포스트 코로나 시대가 왔습니다. 코로나 사태 이후의 세계는 전혀 달라질 것입니다. 벌써 달라지고 있습니다. 그래서 당시에 재앙과도 같았던 큰 어려움을 극복한 이사야 시대의 사람들을 보고 우리도 하나님 말씀을 통달해서 어려움을 극복하자는 것입니다. 하나님 말씀을 통달해야 이와 같은 코로나 시대에도 주님께 갈 때까지 의인으로서 최선을 다하면서 잘 지낼 수 있습니다. 하나님 말씀을 모르면 하나님의 특별한 복을 받지 못합니다. 한국 교회가 하나님 말씀을 모르니까 성도들을 이단들에게 뺏겨 버렸습니다.

말씀의 지도

성경은 인류 역사에서 최고의 베스트셀러입니다. 이 성경을 어떻게 하면 통달할 수 있을까요? 길이 없는 것일까요? 아닙니다. 성령께서 가르쳐 준 길이 있습니다. 오늘 그 길을 세밀히 소개하려고 합니다. 여러분도 그와 같이하면 하나님 말씀의 길을 찾을 수가 있습니다. 이것은 보물지도와 같은 것입니다.

성경은 구약 39권과 신약 27권으로, 신구약을 모두 합치면 66권입니다. 그런데 이사야서가 1장부터 66장까지 있습니다. 그것도 39장까지는 구약의 메시지를 담고 있고, 40장부터 66장까지는 신약의 메시지를 담고 있습니다. 그래서 이사야서부터 먼저 통달해야 성경의 다른 말씀들이 쉽게 이해가 됩니다. 보물을 찾으러 간다고 가정해 볼 때 지도가 없이는 갈 수 없습니다. 마찬가지로 하나님 말씀의 세계로 들어가려면 지도가 필요

베뢰아 사람입니까

한데 그것이 이사야서입니다. 따라서 이사야서를 바로 알고 깨닫는 것이 중요합니다.

요즘 이사야서를 특별히 공부하시는 집사님이 계시는데, 집사님이 지난주의 설교 요약으로 이사야 1장부터 39장까지의 배경을 먼저 말씀드리겠습니다.

발표

1장부터 39장까지는 5단락으로 나눌 수 있습니다. 1단락은 1장에서 12장까지로 유다에 대한 예언을 합니다. 2단락은 13장에서 23장까지로 열방에 대한 예언입니다. 유다와 열방에 대한 예언을 보면 이사야가 국제문제에 대해서 통달한 사람으로 보입니다. 열방은 10개국으로, 그중에 바벨론, 모압, 애굽, 구스, 아시리아 등이 있는데 이런 나라들에 대한 예언을 합니다. 3단락은 24장에서 27장까지로, 천재지변에 의한 심판과 구원을 말합니다. 이 부분을 소묵시문학이라고 합니다. 4단락은 28장에서 35장까지로, 심판과 회복을 말합니다. 5단락은 36장에서 39장까지로, 히스기야에 대한 구원과 질병, 죄에 대해서 말합니다.

히스기야 때의 아시리아 왕은 산헤립이었습니다. 산헤립은 유다를 침공한 후 46개의 성을 함락하고 예루살렘으로 군대와 함께 사신 랍사게를 보내서 하나님과 히스기야를 조롱합니다. 이때 히스기야는 이사야 선지자에게 중보기도를 부탁해서 해결합니다. 두 번째로 산헤립이 히스기야를 위협하는 편지를 보냈을 때는 히스기야가 그 편지를 가지고 성전에 들어가서 하나님께 기도해서 응답을 받습니다. 그래서 예루살렘을 포위하고 있던 아시리아군인 18만 5천 명이 한밤에 몽땅 죽는 사건이 일어납니다.

이사야 39장까지 남유다 왕들의 기록을 보면 1장부터 6장까지는 웃시야 왕, 7장부터 19장까지는 아하스 왕, 20장부터 39장까지는 히스기야 왕이 기록되어 있습니다. 이 기간 동안 아시리아는 남유다를 두 차례 침공하는데, 그 첫 번째가 아하스 왕 때입니다. 아시리아의 디글랏 빌레셀 3세가 남쪽으로의 팽창정책을 펴고 있었는데, 당시 북이스라엘은 아람(시리아)과 연합전선을 펴서 아시리아에 대항합니다. 그리고 남유다의 아하스 왕에게 같이 연합해서 싸우자고 제안합니다. 하지만 아하스 왕은 아시리아가 더 강해 보였기 때문에 그들의 제의를 거절합니다. 그러자 북이스라엘과 아람 연합군이 남유다를 공격했고, 이 전쟁을 시리아 에브라임 전쟁이라고 합니다. 아하스는 하나님을 버리고 아시리아에 의지하며 자신들을 도와달라고 뇌물까지 보냅니다. 아시리아는 그 명분으로 내려와서 북이스라엘과 아람을 초토화시켰지만 도움을 청한 유다도 공격했습니다. 이사야는 아하스에게 잠잠하고 하나님께만 의지하라는 강한 메시지를 줍니다만 아하스는 끝까지 듣지 않습니다.

히스기야 왕도 아시리아의 산헤립에게 침공을 받았는데, 그도 처음부터 하나님께 의존한 것은 아니었고 아하스처럼 아시리아 왕에게 뇌물을 보내서 돌아가게 만들려고 했습니다.[12] 하지만 산헤립은 도리어 예루살

---

12 왕하 18:13-16 "히스기야 왕 제십사년에 앗수르의 왕 산헤립이 올라와서 유다 모든 견고한 성읍들을 쳐서 점령하매 ○ 유다의 왕 히스기야가 라기스로 사람을 보내어 앗수르 왕에게 이르되 내가 범죄하였나이다 나를 떠나 돌아가소서 왕이 내게 지우시는 것을 내가 당하리이다 하였더니 앗수르 왕이 곧 은 삼백 달란트와 금 삼십 달란트를 정하여 유다 왕 히스기야에게 내게 한지라 ○ 히스기야가 이에 여호와의 성전과 왕궁 곳간에 있는 은을 다 주었고 ○ 또 그 때에 유다 왕 히스기야가 여호와의 성전 문의 금과 자기가 모든 기둥에 입힌 금을 벗겨 모두 앗수르 왕에게 주었더라"

베뢰아 사람입니까

렘으로 대군을 보내 포위했습니다.[13] 그리고 산헤립의 군대를 이끄는 랍사게가 큰 길에 서서 모든 유다 백성들이 들도록 히브리어로 항복을 종용하며 위협했습니다. 그러자 히스기야는 이사야에게 중보기도를 부탁합니다. 이사야는 히스기야에게 하나님만 의지하라고 말합니다. 아하스와는 달리 히스기야는 이사야의 말을 듣고 하나님께만 의지합니다. 2차로 산헤립의 편지를 받았을 때도 히스기야는 성전에 그 편지를 들고 가서 기도했습니다. 하나님이 그의 기도에 응답하셨으며, 그 결과로 예루살렘을 포위한 아시리아 군사 18만 5천 명이 한밤에 죽는 사건이 발생합니다. 여기까지가 39장까지의 간략한 배경입니다.

보충 설명

집사님께서 39장까지의 배경을 잘 설명하셨는데 제가 보충 설명을 드리겠습니다. 당시 아시리아 제국은 오늘날 미국만큼 큰 제국입니다. 그에 비하면 예루살렘은 하나의 점에 불과합니다. 유다는 청동기 문화에 머물러 있었고, 군인도 농민군입니다. 아시리아가 팽창하면서 이집트를 치려고 하니 길목에 유다가 있어서 항복하라고 해도 히스기야가 하나님을 믿고 끝까지 항복하지 않습니다. 5천 명이 낫 들고 곡괭이 들고 18만 명의 군인에게 대적하니 아시리아도 기가 막힙니다. 그러나 하나님의 놀라운 일이 일어났습니다.

....

13   왕하 18:17 "앗수르 왕이 다르단과 랍사리스와 랍사게로 하여금 대군을 거느리고 라기스에서부터 예루살렘으로 가서 히스기야 왕을 치게 하매 그들이 예루살렘으로 올라가니라 그들이 올라가서 윗못 수도 곁 곧 세탁자의 밭에 있는 큰 길에 이르러 서니라"

히스기야 전의 아하스 왕 시절에 아시리아의 디글랏 빌레셀이 팽창할 때는 북이스라엘과 아람이 연맹해서 아시리아에 저항했습니다. 그리고 유다에게도 함께 저항하자고 했는데, 유다의 아하스 왕이 거절했습니다. 그러자 북이스라엘과 아람 연합군이 유다를 공격했습니다. 이것이 시리아 에브라임 전쟁입니다. 7장에 보면 아하스가 이로 인해 두려워하니 이사야가 와서 "하나님께서 겁내지 말고 기도하고 기다리라고 하십니다." 라고 전합니다. 그러나 아하스는 사신을 통해서 성전과 왕궁에 있는 은금과 보물을 아시리아에 보내 항복하며 도움을 요청합니다. 그러자 아시리아의 디글랏 빌레셀이 내려와서 아람과 이스라엘을 초토화시킵니다. 그런데 아시리아가 항복한 유다에게도 조공을 바치라고 합니다. 공물과 젊은 여자도 요구합니다. 이사야가 아하스에게 그렇게도 하나님을 의존하라고 했는데 말을 듣지 않다가 그런 꼴을 당합니다.

아하스 왕이 죽고 그의 아들 히스기야가 왕이 되어서 보니 해마다 아시리아에 공물을 보내고 젊은 사람도 공출하고 젊은 여자를 보내니 손해가 엄청납니다. 그래서 아시리아에 저항하여 싸우기로 결정합니다. 그때의 선지자가 또 이사야입니다. 히스기야는 제일 먼저 종교개혁을 합니다. 왜냐하면 아하스가 아시리아 제국의 우상을 가져와서 산당에서 전부 아시리아 신을 섬기고 있기 때문입니다. 히스기야는 산당을 깨끗이 정리하여 여호와 신앙으로 바꿉니다. 그리고 예루살렘 성내에는 물이 없으니 아시리아의 침입에 대비해 기혼샘에서 예루살렘성 안 실로암 못까지 몰래 수로를 뚫었습니다. 이 수로를 히스기야 터널이라고 합니다.

베뢰아 사람입니까

산헤립의 18만 대군의 급사

아시리아의 사르곤 2세가 죽고 아들인 산헤립이 집권했는데, 조공을 바치던 유다에서 농사가 안 된다며 공물도 안 바치고 금도 가져오지 않습니다. 그러자 산헤립이 내려와서 유다의 예루살렘을 제외한 46개의 성읍을 점령하고 예루살렘성을 18만 5천 명이 포위했습니다. 아시리아가 이렇게 큰 제국입니다. 이런 내용이 산헤립 왕의 육각형 원통 비문에 기록되어 있습니다. 이 비문은 시카고 대학의 동양연구소에 보관되어 있습니다. 아카드어로 기록되었는데 '우리가 아시리아 달 신의 도움으로 말을 안 듣는 히스기야를 공격했다. 그들은 꼼짝도 못한 채 46개 성이 항복하고 오직 예루살렘만 남았다. 그들은 그들의 신을 믿는다며 항복하지 않았다. 이게 말이 되는가? 신이 그들의 무기가 되는가?'라는 내용이 있었습니다.

히스기야는 아시리아의 공격에 대한 준비를 했습니다. 예루살렘성에는 5천 명의 군사가 있는데 밖에는 18만 5천 명으로 30배가 넘는 아시리아 군대가 대치하고 있습니다. 어떻게 해야 할지 히스기야가 이사야에게 물으니 "하나님만 믿으세요."라고 합니다. 인간적으로는 이런 믿음을 가지기가 힘듭니다. 하지만 히스기야는 그의 아버지 아하스와는 달랐습니다. 히스기야는 이사야에게 기도를 부탁하고 하나님의 응답을 받아 달라고 합니다. 그러자 이사야가 하나님의 응답을 전합니다. "아무 걱정하지 마라. 그들은 화살 하나 쏘지 못하고 돌아갈 것이다. 시온산과 예루살렘에서 택한 사람들, 의인들은 다 남길 것이다." 히스기야가 생각하니 참 기가 막힙니다. 이것을 도대체 믿을 수가 있겠습니까?

오늘날 우리도 마찬가지입니다. 믿고 최선을 다하라는 말이 이 말입니다. 하나님의 주권적인 섭리를 믿어야 합니다. 하나님 보시기에 잘못되었으면 국가든 개인이든 망하게 하시듯이 신천○가 코로나로 해체되고 있습니다. 한국 교회도 마찬가지입니다. 신앙을 똑바로 하지 않는 교회는 망하게 되어 있습니다. 하나씩 하나씩 망하게 하시는 하나님의 주권적인 섭리를 보고 있습니다. 이런 것을 보고도 말씀을 통달하지 않는다면 우리는 대응할 길이 없습니다.

이사야의 기도의 응답이 그렇게 나오니 히스기야는 성전에 가서 간절하게 기도합니다. 그런데 아침에 일어나 보니 예루살렘을 포위하였던 18만 5천 명의 군인이 한 명도 없습니다. 성경에는 "여호와의 사자가 나가서 앗수르 진중에서 십팔만 오천인을 쳤으므로 아침에 일찍이 일어나 본즉 시체뿐이라(사37:36)"라고 기록되어 있습니다. 전부 다 죽어 있습니다. 하지만 산헤립의 원통 비문에는 18만 5천 군인이 죽었다는 기록이 없습니다. 예루살렘이 화해를 청해서 봐주었다고 합니다. 고고학 자료 자체가 거짓말입니다.

예수님 시대에 유대의 고대 전쟁사를 쓴 요세푸스의 기록에 의하면 당시 군인들은 전염병으로 모두 죽었다고 합니다. 한밤에 갑자기 검은 구름이 나타나더니 천문학적으로 많은 수의 미친 쥐들이 출몰해서는 아시리아 진중으로 가서 사람이고 활이고 칼이고 막 먹어 치웠다고 기록되어 있습니다. 학자들은 이것을 그 당시의 전염병이라고 말합니다. 지금의 코로나와 같은 종류입니다. 그래서 히스기야가 승리할 수 있었습니다. 앞으로 인간의 과학과 기술 문명이 발달할수록 이와 같은 전염병이 더 발생한다고 합니다. 이때 우리는 어떻게 할 것입니까? 믿고 최선을 다해서

베뢰아 사람입니까

의인이 되어야 합니다.

이사야의 묵시

사 56:1 "여호와께서 이와 같이 말씀하시기를 너희는 정의를
지키며 의를 행하라 이는 나의 구원이 가까이 왔고 나의 공의
가 나타날 것임이라 하셨도다"

이사야 56장 이후는 종말론적으로 마지막 때를 사는 사람들의 삶을 이
야기합니다. 여기서 제일 중요한 것이 '정의로움'입니다. 하나님 말씀을
알고, 하나님을 사랑하고 이웃을 내 몸같이 사랑하는 삶을 살면서 정의로
우면 종말론적인 구원이 있다는 것이 이사야서의 마지막 메시지입니다.
이제 이러한 시대가 왔습니다. 누차 말씀드렸지만 이러한 시대 앞에서
우리는 말씀을 통달해야 합니다. 그런데 성경을 그냥 읽기만 해서는 안
되고 성경을 알기 위해서는 공부를 해야 합니다.

본문의 사건은 B.C. 701년, 즉 2,700년 전에 일어난 사건입니다. 코로
나 같은 전염병이 일어나서 18만 5천 명을 쳤습니다. 이때 시온산과 예
루살렘에서는 피할 자가 나왔습니다. 앞으로 인류의 멸망이 가까울수록,
과학이 발달할수록 제어장치가 없어집니다. 미국이나 유럽이 그렇게 당
할 줄 생각도 못 했습니다. 선진국이어서 그래도 괜찮을 줄 알았는데 하
루에 수천 명이 죽어나갔습니다. 하나님이 창조하신 원칙을 벗어난 인
간들은 자연 속에서 전염병으로 망합니다. 한국도 신천○ 등 이단 집단
들이 코로나 사건으로 실체가 드러나며 심판을 받고 있습니다. 하나님의

심판은 구석구석에서 임하고 있습니다.

새로운 시대에 맞추어 성경 공부를 구체적으로 세밀히 하겠습니다. 이제 여러분들도 말씀의 덕후가 되어야 합니다. 오직 의인은 믿음으로 말미암아 살리라는 말씀처럼 그 믿음을 가진 사람들이 이사야 65장, 66장의 예언대로 새로운 하늘과 새 땅에 들어갈 수 있습니다.

기도

포스트 코로나 시대에도 하나님 말씀이 진리입니다. 이사야 말씀을 통하여 새로운 시대의 새로운 사람으로서, 하나님의 백성으로서 나아가겠습니다. 말씀을 사랑하고 말씀을 지키며 또한 정의로운 사람으로서 살아가겠습니다. 어려운 일이 있을 때마다 믿고 최선을 다하는 히스기야와 같이 극복과 승리의 역사를 우리 개인의 삶 속에서 쓸 수 있게 하시옵소서. 우리 주 예수 그리스도 이름으로 기도드립니다. 아멘.

베뢰아 사람입니까

31

구원의 대리자 '왕' 문제
- 이사야서 강해 4

2020. 5. 31.

이사야 32:1-8

"보라 장차 한 왕이 공의로 통치할 것이요 방백들이 정의로 다스릴 것이며 ○ 또 그 사람은 광풍을 피하는 곳, 폭우를 가리는 곳 같을 것이며 마른 땅에 냇물 같을 것이며 곤비한 땅에 큰 바위 그늘 같으리니 ○ 보는 자의 눈이 감기지 아니할 것이요 듣는 자가 귀를 기울일 것이며 ○ 조급한 자의 마음이 지식을 깨닫고 어눌한 자의 혀가 민첩하여 말을 분명히 할 것이라 ○ 어리석은 자를 다시 존귀하다 부르지 아니하겠고 우둔한 자를 다시 존귀한 자라 말하지 아니하리니 ○ 이는 어리석은 자는 어리석은 것을 말하며 그 마음에 불의를 품어 간사를 행하며 패역한 말로 여호와를 거스르며 주린 자의 속을 비게 하며 목마른 자에게서 마실 것을 없어지게 함이며 ○ 악한 자는 그 그릇이 악하여 악한 계획을 세워 거짓말로 가련한 자를 멸하며 가난한 자가 말을 바르게 할지라도 그리함이거니와 ○ 존귀한 자는 존귀한 일을 계획하나니 그는 항상 존귀한 일에 서리라"

답은 말씀 통달이다

코로나 사태 이후로 성경을 통달하자는 말씀을 여러 번 드렸습니다. 어려울수록 말씀 통달의 길밖에는 없습니다. 일찍 일어나서 하나님께 기도하고 말씀을 암송하고 읽는 경건한 삶을 통해 일상을 항상 기쁘고 평안하게 살아갈 수 있으며 마음의 위로를 받습니다. 그렇지 못하면 하루 종일 기분이 안 좋습니다. 물론 음식조절도 하고, 운동도 적당히 해야 합니다. 그것이 흙의 속성을 가진 인간의 한계입니다. 우리나라 왕들 중에서 음식 조절 못 하고 운동도 안 해서 나이 들어 계속 아프고 고통을 겪은 왕들이 있는데 그중의 한 사람이 세종대왕입니다. 조선왕조실록에 보면 밤에 책 보는 것을 아버지인 태종이 금지시켰다는 내용이 있습니다. 세종대왕이 이름난 성군이지만 그런 단점이 있었습니다.

성경은 인류 최고의 보물인데, 성경을 통달하기는 너무 어렵습니다. 평생 읽고 들어도 모릅니다. 물론 성령께서 오셔서 깨닫게 해 주시면 간단합니다만 성령 하나님은 우리가 원한다고 해서 오시는 분이 아닙니다. 그저 기도하고 말씀을 읽는 것 외에는 다른 길이 없습니다. 그런데 말씀을 사랑하고 열심히 읽으려고 노력해도 잘 안 된다는 것을 알고 그런 자신을 용서해야 합니다. 그리고 포기하지 말고 계속 노력해야 합니다.

신구약을 종합적으로 통달하기 위해 이사야서를 확실히 알아야 합니다. 이사야서는 총 66권입니다. 신구약 성경이 구약 39권, 신약 27권으로 총 66권인데, 이사야서에서 구약의 메시지에 해당하는 내용이 39장까지이고 40장부터 66장까지 27권은 신약의 메시지에 해당하는 내용입니다. 그래서 그 주제들을 다 알게 되면 성경에 대해서 눈이 밝아집니다. 좋은 가이드와 여행하는 것과 같습니다.

하나님께서 대리자로 왕들을 세우시다

'이사야'라는 이름은 '야훼께서 구원하신다'는 뜻입니다. 그런데 하나님께서는 사람을 보내서 구원하십니다. 그 첫째 대리자가 선지자들입니다. 그래서 선지서가 있는 것입니다. 두 번째는 인간 세계를 통치하며 하나님의 구원 역사를 이루기 위해 왕들을 대리자로 세웠습니다. 이사야서에는 4명의 왕이 나옵니다.

사 1:1 "유다 왕 웃시야와 요담과 아하스와 히스기야 시대에 아모스의 아들 이사야가 유다와 예루살렘에 관하여 본 계시라"

하나님께서 인간 사회에 구원을 이루는 방법으로 대리자를 세우시는데, 쉽게 이해하자면 회사에 사장을 세우는 것과 비슷합니다. 하나님께서 대리자를 세우신 이유는 인간을 구원하는 프로젝트에 있어 한 사람, 한 사람 개별적으로 할 수는 없으니까 대리자를 세워서 그를 통해 여러 사람을 하나의 단위로 교육시키고 구원하시겠다는 뜻입니다. 요즘 쓰는 용어로는 코호트(cohort, 특정한 행동양식 등을 공유하는 집단)라는 말로 설명할 수도 있습니다.

이사야서에서는 하나님이 세우신 대리자로 4명의 왕이 나옵니다. 그들에게 하나님의 백성을 맡겨 놓았으니 그 4명이 어떻게 하는지 보겠습니다. 왕들은 하나님의 구원의 대리자이므로 신명기 율법을 꼭 지켜야 합니다. 본문 말씀인 이사야서 32장 1-8절은 리더십 차원에서 의로운 왕은 어떻게 해야 하는지에 대해 신명기 16장을 다시 구체화한 말씀입니다. 이번 시간은 4명의 왕들의 성공과 실패, 업적 등을 판단한 이사야서를 이해하고자 합니다.

웃시야 왕과 문둥병

웃시야는 16세에 왕위에 올라 52년을 통치했습니다. 웃시야의 아버지는 아마샤입니다. 웃시야는 다윗과 솔로몬 이후에 최고의 왕으로 일컬어지는 왕이었습니다. 정치 경제적으로 완전하게 성공해서 웃시야 때 유다가 가장 광대한 영토를 차지했습니다. 그런데 웃시야가 성공하고 나니까 이상해집니다. 모든 것을 자기 마음대로 다 해 봤으니 이제는 영적으로 제사장권도 마음대로 해 보자는 마음이 들었습니다. 그래서 제사장들이 다 말리는데도 자기가 성전의 분향단에서 분향하려고 했습니다. 이는 마치 사울이 사무엘 선지자가 오지 않는다고 제사장권을 침해하여 자기가 번제를 드린 사건과 비슷합니다.

제사장 80여 명이 따라와서 말리거나 말거나 웃시야가 분향단 제물에 불을 붙이는데 이마와 얼굴에 나병이 생겼습니다. 요즘은 한센병이라고 합니다. 정치 경제적으로 대단한 업적을 이뤘던 웃시야 왕이 나병에 걸렸습니다. 그래서 별궁에 유폐되었고, 아들을 왕위에 올렸습니다. 그 아들이 요담입니다. 웃시야는 말기에 별궁에서 쓸쓸한 삶을 살았습니다. 제사장권은 절대 침해하지 말아야 하는데 제사장권을 침해하려 했기 때문에 그런 벌을 받은 것입니다. 인간이 어느 정도 성공을 하면 뇌가 달라집니다. 그것을 '승자의 저주'라고 합니다. 돈도 어느 정도 이상으로 벌게 되면 사람이 달라집니다. 이것이 일반적인 인간의 유한성입니다.

요담 왕과 바알 산당

웃시야가 나병에 걸려서 요담이 25세에 왕위에 올랐는데, 아버지 웃시야가 섭정을 지나치게 하며 뒤에서 이래라 저래라 하니 요담이 스트레스를 많이 받았습니다. 제사장권을 무시한 결과로 온 고통이 너무 큽니다. 요담은 아버지가 반면교사의 역할을 하여 조용하고 규범적인 왕이었습니다. 아버지가 돈이 없어서 아들에게 늘 돈 이야기만 하면 아들은 돈에 한이 맺혀서 평생 돈 버는 일밖엔 생각하지 않습니다. 그래서 돈을 모아 부자도 될 수 있습니다만 그런 사람은 돈을 안 쓰고 구두쇠 짓 하다가 끝납니다. 그런데 또 그 밑의 자식은 아버지가 번 돈을 흥청망청 다 써 버리고 끝냅니다. 인간의 역사는 이런 사이클이 반복됩니다. 유다의 왕들도 돈과 권력에 있어 이런 순환을 반복했습니다.

요담은 유다의 왕들 중에 가장 평범하고 규범을 지킨 왕이지만 산당을 제거하지 않은 한 가지 흠이 있다고 성경은 말합니다. 이 말을 이해해야 합니다. 산당 안에 들어가면 신이 두 개입니다. 가나안의 블레셋 사람들이 오랫동안 섬겨 왔던 우상으로서 오른쪽은 남신인 바알, 왼쪽은 여신인 아세라를 두고 제사를 지내는데, 요담은 바알신 앞에서 야훼 이름을 부르며 예배를 드렸습니다. 그것이 요담에게 가장 큰 흠이었습니다. 그러나 그가 왕위에 있는 동안은 큰 문제없이 나라를 다스렸습니다.

아하스 왕의 인신 제사

그다음은 아하스 왕입니다. 아하스는 조용한 성품이었던 아버지 요담을 물에 물탄 듯 답답하다고 생각하고 자기가 왕위에 올라서는 우상을 적극적으로 섬기기 시작했습니다. 바알 우상을 만들고 힌놈 골짜기에서 자기 아들을 불에 태워 몰렉 신에게 인신 제사를 드리는 악행까지 저질렀습니다. 성경 역사에서 자기 자식을 죽여서 제사 지낸 사람은 아하스와 므낫세밖에 없습니다. 암몬 사람들은 어려운 일이 생기면 전쟁의 신에게 자기 자식을 불에 태워서 제물로 바쳤습니다. 고고학 자료로 당시에 남겨진 그림들을 보면 제단 옆에 아이들 뼈가 많음을 볼 수 있습니다. 그것이 전부 아이들로 인신제사를 드린 것입니다.

원래 유다의 왕은 어려운 일이 있으면 신명기에 따라 하나님 말씀의 뜻이 무엇인지 하나님의 사람에게 물어야 합니다. 그러나 아하스는 그렇게 하지 않았습니다. 이사야 선지자가 와서 "하나님께서 왕에게 잠잠히 있으라고 하십니다. 그러나 왕이 불안하다면 징조를 구하라고 하십니다."라고 했습니다만, 아하스는 "나는 징조를 구하지 않겠다. 하나님께 스트레스를 주지 않겠다."고 말도 안 되는 고집을 부립니다. 그러자 이사야가 "다윗의 집이여 원하건대 들을지어다 너희가 사람을 괴롭히고서 그것을 작은 일로 여겨 또 나의 하나님을 괴롭히려 하느냐 ○ 그러므로 주께서 친히 징조를 너희에게 주실 것이라 보라 처녀가 잉태하여 아들을 낳을 것이요 그

　　　　　　　　　　　베뢰아 사람입니까

의 이름을 임마누엘이라 하리라(사 7:13-14)"는 말씀을 선포합니다.

아하스는 이사야의 말을 듣지 않고 아시리아의 디글랏 빌레셀에게 도움을 요청합니다. 또한 후에는 직접 다메섹에 있는 디글랏 빌레셀을 만나러 갑니다. 거기서 우상의 제단을 보고 그대로 그려서 유다의 제사장에게로 보냅니다. 하나님 대신에 그 우상을 섬기기 위해서입니다. 하나님을 믿는 나라인데 어려움이 오니까 "하나님보다 아시리아 신이 더 강하잖아. 그러니 하나님께 잘 보일 것이 아니라 아시리아 신에게 잘 보여야지."라고 생각하고 있습니다. 이것이 아하스입니다. 실컷 예수 믿고 뒤에 타락해서는 "이때까지 열심히 믿고 기도해도 별 볼일 없더라. 나는 신앙 안 한다."라고 하는 경우와 비슷합니다.

그래서 아하스가 아시리아 신을 모시고 와서 예배드립니다. 디글랏 빌레셀이 이스라엘과 아람을 공격해서 진멸시켰는데, 유다의 아하스가 끓어 엎드리며 신하로서 공물을 바치고 시키는 대로 하겠다고 하니 유다는 봐줍니다. 그렇다고 유다를 공격하지 않은 것은 아닙니다. 이스라엘과 아람을 치는 명분으로 남하하면서 아하스의 공물이 무색할 정도로 도움을 요청한 유다도 공격했습니다. 그 후에 아하스 왕의 항복을 받고 올라 갔습니다만 해마다 금과 은, 곡물을 바치라고 합니다. 어쩔 수 없이 바쳐야 합니다. 그러다 보니 나라의 국고가 바닥났습니다. 그렇게 17년을 버티다가 아하스도 죽었습니다. 한편 아시리아는 디글랏 빌레셀 3세 사후에 사르곤 2세가 왕위에 올라서 중근동을 정복하다가 죽고, 아들 산헤립이 왕위에 올랐습니다.

히스기야 왕의 위기 대응

유다는 아하스가 죽고 히스기야가 왕위에 올랐습니다. 히스기야가 보니 나라가 거지꼴이 다 되었습니다. 히스기야는 분해서 아시리아 몰래 종교 정책을 세웠습니다. 아버지가 가져온 모든 아시리아의 우상들을 불사르고 산당도 무너뜨렸습니다. 하나님만 신앙하는 종교 정책을 펴고, 젊은 사람들을 군인으로 육성시켰습니다. 히스기야는 혁명을 꿈꾸고 있었던 것입니다. 그러면서 아시리아에게는 어느 때까지 공물을 바쳤습니다.

히스기야는 아시리아의 침입에 대비해 구체적인 준비를 했는데, 우선 예루살렘성이 포위될 때를 대비하여 성 밖에 있는 기혼 샘의 물을 성안에까지 끌어들이는 작업을 시작했습니다. 기혼 샘과 예루살렘성 사이의 암석들을 망치로 부수며 500여 m의 지하 터널을 뚫어 수로를 연결한 것입니다. 이 터널에서 '실로암 비문'이 발견되었는데, 히스기야 때 터널 공사를 했다는 200자의 기록이 나왔습니다. 예루살렘성이 높은 곳에 위치해 있어도 터널만 뚫어 놓으면 물이 들어오니까 계속 아시리아와 싸울 수 있습니다. 만약 아시리아가 기혼 샘을 막으면 성내에 물이 들어오지 않기 때문에 히스기야가 미리 준비한 것입니다. 히스기야가 이 터널을 뚫고 감사해서 기록한 것이 실로암 비문입니다.

이제 준비가 다 끝났습니다. 날짜가 되었는데도 히스기야가 공물을 바치지 않으니 아시리아의 산헤립 왕이 바로 쳐내려 와서 유다 46개의 성을 초토화시키고, 18만 5천 명의 군사가 예루살렘을 포위했습니다. 위기가 왔습니다. 위기가 왔을 때 아버지 아하스는 허둥지둥하다가 아시리아 신을 예배하는 방식으로 대처했지만, 히스기야는 위기가 오자 이사야 선지자에게 기도를 부탁합니다. 그러자 이사야는 두려워하지 말라는 하나님의 신탁을 전합니다. 그 후에 산헤립이 히스기야에게 "빨리 항복해라. 너희가 믿는 하나님이 구원해 줄 것이라는 기대를 하지 마라."는 편지를 보냅니다. 히스기야는 산헤립의 편지를 여호와의 성전에 펴놓고 "그룹들 위에 계시는 만군의 여호와여, 산헤립이 살아 계신 하나님을 비방하며 우리를 무시하는 것을 다 보고 계시오니 우리를 구원하여 주시옵소서."라고 기도했습니다. 기도를 하고 나오니 하나님께서 이사야 선지자를 통해 그들을 멸하실 것이라는 응답을 주셨습니다.

지금 산헤립의 18만 5천 대군이 예루살렘을 포위하고 있지만 히스기야는 이사야의 말을 믿었습니다. 히스기야의 아버지 아하스는 불안에 떨면서 믿지 않고 우왕좌왕하면서 우상과 잡신을 섬겼지만 히스기야는 이와 같은 믿음을 보였습니다. 다음 날 아침에 보니 18만 5천 명이 몽땅 죽어 있었습니다. 자기 나라로 돌아간 산헤립은 아들들에게 피살당하고 그의 아들 중에 한 명이 왕위에 올랐습니다. 히스기야는 승리했습니다. 모두 찬양하며 감사했습니다. 인간의 계산으로는 이길 수 없는 전쟁입니다. 5천도 안 되는 농민군으로 어떻게 18만 5천 명의 대군을 이긴단 말입니까?

히스기야의 병

전쟁의 와중에 히스기야가 병이 들었습니다. 이사야는 히스기야에게 "여호와의 말씀이 너는 집을 정리하라 네가 죽고 살지 못하리라 하셨나이다."라고 하였습니다. 그러자 히스기야는 "여호와여 구하오니 내가 진실과 전심으로 주 앞에 행하며 주께서 보시기에 선하게 행한 것을 기억하옵소서."라고 통곡하며 기도했습니다. 히스기야의 기도를 들은 하나님께서 이사야에게 "네 눈물을 보았고 네 기도를 들었으니 너를 병에서 낫게 하여 15년을 더 살게 해 줄 것이라고 말해 주라."고 하셨습니다. 그래서 이사야가 히스기야에게 다시 돌아가서 하나님의 말씀을 전하고 무화과를 으깨서 환처에 붙이라고 했습니다. 그렇게 하니 히스기야의 병이 나았습니다.

이사야 37장에 히스기야가 아시리아에 승리한 내용이 있고 38장에 히스기야의 병 이야기가 배치되어 있어 사건을 순서적으로 이해할 수 있으나 실제로는 아시리아와의 전쟁 중에 히스기야의 병 문제가 있었습니다.[14]

히스기야와 승자의 저주

그런데 아시리아와의 전쟁에서 이기고 병도 은혜로 나은 히스기야가 그만 교만해졌습니다. 웃시야는 정치 경제적으로 성공한 후 제사장권을 침해하다가 나병에 걸렸고, 아하스도 위기에 우상을 섬기다가 망했습니다. 그런데 히스기야도 치명적인 실수를 합니다. 그래서 '승자의 저주'라는 말이 있습니다. 이기고 나서 제일 조심해야 하는 것이 '승자의 저주'입니다.

바벨론의 므로닥발라단 왕이 히스기야에 대한 소문을 들었습니다. "아

---

14 사 38:5-6 "너는 가서 히스기야에게 이르기를 네 조상 다윗의 하나님 여호와께서 이같이 말씀하시기를 내가 네 기도를 들었고 네 눈물을 보았노라 내가 네 수한에 십오 년을 더하고 ○ 너와 이 성을 앗수르 왕의 손에서 건져내겠고 내가 또 이 성을 보호하리라"

시리아 제국을 유다가 이겼단다. 히스기야가 죽을병이 걸렸는데 병도 나았단다. 이런 신기한 일이 어디 있나. 가서 위로하는 척하고 정탐 좀 하고 와라." 하고 사신을 보냈습니다. 바벨론에서 사신이 오니 히스기야가 오버합니다. 우리 같은 작은 나라에 바벨론에서 사신을 보냈다고 지나치게 좋아합니다. 자기의 능력으로 승리한 것이 아니고 하나님이 하신 것이므로 겸손해야 하는데, 자기가 했다고 생각했기 때문에 이런 실수가 나오는 것입니다. 므로닥발라단은 아시리아에 반기를 들고 바벨론 제국을 일으킨 사람입니다.

히스기야는 바벨론 사신에게 자신의 보물고와 왕궁에 있는 것을 몽땅 보여 주었습니다. 사신들이 "대단하십니다."라고 추켜세우니 아시리아에 이긴 내용도 세밀히 설명하고, 그 내용들을 사신이 다 적어서 돌아갔습니다. 이사야 선지자는 히스기야에게 바벨론 사신에게 모두 말하고 보여 준 것은 큰 실수라고 책망합니다. 바벨론이 다음에 큰 제국이 될 것이고, 그들이 미리 정탐을 온 것인데 왜 모든 것을 보여 주느냐는 것입니다.

히스기야가 위기 때는 하나님께 물어보았지만 좋을 때는 물어보지 않았습니다. 우리나라 속담에 잘되면 자기 탓이고 못 되면 조상 탓이라는 말이 있는데, 모든 것이 좋아지자 히스기야가 본인의 능력으로 이룬 것으로 착각하는 실수를 하고 말았습니다. 그래서 이사야가 하나님의 말씀을 전합니다. "왕이여, 하나님의 말씀을 들으소서. 이 보물들은 장차 바벨론에 다 빼앗길 것입니다. 그리고 왕의 몸에서 날 아들 중에서 사로잡혀 바벨론 환관이 될 사람이 있을 것입니다." 나중에 다니엘 등이 바벨론에 잡혀가서 환관이 되었습니다. 그러자 히스기야가 "내가 살아 있을 동안에는 태평할 것이니 좋습니다."라고 합니다. 이것이 이사야 39장의 마지막 내용입니다.

메시아 예언의 필연성

이사야서에 나오는 4명의 왕 중에 이사야 32장 말씀에 적합한 사람이 없습니다. 웃시야는 잘되니 제사장권을 탐냅니다. 요담은 이도저도 아닌 상태로 산당 예배도 극복하지 못했습니다. 아하스는 어려울 때 우상을 섬겼습니다. 히스기야가 그래도 가장 잘했는데 승리하고 나서는 바벨론 사신에게 예루살렘의 보물들을 다 보여 줬습니다. 그래서 이사야가 아하스 왕 때 "보라 처녀가 잉태하여 아들을 낳을 것이다."라고 메시아 예언을 합니다. 인간의 왕들을 대리자로 세웠더니 그들로는 안 되겠고, 장차 하나님의 아들이 올 것인데 그를 통하여 인류를 구원하겠다는 것입니다. 그것이 이사야서 안의 메시아 예언입니다.

왕을 통해서 인간 구원의 역사를 이루려고 하니 흙으로 지어진 인간들이라 안 됩니다. 어려울 때도 의롭지 못하고 좋을 때도 의롭지 못합니다. 여기에 '의로운 왕'이 한 명도 없습니다. 왕들에 대한 역사는 열왕기 상하와 역대 상하에 기록이 있습니다. 이전에 설교했다시피 열왕기상하는 신명기 문서(D 문서)입니다. 신명기 문서의 핵심은 하나님의 말씀대로 행하느냐 아니냐, 하나님의 사람인 선지자에게 의논하느냐 안 하느냐가 핵심입니다. 웃시야도 의논하지 않고, 히스기야도 좋을 때는 하지 않았습니다. 주님은 이 땅에 오셔서 꼭 아버지께 기도하시고, 추앙하며 따라다니는 사람들에게는 당신에게 메시아라고 하지 말라 하시며 오히려 숨으셨습니다. 이런 예수님의 특성이 메시아 예언에 나타나 있습니다. 이것

베뢰아 사람입니까

이 메시아의 비밀입니다.

맺는말

대리자를 바꾸는 내용이 40장 이후에 나옵니다. 그분은 고난의 종으로서 하나님의 아들이고 메시아입니다. 이사야 56장에 가면 이 메시아를 통해 구원받고 오는 이방인들과 믿는 자들이 어떻게 살아야 하는가에 대한 내용과 천년국이 예언됩니다.

우리도 웃시야 왕처럼 오만해질 수 있습니다. 영적으로 오만해지면 선지자가 뭐 필요하나 싶습니다. 요담은 자기 아버지가 나병에 걸려서 고생하는 것을 보고 평생 조심만 하면서 소심하게 살았는데, 이렇게 사는 사람들도 있습니다. 아하스처럼 위기가 오면 "지금까지 해 봐도 안 되더라."고 하며 믿음이 떨어지는 사람들이 있습니다. 히스기야가 승리 후 오만해져서 바벨론 사신들에게 속없이 다 보여 준 것처럼 하나님이 하신 일을 자신의 능력으로 했다고 착각해서 오만해지는 사람도 있습니다. 이네 명의 왕들을 교훈으로 삼아 각자의 삶을 성찰해 보시기 바랍니다.

32
성경의 공의
- 이사야서 강해 5

2020. 7. 5.

이사야 32:1-20

"보라 장차 한 왕이 공의로 통치할 것이요 방백들이 정의로 다스릴 것이며 ○ 또 그 사람은 광풍을 피하는 곳, 폭우를 가리는 곳 같을 것이며 마른 땅에 냇물 같을 것이며 곤비한 땅에 큰 바위 그늘 같으리니 ○ 보는 자의 눈이 감기지 아니할 것이요 듣는 자가 귀를 기울일 것이며 ○ 조급한 자의 마음이 지식을 깨닫고 어눌한 자의 혀가 민첩하여 말을 분명히 할 것이라 ○ 어리석은 자를 다시 존귀하다 부르지 아니하겠고 우둔한 자를 다시 존귀한 자라 말하지 아니하리니 ○ 이는 어리석은 자는 어리석은 것을 말하며 그 마음에 불의를 품어 간사를 행하며 패역한 말로 여호와를 거스르며 주린 자의 속을 비게 하며 목마른 자에게서 마실 것을 없어지게 함이며 ○ 악한 자는 그 그릇이 악하여 악한 계획을 세워 거짓말로 가련한 자를 멸하며 가난한 자가 말을 바르게 할지라도 그리함이거니와 ○ 존귀한 자는 존귀한 일을 계획하나니 그는 항상 존귀한 일에 서리라 ○ 너희 안일한 여인들아 일어나 내 목소리를 들을지어다 너희 염려 없는 딸들아 내 말에 귀를 기울일지어다 ○ 너희 염려 없는 여자들아 일 년 남짓 지나면 너희가 당황하리니 포도 수확이 없으며 열매 거두는 일이 이르지 않을 것임이라 ○ 너희 안일한 여자들아 떨지어다 너희 염려 없는 자들아 당황할지어다 옷을 벗어 몸을 드러내고 베로 허리를 동일지어다 ○ 그들은 좋은 밭으로 인하여 열매 많은 포도나무로 인하여 가슴을 치게 될 것이니라 ○ 내 백성의 땅에 가시와 찔레가 나며 희락의 성읍, 기뻐하는 모든 집에 나리니 ○ 대저 궁전이 폐한 바 되며 인구 많던 성읍이 적막하며 오벨과 망대가 영원히 굴혈이 되며 들나귀가 즐기는 곳과 양 떼의 초장이 되려니와 ○ 마침내 위에서부터 영을 우리에게 부어 주시리니 광야가 아름다운 밭이 되며 아름다운 밭을 숲으로 여기게 되리라 ○ 그 때에 정의가 광야에 거하며 공의가 아름다운 밭에 거하리니 ○ 공의의 열매는 화평이요 공의의 결과는 영원한 평안과 안전이라 ○ 내 백성이 화평한 집과 안전한 거처와 조용히 쉬는 곳에 있으려니와 ○ 그 숲은 우박에 상하고 성읍은 파괴되리라 ○ 모든 물 가에 씨를 뿌리고 소와 나귀를 그리로 모는 너희는 복이 있느니라"

『교회에게 하고픈 말』책 소개

백석대학교에서 25년 동안 신학교수로 봉직한 류호준 교수가 최근『교회에게 하고픈 말』이라는 책을 출간했습니다. 그동안 목회와 교육을 하며 느낀 소회들을 쓴 책입니다. 책 내용 중에 보면 목사 하려고 신학교에 온 사람들이 컨닝이나 하고 학위만 따고 가려고 해서 마음이 아프다는 말이 있습니다. 본인은 리포트도 많이 제출하게 하고 시험도 자주 보니 가장 인기 없는 교수였다고 합니다. 그러나 하나님께 받은 은혜로 꿋꿋하게 했다는 말을 합니다. 책에서 한국 교회의 병폐 62가지를 지적했는데, 하나도 버릴 것이 없는 중요한 내용들이었습니다. 목회자들이나 목사 될 사람들이나 실제로는 성경의 메시지를 행하지 않는 믿는 불신자들이라고 말합니다. 그러니 교인들도 성경을 모릅니다. 하나님께서는 내 백성이 지식이 없어서 망한다고 말씀하셨는데, 성경을 모르는 문제가 심각합니다.

공의의 통치 문제

코로나 사태 이후 우리가 어떻게 하면 의인으로 정의롭게 살아갈 것인가라는 문제 앞에서 이사야서를 계속 설교하고 있습니다. 기도하고 계속 단순화시켜야 합니다.

사 32:1a "보라 장차 한 왕이 공의로 통치할 것이요"

베뢰아 사람입니까

이때 웃시야, 요담, 아하스, 이 3명의 왕이 거쳐 갔습니다. 그런데 하나같이 기대에 미치지 못합니다. 웃시야는 정치적으로 잘한다 싶더니 제사장권을 침해해서 나병에 걸려버렸고, 요담은 밋밋하게 개혁도 없이 살았습니다. 아하스는 믿는 불신자로서 유대 나라 왕이면서 가나안과 아시리아 제국의 신들을 섬기며 깡패같이 살았습니다. 히스기야는 아직 나오기 전입니다. 세 명의 왕들을 겪어보니 하나님의 대리자로서 왕들은 불합격이라 이사야가 성령 안에서 메시아 예언을 시작합니다.

이사야서를 읽을 때 당시 국내와 국제의 굵직한 사건을 이해하면 본문이 풀립니다. 이사야 32장은 국제관계가 아니라 국내 문제에 대한 예언입니다. 유대 나라 왕들과 메시아와의 관계를 생각해야 합니다.

선지자가 새로운 왕을 예언하는데, 그의 최고 특징이 공의로 통치한다는 점입니다. 공의는 히브리 원어로 '체다카'로서, 하나님은 의롭다는 뜻입니다. 하나님이 의로우시므로 신앙하는 사람도 의로워져야 한다는 말입니다. 이것을 단어로 규정하면 '공의'와 '공평'입니다. 공의와 공평이 개인에게 나타나면 정의로움으로 나타납니다. 저 사람 참 정의롭다는 말은 그 사람이 성경 말씀을 깊이 안다는 뜻입니다.

어떻게 정의로울 것인가?

이번 설교의 주제가 우리도 정의로워져야 한다는 것인데, 먼저 자신에게 정의로워야 합니다. 하나님 있는 양심이어야 합니다. 정의롭지 못하고 거짓말이나 하고 사실(fact)을 중요시하지 않으면 세 가지 문제가 생깁니다. 첫째, 개인적으로 영성이 절대 열리지 않습니다. 평생 신앙해도 거짓

말만 하는 사람은 먼저 자기 자신에게 거짓말 합니다. 그러니 본질이 열리지 않습니다. 둘째, 마음의 지혜가 전혀 없어서 문제가 생기면 아무 대안이 없습니다. 할 수 없이 전문가를 찾아가면 돈만 많이 요구합니다. 마음이 어두워서 깜깜하고 아무것도 모릅니다. 셋째, 건강하지 못합니다. 아프다 안 아프다가 건강의 기준이 아닙니다. 내가 하나님을 진정으로 신앙하는가 안 하는가의 문제입니다. 50세 이후에는 몸의 신용보증기간이 거의 끝나서 서서히 아프기 시작합니다. 그런데 아파도 믿음으로 잘 극복해 나가는 것이 중요합니다. 이것이 개인에게 나타난 정의입니다.

인간관계에서도 정의로워야 합니다. 자식은 부모를 보고 자라는데, 부모가 정의롭지 못하면 자식도 그런 것을 배웁니다. 정의로우면 간단한데 정의롭지 못하면 쓸데없는 짓들을 하면서 복잡해집니다. 이리 뛰고 저리 뛰며 그것이 삶인 줄 압니다. 목사가 제일 어려운 것은 성도들에게는 좋은 모습을 보일 수 있어도 가족에게는 그 인격이 다 드러난다는 점입니다. 가족이든 누구든 인간관계에서 정의로워야 합니다.

인간의 정의, 하나님의 공의

정의는 인간이 해야 할 행동입니다. 그러나 공의는 하나님의 인격의 속성입니다. 그분의 공의를 알 때 우리도 정의로워집니다. 정의를 행할 때는 상황에 따른 공정한 판단력이 중요합니다. 그것을 '공평'이라고 합니다.

공평은 평균적 정의가 아닙니다. 많이 일한 사람은 많이 받고 적게 일한 사람은 적게 받는 것이 공평입니다. 많은 가정에서 부모 자식 간이나 형제간에 문제가 일어나는 것도 부모가 자식을 공평하게 대하지 않고 어

베뢰아 사람입니까

느 한 자식을 편애하기 때문입니다. 개인과 가정과 공동체의 정의가 사회로, 국가로, 세계로 나아가야 합니다. 우리가 하나님 앞에도 정의롭고 공평하면 당당해집니다.

사 32:1b "방백들이 정의로 다스릴 것이며"

방백들은 사람들을 정의로 다스려야한다고 했습니다. 하나님의 인격적 정의는 '의로우신 아버지'입니다. 그래서 예수님이 "의로우신 아버지여 세상은 아버지를 알지 못해도 나는 알았사오며"라고 기도하시는 것입니다.

마 5:10 "의를 위하여 박해를 받은 자는 복이 있나니 천국이
그들의 것임이라"

예수님께서 정의로운 자는 예수님의 고난을 깨닫기 위해 박해를 받지만 복이 있다. 천국이 그들의 것이라고 말씀하셨습니다. 하나님 나라에 들어가는 문 입구가 공의와 공평입니다. 집 전체는 하나님의 사랑입니다. 성경의 정신은 사랑이지만 상황과 대상에 따라 적용의 형태가 다릅니다. 그것을 공평과 공의라고 합니다. 내가 정의롭지 못하면 하늘나라에 못 갑니다. 특히 돈으로 자식들에게 공평하게 못 하고 싸움이나 시키면 하나님 나라에 갈 수 없습니다.

우리는 천국에 들어가기 위하여 순종과 믿음을 가지고 있어야 합니다. 순종이란 내가 하나님 나라를 위해 할 수 있는 것을 말합니다. 자칫하면

"하나님이 다 할 것인데." 하고 가만히 있을 수 있습니다. 하지만 내가 할 수 있는 것은 해야 합니다. 할 수 없는 것은 믿어야 합니다. 이것이 순종과 믿음입니다.

32장의 메시아의 속성

> 사 32:2-4 "또 그 사람은 광풍을 피하는 곳, 폭우를 가리는 곳 같을 것이며 마른 땅에 냇물 같을 것이며 곤비한 땅에 큰 바위 그늘 같으리니 ○ 보는 자의 눈이 감기지 아니할 것이요 듣는 자가 귀를 기울일 것이며 ○ 조급한 자의 마음이 지식을 깨닫고 어눌한 자의 혀가 민첩하여 말을 분명히 할 것이라"

이사야 32장은 메시아 예언 장입니다. 이사야 9장 6절에 "이는 한 아기가 우리에게 났고 한 아들을 우리에게 주신 바 되었는데 그의 어깨에는 정사를 메었고 그의 이름은 기묘자라, 모사라, 전능하신 하나님이라, 영존하시는 아버지라, 평강의 왕이라 할 것임이라"는 예언이 있습니다. 11장에도 메시아 예언이 있습니다. 메시아는 어떤 사람인가를 알고 우리도 그분을 따라야 합니다.

이 본문에 나오는 메시아는 어떤 사람입니까? 그 사람은 광풍을 피하는 곳과 같고 폭우를 가리는 곳과 같다고 하였습니다. 예수님의 공생애 기간 중에 갈릴리 호수에서 광풍이 불 때 조용하고 잠잠하라고 예수님께서 꾸짖으셨다는 복음서의 기록이 있습니다. 제자들이 배를 타고 갈 때 거친 풍랑이 일자 제자들이 어찌할 바를 모르는 중에 예수님이 물 위를 걸어오시는 모습을 보고 첫말이 "유령이다."였습니다. 예수님께서 두려워하지 말라고 하시며 배에 오르시니 풍랑이 그쳤습니다. 그러니 모여서 "저분의 말씀에 풍랑까지 꼼짝 못 하는 것을 보니 정말 하나님의 아들이시네."라고 합니다.

세상에서 살다가 돈 광풍이 불 때가 있습니다. 그러면 난리가 납니다. 자신도 불안한 데다 자식은 돈 달라고 하고 여러모로 어렵습니다. 특히 부부는 돈이 없으면 항상 싸웁니다. 건강 문제도 광풍입니다. 건강에 큰 문제가 생기면 이제 어떻게 살까 싶습니다. 그때 예수님께서 배에 오르시면 풍랑이 그칩니다. 그분이 우리에게 오셔야 합니다. 우리가 배입니다. 자기 식대로 이리 뛰고 저리 뛰며 광풍 속에 휘말려 있는 우리에게 예수님이 오시면 그 광풍을 그치게 하십니다. 바로 이런 사람이 오실 것을 2,700년 전에 이사야가 예언한 것입니다.

"마른 땅에 냇물 같을 것이며"라는 말씀은 모래밖에 없는 사막에 오아시스를 만나듯 우리의 영혼에 생명의 말씀이 주어짐을 의미합니다. 그것이 복음입니다. "곤비한 땅에 큰 바위 그늘 같으리니"라는 말씀은 이스라엘 민족이 출애굽해서 태양이 내리쬐는 사막을 행군할 때 하나님께서 구름 기둥으로 그들을 보호하며 인도하셨듯이 우리가 공의롭게 신앙을 잘 하면 이 어려운 세상 속에서도 마음에 평화가 있을 것이라는 의미입니다. 예수님께서 "내가 주는 평안은 세상이 주는 평화가 아니다"라고 말씀하셨습니다. 감사하면서 웃고 편안하게 다니면 "무슨 좋은 일 있나?"라고 합니다만 항상 그리스도 안에 있기 때문에 평안한 것입니다. 이 모두는 하나님 앞에 정의롭기 때문에 얻어지는 복입니다. 정의로우면 성경을 깊이 압니다.

사 32:3 "보는 자의 눈이 감기지 아니할 것이요 듣는 자가 귀
　를 기울일 것이며"

보는 자가 너무 놀라서 "도대체 이런 사람이 어디 있나." 하고 눈을 감
지 못한다고 합니다. 또한 맹인들이 눈을 뜬다는 의미이기도 합니다. 감
긴 눈이 열려서 그분을 보고 찬양하며 하나님이 지으신 세계를 본다는 말
입니다. 듣는 자가 귀를 기울인다는 말은 관용구입니다. 귀먹은 사람이
귀가 열린다고도 읽습니다. 귀먹은 자의 귀에 주님이 손가락을 넣어서
기도하며 귀를 열어 주셨습니다. 복음을 들으라고 열어 주셨습니다. 성
경을 읽어도 무슨 뜻인지 모르고 말씀을 들어도 무슨 뜻인지 모르면 영적
으로 맹인이며 귀머거리입니다.

사 32:4 "조급한 자의 마음이 지식을 깨닫고 어눌한 자의 혀
　가 민첩하여 말을 분명히 할 것이라"

복음은 마음으로 들어갑니다. 그래서 마음이 지혜로워야 합니다. 복음
을 모르면 마음이 급해서 못 견딥니다. 어떤 것은 너무 늦고, 어떤 것은
너무 빠릅니다. 너무 늦지도 너무 빠르지도 않게 중도를 지키는 지혜가
필요합니다. 타고난 기질이 빠른 사람이 있고, 느린 사람이 있습니다. 하
나님께서 상대적인 기질을 창조하신 이유는 서로 보완하면서 교훈을 삼
으라는 뜻인데, 상대적 기질을 이해하지 못하고 서로 불평만 하는 수준입
니다.

사 32:5 "어리석은 자를 다시 존귀하다 부르지 아니하겠고 우둔한 자를 다시 존귀한 자라 말하지 아니하리니"

말씀을 모르면 인생에서 쓸데없는 헛발질을 계속합니다. 정직하면 되는데 그것을 못 하고 항상 거짓말해서 복잡해집니다. 하나님이 준 귀한 시간을 그런 데 다 소비합니다. 복음을 모르니 어리석어 빠져서 그렇습니다.

그런데 정의롭게 행동하면 언제나 긴장됩니다. 반대가 심하니 기도해야 합니다. 하지만 "주님, 정직하게 말하겠습니다. 저를 지켜 주세요."라고 기도하고 나서 반드시 말해야 합니다. 그 말을 하고 나면 나머지 문제가 해결되는데, 하지 못하면 뒤에 가서 복잡해집니다. 되는 것이 아무것도 없고, 갈수록 더 종질하고 골치 아픈 일뿐입니다. 정직한 사람은 세상 속에서 참 편안히 삽니다. 단, 진실한 말을 하려고 할 때 마음이 불안한 것은 주님께 의존해야 합니다. 그러면 말해야 할 것과 말하지 않아야 할 것에 대한 확실한 구분을 깨닫습니다.

정의로움이 주는 화평

이사야 29장에서 31장까지 유대 민족의 죄를 다시 낱낱이 반복해서 말하고 있습니다. 이 시기는 히스기야 왕의 초기인데, 이집트를 믿고 외교 사절을 보내는 헛된 짓을 하고 있습니다. 이사야가 웃시야 왕 이후 인간적으로 가장 기대한 것이 히스기야 왕이었습니다. 그런데 39장에 가면 하나님께 병까지 고침 받은 히스기야가 바벨론 사자들이 왔을 때 그들에게 모든 보물을 다 보여 줌으로 말미암아 후에 유대 나라가 바벨론에 멸망해 포로로 잡혀가는 원인 제공을 하게 됩니다.

> 사 32:18 "내 백성이 화평한 집과 안전한 거처와 조용히 쉬는
> 곳에 있으려니와"

하늘나라로 들어가는 문의 두 기둥은 공평과 공의입니다. 32장과 33장에서 공의와 공평이라는 말이 여러 번 나옵니다. 미가서에서도 "사람아 주께서 선한 것이 무엇임을 네게 보이셨나니 여호와께서 네게 구하시는 것은 오직 정의를 행하며 인자를 사랑하며 겸손하게 네 하나님과 함께 행하는 것이 아니냐(미 6:8)"라고 하였습니다. 선지서의 모든 핵심이 공평과 공의입니다.

이번 시간 설교의 핵심은 '정의로운자'입니다. 가족 간에도 정의롭지 못하면 문제가 발생합니다. 공평과 공의를 실현합시다. 자신에게나 가족에게나 공평과 공의를 실현함으로써 우리의 삶이 평안함을 얻을 수 있습니다.

33

멸망과 구원의 계시
- 이사야서 강해 6

2020. 8. 2.
이사야 40:1-2

"너희의 하나님이 이르시되 너희는 위로하라 내 백성을 위로
하라 ◦ 너희는 예루살렘의 마음에 닿도록 말하며 그것에게
외치라 그 노역의 때가 끝났고 그 죄악이 사함을 받았느니라
그의 모든 죄로 말미암아 여호와의 손에서 벌을 배나 받았느
니라 할지니라 하시니라"

믿는 사람의 과거, 현재, 미래

과거와 현재와 미래 앞에서 믿는 사람과 불신자의 삶은 다릅니다. 불
신자는 과거를 후회만 합니다. 그러나 믿는 사람은 에벤에셀('도움의 돌',
'여호와께서 여기까지 우리를 도우셨다'는 뜻), 하나님께서 지금까지 함
께하셨구나 하고 감사합니다. 과거를 감사한다면 믿는 사람입니다. 후회
막심한 사람은 믿는 사람이 아닙니다. 두 번째는 현재 문제입니다. 불신

33. 멸망과 구원의 계시 - 이사야서 강해 6   415

자는 현실 속에서 제일 괴로운 것이 비교의식입니다. '우리 집은 20평인데 저 집은 왜 30평인가?' 하는 비교의식에 항상 찌들어 있습니다. 그러나 믿는 사람은 임마누엘, 주님께서 나와 함께하신다는 믿음 안에서 평안합니다. 교회도 잘 다니고 헌금도 잘하지만 "누구는 어떻단다."라고 비교의식에 빠져 있는 사람은 믿는 사람이 아닙니다. 세 번째는 미래 문제입니다. 미래에 대해서 온갖 걱정 근심이 많고 '병나면 어떻게 하지?'라는 생각에 불안해하는 사람은 불신자입니다. 믿는 사람에 대해서는 '여호와 이레'로 그분께서 다 준비하셨을 것입니다. 아무 염려 말고 그분만 믿고 나가면 됩니다.

교회에 다니고 성경만 읽으면 믿는 사람이라고 생각하는데, 착각하면 안 됩니다. 과거, 현재, 미래 문제에 대해서 불신자 같은 생각을 한다면 그는 믿는 사람이 아닙니다. 믿는 사람은 과거에 대해 "제가 부족하지만 주님께서 함께하셨습니다. 감사드립니다."라고 해야 되고, 현재도 "제가 부족함에도 저의 믿음을 보시고 주님께서 함께하시니 감사합니다."라고 해야 합니다. 미래에 대해서도 마찬가지입니다. 온갖 걱정이 많지만 여호와의 산에서 준비하시리라는 마음으로 극복하고 '이레' 하나님을 믿는 것이 참 믿는 사람입니다.

국제 문제: 중국의 재앙을 예언한 기록들

지금 전국에 장마가 나서 난리입니다. 대전과 곳곳에서 물난리가 나서 보트를 타고 다닐 정도입니다. 특히 우리가 기도해야 할 곳이 중국입니다. 5월부터 홍수로 인해 약 1억 명 정도의 이재민이 발생했다고 합니다.

베뢰아 사람입니까

너무 많아서 통계도 못 내고 있는 형편입니다. 시진핑은 코로나가 창궐할 때처럼 자기가 정치적으로 불리한 시점에는 사라지더니 요즘도 사라졌습니다. 코로나 같은 전염병이나 큰 지진은 하늘의 벌이라고 전에 설교했습니다만 지금 홍수도 마찬가지입니다.

중국의 역사에서 나라가 멸망하는 방식에 대해 과거의 선인들이 예언한 책들이 남아 있습니다. 예언에 의하면 첫째가 전염병입니다. 전국적으로 전염병이 횡행하는 속에서 물난리가 나니 한곳으로 피해서 같이 생활해야 하는데, 거기에 또 전염병이 돕니다. 둘째로 중국의 최고 댐인 싼샤댐이 터지면 중국 천지에 홍수가 나는데, 이 부분도 예언이 되어 있습니다. 셋째로 민란과 기근에 대한 예언입니다. 큰 홍수로 곡식이 다 물속에 잠기는 데다 메뚜기 떼가 창궐해서 홍수 이후에 남아 있는 것을 다 먹어치운다는 것입니다.

이런 공식을 이야기했던 과거의 중국 예언서 세 권을 간단히 소개하겠습니다. 그 첫 번째가 《마전과(馬前課)》입니다. 마전과는 제갈공명이 출정하기 전 말 앞에서 예언했다고 하여 이름 붙인 책입니다. 그 책에는 청의 멸망과 중화민국의 탄생까지 각 왕조가 예언되어 있으며 중국의 왕조가 멸망할 때마다 홍수, 기아, 민심 이반, 반란 등이 일어날 것이라는 글이 적혀있습니다.

두 번째는 등을 미는 그림이라는 뜻의 책 《추배도(推背圖)》입니다. 당나라 태종 때 풍수지리학자 원천강과 천문학자 이순풍이 미래에 대해 함께 쓴 책입니다. 추배도는 60폭의 시와 그림으로 구성되어 있으며, 추배도라는 이름은 맨 마지막 60번째의 그림이 누군가가 다른 이의 등을 미는 것에서 유래된 것입니다. 이순풍이 먼 훗날의 일까지 계속해서 기록해

나가자 원천강이 그의 등을 밀며 이제 그만하고 돌아가라고 했다는 데서 유래되었다는 말도 있습니다. 추배도의 예언이 지금까지 다 이루어졌다고 보는데, 아직 이루어지지 않은 5가지 예언 중에 3차 대전을 암시하는 예언이 있다고 합니다.

세 번째는 명 왕조의 개국공신으로 알려진 유백온(劉伯溫)의 예언입니다. 그는 네 권의 예언서를 남겼는데, 그중 한 권인《태백산 유백온(劉伯溫) 비기(碑記)》는 중국 산시성 태백산 지진 때에 무너진 석벽에서 발견되었습니다. 그의 예언서에는 마전과나 추배도에서와 같이 중국에 닥칠 지진과 홍수 등의 자연재해에 대한 예언은 물론이고 특히 경자년(庚子年)에 전염병이 창궐하고 메뚜기 재앙이 있음을 예언했습니다. 중국은 유독 경자년에 국가적인 재앙이 일어났습니다. 1840년 경자년에는 중국에서 제1차 아편전쟁이 발발했고, 1900년 경자년에는 8개국 연합군이 베이징을 침공했고, 1960년 경자년에는 중국이 3년간 대기근을 겪었습니다. 올해도 경자년인데, 코로나가 만연하고 홍수와 메뚜기 피해 등 각종 재해가 사방에서 일어나고 있으니 중국 사람들은 지금 이런 예언서들을 읽으면서 벌벌 떨고 있습니다.

마전과나 추배도에는 말세에 어떻게 하면 살 수 있다는 기록이 없는데, 유백온의 예언서에는 선인(善人)들이 살아남는다고 되어 있습니다. 선인이란 가난하고 불행한 자를 돌보고 하늘을 알고 진실하게 사는 사람입니다. 재앙 가운데서 살아남으며 운을 바꾸는 방법으로 진(眞), 선(善), 인(忍)을 강조했습니다. 진리 안에서 끝까지 진실하게 좋은 일을 행하는 사람은 다 살아남는다는 것입니다. 여기서 말하는 선인이 성경에는 의인이란 말입니다. 이사야 설교를 준비하다가 이런 내용을 접했는데, 이 사람들도 이미 알고 있었구나 싶었습니다. 그래서 이사야서를 공부하는 것이 너무 대단합니다.

코로나19 사태 이후에 세계는 많은 것들이 크게 변하고 있습니다. 그 변화 속에서 우리는 의인으로 살아야 합니다. 의인으로 살기 위해서는 하나님의 말씀을 통달해야 합니다. 그 길밖에 없습니다. 성경 66권을 한 권으로 쉽게 공부할 수 있는 길이 이사야서입니다. 이사야서는 구약의 복음서라고도 이야기합니다. 여러 번 이사야서를 설교했지만 앞으로도 계속 이어갈 계획입니다. 이번 시간은 이사야 40-55장까지 공부하겠습니다.

이사야라는 이름의 상징성

이사야는 히브리 원어로 '예사야후'입니다. '예사'는 구원, '야후'는 하나님이니, '야훼 하나님께서 구원하신다', '말씀으로 구원하신다'는 뜻입니다. 지금 중국이 저런 지경에 처해 있지만 그 속에서도 말씀을 아는 진실한 사람들은 하나님께서 구원하실 것입니다. 소돔 고모라는 의인이 10명도 없어서 망했습니다. 의인이 아닌 사람은 결국 하나님의 심판을 받을 것이니 두려운 일입니다.

구원의 대리자 '왕'

하나님께서는 인간을 구원하시고 전 인류를 가르치기 위해 이스라엘 민족을 표본으로 선택하셨습니다. 처음에는 왕을 통해서 모범을 보이려 하셨습니다. 이사야 1-39장을 통해 웃시야, 요담, 아하스, 히스기야의 모습이 나옵니다. 신명기 율법에 의해 왕들이 하나님의 말씀을 섬기고 제사장 나라로서의 책무를 다하도록 제사장들이 옆에서 도왔지만 잘되지 않았습니다.

첫 번째, 웃시야는 잘되니까 망한 케이스입니다. 정치, 경제를 다 성공시키니 자기가 제사장도 해야겠다고 나서다가 하나님의 벌을 받았습니다. 인간 세상에도 잘되어서 망하는 유형이 더 많습니다. 두 번째, 요담은 자기 아버지 때문에 고생을 많이 해서 너무 소심하게만 정치를 했습니다. 세 번째, 아하스는 어려울 때 하나님 섬기는 것을 버리고 여러 우상들을 섬겼습니다. 믿는 사람이 어려움을 겪을 때 하나님을 버리면 망합니다. 네 번째, 히스기야는 자기 아버지 아하스보다는 나았습니다. 어려움이 왔을 때 선지자 이사야에게 기도를 부탁하고 자기도 성전에 가서 하나님께 간절히 기도해서 산헤립의 18만 5천 군대를 하룻밤에 몰살시키고 승리했습니다. 그런데 히스기야가 승리하고 나니 그 마음에 교만이 들어갔습니다. 이것을 조심해야 합니다. 잘되어도 망하고 못 되어도 망할 수 있습니다. 어렵다가 일이 해결되면 기분이 좋아지고 교만해져서 망합니다. 이것이 인간이 망하는 공식입니다. 바벨론에서 사신이 오니 왕궁 안의 모든 보물을 자랑하며 다 보여 주었습니다. 그러자 이사야가 다음날 와서 하나님께서 말씀하시기를 여기 있는 모든 재물이 바벨론으로 갈 것이고, 유다의 젊은이들이 포로가 되어 환관이 될 것이라고 하였습니다.

하나님께서 첫 번째 구원의 대리자로 세운 왕들이 실패했습니다. 그래서 메시아를 준비해서 7장, 11장, 32장에서 밑그림으로 계속 메시아를 보여 주십니다. 인간의 왕은 안 되겠으니까 '주의 종'을 보내시겠다는 것입니다. 40장 이후에는 주의 종의 노래가 나옵니다. 40-43장까지가 주의 종

베뢰아 사람입니까

의 첫째 노래이고, 45장, 49장, 50장, 53장까지 주의 종의 노래가 이어집니다. 그런데 그 사역들이 다 다릅니다. 그 종들의 사역이 무엇인지, 주의 종들의 특징을 알면 됩니다.

이사야서의 저자 논쟁

이사야 1-39장의 국제적인 배경은 앗수르(아시리아)이고, 40-55장의 배경은 바벨론입니다. 39장과 40장 사이에 164년의 차이가 있습니다. 이사야는 90세[15]까지 살았던 것으로 알려져 있는데, 나중에 유다가 망하고 바벨론에 잡혀가서 70년 후에 돌아온 세계를 말하니까 이사야가 250년 정도는 산 것 같습니다. 그러니까 신학자들 생각에는 이사야는 죽고 그 제자들이 기록한 것이 아닌가 합니다. 그런데 56장에 가면 또 다른 내용이 나옵니다. 그러니 40장에서 55장까지 쓴 제자가 죽고 또 다른 제자가 56장부터 쓴 것이 아닌가 해서, 1-39장을 제1 이사야, 40-55장을 제2 이사야, 56-66장까지를 제3 이사야라고 보았습니다. 그래야 연대가 맞다는 것입니다. 신학자들이 오랫동안 성서 역사 비평 관점에서 연구하다가 모두 믿음이 떨어졌습니다.

제가 신학대학원에 다닐 때 이사야서의 저자에 대한 논쟁이 있었습니다. 한 분이 제게 "고레스와 이사야는 160년 차이가 나는데 이사야가 정말로 고레스를 예언했다고 믿습니까?"라고 물어서 "저는 믿습니다."라고

---

15 이사야가 소명을 받은 시기는 웃시야 왕이 죽던 주전 739년이다. 그의 활동 시기는 산헤립이 죽은 주전 681년까지 58년으로 추정되며 므낫세로부터 죽임을 당한 것으로 알려져 있다. - 편집자 주

답했습니다. 바벨론에서 돌아온 해를 합치면 164년입니다. 이 문제를 못 풀어서 주님께 기도하고 생각하니 요한복음 16장 13절 "그러나 진리의 성령이 오시면 그가 너희를 모든 진리 가운데로 인도하시리니 그가 스스로 말하지 않고 오직 들은 것을 말하며 장래 일을 너희에게 알리시리라"는 말씀이 깨달아졌습니다. 성령 안에 있으면 164년이 아니라 태초부터 태말까지 다 알 수 있는 것입니다.

제가 가상현실이라는 것을 체험해 보니 내가 거기에 살지 않아도 꼭 그곳에 있는 것과 같은 느낌이 들었습니다. 예를 들어 가상현실로 나이아가라 폭포를 체험한다고 하면 실제로 그곳에서 걸어 다니는 듯한 느낌이 드는 것입니다. 그래서 저는 '이사야가 성령 안에서 가상현실을 체험했구나.' 하고 생각했습니다. 말하자면 마치 지금 VR 기기를 착용하고 가상현실을 보듯 이사야가 성령 안에서 160년 후에 어떻게 되는지 다 보았을 것이라는 겁니다. 유대 민족을 돌아가게 한 페르시아의 고레스 왕도 하나님이 부른 사람입니다. 하나님께는 하루가 천 년 같고 천 년이 하루 같다고 하였습니다. 또한 인간의 역사를 주관하시는 분입니다. 그런 하나님이 고레스를 모르실 리가 있겠습니까? 이것은 제가 이해한 방식입니다. 단, 성령 안에서 그 사실을 깨달은 것입니다.

주의 종을 통한 구원

이사야 40-43장까지가 첫 번째 종에 대한 예언입니다. 그는 '능력 있는 종'입니다. 귀머거리와 소경을 고치고, 죽은 자도 살립니다. 모든 불행한 자들을 능력으로 회복시켜 줍니다. 예수님이 그렇게 하셨습니다. 바디메

오를 고치시고 풍랑을 잔잔하게 하셨습니다.

45장은 두 번째 종에 대한 예언입니다. 이사야 45장을 보면 페르시아의 고레스 왕이 나옵니다. 바벨론이 강대한 제국이었지만 그 바벨론이 망할 것을 하나님께서 다 아셨습니다. 대학원에 다닐 당시 J교수가 제게 "아무리 그래도 하나님이 미리 고레스 이름을 부르셨을까요?"라고 했습니다. 그래서 저는 "하나님이 미리 부르신 것이 맞습니다."라고 대답했습니다. 그분은 "이사야 45장을 읽어 보면 고레스는 하나님을 알지 못한다고 했습니다. 고레스는 하나님 이름도 모르는데 어떻게 하나님이 고레스를 불렀다고 할 수 있습니까? 그리고 고레스가 바벨론에 전쟁을 하러 가니 사람들이 성문을 활짝 열어 줘서 무혈입성했는데 하나님이 하신 것이라고 할 수 있습니까?"라고 재차 주장했습니다.

바벨론의 마지막 왕이었던 나보니두스는 바벨론의 주신이었던 마르둑을 신앙하지 않고 달 신을 숭배했습니다. 그로 인해 쿠데타가 일어났고, 고레스가 성을 포위하자 백성들이 성문을 활짝 열어 주었습니다. 그가 바로 45장에 예언된 164년 이후에 올 고레스입니다. 페르시아에서 유다 민족에 대한 해방과 구원을 선포한 고레스가 하나님의 종 중의 한 명이라는 것입니다. 고레스는 하나님의 이름을 모를지라도 하나님께서는 이미 백여 년 전에 이스라엘 민족을 위하여 그를 선택하시고, 이 모든 일들을 주관하셨습니다. 그것을 이사야는 성령 안에서 미리 알고 예언한 것입니다.

세 번째 종에 대한 예언은 49장에 있습니다. "네가 나의 종이 되어 야곱의 지파들을 일으키며 이스라엘 중에 보전된 자를 돌아오게 할 것은 매우 쉬운 일이라 내가 또 너를 이방의 빛으로 삼아 나의 구원을 베풀어서 땅 끝까지 이르게 하리라(사49:6)" 세 번째 종의 특징은 야곱의 백성들을 불러 모을 뿐 아니라 이방의 빛이 되어서 전도할 것이라고 하였습니다.

50장에는 네 번째 종의 노래가 나옵니다. 네 번째 종은 하나님께서 학자의 혀를 주시고 아침마다 귀를 깨우쳐 주셔서 학자같이 알아듣게 하신다고 하였습니다. 얼마나 똑똑한지 모릅니다.

53장에는 다섯 번째 종의 노래가 나오는데, 그는 대속의 죽음으로 죄를 구원하는 종입니다(사 53:10 "여호와께서 그에게 상함을 받게 하시기를 원하사 질고를 당하게 하셨은즉 그의 영혼을 속건제물로 드리기에 이르면 그가 씨를 보게 되며 그의 날은 길 것이요 또 그의 손으로 여호와께서 기뻐하시는 뜻을 성취하리로다"). 이런 종을 세워서 이스라엘을 구원하시겠다는 것입니다.

마지막으로 이사야 56장에 가면 복수로 '종들'이 됩니다. 죄를 사하고 새롭게 하나님의 백성이 된 종들은 의로운 사람들입니다. 종말론적 세상을 이끌고 하나님의 나라에 들어갈 것입니다. 그것이 이후의 내용입니다. 이 종말의 내용이 오늘날 관점에서도 너무 귀합니다.

이번 시간은 이사야 40-55장까지 종을 통한 구원의 내용을 공부했습니다. 예수 그리스도를 그 종에 대입해야 옳습니다. 이사야서를 계속 공부하면서 말씀을 통달하는 귀한 기회로 삼으시기 바랍니다. 그리하여 우리 모두 의인으로서 하나님 앞에 섭시다.

34

구원의 대리자로서의 '종'들
- 이사야서 강해 7

2020. 8. 30.

이사야 56-66장

전염병에 대한 상식적인 대처

중세에 페스트라는 병이 크게 퍼졌는데, 그때 사람들이 성당에 모여서 페스트를 극복하겠다고 치료 미사를 드렸습니다. 그 후 그 성당에 모인 사람들이 모두 페스트에 감염되었다고 합니다. 이번 코로나 사태도 의학적, 과학적 상식으로 대처해야 합니다. 물론 개인적으로 기도는 하지만 전체를 모아서 기도로 치료하겠다는 발상은 극히 위험합니다.

복습

'이사야'라는 이름은 '야훼 하나님께서 구원하신다'라는 뜻입니다. 하나님께서 이스라엘 민족과 세계를 구원하기 위해서 구원 전략을 세웠습니다. 그래서 왕들을 대리자로 세워서 신명기 율법을 지키는가, 안 지키는가 보았습니다. 1장부터 39장까지 나오는 웃시야, 요담, 아하스, 히스기야, 네 명의 왕들은 모두 실패했습니다.

그러자 하나님께서 40장 이후부터 앞에서 밑그림으로 그렸던 메시아를 선포하십니다. 40-55장은 메시아라고 하지 않고 종이라고 표현했습니다. 하나님의 말씀은 다른 교과서와 달리 전체와 부분의 상호유기적 관계를 이해해야 합니다.

구원의 대리자 '종'

이번 시간에는 이사야 56장부터 66장까지 전체 오리엔테이션 형식으로 쉽게 설명드리겠습니다.

40-55장 내용에서 구원의 대리자는 '종'입니다. 단수입니다. 그런데 56장부터 66장까지 나오는 구원의 대리자는 복수인 '종들'입니다. 이사야 56장부터 66장까지는 종들을 통해서 구원하시겠다는 것입니다. 대리자가 처음에는 왕이었고, 그다음에는 종, 이제는 여러 명의 종들입니다. 그러면 이 종들은 어디서 옵니까? 그 답이 이사야 53장 10절입니다.

> "여호와께서 그에게 상함을 받게 하시기를 원하사 질고를 당하게 하셨은즉 그의 영혼을 속건제물로 드리기에 이르면 그가 씨를 보게 되며 그의 날은 길 것이요 또 그의 손으로 여호와께서 기뻐하시는 뜻을 성취하리로다"

이사야 53장은 종 중에 고난의 종의 사역이 소개됩니다. 고난의 종은 대속을 위하여 속건제물로 드려지는 양과 소로 상징됩니다. 그 종이 와서 십자가에 죽으시고 부활하십니다. "그가 씨를 보게 되며"라고 했는데, '씨'는 히브리 원어로 제라임(zeraim)입니다. 이스라엘에 가면 음식 중에 씨가 많습니다.

속건제물은 창조주 하나님에 대한 예배를 모르는 죄를 지었을 때 드리는 제물입니다. 속건제물을 드리면 씨를 보게 된다고 하였는데, 이 씨가 씨앗이라는 뜻도 되고 종들이라는 뜻도 됩니다. 예수 그리스도의 십자가의 죽으심을 믿고 부활하심을 믿는 성도들이 '씨앗들'입니다.

종들의 특징

이사야의 대리적 구원론은 종에서 종들(씨들)로 넘어갔습니다. 이 내용이 이사야 56장에서 66장까지입니다. 그 종들이란 첫째로 이스라엘, 둘째로 유다, 그다음이 이방인들로 세 가지 유형입니다. 이 세 부류의 사람들이 예수 그리스도를 믿음으로 말미암아 종들이 됩니다. 우리도 그 사람들 중의 하나인데, 우리는 이방인들에 속합니다. 이사야는 이 종들이 어떻게 살아야 하는지 반드시 지켜야 할 삶의 규칙을 정확히 말했습니다.

> 사 56:1 "여호와께서 이와 같이 말씀하시기를 너희는 정의를 지키며 의를 행하라 이는 나의 구원이 가까이 왔고 나의 공의가 나타날 것임이라 하셨도다"

이 종들의 특징은 첫 번째로 정의로워야 한다고 했습니다. 먼저 자기 자신에게, 그리고 가정, 교회, 공동체, 사회에서 만나는 사람들에게도 정의로워야 합니다. 그 이후에는 안식일을 어떻게 지킬 것인가, 공동체 속에서 공동적 선을 어떻게 구하는가, 금식은 어떻게 하는가, 예배는 어떻게 드리는가에 대한 내용이 58장까지 이어집니다.

이스라엘 민족은 자신들이 구원받았다고 하고는 하나님의 말씀을 중요시하지 않았기 때문에 어떻게 살아야 할지를 모릅니다. 하나님의 말씀은 일상 속에서 지켜야 하는 삶을 가르치는 것입니다. 그런데 이스라엘과 유대인은 종교성만 높아서 모여서 예배보고 율법만 지키는 것에서 끝났습니다. 하나님의 말씀에서 떠나면 종교인이 됩니다. 지금도 한국 교회들을 보면 일제 강점기 때 신사참배와 동방요배를 하고 독재정권에는 꼼짝도 못 하다가, 문 대통령이 유하게 대해 주니 이런 코로나 시국에 끝까지 대면 예배를 드려야 된다고 주장하고 있습니다. 그리고 전국에서 수많은 교인들이 8.15 해방 기념일에 모여서 코로나를 전국에 퍼뜨리고 있습니다.

정의도 모르고 말씀도 모르면서 종교성만 가지고 헌금 내고 예배를 드리는 것이 소위 믿는 사람들의 가장 큰 문제입니다. 그리고 자기 의에 빠져서 자기는 아주 잘 믿는 사람인 줄 압니다. 이웃에 대한 사랑도 없습니다. 진정한 자유는 남에게 피해를 주면 안 됩니다. 그것은 범죄와 마찬가지입니다. 그런데 그런 것에 대한 의식이 없이 본인만 편하게 행동하면 되는 줄 압니다. 그것이 자유인 줄 착각합니다. 이사야 56장부터는 계속 창조주가 어떤 분이라는 것을 말합니다.

59장에 가서는 선지자가 보니 공동체 안의 종들 중에 악한 종들이 더 많아서 "우리가 믿고 하나님의 종들이 되었는데 의로운 사람보다 악인들이 더 많습니다."라는 탄식 기도를 합니다. 그러자 하나님께서 60-61장에서 위로의 말씀을 전합니다. "일어나라 빛을 발하라 이는 네 빛이 이르렀고 여호와의 영광이 네 위에 임하였음이니라(사 60:1)" "주 여호와의 영이 내게 내리셨으니 이는 여호와께서 내게 기름을 부으사 가난한 자에게 아름다운 소식을 전하게 하려 하심이라 나를 보내사 마음이 상한 자를 고치며 포로된 자에게 자유를, 갇힌 자에게 놓임을 선포하며(사 61:1)" 이스라엘 민족과 세계 민족들에게 희망과 꿈을 주십니다. 하나님의 말씀을 듣고 나가면 어떻게 될 것임을 말씀하십니다. 일부 의인들은 힘을 내면서 돌아오고 악한 것들은 더 악해질 것입니다.

63-64장에 가면 하나님의 백성들이 또 우상을 섬기고 하나님 말씀을 따르지 않습니다. 공동체가 이상하게 흘러갑니다. 그래서 64장에 "이 민족을 용서하소서."라는 이사야의 기도가 다시 나옵니다. 65-66장에 가면 이제 종말론적 구원이 선포됩니다. 종들 중에서 의인은 구속하고 악인은 영원한 지옥에 들어간다는 것이 이사야 65-66장의 약속입니다.

사 65:13-14 "이러므로 주 여호와께서 이와 같이 말씀하시니라 보라 나의 종들은 먹을 것이로되 너희는 주릴 것이니라 보라 나의 종들은 마실 것이로되 너희는 갈할 것이니라 보라 나의 종들은 기뻐할 것이로되 너희는 수치를 당할 것이니라 ○ 보라 나의 종들은 마음이 즐거우므로 노래할 것이로되 너희는 마음이 슬프므로 울며 심령이 상하므로 통곡할 것이며"

이것이 종과 악인의 구별입니다. 이사야 65-66장의 내용을 종말론적 구원이라고 합니다. 의인은 구원되고 악인은 영원한 심판에 들어갑니다. 의인들, 즉 예수 그리스도를 믿고 정의롭게 사는 사람, 하나님을 사랑하고 이웃을 사랑하는 사람들은 결국 다 새 하늘과 새 땅으로 영원히 들어갑니다. 그렇지 않은 사람들은 영원한 지옥불에 들어간다는 것으로 이사야서는 끝납니다.

> 사 66:22 "내가 지을 새 하늘과 새 땅이 내 앞에 항상 있는 것 같이 너희 자손과 너희 이름이 항상 있으리라 여호와의 말이니라"

의인은 종말론적 구원 속으로 들어갑니다. 그들의 수한은 나무의 수한과 같고, 태양과 달이 그들의 빛이 아니라 여호와가 그들의 빛이 되어 영원한 삶으로 들어갈 것이라고 합니다. 65-66장은 마치 요한계시록처럼 신구약 성경을 종합한 말씀입니다.

이사야서 맥 잡기

다음 시간에는 더 구체적으로 공부하기로 하고 이번 시간에는 이사야서의 전체 그림을 그릴 줄 알아야 합니다. 이사야서의 전체적인 구조에 대해 다시 한번 말씀드리겠습니다.

하나님께서 인간을 구원하기 위해 먼저 왕들을 대리자로 세우셨다고 했습니다. 1-39장에 그 왕들의 이야기가 있습니다. 왕들은 신명기 율법대로 행해야하지만 그들은 모두 실패했습니다. 40-55장까지는 하나님의 종

베뢰아 사람입니까

이 예언되며, 56-66장은 종들의 이야기가 나옵니다. 종들은 '씨앗들'이며 이스라엘, 유다, 이방인이 그들입니다. 이 씨들에게 하나님께서 종말론적으로 준비하신 삶의 방법을 제시했습니다. 그 첫째가 정의로움입니다. 정의롭기가 참 어렵지만 먼저 자신에게 정의로워야 하며 가족에게 정의로워야 합니다. 그다음으로 사회 공동체와 세계 문제에 정의로워야 합니다. 하나님의 말씀을 근거로 한 양심이 있어야 합니다.

요즘 한국 교회와 원로들을 보면 양심이 없습니다. 정의로운 사람이 없습니다. 교회 원로들이 전○○ 목사가 전국에서 사람을 모으는 리더십이 있다며 대단한 사람이라고 평가합니다. 전부 돈 줘서 끌어모았는데 말이 안 됩니다.

유대인들과 이스라엘 사람들이 하나님 신앙을 함으로써 씨가 되었는데, 이들의 가장 큰 결점은 종교인들이 된 것입니다. 진리와 관계없는 종교인입니다. 진리를 알지니 진리가 너희를 자유케 하리라는 말씀처럼 삶 자체를 말씀의 생명성으로 살라고 부름받았는데 종교인으로만 삽니다. "이러면 된다, 저러면 안 된다."라고 하며 얼마나 굴레를 많이 만드는지 모릅니다. 그런가 하면 이방인들은 창조주 하나님을 모르고 잡신을 섬깁니다. 묘지 앞에서 제사를 지냅니다.

의인과 악인이 구분되는데, 악인이 훨씬 많음에 대해 "악인들이 왜 이렇게 많습니까?"라고 이사야가 탄식하는 내용이 나옵니다. 마지막 종말론적 구원에 가서는 종들 중에 의인은 영원한 새로운 세계에 가고, 악인들은 영원한 지옥에 갑니다. 이것이 이사야서 전체의 메시지입니다.

이사야는 삼중주로 메시아 예언을 했습니다. 첫 번째 예언은 9장과 11장입니다. 예수님과 성령의 오심에 대한 예언인데, 9장과 11장이 한 패턴입니다. 40장과 42장은 메시아에 대한 두 번째 예언입니다. 주제는 메시아인데 또 다르게 바리에이션 합니다. 메시아를 예비하는 자인 세례 요한에 대한 예언도 있습니다. 59장은 마치 세례 요한의 역할처럼 메시아에 대한 기쁜 소식을 전하는 내용이고, 60-61장은 메시아의 오심에 해당되는 내용입니다.

이것이 메시아에 대한 삼중주 예언입니다. 이 패턴을 반복하면서 전 인류를 위해서 말씀하십니다. 우리는 이사야서를 통해서 시간을 역으로 계산하는 법을 알아야 합니다. 과거로 돌아가서 과거의 모든 역사와 현대까지 통찰하는 능력이 있어야 합니다.

세례 요한과 같이 메시아의 오심을 준비하는 자와 메시아의 특징은 무엇입니까? 세례 요한은 "회개하라. 천국이 왔다."고 외치며 메시아가 오실 자리를 예비하는 역할을 했습니다. 그리고 이사야의 메시아사상은 장차 메시아의 대속을 예언하며 그를 믿고 모두 구원을 받으라는 메시지를 가지고 있습니다. 이것이 이사야서 전체에 흐르는 맥입니다.

베뢰아 사람입니까

35

이사야서 통달로 의인이 되자
- 이사야서 강해 8

2020. 10. 4.
이사야 1-12장

사 1:1-3 "유다 왕 웃시야와 요담과 아하스와 히스기야 시대
에 아모스의 아들 이사야가 유다와 예루살렘에 관하여 본 계
시라 ○ 하늘이여 들으라 땅이여 귀를 기울이라 여호와께서
말씀하시기를 내가 자식을 양육하였거늘 그들이 나를 거역하
였도다 ○ 소는 그 임자를 알고 나귀는 그 주인의 구유를 알건
마는 이스라엘은 알지 못하고 나의 백성은 깨닫지 못하는도
다 하셨도다"

코로나 19 사태 속에서도 그리스도 안에서 여러분을 만나서 참으로 감
사합니다.[16] 이번 시간에도 역시 이사야서를 공부할 것인데, 1장부터 12
장까지의 내용을 요약해서 말씀드리겠습니다. 지난 설교를 통해 계속 말

---

16 비대면 예배로 진행함.

씀드렸지만 우리는 이런 재난 속에서 의인이 되어야 하며, 의인이 되려면 하나님 말씀을 통달해야 합니다. 그 통달의 과정으로 성경의 가장 핵심이라는 이사야서 말씀을 계속 전하고 있습니다.

이사야서의 특징

이사야서는 "어느 왕 때에"로 시작해서 "하늘이여 들으라 땅이여 귀를 기울이라"라고 계시를 선포합니다. 이사야 선지자가 다른 선지자와 다른 점이 있습니다. 다른 선지자는 "몇 년 몇 월 며칠에", 또는 "내가 양을 칠 때에"라는 식으로 처음 부르심을 받을 때를 말하며 하나님께서 전하라는 내용을 전하는 것이 보통입니다. 그러나 이사야는 처음부터 바로 전체 주제를 선포합니다.

이사야가 하나님께 부르심 받는 장면은 6장에 나옵니다. 웃시야 왕이 죽던 해에 부르심을 받았다고 했습니다. 이사야서에는 네 명의 왕이 나오는데, 그 네 명 중에서 정치 경제적으로 가장 안정 되었던 때가 웃시야 왕 때였습니다. 이사야는 그 웃시야 왕이 죽던 해에 부름 받아서 므낫세까지 약 60년 동안 사역한 것으로 봅니다.

1장 말씀은 히스기야 왕 때 이사야가 60-70살쯤 되어 하나님 말씀을 정리해서 선포하는 내용입니다. 이 1장 속에는 그의 전 사역이 들어 있습니다. 이 내용을 인과관계적으로 처음, 중간, 마지막, 이런 식으로 구분하지는 못합니다. 이사야의 특징이 이런 것입니다. 1장 1-31절까지 전한 내용을 2장부터 12장까지 풀어서 말합니다. 그리고 7장 이후부터 구체적으로 왜 그런 일이 있었는가를 회고하면서 아하스 왕 당시에 전쟁이 있던 때부터 이야기합니다.

이사야서 이해의 기초

이사야서를 알기 위해서는 첫째, 지금으로부터 2,700년 전인 유다의 웃
시야, 요담, 아하스, 히스기야 왕 때의 현실적 정황이 어떠했는지 생각해
야 합니다. 그 현실을 보고 이사야가 사역을 시작한 것입니다. 선지자가
말씀을 전할 때는 그 본문의 사건이 일어난 현실이 중요합니다. 어느 왕
때 전한 것이라고 역사적 배경을 말하면 그다음에 국제와 국내의 정치적
상황으로 인해 어떤 문제가 생겼는지 우리가 상상해야 합니다. 우리의
삶이 어떤 문제에 관계된 것을 '정황'이라고 합니다. 그래서 당시 모든 국
제적 전쟁과 국내 문제에 관여한 이사야의 정황과 상황을 이해하는 것이
중요합니다.

역사적 배경, 상황, 정황 다음에는 이사야서의 문맥상의 의미를 알아야
합니다. 이런 요소들을 무시하고 문자에 매여서 이러니저러니 하면 이단
입니다. 하나님 말씀은 뜬구름 잡는 이야기가 아닙니다. 구체적으로 그
시기에 현실적으로 무슨 일이 있었는가 하는 것이 중요합니다. 이사야가
미래의 일을 예언한 것도 있고, 현재적 관점에서 유다의 문제점을 지적한
것도 있습니다.

이사야서를 읽을 때는 세 가지를 염두에 두고 읽어야 합니다. 첫째,
1-12장은 국내에 대한 예언, 13장부터는 국제 문제로 열방에 대한 예언을
선포합니다. 둘째, 선지서는 심판과 구원의 2개의 구조로 되어 있는데,
이사야서도 마찬가지입니다. 심판이 나오면 뒤에 구원이 이어진다는 것

을 알아야 합니다. 셋째, 이사야는 미래의 관점에서 현재를 이야기합니다. 우리는 현재에서 미래를 이야기합니다. 즉 과거의 시점에서 현재를 이야기하지만 이사야 선지자는 미래의 관점에서 현재를 이야기합니다. 이 관점에 대해서는 잠시 후에 구체적으로 말씀드리겠습니다.

> 사 1:1 "유다 왕 웃시야와 요담과 아하스와 히스기야 시대에 아모스의 아들 이사야가 유다와 예루살렘에 관하여 본 계시라"

"계시"는 히브리어로 '하존'입니다. 영어로는 '비전(vision)'입니다. 하존이라는 단어를 정확히 이해해야 합니다. 하존은 하나님의 눈과 관점으로 보는 세계를 말합니다. 하존은 하나님과의 약속 관계를 잊고 있느냐 아니냐, 하나님의 계명과 말씀을 지키는가 아닌가로 현실을 바라보는 관점입니다. 당시 유대 민족에게 있어서 하존은 신명기 율법을 정확히 깨닫고 지키느냐 아니냐 하는 것이 기준이었습니다.

이사야 1장의 주제

> 사 1:2-3 "하늘이여 들으라 땅이여 귀를 기울이라 여호와께서 말씀하시기를 내가 자식을 양육하였거늘 그들이 나를 거역하였도다 ○ 소는 그 임자를 알고 나귀는 그 주인의 구유를 알건마는 이스라엘은 알지 못하고 나의 백성은 깨닫지 못하는도다 하셨도다"

첫째 주제는 배신입니다. 유다와 예루살렘의 백성들이 하나님의 말씀과 하나님의 마음을 배신했습니다. 소도 임자를 알고 나귀도 구유를 아는데, 하나님이 구속의 은혜로 애굽에서 400년 동안 종살이하고 있는 이들을 끌어내어 자유를 주니까 전부 배신합니다.

> 사 1:10-15 "너희 소돔의 관원들아 여호와의 말씀을 들을지어다 너희 고모라의 백성아 우리 하나님의 법에 귀를 기울일지어다 ○ 여호와께서 말씀하시되 너희의 무수한 제물이 내게 무엇이 유익하뇨 나는 숫양의 번제와 살진 짐승의 기름에 배불렀고 나는 수송아지나 어린 양이나 숫염소의 피를 기뻐하지 아니하노라 ○ 너희가 내 앞에 보이러 오니 이것을 누가 너희에게 요구하였느냐 내 마당만 밟을 뿐이니라 ○ 헛된 제물을 다시 가져오지 말라 분향은 내가 가증히 여기는 바요 월삭과 안식일과 대회로 모이는 것도 그러하니 성회와 아울러 악을 행하는 것을 내가 견디지 못하겠노라 ○ 내 마음이 너희의 월삭과 정한 절기를 싫어하나니 그것이 내게 무거운 짐이라 내가 지기에 곤비하였느니라 ○ 너희가 손을 펼 때에 내가 내 눈을 너희에게서 가리고 너희가 많이 기도할지라도 내가 듣지 아니하리니 이는 너희의 손에 피가 가득함이라"

둘째 주제는 예배를 드리는데 거짓 예배를 드린다는 것입니다. 우상을 섬긴다고 하면 하나님 외의 다른 신을 만들어서 섬기는 것으로 이해합니다. 하지만 하나님보다 더 생각하는 것이 있다면 그것이 곧 우상입니다.

예를 들어 돈을 하나님보다 더 생각한다면 돈이 그에게는 곧 우상인 셈입니다. 하나님께서는 지금 유대인들에게 "모여서 죄짓고 일상은 불신자보다 못한 삶을 살면서 예배는 어지간히도 많이 드리는구나. 너희들이 바치는 소는 보기도 싫다. 냄새만 날 뿐이다. 기도는 또 얼마나 해대는지 그런 기도는 듣지 않을 것이니 하지 마라."고 하십니다.

이를 '반제의 신학'이라고 합니다. 이것을 오늘날 교회에 적용하면 말씀대로 살지도 않으면서 교회에서 예배를 드리는 것이 무슨 의미가 있느냐는 말입니다. 네 이웃을 네 몸과 같이 사랑하라는 말씀에 대해서는 생각도 하지 않고 어떻게든지 모여서 예배만 많이 드리는 것에 대해 질타하시고 있습니다. 교회에 출석하고 헌금만 하면 되는 줄 알지만 하나님이 원하시는 신앙은 그런 것이 아닙니다. 행동은 엉망으로 하면서 기도만 많이 하는 것은 아무 의미가 없습니다.

사 1:21-25 "신실하던 성읍이 어찌하여 창기가 되었는고 정의가 거기에 충만하였고 공의가 그 가운데에 거하였더니 이제는 살인자들뿐이로다 ○ 네 은은 찌꺼기가 되었고 네 포도주에는 물이 섞였도다 ○ 네 고관들은 패역하여 도둑과 짝하며 다 뇌물을 사랑하며 예물을 구하며 고아를 위하여 신원하지 아니하며 과부의 송사를 수리하지 아니하는도다 ○ 그러므로 주 만군의 여호와 이스라엘의 전능자가 말씀하시되 슬프다 내가 장차 내 대적에게 보응하여 내 마음을 편하게 하겠고 내 원수에게 보복하리라 ○ 내가 또 내 손을 네게 돌려 네 찌꺼기를 잿물로 씻듯이 녹여 청결하게 하며 네 혼잡물을 다 제하여 버리고"

베뢰아 사람입니까

셋째 주제는 '총체적인 부정'입니다. 모든 관료들이 부정하여 모두 도적과 같이 되었습니다. 우리나라도 대통령 한 번 하면 재벌처럼 부자가 되고 장관이라도 한자리하면 부정부패를 일삼던 시절이 있었습니다. 하나님이 왕정제도를 허락하셨는데 백성을 위하지는 않고 사리사욕만 채우고 총체적으로 부정하고 부패하는 국가가 되었습니다. 하나님이 1장에서 분노하시는 것이 이것입니다. 이것이 2,700년 전의 유다 상황입니다.

여기서 이사야가 정의와 공의를 말합니다. 이사야가 말하는 정의와 공의가 무엇입니까? 올바른 관계입니다. 특별한 것이 아닙니다. 생명과의 관계가 옳지 못하다면 정의롭지 못한 것입니다. 빈익빈 부익부의 상황이 심한데, 관료들과 부자들은 가난하고 어려운 사람에게는 관심도 없고 자기들 이익만 챙깁니다. 유전무죄라는 말이 있습니다. 돈이 있으면 무죄라는 뜻입니다. 그런데 요즘은 유검무죄 사회가 되었습니다. 아는 검사가 있으면 무죄라는 말입니다. 21절부터 나오는 내용 중에 제일 중요한 것이 하나님의 정의를 바로 이해하는 것입니다. 그것은 '올바른 관계'입니다. 사람 간에 서로 예의가 있어야 하고 상식이 있어야 하고 존중이 있어야 합니다. 그런데 그것이 파괴되었다는 말입니다.

이 세 가지 문제가 이사야서 1장에 나오는 2,700년 전의 유다의 중요한 현실입니다. 선지자는 언제든지 현실을 보고 말하며 대안을 제시합니다. 그런데 2,700년 전 현실이 배신과 거짓 예배와 총체적 부정입니다. 왕부터 모두가 부정부패합니다. 그래서 하나님께서 이사야를 보내셔서 하나님과의 약속을 지키지 않는 유다 백성들에게 소송을 걸었습니다. 이것을 '계약 소송'이라고 합니다. 참관인은 '하늘'과 '땅'입니다. 하늘과 땅이 이 소송에 참관해서 잘 들어보라는 것입니다.

하나님이 정의로우시므로 우리도 정의로워야 합니다. 하나님이 모든 인간을 존중해서 사랑하시므로 우리도 다른 사람과 올바른 관계를 정립해 나가야 합니다. 이것이 이사야가 말하는 정의와 공의입니다.

신명기와 이사야 1장

신 8:11-16 "내가 오늘 네게 명하는 여호와의 명령과 법도와 규례를 지키지 아니하고 네 하나님 여호와를 잊어버리지 않도록 삼갈지어다 ○ 네가 먹어서 배부르고 아름다운 집을 짓고 거주하게 되며 ○ 또 네 소와 양이 번성하며 네 은금이 증식되며 네 소유가 다 풍부하게 될 때에 ○ 네 마음이 교만하여 네 하나님 여호와를 잊어버릴까 염려하노라 여호와는 너를 애굽 땅 종 되었던 집에서 이끌어 내시고 ○ 너를 인도하여 그 광대하고 위험한 광야 곧 불뱀과 전갈이 있고 물이 없는 간조한 땅을 지나게 하셨으며 또 너를 위하여 단단한 반석에서 물을 내셨으며 ○ 네 조상들도 알지 못하던 만나를 광야에서 네게 먹이셨나니 이는 너를 낮추시며 너를 시험하사 마침내 네게 복을 주려 하심이었느니라"

신명기 8장은 이사야 당시보다 1,000년 전의 말씀입니다. 하나님께서 모세를 통하여 이스라엘을 출애굽시키고 가나안에 들어가기 전 모압 평야에서 이스라엘 민족에게 몇 번이나 당부하는 것이 있습니다. "지금은 어렵지만 앞으로 잘살게 된다. 그런데 잘살게 되면 교만해지지 마라." 교만해지면 하나님과의 관계부터 파괴하기 시작합니다. 하나님의 말씀을 잊어버리면 인간 사회에서 남의 말을 무시하는 것은 일도 아닙니다. 하나님도 배신하는데 인간관계에서의 배신은 예사입니다.

또한 하나님과의 관계를 무시하니까 "아무렴 어때." 하고는 자기 식대로 거짓 예배를 드립니다. 양만 많이 잡으면 되는 것입니다. 요즘으로 치면 헌금만 많이 하면 됩니다. 모여서 고함만 많이 지르면 됩니다. 여호와를 떠나고 말씀을 떠나니 그런 짓을 합니다. 불행한 사람들의 인권이 쑥대밭이 되어도 자기들만 잘 지내면 됩니다.

인간은 어려울 때는 "주님." 하며 절절하게 기도하다가 조금 나아지고 부유해지면 남을 무시하고 하나님을 무시하고 약속도 안 지킵니다. 인간은 그 정도 수준밖에 안 된다는 것을 알아야 합니다. 그래서 잠언에는 '너무 부유하게도 너무 가난하게도 말고 일용할 양식을 주십시오.'라는 기도가 나옵니다(잠 30:8 "곧 헛된 것과 거짓말을 내게서 멀리 하옵시며 나를 가난하게도 마옵시고 부하게도 마옵시고 오직 필요한 양식으로 나를 먹이시옵소서").

신 32:1 "하늘이여 귀를 기울이라 내가 말하리라 땅은 내 입의 말을 들을지어다"

예전 번역에는 '하늘이여 들으라 땅이여 들으라'고 해서 이사야 1장과 내용이 같습니다. 신명기서의 제일 핵심이 '교만해지지 마라'입니다. 이사야가 지금 1장의 본문 내용을 선포할 때 구약의 배경이 신명기 8장과 32장입니다.

맺는말

지금 이스라엘 민족이 하나님을 배신하여 하나님과의 올바른 관계가 무너지자 거짓 예배를 드리고 총체적 부정에 허우적댑니다. 이것이 비단 그 당시의 일일 뿐이겠습니까? 오늘 우리도 그렇지 않은지 기도해 봅시다. 각자의 몫입니다.

36

말씀은 이루어진다
- 이사야서 강해 9

2020. 11. 1.

이사야 2:1-22

"아모스의 아들 이사야가 받은 바 유다와 예루살렘에 관한 말씀이라 ○ 말일에 여호와의 전의 산이 모든 산 꼭대기에 굳게 설 것이요 모든 작은 산 위에 뛰어나리니 만방이 그리로 모여들 것이라 ○ 많은 백성이 가며 이르기를 오라 우리가 여호와의 산에 오르며 야곱의 하나님의 전에 이르자 그가 그의 길을 우리에게 가르치실 것이라 우리가 그 길로 행하리라 하리니 이는 율법이 시온에서부터 나올 것이요 여호와의 말씀이 예루살렘에서부터 나올 것임이니라 ○ 그가 열방 사이에 판단하시며 많은 백성을 판결하시리니 무리가 그들의 칼을 쳐서 보습을 만들고 그들의 창을 쳐서 낫을 만들 것이며 이 나라와 저 나라가 다시는 칼을 들고 서로 치지 아니하며 다시는 전쟁을 연습하지 아니하리라 ○ 야곱 족속아 오라 우리가 여호와의 빛에 행하자 ○ 주께서 주의 백성 야곱 족속을 버리셨음은 그들에게 동방 풍속이 가득하며 그들이 블레셋 사람들 같이 점을 치며 이방인과 더불어 손을 잡아 언약하였음이라 ○ 그 땅에는 은금이 가득하고 보화가 무한하며 그 땅에는 마필이 가득하고 병거가 무수하며 ○ 그 땅에는 우상도 가득하므로 그들이 자기 손으로 짓고 자기 손가락으로 만든 것을 경배하여 ○ 천한 자도 절하며 귀한 자도 굴복하오니 그들을 용서하지 마옵소서 ○ 너희는 바위 틈에 들어가며 진토에 숨어 여호와의 위엄과 그 광대하심의 영광을 피하라 ○ 그 날에 눈이 높은 자가 낮아지며 교만한 자가 굴복되고 여호와께서 홀로 높임을 받으시리라 ○ 대저 만군의 여호와의 날이 모든 교만한 자와 거만한 자와 자고한 자에게 임하리니 그들이 낮아지리라 ○ 또 레바논의 높고 높은 모든 백향목과 바산의 모든 상수리나무와 ○ 모든 높은 산과 모든 솟아 오른 작은 언덕과 ○ 모든 높은 망대와 모든 견고한 성벽과 ○ 다시스의 모든 배와 모든 아름다운 조각물에 임하리니 ○ 그 날에 자고한 자는 굴복되며 교만한 자는 낮아지고 여호와께서 홀로 높임을 받으실 것이요 ○ 우상들은 온전히 없어질 것이며 ○ 사람들이 암혈과 토굴로 들어가서 여호와께서 땅을 진동시키려고 일어나실 때에 그의 위엄과 그 광대하심의 영광을 피할 것이라 ○ 사람이 자기를 위하여 경배하려고 만들었던 은 우상과 금 우상을 그 날에 두더지와 박쥐에게 던지고 ○ 암혈과 험악한 바위 틈에 들어가서 여호와께서 땅을 진동시키려고 일어나실 때에 그의 위엄과 그 광대하심의 영광을 피하리라 ○ 너희는 인생

을 의지하지 말라 그의 호흡은 코에 있나니 셈할 가치가 어디
있느냐"

핼러윈의 유래

어제부터 오늘까지가 핼러윈데이로, 요즘 많은 사람들이 축제로 즐기
고 있습니다. 핼러윈데이는 본래 기원전 500년경 아일랜드 켈트족의 풍
습인 삼하인(Samhain) 축제에서 유래된 것입니다. 켈트족들의 새해 첫
날은 겨울이 시작되는 11월 1일입니다. 그들은 11월 1일의 전날인 10월
31일에 죽은 자와 산 자의 경계가 불분명해져서 죽은 자들의 영혼이 돌
아다닌다고 생각했습니다. 그래서 그 유령들을 속이고 그들로부터 자신
을 보호하기 위해 유령 의상을 입고 집을 무시무시하게 꾸몄습니다. 그
렇게 하면 유령들이 같은 편인 줄 알고 해롭게 하지 않을 것이라고 믿은
것입니다. 여기에다 가톨릭에서 11월 1일을 '모든 성인의 날(All Hallows
Day)'로 정했는데, 모든 성인들을 기리는 행사를 기념하는 전야제(All
Hallows Eve)가 결합되면서, 10월 31일 축제에 '핼러윈(Halloween)'이라
는 이름이 붙은 것입니다. 그리고 핼러윈데이에 아이들이 집집마다 다니
며 "trick or treat(과자를 안 주면 장난칠 거야)"라고 외치는 놀이가 있는
데, 이것은 원래 중세에 집집마다 돌아다니는 아이들이나 가난한 사람들
에게 음식을 나눠 주는 풍습에서 기인한 것입니다. 이것이 핼러윈의 유
래인데, 요즘은 이상한 복장을 하고 춤추고 노는 날로 변질되었습니다.

하존과 다바르

> 사 2:1 "아모스의 아들 이사야가 받은 바 유다와 예루살렘에
> 관한 말씀이라"

2장에서 '말씀'이라는 단어가 나옵니다. 1장에는 '계시(하존)'가 나오는데, 하존은 '하나님이 드러내 보이시다'라는 뜻입니다. 1장의 기가 막힌 현실이 하나님이 계시로 보여 주시는 내용인데, 그것이 당시 주전 8세기의 역사적 현실이었습니다. 배은망덕하고 거짓 종교를 믿고 총체적 부정을 저지르는 국가가 그들의 현실이었던 것입니다.

'말씀'은 히브리 원어로 '다바르'입니다. 하존은 보여 주는 것이고, 다바르는 보여 준 것을 이루신다는 뜻입니다. 1장에서 보여 주시고 2장에서 이루십니다.

하나님의 성전 산

> 사 2:2 "말일에 여호와의 전의 산이 모든 산 꼭대기에 굳게 설
> 것이요 모든 작은 산 위에 뛰어나리니 만방이 그리로 모여들
> 것이라"

2절의 첫 말이 '말일', 'last days'입니다. 말일은 미래에 예수 그리스도가 재림하고 재림 천년국 역사가 되는 날입니다. 히브리 원어로는 '아하릿트 욤'입니다. 2-5절의 핵심 단어는 '말일'로서 미래의 어느 시점을 가리키고,

6절 이후에 가면 '욤 여호와', 여호와의 날이 나옵니다. 예루살렘성의 성전 산은 해발 743m입니다. 그런데 말일에 모든 높은 산 위에 이 산(여호와의 전의 산)이 선다고 했습니다. 이것은 높이가 높다는 뜻이 아니라 영적으로 가장 높다는 의미입니다.

제가 중국의 숭산에 간 적이 있습니다. 숭산의 숭이 높을 숭(崇)이어서 산의 높이가 높은 줄 알지만 그 숭(崇)은 산의 실제 높이가 아니라 도력이 높다는 뜻입니다. 마찬가지로 말일에 모든 산 중에 가장 높은 산은 예루살렘의 성전 산이고, 또한 그 위의 시온 산입니다. 세계만방에 남은 자들이 모이고, 재림을 기다리는 세계 교회가 시온산입니다.

> 사 2:3 "많은 백성이 가며 이르기를 오라 우리가 여호와의 산에 오르며 야곱의 하나님의 전에 이르자 그가 그의 길을 우리에게 가르치실 것이라 우리가 그 길로 행하리라 하리니 이는 율법이 시온에서부터 나올 것이요 여호와의 말씀이 예루살렘에서부터 나올 것임이니라"

만방이 예루살렘 시온산으로 갑니다. 그 이유는 하나님 말씀과 율법이 그곳에서 나오기 때문입니다. 새로운 세계를 통치하는 비밀이 그 말씀 속에서 나옵니다. 그래서 모두가 다 가서 말씀을 기대하고 있습니다.

> 사 2:4 "그가 열방 사이에 판단하시며 많은 백성을 판결하시리니 무리가 그들의 칼을 쳐서 보습을 만들고 그들의 창을 쳐서 낫을 만들 것이며 이 나라와 저 나라가 다시는 칼을 들고

서로 치지 아니하며 다시는 전쟁을 연습하지 아니하리라"

율법이 시온에서 나오고 말씀이 예루살렘에서 나온다고 합니다. 세계를 그리스도 안에서 통치하는 법이 이 말씀 속에 있습니다. 그래서 그들이 무엇을 깨우칩니까? 평화를 깨쳐서 평화로운 세상이 됩니다. 그 평화가 4절에 나오는 말씀입니다. 칼을 쳐서 보습을 만든다고 했는데, 보습은 농사지을 때 쓰는 쟁기입니다. 그리고 창을 쳐서 낫을 만든다고 했습니다. 무기를 농기구로 만든다는 말인데, 이는 전쟁이 없어진다는 뜻입니다. 세계를 평화롭게 만들자는 뜻으로 뉴욕 유엔 본부에서 이사야서 2장 4절 말씀을 비문에 새겼습니다.

작은 산이 영적으로 가장 높은 산이 되더니 그 산에서 율법과 말씀이 나옵니다. 그 말씀을 백성이 듣더니 모든 전쟁 무기를 녹여서 농기구를 만듭니다. 모두에게 평화가 왔습니다. 이제 다시는 전쟁을 준비하지도 연습하지도 않습니다. 오늘날 국제 문제에서 제일 중요한 것이 군사력을 예비하고 준비하는 것입니다. 그런데 이 말씀에 보니 모두가 평화를 말하고 전쟁 연습도 하지 않는다고 합니다. 언제 이런 일이 일어난다고 했습니까? '말일'에, 예수님께서 재림하시는 날에 일어난다는 것입니다.

사 2:5 "야곱 족속아 오라 우리가 여호와의 빛에 행하자"

북이스라엘은 주전 722년에 아시리아에게 멸망당합니다. 남유다도 풍전등화의 상태입니다. 아시리아의 산헤립을 통해 언제 망할지 모릅니다. 하나님께서 빛에 행하자고 말씀하시는 것은 "너희가 빛에 행하지 않고 어

베뢰아 사람입니까

둠에 행한다."는 뜻입니다. "그래서 내가 이 심판을 불러들였다."는 말씀입니다.

배은망덕한 사람들이 많습니다. 성전에서 하나님께 제물을 바칠 때 어떤 사람은 소나 양을 잡아야 하는데 비둘기를 가져오거나 빈손으로 와서 패싱하는 경우가 있고, 아니면 죄를 지어서 양심에 거리끼니 무조건 큰 것을 바치는 사람도 있습니다. 무조건 예물만 바치고 예배만 드리려고 기를 쓰면서 그것 외에 다른 길이 없다고 합니다. 이런 예배는 거짓 예배라는 말입니다.

심판의 이유

사 2:6 "주께서 주의 백성 야곱 족속을 버리셨음은 그들에게 동방 풍속이 가득하며 그들이 블레셋 사람들 같이 점을 치며 이방인과 더불어 손을 잡아 언약하였음이라"

심판을 선포하는 이유가 나옵니다. 하나님의 백성들이 불신자보다 더 못하고 이방인과 구별되는 것이 없습니다.

사 2:7-8 "그 땅에는 은금이 가득하고 보화가 무한하며 그 땅에는 마필이 가득하고 병거가 무수하며 ○ 그 땅에는 우상도 가득하므로 그들이 자기 손으로 짓고 자기 손가락으로 만든 것을 경배하여"

유다가 망할 때의 사회적 현상으로 첫째가 부자가 되었을 때 그 많은 돈을 하나님 안에서 감사하며 가난한 이웃들에게 베풀며 쓰지 않고, 어떻게 하면 나누지 않을지 궁리하며 자신들만 잘 먹고 잘사는 데 몰두했습니다. 두 번째는 "마필이 가득하고 병거가 무수하며"라는 설명과 같이 군사력이 막강했습니다. 세 번째는 그 땅에 우상이 가득했습니다. 우상은 실체가 없는 것을 인간이 만드는 것입니다. 양심적으로 행하지 못하는 것에 불안을 느끼니 자기 합리화를 위해 만듭니다.

러시아 우화를 하나 소개하겠습니다. 러시아에서 제일 부자가 "하나님 아버지. 제게 부를 주셔서 감사합니다. 이 돈을 가난한 자들에게 나누고 겨울에는 옷도 사 주겠습니다."라고 기도했습니다. 그런데 기도를 하고 보니 뒤에 한 사람이 있었습니다. 그러자 부자가 그 사람에게 "다른 데 가서 이야기하면 죽인다."라고 했다고 합니다. 부자의 이중성을 나타내는 우화인데, 당시 유대 나라의 부자들이 이와 같았습니다. 사회학자들이 연구해 보니 인간은 보편적으로 돈 없고 어려울 때보다 오히려 돈이 생기고부터 망하기 시작한다고 합니다.

7-8절의 내용을 요약하면 다음과 같습니다. 사람이 돈을 모으면 안 쓰려고 방어합니다. 그리고 우상을 섬기는 단계로 들어가는데, 한 우상만 섬기는 것이 아니라 여러 우상을 섬깁니다. 유대인들은 여호와 성전에 가서 하나님도 섬기고, 비가 안 오면 비 오게 해 달라고 바알도 섬깁니다. 아세라와 바알 종교의 특징은 도덕, 정의, 윤리가 없습니다. 그래서 남자와 여자가 눈만 맞으면 언제든지 성을 주고받습니다. 바알 종교는 신전에서 남자와 여자가 만나는 것을 통해 부흥합니다.

사 2:11-12 "그 날에 눈이 높은 자가 낮아지며 교만한 자가 굴
복되고 여호와께서 홀로 높임을 받으시리라 ○ 대저 만군의
여호와의 날이 모든 교만한 자와 거만한 자와 자고한 자에게
임하리니 그들이 낮아지리라"

이스라엘과 유다가 망한 이유는 군사적 경제적으로 부유해지자 교만
해졌기 때문입니다. 군사적으로 강하고 부유해지니까 하나님을 섬기는
대신 자고해져서 자기가 최고인 줄 아는 교만에 빠졌습니다. 자존심만
강하고 오만해져서 사람을 여러 각도로 비평하고 판단했습니다.

사 2:13-16 "또 레바논의 높고 높은 모든 백향목과 바산의 모
든 상수리나무와 ○ 모든 높은 산과 모든 솟아 오른 작은 언덕
과 ○ 모든 높은 망대와 모든 견고한 성벽과 ○ 다시스의 모든
배와 모든 아름다운 조각물에 임하리니 ○ 그 날에 자고한 자
는 굴복되며 교만한 자는 낮아지고 여호와께서 홀로 높임을
받으실 것이요"

최상의 가구들을 만들기 위해 최고의 나무들을 가져오는데, 이것이 다
교만해져서 그렇다는 내용입니다. 가난한 사람, 소외 계층과 나누며 살
아야 하는데 자기들끼리 온갖 귀한 나무로 집을 짓고 삽니다.

이사야가 8세기 백성들의 이러한 행태들을 보고 "하나님 저들을 용서
하지 마소서."라고 합니다. 저 배은망덕한 인간들, 거짓 예배나 드리는 총
체적으로 부정한 인간들을 용서하지 마시라고 말합니다. 선지자는 보통

용서를 구하는데 이사야 선지자는 용서하지 마시기를 구합니다. 하지만 결국 하나님은 또 용서하십니다.

> 사 2:22 "너희는 인생을 의지하지 말라 그의 호흡은 코에 있나니 셈할 가치가 어디 있느냐"

하나님께서는 우상을 섬기지 말라는 말씀 대신에 인생을 의지하지 말라고 말씀하십니다. 그 이유는 인간이란 호흡과 그다음의 호흡이 없으면 끝나는 존재이기 때문입니다. 왜 그런 존재인 인간을 의존하고 사느냐는 것입니다. "영원하신 하나님을 의존하지 않고 뭘 의존하고 있느냐?"라고 하십니다.

맺는말

'말일'은 반드시 이루어집니다. 하나님의 말씀이기 때문입니다. 여호와의 날에 대해서는 이스라엘 민족을 타산지석으로 삼아야 합니다. 인간이란 세상에서 자기 하나 잘 먹고 잘살려고 온갖 고생해서 돈을 모으고, 그 돈을 방어하려고 결국 우상을 만들어 망하는 존재인데, 하나님의 주권적 섭리도 모르고 그런 인간을 의지하지 말라는 것이 오늘 본문에서 말하는 메시지입니다. 자본주의 안에서 돈 좀 있으면 그 사람에게 잘 보이려고 아첨하고 그가 웃으면 따라 웃기까지 합니다. 하지만 이것은 하나님이 보실 때 아무 가치가 없습니다.

우리는 어떤 사람인지, 남은 자로서 충분한 사람인지 아니면 멸망당하는 사람의 앞잡이인지 우리의 삶을 돌아보라는 것이 이사야 2장의 핵심입니다. 이사야서는 신명기적 관점입니다. 그 내용은 첫째, 세계는 하나님이 주관하신다는 것. 둘째, 하나님은 살아 계신다는 것. 셋째, 말씀을 순종하면 복받고 불순종하면 벌받는다는 것입니다.

37

하나님만 믿으라
- 이사야서 강해 10

2020. 11. 22.

이사야 3:1-12

"보라 주 만군의 여호와께서 예루살렘과 유다가 의뢰하며 의지하는 것을 제하여 버리시되 곧 그가 의지하는 모든 양식과 그가 의지하는 모든 물과 ○ 용사와 전사와 재판관과 선지자와 복술자와 장로와 ○ 오십부장과 귀인과 모사와 정교한 장인과 능란한 요술자를 그리하실 것이며 ○ 그가 또 소년들을 그들의 고관으로 삼으시며 아이들이 그들을 다스리게 하시리니 ○ 백성이 서로 학대하며 각기 이웃을 잔해하며 아이가 노인에게, 비천한 자가 존귀한 자에게 교만할 것이며 ○ 혹시 사람이 자기 아버지 집에서 자기의 형제를 붙잡고 말하기를 네게는 겉옷이 있으니 너는 우리의 통치자가 되어 이 폐허를 네 손아래에 두라 할 것이면 ○ 그 날에 그가 소리를 높여 이르기를 나는 고치는 자가 되지 아니하겠노라 내 집에는 양식도 없고 의복도 없으니 너희는 나를 백성의 통치자로 삼지 말라 하

리라 ○ 예루살렘이 멸망하였고 유다가 엎드러졌음은 그들의
언어와 행위가 여호와를 거역하여 그의 영광의 눈을 범하였
음이라 ○ 그들의 안색이 불리하게 증거하며 그들의 죄를 말
해 주고 숨기지 못함이 소돔과 같으니 그들의 영혼에 화가 있
을진저 그들이 재앙을 자취하였도다 ○ 너희는 의인에게 복
이 있으리라 말하라 그들은 그들의 행위의 열매를 먹을 것임
이요 ○ 악인에게는 화가 있으리니 이는 그의 손으로 행한 대
로 그가 보응을 받을 것임이니라 ○ 내 백성을 학대하는 자는
아이요 다스리는 자는 여자들이라 내 백성이여 네 인도자들
이 너를 유혹하여 네가 다닐 길을 어지럽히느니라"

1947년에 쿰란 동굴에서 성경 문서가(쿰란 사본) 발견되었습니다. 그
중에서 몇 겹으로 싸서 가장 보관이 잘된 문서가 이사야서였습니다. 현
재 우리가 읽고 있는 정경의 이사야서와 거의 같습니다. 과거부터 이사
야서는 성경 중의 성경으로 인식되었습니다. 코로나 시대의 어려움을 극
복하기 위해 하나님 말씀을 통달하자는 주제로 이사야서를 강해하고 있
는 중입니다. 이번 시간에는 3장을 공부하겠습니다.

이사야 1-2장 복습

하나님께서는 이사야를 통해 이스라엘의 역사적 현실을 계시하였습니
다. 하나님의 계시를 '하존'이라고 합니다. 이사야서는 2,700년 전의 말씀
인데, 제가 지금부터 2,700년 전 유대 나라의 역사적 현실을 여러분에게

소개하겠습니다. 설교를 들으며 당시 유대 나라의 역사적 현실을 정확히 이해하면 설교를 잘 들은 것입니다. 거기에 더해 각자의 삶에 비추어 은혜받으면 더 좋습니다.

1장의 주제는 3가지입니다. 첫째는 배은망덕한 백성에 대한 것으로서, 은혜를 배반하고 덕을 잊어버린 사회가 되었습니다. 은혜를 배신하는 사람이 난무하는 사회는 이미 썩은 사회라고 성경은 말하고 있습니다. 은혜 배반하고 덕을 잊은 사람은 인간이 아닙니다.

둘째는 거짓 예배입니다. 유일하신 하나님과 말씀 중심으로 예배하지 않습니다. 경제 능력에 따라 양과 소만 잡으면 된다고 생각해서 양과 소를 잡는 제사들이 횡행했습니다. 요즘 같은 코로나 시국에 무조건 모여서 예배만 보려고 하는 것과 비슷합니다. 세계의 신학자들은 한국 교회의 교인들을 신앙이 있다고 보지 않으며 신학적이라고 생각하지도 않습니다. 아주 정치적입니다. 교회의 지도자들부터 그러니까 교인들이 정치에 따라서 이리저리 휘둘립니다. 이웃이 생선처럼 썩어 가는데 권력과 유착해서 자기들만 잘 먹고 잘살며 모여서 주구장창 예배만 드립니다. 하나님은 그런 예배와 기도는 안 받으신다고 하였습니다.

셋째는 총체적 부정부패입니다. 요즘 한국사회도 재벌과 언론과 검찰이 유착해서 온갖 부정을 저지르는 소식들을 접할 수 있는데, 당시 유대사회도 똑같이 관료들을 중심으로 부정부패가 판을 쳤습니다.

2장의 핵심은 '다바르', 즉 말씀입니다. 그리고 하나님께서 말일을 선포하셨습니다. 말일은 반드시 있으며 하나님께서 반드시 이루십니다. 창조하신 날이 있으니 마지막 날도 있는 것입니다. 말일에 여호와의 전의 산에서 전 세계가 평화롭게 회복될 것을 선포한다고 했습니다. 그리고 말

베뢰아 사람입니까

일이 임박하면 심판과 구원이 선포됩니다. '심판과 구원', 이 둘은 반드시 이중적으로 사용됩니다. 인간 유전자는 본질적으로 선악이 공존하기 때문에 구원만 선포될 수는 없습니다. 주기적으로 심판이 선포될 수밖에 없습니다.

> 사 2:22 "너희는 인생을 의지하지 말라 그의 호흡은 코에 있나니 셈할 가치가 어디 있느냐"

2장 마지막 절 말씀으로, 인간을 의존하지 말라고 하십니다. 호(呼)와 흡(吸) 사이에 생명이 달려 있는데 무슨 가치가 있다고 인간을 의존하느냐는 것입니다. 이사야가 볼 때 인간이란 호(呼)를 한 뒤에 흡(吸)을 하지 않으면 죽고, 흡(吸)을 한 뒤에 호(呼)를 하지 않으면 죽는 존재입니다. 즉 호와 흡 사이에 생명이 매여 있는 존재라는 말입니다. 그런데 그런 인간이 하나님을 섬기지 않고 인간을 의지하며 법석을 떨더라는 것입니다.

인간에게 의지하는 어리석음

> 사 3:1 "보라 주 만군의 여호와께서 예루살렘과 유다가 의뢰하며 의지하는 것을 제하여 버리시되 곧 그가 의지하는 모든 양식과 그가 의지하는 모든 물과"

본문의 "보라"는 히브리 원어로 '힌네'라고 하며, 이스라엘의 독특한 표현법입니다. 인간 의식 발달의 역사를 보면 처음에는 동물을 숭배하다가 조금 더 발달하면 바위나 나무 등의 자연을 섬깁니다. 그다음에는 반인 반수의 우상을 만들어서 믿다가 인간숭배로 갑니다. 이사야의 선포대로 인간이란 존재는 믿을 것이 없습니다. 그런데 인간을 믿습니다. 인간의 수준이 그렇습니다. 종교가 발달하지 못했다면 인간을 우상화하는 데서 끝이 났을 것입니다.

3장의 핵심은 인간은 수에 칠 가치가 없는데 인간을 믿고 있다는 것입니다. 인간을 믿는 데 있어 먼저 자기 자신을 믿습니다. 그다음에는 자기보다 좀 나은 사람을 믿습니다. 그러나 절대 그렇게 해서는 안 됩니다. 나라가 망하고 피폐해지는 근본 원인이 사람 숭배에 있습니다.

3장 16절부터는 내용적으로 4장에 해당합니다. 이사야서 번역 초기에는 장 구별을 잘 못했습니다. 4장에서는 이스라엘의 정숙한 여자들이 전부 창녀와 꽃뱀이 된 내용이 나옵니다.

> 사 3:1-3 "보라 주 만군의 여호와께서 예루살렘과 유다가 의뢰하며 의지하는 것을 제하여 버리시되 곧 그가 의지하는 모든 양식과 그가 의지하는 모든 물과 ○ 용사와 전사와 재판관과 선지자와 복술자와 장로와 ○ 오십부장과 귀인과 모사와 정교한 장인과 능란한 요술자를 그리하실 것이며"

유다의 백성들이 의지하고 믿은 대상들이 열거되고 있습니다. 요즘 식으로 말하면 대통령, 청와대, 검찰청, 고급 공무원들을 믿고 있었다는 말입니다. 우리도 모르게 그들을 믿고 있습니다. 그러나 거기에 의존하지 말라고 합니다. "절대 인간을 믿지 말고 자기 자신을 믿지 말라. 하나님을 믿으라."고 하며 그들이 우리 속에 우상이 되면 안 된다는 것을 이사야가 절절하게 선포합니다. 하나님을 믿으면 모든 문제가 풀리는데 자기 믿고 남 믿어서 망합니다. 요즘도 신문 사회면을 보면 이런 이야기들밖에 없습니다. 먹고사는 것이 포도청이 되고 심각해져서 하나님을 잊고 삽니다.

인간이 의존하는 첫째가 의식주입니다. 그래서 사탄이 예수님을 시험할 때 "돌로 떡을 만들어 보라"고 한 것입니다. 예수님께서는 사탄에게 사람이 떡으로만 사는 것이 아니라 하나님의 말씀으로 살 것이라고 하시며 시험을 이기셨습니다. 먹는 것이 필요하지만 그것이 우상이 되어서는 안 됩니다.

유다의 백성들이 관료들 다음으로 믿은 것이 용사와 전사들입니다. 즉 국방력을 믿은 것입니다. 그리고 모사와 선지자, 복술자들을 믿는다고 했습니다. 여기서 말하는 선지자는 거짓 선지자입니다. 거짓 선지자에게 가는 사람이나 무당에게 가는 사람이나 똑같습니다. 당시에 점을 치는 두 가지 방법이 있었는데, 첫째는 점괘를 빼는 방법으로서 요즘 타로 카드와 비슷합니다. 두 번째는 주문을 외우는 방법입니다. 능란한 요술자는 "내가 신을 부르겠다."고 하면서 중얼중얼 주문을 외웁니다. 이런 사람들이 선지자와 똑같은 반열에 있으니 당시에 종교가 얼마나 타락했는지를 말해 주는 표입니다. 그들을 믿고 찾아가는 사람들이 있기 때문에 이런 현상이 생긴 것입니다.

지도자가 사라진 사회

사 3:4-5 "그가 또 소년들을 그들의 고관으로 삼으시며 아이들이 그들을 다스리게 하시리니 ○ 백성이 서로 학대하며 각기 이웃을 잔해하며 아이가 노인에게, 비천한 자가 존귀한 자에게 교만할 것이며"

사회 질서가 무너져서 지도자들에게 위기가 오는 내용입니다. 아이들이 다스린다는 말은 철부지처럼 무능하고 무지한 사람이 지도자의 자리에 앉게 된다는 뜻입니다. 경험도 없고 우매하며, 자기 가족밖에 모르는 사람이 지도자가 된다는 것은 그만큼 사회가 부패하고 타락되었다는 증거입니다. 유대 민족이 사람을 섬기고 하나님을 섬기지 않았기 때문에 결과적으로 이런 사회가 된 것이 아니냐고 이사야가 계속 질타합니다. 하나님 말씀을 들으면 간단한데 하나님 말씀을 안 듣고 지키지 않으면 실제로 되는 것이 아무것도 없습니다.

사 3:6-7 "혹시 사람이 자기 아버지 집에서 자기의 형제를 붙잡고 말하기를 네게는 겉옷이 있으니 너는 우리의 통치자가 되어 이 폐허를 네 손아래에 두라 할 것이면 ○ 그 날에 그가 소리를 높여 이르기를 나는 고치는 자가 되지 아니하겠노라 내 집에는 양식도 없고 의복도 없으니 너희는 나를 백성의 통치자로 삼지 말라 하리라"

나라가 황폐해져서 단지 다른 사람보다 좋은 옷을 입었다는 이유 하나만으로 지도자가 되어 달라는 요청을 받는 상황이 되었습니다. 그러니 요청을 받는 사람은 펄쩍 뛰며 거부합니다. 그런 능력도 없을 뿐 아니라

지도자를 해 봤자 고생만 하기 때문입니다. 참 지도자가 없는 위기의 시대가 되었습니다.

> 사 3:8-9 "예루살렘이 멸망하였고 유다가 엎드러졌음은 그들의 언어와 행위가 여호와를 거역하여 그의 영광의 눈을 범하였음이라 ○ 그들의 안색이 불리하게 증거하며 그들의 죄를 말해 주고 숨기지 못함이 소돔과 같으니 그들의 영혼에 화가 있을진저 그들이 재앙을 자취하였도다"

유대 민족이 말과 행동으로 하나님을 거역했다고 합니다. 그리하여 그들은 하나님의 심판을 자초했습니다. 우리의 일상에서도 말을 나쁘게 하면 뇌세포를 파괴해서 빨리 치매가 옵니다. 말은 균형 있게 해야 되며 인간관계에서 너무 심한 말은 하지 말아야 합니다.

의인과 악인

> 사 3:10-11 "너희는 의인에게 복이 있으리라 말하라 그들은 그들의 행위의 열매를 먹을 것임이요 ○ 악인에게는 화가 있으리니 이는 그의 손으로 행한 대로 그가 보응을 받을 것임이니라"

의인은 믿는 것을 일상 속에서 행합니다. 말씀을 들었을 때 좋았고 깨달은 점이 있다면 그것을 일상에서 실천합니다. 이런 사람을 의인이라고 합니다. 반면에 행하지 않는 사람을 악인이라 합니다. 악인은 듣기에 좋았던 것을 실천하지 않습니다. 믿는 사람으로서 행하지 않으면 악인과 마찬가지입니다. 믿음은 곧 행하는 것입니다. 어떻게 행해야 하는지 모르면 영적 지도자에게 물어야 합니다.

한국 사람의 중요한 기질 중 하나가 성리학의 전통으로 인해 말만 하고 행하지 않아도 크게 비판하지 않는다는 점입니다. 일례로 조선시대의 양반 사회가 그랬습니다. 임진왜란이 일어났을 때 양반은 군에도 안 가고 군포도 내지 않았습니다. 그러면 종들이 나가서 싸워야 하는데, 군인들을 모으니 다 뿔뿔이 흩어졌습니다. 그래서 할 수 없이 양심 있는 사람들이 모여서 의병으로 일어났습니다.

맺는말

본문의 내용에서 드러난 것처럼 정부의 체제를 믿고 인간을 믿는다는 것은 큰 잘못입니다. 인간이란 그 생명이 호흡에 달린 존재에 불과한데 마치 인간이 답인 것처럼 우상화시키는 것에 화가 있습니다. 하나님을 믿는 사람은 인간을 믿지 않습니다. 인간을 믿으면 이단에 현혹되기 십상이고, 그런 곳은 교회의 형태를 띠고 있어도 결국 끝납니다. 이단은 예수를 안 믿고 인간을 믿는 곳입니다.

3장에서의 이사야의 외침은 "하나님만 믿으라. 그러면 어려움이 있을지라도 다 극복될 것이고 지도자도 세워 줄 것이다. 그리고 의인으로 행해서 하나님의 백성으로 남아라."입니다. 이것 외에는 다 안 된다는 것입니다.

이번 설교의 핵심으로서 분명히 알아야 할 것은 절대 인간을 의지해서 우상화하지 말라는 것입니다. 인간은 다 친구이고 형제로서 똑같이 부족한 사람들입니다. 이와 아울러 또 하나 중요하게 생각할 것은 절대 교만하면 안 된다는 것입니다. 예수님은 죄 없이도 이 땅에 오셔서 하나님만 믿고 자기를 낮추셨습니다. 그런데 죄 많은 인간이 뭐가 잘난 것이 있다고 자기가 대단한 것처럼 오만하게 행세한단 말입니까? 저는 목사로 부름 받아서 하나님 앞에 섰지만 목사는 절대 다른 사람보다 나은 사람이 아닙니다. 오직 설교를 위해 부름 받은 사람일 뿐입니다. 여기 계시는 목사님들도 꼭 명심하시기 바랍니다. 우리는 예수 그리스도만 높이면서 자기를 낮추어야 합니다.

38

열매 맺는 새사람으로 성장하자

2020. 12. 20.

골로새서 3:10

"새 사람을 입었으니 이는 자기를 창조하신 이의 형상을 따라
지식에까지 새롭게 하심을 입은 자니라"

스톡데일 패러독스(Stockdale Paradox)

스톡데일 패러독스는 미국의 해군 장교였던 제임스 스톡데일(James
Bond Stockdale)의 이름에서 유래한 용어로, 비관적인 현실을 냉정하게
받아들이는 한편, 앞으로는 잘될 것이라는 굳은 신념으로 냉혹한 현실을
이겨내는 합리적인 낙관주의를 의미합니다.[17]

미국 장교 제임스 스톡데일은 베트남 전쟁 당시 베트남군에게 잡혀
1965년부터 1973년까지 7년 6개월을 하노이에 있는 악명 높은 포로수용

---

17 네이버 지식백과.

소에 갇혔습니다. 당시 그의 계급은 소장으로 포로들 중에서 계급이 제일 높았습니다. 베트남군은 스톡데일에게 온갖 심리적, 육체적 고문을 가했습니다. 그는 지옥 같은 포로 생활을 8년 동안 겪은 후 1973년에 기적적으로 석방되었습니다. 스톡데일은 석방 후에 여러 인터뷰를 통해 자신이 어떻게 지옥 같은 상황에서 살아남을 수 있었는지 밝혔는데, 핵심은 낙관주의라고 했습니다. 다만 맹목적인 낙관론자들은 모두 죽었다고 했습니다. 그들은 이를테면 크리스마스 전에는 나갈 수 있을 것이라고 믿다가 크리스마스가 지나면 부활절이 되기 전에는 석방될 거라고 믿다가, 부활절이 지나면 추수감사절 이전엔 나가게 될 거라고 또 믿는다는 것입니다. 하지만 그렇게 다시 크리스마스를 맞고 반복되는 상실감에 결국 죽게 된다는 것입니다.

스톡데일이 강조한 것은 냉혹한 현실 인식이었습니다. 현실을 인식하면서 최후의 순간까지 무너지지 않는 신념을 가지는 것과 현실 인식이 없이 막연한 낙관론에 의지하는 것은 다르다는 것입니다. 경영학자 짐 콜린스(James C. Collins)가 스톡데일과 인터뷰 후에 이를 '스톡데일 패러독스'라고 불렀습니다.

코로나19도 마찬가지입니다. 얼마 안 있으면 끝날 것이라고 막연한 낙관론을 가져서는 안 됩니다. 뉴스에 의하면 하루에 수많은 사람들이 죽어 가는데, 이런 현실을 직시해야 합니다. 앞으로 더 심해질 수도 있습니다. 우리는 예수 그리스도를 대망하면서 현실을 합리적으로 판단해야 합니다. 현실이 요구하는 것은 마스크를 철저히 쓰는 것이고 위생을 잘 지키는 일입니다. 얼마 안 있으면 주님이 오실 것이라며 마스크도 안 쓰고 교회에 모이면 거의 코로나에 노출됩니다. 교회에서 자꾸 코로나 감염자가 많이 나오는 이유가 여기에 있습니다.

스톡데일 패러독스처럼 우리도 코로나19 사태를 당하여 분명하게 현실 인식을 하면서 믿음이 있는 의인이 되어야 합니다. 의인은 '믿음으로' 삽니다. 이사야가 국제적 문제를 선포하면서 계속 이야기한 것이 '남은 자'입니다. 남은 자는 언제든지 하나님의 신비로 보전됩니다. 우리는 말씀 안에서 남은 자가 되어야 하며 의인이 되어야 합니다. 믿음으로 살아가야 합니다. 이것이 오늘의 첫 번째 메시지입니다.

임마누엘 예수

저는 이번 설교를 준비하면서 지금까지는 크리스마스 설교를 할 때 너무 예수님의 탄생과 재림만 강조했다는 생각을 했습니다. 오늘은 일상 속에 함께하시는 예수님을 생각할 때가 되었습니다. 한국 기독교가 욕먹는 이유는 이중성 때문입니다. 일상은 앞뒤가 맞지 않게 엉망으로 지내면서 교회에 와서는 아주 잘 믿는 척을 합니다. 그래서 개독교가 되었습니다. 우리는 일상에서도 "저 사람은 진짜 믿는 사람이네."라는 말을 듣는 사람이 되어야 합니다. 이것이 크리스마스의 두 번째 메시지입니다. 이중적이어서는 안 됩니다. 정직한 삶이어야 합니다.

우리 일상에 함께하시는 주님의 이름은 임마누엘입니다. 그분은 우리의 주님이시요 하나님이시며 우리 삶의 중심입니다. 우리의 기도에 응답하시며 기도 속에서 우리와 의논하시며 우리에게 거룩한 생각을 주십니다. 우리와 함께 계시며 우리를 인도하시는 분입니다. 이것이 마태복음 1장 23절의 임마누엘의 뜻입니다(보라 처녀가 잉태하여 아들을 낳을 것이

베뢰아 사람입니까

요 그의 이름은 임마누엘이라 하리라 하셨으니).

예수라는 이름은 우리의 죄를 대속하시기 위해 이 땅에 오신 분의 이름입니다. 우리 죄를 씻기실 분은 오직 예수님 한 사람 뿐임을 알고 이 땅에 오신 주님을 생각해야 합니다. 이미 주님께 속죄함을 받았음에도 자꾸 나는 죄인이니, 나는 안 되니 같은 부정적인 말을 하지 맙시다. 우리는 속죄함을 받은 사람으로서 당당하게 서야 합니다.

> 히 9:28 "이와 같이 그리스도도 많은 사람의 죄를 담당하시려고 단번에 드리신 바 되셨고 구원에 이르게 하기 위하여 죄와 상관 없이 자기를 바라는 자들에게 두 번째 나타나시리라"

그리스도께서 이 땅에 오신 이유는 우리 죄를 위해서입니다. 유대의 레위기 율법대로 속죄를 하시는 의미에서 십자가에 죽으셨습니다. 이것을 믿으면 새사람의 삶을 살게 됩니다. 예수님을 오래 믿었음에도 "저는 죄인입니다."라는 말만 하면 안 됩니다. "나는 오늘 새사람으로 살았다."라고 하는 것이 믿음의 열매입니다. "저는 죄인입니다."라고 하면 겸손한 줄 알고 자꾸 그런 말만 하면 안 됩니다. "도대체 무슨 죄를 지었습니까?"라고 물어보면 사실 별 죄가 없습니다.

인간 역사에서 루터와 칼빈의 종교개혁 때 세운 정통주의 신앙이 칼 바르트에 의하여 조직신학 책으로 정리되었습니다. 그 책이 『교회교의학』입니다. 12,000페이지를 썼는데, 죽기 하루 전에도 책을 썼습니다. 『교회교의학』 4권째 화해론이 그리스도론인데, 거기서 예수 그리스도의 일상적인 삶 세 가지를 강조했습니다. 예수님의 삼중직(三重職)입니다.

첫째, 제사장으로서의 삶입니다. 우리를 위해 십자가에 죽으심으로 구약의 율법을 완성하셨습니다.

둘째, 말씀을 가르치는 선지자로서의 삶입니다.

셋째, 재림주로 오실 우리의 왕이십니다.

예수님의 PHT

예수님께서는 이 땅에 오셔서 구약을 가르치심과 아울러 "옛 사람은 이렇게 말했지만 나는 너희에게 이르노니"라고 하시며 "새 술은 새 포대에"라고 선포하셨습니다. 그리고 죽은 자를 살리셨으며, 난치병을 고치시고, 귀신을 쫓아내셨습니다. 예수님이 공생애 동안 하신 일들은 선포하시고(Preaching), 고치시고(Healing), 가르치심(Teaching)으로 요약할 수 있습니다.

성탄절이라고 해서 지나치게 재림주만 강조하거나 예수님의 태어난 날만 강조하지 맙시다. 일상생활에서 예수님이 중심인가, 돈이 중심인가. 내 생각이 중심인가, 내 과거가 중심인가에 대해 깊이 생각해야 합니다. 앞뒤 안 맞게 이중적으로 사는 문제를 예수님을 통해 치료해야 합니다.

마태, 마가, 누가, 요한복음은 예수님의 전기인데, 마지막 장은 모두 십자가수난과 부활입니다. 그를 믿으면 새사람이 될 수 있습니다. 새사람의 삶을 가르치는 것이 바울 서신과 사도들의 일반 공동서신입니다. 성경의 모든 내용은 신앙 성장과 새사람으로서의 삶을 강조하고 있습니다. 새사람이 된 사람은 이중적인 사람이 아닙니다. 거짓말하는 사람이 아닙니다.

베뢰아 사람입니까

옥중서신의 배경

새사람으로서의 삶을 강조한 것이 바울의 옥중서신인 에베소서, 빌립보서, 골로새서, 빌레몬서입니다. 바울은 가이사랴 빌립보에서 한 번 갇히고, 로마에서 61년부터 63년까지 가택연금 되었습니다. 집 자체가 감옥입니다. 그러나 글을 쓸 수는 있어서 그 안에서 네 통의 서신을 보냈는데, 그것이 옥중서신입니다.

로마에서 재판을 통해 사형수로 확정되면 그 죄인은 지하 감옥에 갇힙니다. 지하 감옥에서는 바위에 쇠로 구멍을 뚫고 죄인에게 줄을 매어 하루 종일 세워 놓습니다. 잠도 서서 자고 밥을 먹을 때도 팔을 쇠사슬에 매어 놓았기 때문에 개처럼 엎드려서 먹든지 팔을 겨우 뻗어서 집어 먹어야 합니다. 화장실 문제는 통 하나씩을 줘서 거기서 대소변을 다 해결해야 하는데, 일주일 동안 치우지 않으니까 냄새가 말도 못 합니다. 청소를 4백 년 동안 하지 않아서 그 속에 모기, 빈대, 쥐 등이 득실거립니다. 그런데 쇠줄에 매여 있으니 쫓지도 못하고 괴로움이 말도 못합니다. 일주일에 한 번 정도 옥바라지를 위해 지하 감옥에 들어갈 수 있는데, 주로 대소변 통을 씻어 주고 밥을 떠먹여 주는 일 외에는 할 수 있는 일이 없습니다. 이곳이 로마의 '마메르티노(mamertine)'라는 지하 감옥인데, 그 비참함이 말도 못합니다.

바울도 처음에는 가택연금 되었다가 나중에는 사형수가 되어서 지하 감옥에 들어갔습니다. 양피지가 없어서 종이를 가지고 들어가서 마지막에 쓴 것이 디모데후서입니다. 바울이 갇혀있던 감옥을 보면 눈물이 납니다. 화장실도 없고 오물 냄새가 들이치는 가운데서도 예수 그리스도를 찬양하며 "하나님이 우리에게 주신 것은 두려워하는 마음이 아니요 오직 능력과 사랑과 절제하는 마음이니(딤후 1:7)"라고 고백합니다. 인간은 그런 환경에서 이런 고백을 할 수가 없습니다. 하지만 바울은 열악하고 비참한 그 감옥 속에서 "너희는 새사람이 되어라. 그리스도를 따라서 진실하게 살아라."라는 말을 죽기 전에 외치고 있습니다.

그런데 우리는 모든 조건이 갖춰진 좋은 환경 가운데 앉아서 불평불만을 하며 새사람으로 살아내지 못하고 있습니다. 이번 크리스마스에는 그리스도 안에서 이런 문제들을 생각해 봐야 합니다.

골 3:10 "새 사람을 입었으니 이는 자기를 창조하신 이의 형상을 따라 지식에까지 새롭게 하심을 입은 자니라"

엡 4:22 "너희는 유혹의 욕심을 따라 썩어져 가는 구습을 따르는 옛 사람을 벗어 버리고"

감옥에 갇힌 처지에서도 새사람을 외칩니다.

당시 로마에서는 기독교인들을 처형하는 방식으로 콜로세움에 사자 등의 맹수를 넣어 놓고 며칠을 굶긴 후에 기독교인들을 운동장에 넣었습니다. 그리고 우리를 열면 맹수들이 튀어나와 사람을 막 뜯어 먹는데, 그것을 보고 로마인들은 흥분해서 소리쳤습니다. 초기 기독교인들은 이렇게 죽어 가며 신앙을 고수했습니다.

베뢰아 사람입니까

크리스마스를 기해 신앙 성장의 열매를 맺자

우리는 이제 새로운 각오를 해야 합니다. 너무 편하게 살다 보니 신앙 성장이 없습니다. 예수님의 십자가에 죽으심으로 내가 속죄함 받은 것도 몰라서 스스로 죄인이라고만 생각하고, 새사람으로 살라고 하면 이중적인 삶을 삽니다. 그러니 아버지가 신앙하는 사람인데도 그의 자식들은 "우리 아버지 예수 믿는 사람 아닙니다. 돈 믿습니다."라고 하는 일이 발생하는 것입니다. 믿는 사람이 이런 평가를 받으면 안 됩니다. 우리는 자기를 창조하신 자의 형상, 곧 예수님을 따라서 새사람이 되어야 합니다. 그런데 옛 사람이 얼마나 발목을 잡는지 모릅니다. 새사람이 되려고 해도 자꾸만 옛 사람으로 돌아가려 합니다.

크리스마스를 중심으로 이 말씀을 드리는 것은 이제 새사람으로 살자는 것입니다. 새사람은 하나님을 사랑하고 네 이웃을 네 몸과 같이 사랑하라는 그분의 말씀에 온전히 순종하는 것입니다. 새사람으로 사는 데 있어 가족이 심판관의 역할을 합니다. 부인이 아주 잘 믿는 척해도 남편이 "성경 보면 뭐 하나. 성경 말씀대로 살지도 않으면서."라고 합니다. 또한 자식들이 "우리 엄마 아버지는 믿는다면서 이중적이다."라고 합니다. 이것은 모두 새사람이 되지 못하고 진실하지 못해서 받는 심판입니다.

이번 크리스마스에 신앙 성장의 열매를 맺어야 합니다. 우리의 열매는 사랑의 열매, 용서의 열매, 성령의 열매입니다. 성령의 아홉 가지 열매를 맺어서 그리스도 안에서 감사하다가 힘 빠지면 옥중서신을 생각합시다. 우리는 이렇게 좋은 곳에서 왜 그리스도를 받아들이지 못하고 새사람으로 되지 못하는가를 깊이 깨닫는 크리스마스가 되어야 합니다.

39

팬데믹 사태 속 신앙인의 길
- 이사야서 강해 11

2021. 1. 10.
이사야 1-4장

코로나 19 사태가 서울 중심으로 확산되다가 지방으로 퍼지고 있습니다. 영적으로 하나님 말씀을 중심 삼고 영심신을 조율합시다. 전 세계적인 재앙이다 보니 대면예배를 볼 수 있을 때까지 현재와 같은 상황을 감수할 수밖에 없습니다.

영국 국왕인 제임스 1세가 직접 주도해서 번역한 성경이 〈킹 제임스 성경〉입니다. 성경 번역이 완성되자 왕이 좋아서 그렇게 이름을 지었다고 합니다. 왕의 궁정에서 보물을 훔치던 사람 두 명이 사형을 받게 되었는데, 왕과 아는 사이기도 해서 왕이 그들에게 죽을 방법을 선택하라고 했습니다. 한 명은 늙어서 죽고 싶다고 했다가 그대로 사형을 당했습니다. 다른 한 명은 자기는 성경을 사랑해서 다 읽고 싶으니 성경을 다 읽고 나면 죽게 해 달라고 부탁했습니다. 그래서 허락했는데, 1년 뒤에 가도 창세기를 읽고 있었습니다. 말씀이 너무 오묘해서 한 절 한 절 묵상하며 읽다 보니 그랬다고 하면서, 결국 그는 성경을 다 읽고 늙어서 죽었다는 재

베뢰아 사람입니까

있는 일화가 있습니다.

주전 8세기의 타락상

이제 본문 말씀을 보겠습니다.

> 사 4:1 "그 날에 일곱 여자가 한 남자를 붙잡고 말하기를 우리
> 가 우리 떡을 먹으며 우리 옷을 입으리니 다만 당신의 이름으
> 로 우리를 부르게 하여 우리가 수치를 면하게 하라 하리라"

7명의 여자가 한 사람의 남자를 붙들고 당신 이름을 가지고 살게 해 달
라고 합니다. 7은 히브리에서 많다는 의미입니다. 이것은 요즘 말로 남자
씨가 말랐다는 뜻입니다. 그 이유가 무엇인가가 말씀의 핵심입니다.

> 사 3:25-26 "너희의 장정은 칼에, 너희의 용사는 전란에 망할
> 것이며 ○ 그 성문은 슬퍼하며 곡할 것이요 시온은 황폐하여
> 땅에 앉으리라"

남자는 전쟁에서 죽거나 포로가 되어 여자밖에 없습니다. 2,700년 전
의 참상입니다. 이사야서 1장에 하존(계시)의 내용이 있는데, 첫째가 배
은망덕입니다. 둘째는 거짓예배입니다. 거짓예배는 이중성을 말하는 것
으로써 신앙과 실제 삶이 이중적이라는 말입니다. 인간은 원래 이중적인
면이 있지만 영적인 삶을 사는 사람이 그러면 안 됩니다. 최근에 아동학

대로 입양한 딸을 죽인 사건의 범인이 목사의 딸입니다. 삶의 이중성을 극명하게 드러낸 사례입니다. 이사야 당시의 사회도 마찬가지였습니다. 돈이 하나님보다 더 앞서는 사회가 되다 보니 인간이 무가치해졌습니다. 셋째, 총체적 부정입니다. 이것은 남성 중심 사회의 특징이기도 합니다. 가부장제하에서 여자를 무시하고 남자들이 독단적으로 정치, 경제, 문화를 잡고 있어서 이런 현상이 나타난다고 봅니다.

참상의 원인

> 사 2:22 "너희는 인생을 의지하지 말라 그의 호흡은 코에 있나니 셈할 가치가 어디 있느냐"

인간은 호흡의 중간이 끊어지면 끝나는 존재입니다. 그런 인간에게 의지할 것이 뭐가 있느냐는 것입니다. 유일신 신앙을 벗어나 사람 숭배에 빠져 있음을 지적하는 말씀입니다. 2장은 다바르(말씀)와 심판과 회복에 대한 선포입니다. 여호와의 날은 심판의 날이자 또한 회복의 날입니다. 동전의 앞면과 뒷면처럼 하나님께서는 심판과 회복을 같이 보십니다.

이 말씀은 "너희가 사람을 의지하고, 돈을 의지하고, 거짓 예배를 드리고, 배은망덕해서 이와 같은 참상이 일어난 것이 아니냐? 하나님을 섬기지 않고 신명기 율법을 따르지 않고 너희식대로 살았기 때문에 이런 일이 일어난 것이니 회개해라."는 말입니다. 참상의 원인을 말씀하시는 것입니다.

그런데 우리가 살아가다 보면 인간 숭배의 차원을 뛰어넘기가 너무나 어렵습니다. 왜냐하면 인간 숭배가 우선은 자기에게 도움이 되기 때문입니다. 숭배하는 사람보다 숭배받는 사람이 더 조심해야 합니다. 숭배받는 사람의 의식이 조금이라도 낮기 때문에 어떻게든 못하도록 막아야 한다는 말입니다.

이사야 1장부터 하존(계시) - 다바르(말씀)의 순서로 이어집니다. 남자가 없는 이유는 전쟁에서 다 죽었기 때문이고, 여자들은 타락한 남자들이 벌어 주는 돈으로 사치해서 망했습니다. 창녀처럼 살면서 온갖 장식품을 몸에 둘렀다고 합니다. 여자들의 사치품이 많고 적고를 떠나 타락했다는 말입니다. 남자는 칼에 죽고 여자는 포로로 잡혀가는데, 참상이 어떤가 하면 여자들을 속옷만 입혀서 줄줄이 묶어 끌고 갑니다. 남자도 완전히 벗겨서 '나는 인간이 아니라 짐승이다.'라는 사고가 들어가게 만듭니다. 여자들이 남자들을 깨우쳐 주지 못하고 사치하고 타락했으니 여자들이 앞에서 포로로 끌려갑니다. 그 후에는 이방인의 첩이 되고 폭행을 당하는 불행한 일이 말도 못 하게 일어납니다.

이사야가 말하길 그 원인이 어디에 있느냐는 것입니다. 그렇게 살아서 되느냐고 분통을 터뜨리는 내용이 4장까지 이어집니다. 3장에서는 총체적 부정의 내용을 반복해서 설명합니다. 왕과 고관대작부터 부정부패를 일삼고, 그렇게 쌓은 부로 사치하고 여자들은 바알 신전의 창녀처럼 되었습니다. 하나님께서 그런 여자들의 정수리에 딱지가 생기게 하신다고 했는데, 그것은 문둥병자가 되게 했다는 말입니다. 또한 그 여자들이 잡혀갈 때 대머리가 숱한 머리털을 대신한다고 했습니다. 포로로 잡혀가면 머리카락을 잘리니 당연히 대머리가 되는데, 그러면 당시에 그 모습이 인간 같지 않고 짐승처럼 보입니다.

아름다워 보이려는 여성의 속성은 하나님께서 창조하신 것입니다. 다만 이사야서에서는 부패한 남자들의 돈을 가지고 사치하는 것을 문제 삼는 것입니다. 아모스서에서 "바산의 암소들아"라고 하는 것도 타락한 돈을 가지고 소 잡아먹고 살만 찐 여자들을 빗대어 꾸짖으신 것입니다.

의인이 받는 복

그러면 어떻게 해야 구원을 받습니까?

> 사 3:10-12 "너희는 의인에게 복이 있으리라 말하라 그들은 그들의 행위의 열매를 먹을 것임이요 ○ 악인에게는 화가 있으리니 이는 그의 손으로 행한 대로 그가 보응을 받을 것임이니라 ○ 내 백성을 학대하는 자는 아이요 다스리는 자는 여자들이라 내 백성이여 네 인도자들이 너를 유혹하여 네가 다닐 길을 어지럽히느니라"

이사야는 각 장마다 의인과 악인을 제시하는데 오늘은 3장과 관계있는 의인만 제시하겠습니다. 의인은 믿고 행한 것의 열매를 맺습니다. 악인도 행하지만 못된 행함을 하니 거기에 대한 보응을 받습니다. 이스라엘 민족을 하나님께서 선택하셨는데, 그들을 사랑으로 선택하셨으므로 그들이 죄짓는 만큼 벌주시며 고생시키고 회개하게 하신 후 돌려보내십니다.

믿는 사람이 고생하는 것은 정화할 것이 그만큼 많다는 것을 의미합니다. 개인이나 가정이나 시험받을 때 너무 기죽지 마십시오. 정화과정으

베뢰아 사람입니까

로써 하나님 백성으로 부름 받아서 그렇다고 생각해야 합니다.

코로나 시대의 구원의 길

창세기 18장을 보면 아브라함의 집에 세 사람이 왔는데 그중 한 분이 여호와 하나님입니다. 아브라함 집을 나서면서 소돔과 고모라가 얼마나 악한지 확인하고 불로 심판하려고 한다고 했습니다. 아브라함이 "하나님은 공도를 행한다고 하시는데 의인과 악인을 함께 죽이시렵니까?"라고 하자 의인이 있으면 멸하지 않겠다고 하셨습니다. 아브라함이 의인이 50명이 있으면 되느냐고 하니 그렇다고 하셨는데 50명이 없습니다. 당시 소돔과 고모라의 인구가 50만 명 정도인데 50명이 안 되니 45명으로 줄이고, 계속 다섯 명씩 여섯 번을 줄이고 나니 10명이 되었습니다. 10명만 있어도 소돔과 고모라를 멸망시키지 않으실 것이냐고 하니 그렇다고 합니다. 그런데 10명도 안 되니까 더 이상 아브라함도 어쩔 수가 없습니다. 결국 소돔과 고모라가 멸망했습니다.

제가 이 이야기를 하는 이유는 이 시대에 믿음으로 사는 의인이 되고 진실한 사람이 되어 하나님 앞에 정의로운 사람으로 서야 한다는 것입니다. 50만 명인 소돔과 고모라가 멸망하지 않는데 의인 10명이 필요하다면, 5천 만 명의 한국에는 몇 명이 의인이 있어야 할까요?

이사야는 의인과 악인에 대해 그 행위의 열매를 먹고 그 행위에 따라서 보응 받는다고 했습니다. 1장에는 공의와 공평을 강조했는데 3장에서는 믿고 행하는 것을 말하고 있습니다. 지역사회와 이웃을 위해 아무것도 안 하면서 믿음이니 사랑이니 말만 하면 되는 줄 압니다만 그런 이중적인 믿음은 소용이 없습니다. 믿고 행해야 합니다.

의인도 행위를 하고 악인도 행위를 하는데, 의인은 열매를 먹고 악인은 행위에 대해 심판을 받습니다. 이러한 시대에 우리는 믿고 행하는 행위의 열매를 먹는 의인이 되어야겠습니까, 아니면 못된 짓하고 이중적인 악인이 되어야겠습니까? 이와 같은 깊은 도전을 우리는 받고 있습니다.

맺는말

이사야서 말씀을 통해 은혜를 받고 코로나 시대에 의인이 되어야 합니다. 하나님 말씀을 사랑하고 우리의 중심에 예수 그리스도가 있어야 합니다. 신앙은 예수 그리스도와 말씀만이 답입니다. 2,700년 전에 사람 믿다가 망하고, 하나님 말씀 외의 것을 믿다가 망한 유대인들을 교훈 삼아서 어렵지만 믿고 행해서 의로운 열매를 맺어야 합니다. 예수님께서 "너희는 먼저 그의 나라와 그의 의를 구하라."고 말씀하셨습니다. 이 말씀 안에서 우리는 첫째, 하나님 나라를 위해 교회 공동체에 모이고, 둘째, 스스로에게 의로우며 가족이나 가까운 사람에게 정의로운 사람이 되어야 합니다. 이것이 믿는 사람의 경건의 핵심입니다.

40

✦ ✦

포도원 비유
- 이사야서 강해 12

2021. 1. 31.

이사야 5:1-30

"나는 내가 사랑하는 자를 위하여 노래하되 내가 사랑하는 자의 포도원을 노래하리라 내가 사랑하는 자에게 포도원이 있음이여 심히 기름진 산에로다 ○ 땅을 파서 돌을 제하고 극상품 포도나무를 심었도다 그 중에 망대를 세웠고 또 그 안에 술틀을 팠도다 좋은 포도 맺기를 바랐더니 들포도를 맺었도다 ○ 예루살렘 주민과 유다 사람들아 구하노니 이제 나와 내 포도원 사이에서 사리를 판단하라 ○ 내가 내 포도원을 위하여 행한 것 외에 무엇을 더할 것이 있으랴 내가 좋은 포도 맺기를 기다렸거늘 들포도를 맺음은 어찌 됨인고 ○ 이제 내가 내 포도원에 어떻게 행할지를 너희에게 이르리라 내가 그 울타리를 걷어 먹힘을 당하게 하며 그 담을 헐어 짓밟히게 할 것이요 ○ 내가 그것을 황폐하게 하리니 다시는 가지를 자름이나 북을 돋우지 못하여 찔레와 가시가 날 것이며 내가 또 구름에게 명하여 그 위에 비를 내리지 못하게 하리라 하셨으니 ○ 무릇 만군의 여호와의 포도원은 이스라엘 족속이요 그가 기뻐하시는 나무는 유다 사람이라 그들에게 정의를 바라셨더니 도리어 포학이요 그들에게 공의를 바라셨더니 도리어 부르짖음이었도다 ○ 가옥에 가옥을 이으며 전토에 전토를 더하여 빈 틈이 없도록 하고 이 땅 가운데에서 홀로 거주하려 하는 자들은 화 있을진저 ○ 만군의 여호와께서 내 귀에 말씀하시되 정녕히 허다한 가옥이 황폐하리니 크고 아름다울지라도 거주할 자가 없을 것이며 ○ 열흘 갈이 포도원에 겨우 포도주 한 바트가 나겠고 한 호멜의 종자를 뿌려도 간신히 한 에바가 나리라 하시도다 ○ 아침에 일찍이 일어나 독주를 마시며 밤이 깊도록 포도주에 취하는 자들은 화 있을진저 ○ 그들이 연회에는 수금과 비파와 소고와 피리와 포도주를 갖추었어도 여호와께서 행하시는 일에 관심을 두지 아니하며 그의 손으로 하신 일을 보지 아니하는도다 ○ 그러므로 내 백성이 무지함으로 말미암아 사로잡힐 것이요 그들의 귀한 자는 굶주릴 것이요 무리는 목마를 것이라 ○ 그러므로 스올이 욕심을 크게 내어 한량 없이 그 입을 벌린즉 그들의 호화로움과 그들의 많은 무리와 그들의 떠드는 것과 그 중에서 즐거워하는 자가 거기에 빠질 것이라 ○ 여느 사람은 구푸리고 존귀한 자는 낮아지고 오만한 자의 눈도 낮아질 것이로되 ○ 오직 만군의 여호와는 정의로우시므로 높임을 받으시며 거룩하신 하나님은 공의로우시므로 거룩하다 일컬음을 받으시리니 ○ 그 때에는 어린 양들이 자기 초장에 있는 것 같이 풀을 먹을 것이요 유리하는 자들이 부자의 버려진 밭에서 먹으리라 ○ 거짓으로 끈을 삼아 죄악을 끌며 수레 줄로 함 같이 죄악을 끄는 자는 화 있을진저 ○ 그들이 이르기를 그는 자기의 일을 속히 이루어 우리에게 보게 할 것이며 이스라엘의 거룩한 이는 자기의 계획을 속히 이루어 우리가 알게 할 것이라 하는도다 ○ 악을 선하다 하며 선을 악하다 하며 흑암으로 광명을 삼으며 광명으로 흑암을 삼으며 쓴 것으로 단 것을 삼으며 단 것으로 쓴 것을 삼는 자들은 화 있을진저 ○ 스스로 지혜롭다 하며 스스로 명철하다 하는 자들은 화 있을진저 ○ 포도주를 마시기에 용감하며 독주를 잘 빚는 자들은 화 있을진저 ○ 그들은 뇌물로 말미암아 악인을 의롭다 하고 의인에게서 그 공의를 빼앗는도다 ○ 이로 말미암아 불꽃이 그루터기를 삼킴 같이, 마른 풀이 불 속에 떨어짐 같이 그들의 뿌리가 썩겠고 꽃이 티끌처럼 날리리니 그들이 만군의 여호와의 율법을 버리며 이스라엘의 거룩하신 이의 말씀을 멸시하였음이라 ○ 그러므로 여호와께서 자기 백성에게 노를 발하시고 그들 위에 손을 들어 그들을 치신지라 산들은 진동하며 그들의 시체는 거리 가운데에 분토 같이 되었도다 그럴지라도 그의 노가 돌아서지 아니하였고 그의 손이 여전히 펼쳐져 있느니라 ○ 또 그가 기치를 세우시고 먼 나라들을 불러 땅 끝에서부터 자기에게로 오게 하실 것이라 보라 그들이 빨리 달려올 것이로되 ○ 그 중에 곤핍하여 넘어지는 자도 없을 것이며 조는 자나 자는 자도 없을 것이며 그들의 허리띠는 풀리지 아니하며 그들의 들메끈은 끊어지지 아니하며 ㅇ 그들의 화살은 날카롭고 모든 활은 당겨졌으며 그들의 말굽은 부싯돌 같고 병거 바퀴는 회오리바람 같을 것이며 ㅇ 그들의 부르짖음은 암사자 같을 것이요 그들의 소리지름은 어린 사자들과 같을 것이라 그들이 부르짖으며 먹이를 움켜 가져가 버려도 건질 자가 없으리로다 ㅇ 그 날에 그들이 바다 물결 소리 같이 백성을 향하여 부르짖으리니 사람이 그 땅을 바라보면 흑암과 고난이 있고 빛은 구름에 가려서 어두우리라"

전염병과 인류 역사

금년에 코로나가 전 세계적으로 유행하면서 1억이나 되는 사람이 감염되었다는 뉴스를 보았습니다. 1, 2차 세계 대전에서 죽은 사람보다 더 숫자가 많습니다. 과학과 기술 문명이 이렇게 발달했는데도 속수무책입니다. 하나님께서 창조하신 세계의 질서와 경계가 있는데 인간의 지식으로 그 질서를 무너뜨리니 이와 같은 비극을 당하는 것이 아닌가 합니다.

14세기부터 17세기 사이에 페스트가 유럽 전역에 유행한 적이 있습니다. 그로 인해 유럽 인구의 3분의 1이 죽었습니다. 당시의 사람들은 바이러스를 몰랐기 때문에 어떻게 하면 좋을지를 알 수 없어서 약초를 먹고 피를 뽑다가 병만 악화되었습니다. 그 당시는 천주교가 지배한 시대여서 "모여서 기도로 이 병을 퇴치하자."고 하였습니다. 그래서 요즘 식으로 말하면 대면 기도회를 했는데 기도회에 참석한 사람이 다 죽었습니다. 그러자 이번에는 하늘의 벌이니까 벌을 받고 용서를 빌자는 의미에서 큰 광장에서 미사를 지낸 후 남자들이 상의를 벗고 피가 나도록 채찍으로 맞았는데, 며칠 후에 그 사람들도 다 죽었습니다. 결국 기도해도 안 되고 모여서 예배를 드려도 안 되니 천주교가 무너졌습니다.

그런데 당시에 가장 안전하고 건강한 곳이 유대인 촌이었습니다. 유대인들은 율법에 의해 항상 손을 깨끗하게 씻고 음식도 율법에 따라 조리한 음식만 먹었기 때문에 위생상태가 좋았습니다. 그래서 유대인들에게는 거의 사망자가 나오지 않았는데, 페스트의 재앙 가운데서 유대인만 살아남으니 유대인들을 범죄자로 몰아서 학살하는 사건이 발생했습니다. 당시 정부가 유대인 고리대금업자에게 돈을 많이 빌렸는데 갚을 길이 없어서 유대인들 학살에 깊이 개입했다는 말도 있습니다. 페스트를 계기로 중세천년이 끝나고 르네상스와 종교개혁이 시작되었습니다.

팬데믹 시대에 하나님의 백성으로서 말씀을 사랑하고 통달하여 의인이 되자고 말씀드렸습니다. 그리하여 코로나 후의 새로운 시대를 적극적으로 희망차게 살아가자는 의미에서 이사야 설교를 시작했습니다. 이번 시간은 5장입니다.

이사야의 비유

5장에서는 이사야가 갑자기 포도원 비유를 합니다. 이사야는 당시 최고의 문학가였으므로 수사학을 많이 사용했는데, 특히 비유법이 놀랍습니다. 아주 아름다운 포도원을 가꾸었다고 합니다. 포도원을 가꾸려면 땅을 파고 포도나무를 심고 싹이 나는 기간까지 1년이 걸립니다. 땅을 개

간해서 극상품 포도나무를 심고 망대도 짓고 포도주를 짜는 술틀도 만들었습니다. 그렇게 정성을 들여서 농사를 짓고 좋은 포도가 열리기를 기대했는데 그만 들포도를 맺었으니 세상에 이런 일이 있을 수 있느냐고 합니다. 1-4장의 전체 내용을 비유로 요약한 것입니다.

이 비유에서 아름다운 포도원을 만든 사람은 하나님이시고 이스라엘과 유다는 포도나무입니다. 하나님께서 사랑으로 심으셨는데 들포도가 열렸다는 말입니다. 들포도는 보기도 흉하고 맛이 없습니다. 이스라엘과 유다가 들포도가 되었으니 세상에 이런 일이 어디 있냐고 탄식합니다.

이 비유 말씀은 주제가 앞뒤에 있는 쌍괄식입니다. 8절부터 25절까지 들포도가 맺힌 원인을 6가지로 설명하고 있으며, 26절부터는 바벨론과의 전쟁 속에 휘말릴 것을 예언합니다.

> 1절 "나는 내가 사랑하는 자를 위하여 노래하되 내가 사랑하는 자의 포도원을 노래하리라 내가 사랑하는 자에게 포도원이 있음이여 심히 기름진 산에로다"

"사랑"이 3번 나옵니다. 히브리 원어로는 '야디드'입니다. 정말 사랑해서 포도원을 가꾸었는데 들포도를 맺어 버렸다는 것입니다. 하나님과 유다 민족의 엇박자를 이렇게도 적나라하게 설명합니다.

> 7절 "무릇 만군의 여호와의 포도원은 이스라엘 족속이요 그가 기뻐하시는 나무는 유다 사람이라 그들에게 정의를 바라셨더니 도리어 포학이요 그들에게 공의를 바라셨더니 도리어

베뢰아 사람입니까

부르짖음이었도다"

히브리어로 정의는 '미슈파트', 포학은 '미슈파흐'입니다. 미슈파트를 바랐는데 미슈파흐 하더라는 것입니다. 이것은 강조를 위한 일종의 언어유희입니다. 그리고 공의는 히브리어로 '쩨데카', 부르짖음은 '쩨카'입니다. 이 역시 강조하시기 위해 이런 방법을 사용하셨습니다. "미슈파트를 바랐더니 미슈파흐, 쩨데카를 바랐더니 쩨카구나."라고 말씀하시는 것입니다. 히브리 원어를 읽으면 재미가 납니다. 하나님께서 블랙 유머 같은 언어유회를 많이 사용하십니다. 포도원 비유의 1-7절을 제1문단으로 봅니다.

그들은 왜 들포도가 되었나?

8-9절 "가옥에 가옥을 이으며 전토에 전토를 더하여 빈 틈이 없도록 하고 이 땅 가운데에서 홀로 거주하려 하는 자들은 화 있을진저 ○ 만군의 여호와께서 내 귀에 말씀하시되 정녕히 허다한 가옥이 황폐하리니 크고 아름다울지라도 거주할 자가 없을 것이며"

공의와 정의를 버리고 포학을 일삼는 말종 같은 인간들을 하나님께서 가만히 두시겠냐고 이사야 선지자가 말합니다.

10-a절 "열흘 갈이 포도원에 겨우 포도주 한 바트가 나겠고"

열흘 갈이란 소 기준으로 열흘 동안 갈 수 있는 땅의 넓이를 말하는데, 킹 제임스 성경 번역에서는 열흘 갈이를 10에이커로 번역하였습니다. 10 에이커면 약 12,000평의 면적입니다. 거기에 포도나무를 심었는데 포도 주가 한 바트 날 것이라고 합니다. 한 바트는 22리터 정도의 양으로 그 큰 땅에 한 통 정도의 포도주도 얻을 수 없다는 말입니다.

10-b절 "한 호멜의 종자를 뿌려도 간신히 한 에바가 나리라 하시도다"

한 호멜은 220리터의 부피를 말하며, 에바는 호멜의 1/10의 부피 단위 입니다. 한 호멜인 220리터의 씨를 뿌려서 한 에바인 22리터의 수확을 얻 으니 1/10 정도밖에 수확을 하지 못했다는 말입니다. 말하자면 한 바구니 의 씨앗을 뿌렸는데 작은 컵 하나만큼의 열매만 맺었다는 말입니다. 하 나님의 심판으로 땅이 저주를 받은 것입니다.

11-17절 "아침에 일찍이 일어나 독주를 마시며 밤이 깊도록 포도주에 취하는 자들은 화 있을진저 ○ 그들이 연회에는 수 금과 비파와 소고와 피리와 포도주를 갖추었어도 여호와께서 행하시는 일에 관심을 두지 아니하며 그의 손으로 하신 일을 보지 아니하는도다 ○ 그러므로 내 백성이 무지함으로 말미 암아 사로잡힐 것이요 그들의 귀한 자는 굶주릴 것이요 무리 는 목마를 것이라 ○ 그러므로 스올이 욕심을 크게 내어 한량 없이 그 입을 벌린즉 그들의 호화로움과 그들의 많은 무리와

베뢰아 사람입니까

그들의 떠드는 것과 그 중에서 즐거워하는 자가 거기에 빠질
것이라 ○ 여느 사람은 구푸리고 존귀한 자는 낮아지고 오만
한 자의 눈도 낮아질 것이로되 ○ 오직 만군의 여호와는 정의
로우시므로 높임을 받으시며 거룩하신 하나님은 공의로우시
므로 거룩하다 일컬음을 받으시리니 ○ 그 때에는 어린 양들
이 자기 초장에 있는 것 같이 풀을 먹을 것이요 유리하는 자
들이 부자의 버려진 밭에서 먹으리라"

그들이 들포도를 맺은 원인으로 이사야는 유대 나라와 이스라엘 지도
층의 타락을 말했습니다. 1장에서도 은혜 배반하고 거짓 예배를 드리는
악과 함께 종합적인 부패를 이야기했는데, 5장에서 종합적인 부패를 다
시 끌어오며 그들의 썩어빠진 삶을 지적합니다.

18-23절 "거짓으로 끈을 삼아 죄악을 끌며 수레 줄로 함 같이
죄악을 끄는 자는 화 있을진저 ○ 그들이 이르기를 그는 자기
의 일을 속속히 이루어 우리에게 보게 할 것이며 이스라엘의
거룩한 이는 자기의 계획을 속히 이루어 우리가 알게 할 것이
라 하는도다 ○ 악을 선하다 하며 선을 악하다 하며 흑암으로
광명을 삼으며 광명으로 흑암을 삼으며 쓴 것으로 단 것을 삼
으며 단 것으로 쓴 것을 삼는 자들은 화 있을진저 ○ 스스로
지혜롭다 하며 스스로 명철하다 하는 자들은 화 있을진저 ○
포도주를 마시기에 용감하며 독주를 잘 빚는 자들은 화 있을
진저 ○ 그들은 뇌물로 말미암아 악인을 의롭다 하고 의인에

게서 그 공의를 빼앗는도다"

아까는 지도층들이 전부 들포도가 되었음을 고발하고 이번에는 사회 일반인들의 타락에 대해서 말합니다. 악을 선하다 하고 선을 악하다 하고, 돈만 있으면 된다고 합니다. 사회 자체가 이상하게 되었습니다. 사랑해서 선택한 민족이 풍요로워지니까 모두 이 모양 이 꼴로 썩어빠져서 들포도가 되었습니다. 우리도 이 말씀 앞에서 하나님이 우리를 사랑해서 은혜 주시고 불렀는데 혹시 들포도가 된 것은 아닌지 돌아봐야 합니다.

25-30절 "그러므로 여호와께서 자기 백성에게 노를 발하시고 그들 위에 손을 들어 그들을 치신지라 산들은 진동하며 그들의 시체는 거리 가운데에 분토 같이 되었도다 그럴지라도 그의 노가 돌아서지 아니하였고 그의 손이 여전히 펼쳐져 있느니라 ○ 또 그가 기치를 세우시고 먼 나라들을 불러 땅 끝에서부터 자기에게로 오게 하실 것이라 보라 그들이 빨리 달려올 것이로되 ○ 그 중에 곤핍하여 넘어지는 자도 없을 것이며 조는 자나 자는 자도 없을 것이며 그들의 허리띠는 풀리지 아니하며 그들의 들메끈은 끊어지지 아니하며 ○ 그들의 화살은 날카롭고 모든 활은 당겨졌으며 그들의 말굽은 부싯돌 같고 병거 바퀴는 회오리바람 같을 것이며 ○ 그들의 부르짖음은 암사자 같을 것이요 그들의 소리지름은 어린 사자들과 같을 것이라 그들이 부르짖으며 먹이를 움켜 가져가 버려도 건질 자가 없으리로다 ○ 그 날에 그들이 바다 물결 소리 같이

백성을 향하여 부르짖으리니 사람이 그 땅을 바라보면 흑암
과 고난이 있고 빛은 구름에 가려서 어두우리라"

바벨론 제국의 침공에 대한 내용입니다. 하나님께서 그런 들포도를 그
냥 두지 않으십니다. 바벨론 제국을 불러들여서 심판하십니다.

이사야 4장

사 4:1-6 "그 날에 일곱 여자가 한 남자를 붙잡고 말하기를 우
리가 우리 떡을 먹으며 우리 옷을 입으리니 다만 당신의 이
름으로 우리를 부르게 하여 우리가 수치를 면하게 하라 하리
라 ○ 그 날에 여호와의 싹이 아름답고 영화로울 것이요 그 땅
의 소산은 이스라엘의 피난한 자를 위하여 영화롭고 아름다
울 것이며 ○ 시온에 남아 있는 자, 예루살렘에 머물러 있는
자 곧 예루살렘 안에 생존한 자 중 기록된 모든 사람은 거룩
하다 칭함을 얻으리니 ○ 이는 주께서 심판하는 영과 소멸하
는 영으로 시온의 딸들의 더러움을 씻기시며 예루살렘의 피
를 그 중에서 청결하게 하실 때가 됨이라 ○ 여호와께서 거하
시는 온 시온 산과 모든 집회 위에 낮이면 구름과 연기, 밤이
면 화염의 빛을 만드시고 그 모든 영광 위에 덮개를 두시며 ○
또 초막이 있어서 낮에는 더위를 피하는 그늘을 지으며 또 풍
우를 피하여 숨는 곳이 되리라"

이사야 4장 1절의 내용에 대해서는 지난 설교에서 말씀드렸고, 2절부터 나오는 '그날'은 은혜의 때를 말합니다. 새로운 시대가 오는데, 책에 기록된 남은 자들은 다 구원을 받을 것이라는 말입니다. 그들의 특징은 정의로우며 하나님의 말씀을 사랑하는 사람들입니다.

맺는말

5장은 유다와 포도원의 비유를 통해 이스라엘과 유다의 총체적인 부패를 말하고 있습니다. 극상품 포도나무를 심고, 망대도 세우고, 포도주 틀도 파서 세팅을 다 했는데, 그만 들포도가 나왔다는 것입니다. 그 이유로 첫째, 지도층들이 썩고 퇴폐했으며, 그다음으로 사회 전반적으로 모두가 타락했음을 말합니다. 그리고 25절부터는 심판으로 하나님께서 바벨론 제국을 불러들여서 초토화시킬 것이라고 말씀하십니다. 이사야 선지자는 다른 선지자들과 다르게 회개하지 말라고 합니다. 들포도인 너희들은 안 되겠으니 빨리 망하도록 회개하지 말고 잡혀가서 죽으라는 말입니다.

지금 우리가 코로나 시국에서 비대면으로 사니까 우울하고 슬픈 감정도 생깁니다. 이것을 코로나 블루라고 합니다. 뉴스에서 보니 시민들이 교회처럼 코로나가 많이 번지는 곳에 가서 달걀도 던지고 몸싸움도 일어난다고 하는데, 코로나가 오래 되니 폭력적이 됩니다. 이런 현상을 코로나 레드라고 합니다. 심리학자들이 말하길 코로나 블루로 힘들 때 팔을 가슴 앞에 두고 자신을 톡톡 두드리라고 합니다. 나비 포옹법입니다. 여러분도 거울을 보고 스스로 토닥토닥하십시오. 감사하고 찬송을 부르며 나비 포옹법을 합시다.

베뢰아 사람입니까

41

이사야의 소명
- 이사야서 강해 13

2021.2.21.

이사야 6:1-13

"웃시야 왕이 죽던 해에 내가 본즉 주께서 높이 들린 보좌에 앉으셨는데 그의 옷자락은 성전에 가득하였고 ○ 스랍들이 모시고 섰는데 각기 여섯 날개가 있어 그 둘로는 자기의 얼굴을 가리었고 그 둘로는 자기의 발을 가리었고 그 둘로는 날며 ○ 서로 불러 이르되 거룩하다 거룩하다 거룩하다 만군의 여호와여 그의 영광이 온 땅에 충만하도다 하더라 ○ 이같이 화답하는 자의 소리로 말미암아 문지방의 터가 요동하며 성전에 연기가 충만한지라 ○ 그 때에 내가 말하되 화로다 나여 망하게 되었도다 나는 입술이 부정한 사람이요 나는 입술이 부정한 백성 중에 거주하면서 만군의 여호와이신 왕을 뵈었음이로다 하였더라 ○ 그 때에 그 스랍 중의 하나가 부젓가락으로 제단에서 집은 바 핀 숯을 손에 가지고 내게로 날아와서 ○ 그것을 내 입술에 대며 이르되 보라 이것이 네 입에 닿았으니

네 악이 제하여졌고 네 죄가 사하여졌느니라 하더라 ○ 내가
또 주의 목소리를 들으니 주께서 이르시되 내가 누구를 보내
며 누가 우리를 위하여 갈꼬 하시니 그 때에 내가 이르되 내
가 여기 있나이다 나를 보내소서 하였더니 ○ 여호와께서 이
르시되 가서 이 백성에게 이르기를 너희가 듣기는 들어도 깨
닫지 못할 것이요 보기는 보아도 알지 못하리라 하여 ○ 이 백
성의 마음을 둔하게 하며 그들의 귀가 막히고 그들의 눈이 감
기게 하라 염려하건대 그들이 눈으로 보고 귀로 듣고 마음으
로 깨닫고 다시 돌아와 고침을 받을까 하노라 하시기로 ○ 내
가 이르되 주여 어느 때까지니이까 하였더니 주께서 대답하
시되 성읍들은 황폐하여 주민이 없으며 가옥들에는 사람이
없고 이 토지는 황폐하게 되며 ○ 여호와께서 사람들을 멀리
옮기셔서 이 땅 가운데에 황폐한 곳이 많을 때까지니라 ○ 그
중에 십분의 일이 아직 남아 있을지라도 이것도 황폐하게 될
것이나 밤나무와 상수리나무가 베임을 당하여도 그 그루터기
는 남아 있는 것 같이 거룩한 씨가 이 땅의 그루터기니라 하
시더라"

바이든의 새옹지마

설교에 앞서 아이스 브레이킹으로 이야기를 하나 하겠습니다. 미국의
46대 대통령 바이든 대통령에 대한 이야기입니다. 미국에서 지금 제일
행복한 사람이 누구인지 물으면 모두 바이든 대통령이라고 말합니다. 나

베뢰아 사람입니까

이가 그렇게 많음에도 대통령까지 되었으니 더 바랄게 뭐가 있느냐고 합니다. 하지만 바이든은 가장 불행한 사람이기도 합니다. 그는 30대에 상원의원에 당선되어 일찌감치 성공의 가도를 달렸습니다. 그런데 당선된 지 한 달쯤 되어 부인과 세 자녀가 차를 타고 가다가 덤프트럭과 교통사고가 나서 부인과 딸이 죽었습니다. 30대에 부인과 자식을 잃었으니 그보다 불행한 일이 어디 있겠습니까? 그리고 바이든 본인도 40대에 뇌동맥 파열로 두 번의 수술을 받으며 사경을 헤맸는데, 뇌동맥 파열 외에도 폐색전증으로 죽을 고비를 넘기며 살았습니다. 그 이후에도 큰 아들이 뇌종양으로 죽는 슬픈 일을 겪었습니다. 그래서 가장 불행한 사람도 이 사람이고, 가장 행복한 사람도 이 사람이라고 하는 것입니다.

이 세상에서 계속 불행한 사람도 없고 계속 행복한 사람도 없습니다. 행복이 미리 오면 뒤에 불행이 오고, 불행이 미리 오면 행복이 뒤에 옵니다. 이것을 동양에서는 '새옹지마'라고 합니다.

웃시야를 존경한 이사야

이번 시간에도 이사야서 설교를 이어 가겠습니다. 오늘은 6장입니다.

> 사 6:1 "웃시야 왕이 죽던 해에 내가 본즉 주께서 높이 들린 보좌에 앉으셨는데 그의 옷자락은 성전에 가득하였고"

웃시야는 유대 나라 22명의 왕 중에 최고로 치는 두 사람 중의 한 사람입니다. 우리는 다윗과 솔로몬 정도만 알지만 실제 유다 역사에서는 다윗 왕과 웃시야 왕을 최고로 칩니다. 웃시야 왕에 대해서 알려면 역대하 26장을 참고해야 합니다.

> 대하 26:1-3 "유다 온 백성이 나이가 십육 세 된 웃시야를 세워 그의 아버지 아마샤를 대신하여 왕으로 삼으니 ○ 아마샤 왕이 그의 열조들의 묘실에 누운 후에 웃시야가 엘롯을 건축하여 유다에 돌렸더라 ○ 웃시야가 왕위에 오를 때에 나이가 십육 세라 예루살렘에서 오십이 년 간 다스리니라 그의 어머니의 이름은 여골리아요 예루살렘 사람이더라"

> 대하 26:16-17 "그가 강성하여지매 그의 마음이 교만하여 악을 행하여 그의 하나님 여호와께 범죄하되 곧 여호와의 성전에 들어가서 향단에 분향하려 한지라 ○ 제사장 아사랴가 여호와의 용맹한 제사장 팔십 명을 데리고 그의 뒤를 따라 들어가서"

웃시야라는 이름은 '웃시'는 능력, '야'는 야훼로, '여호와는 능력이시다' 라는 뜻입니다. 열왕기와 역대기 두 곳에 웃시야에 대한 기록이 있는데 역대기 기록이 더 자세합니다. 웃시야 왕 때 농사와 무역도 잘되고 주위 나라들을 정복해서 부국강병을 이루었습니다. 그런데 다 이루고 나니 제사장이 되어야겠다는 오만한 마음이 들었습니다. 이것을 성경에서는 "강성하여지매 그의 마음이 교만하여 악을 행하여"라고 기록했습니다. 인간이 잘되고 나면 꼭 이와 같이 됩니다.

베뢰아 사람입니까

자기 분수를 알아야 하는데 웃시야가 제사장권까지 침해해서 분향단에 들어가자, 당시 대제사장 아사랴가 와서 신명기 율법을 통해 아론의 자손인 제사장 외에는 분향할 수 없다고 왕을 말렸습니다. 그러나 웃시야가 화를 내며 막무가내로 분향하다가 이마에 나병이 생겼습니다. 이로 인해 웃시야는 7년간 유폐생활을 했습니다. 그리고 아들 요담을 왕으로 세워서 뒤에서 대리청정을 하다가 나병으로 서서히 죽어갔습니다.

원래 이사야는 웃시야에 대해 '그는 메시아 같은 사람이다. 다윗 이후에 이렇게 부국강병을 이룰 수 있는 사람은 이 사람뿐이다.'라고 기대하며 존경했습니다. 이사야는 웃시야의 사촌 동생입니다. 형님을 최고라고 생각하며 존경했는데 나병에 걸려서 불행하게 죽어 버리니 이사야가 큰 쇼크를 받았습니다. 이사야 6장 1절의 "웃시야 왕이 죽던 해에"의 비하인드 스토리가 이러합니다. 이사야의 마음에 이제는 유다에 희망이 없다고 생각하며 성전에서 기도를 했는데, 그때 하나님 영광을 보고 부르심을 받았습니다.

이사야 소명의 특징

사 6:2 "스랍들이 모시고 섰는데 각기 여섯 날개가 있어 그 둘로는 자기의 얼굴을 가리었고 그 둘로는 자기의 발을 가리었고 그 둘로는 날며"

이사야가 성전에 가서 기도를 했는데 영안이 번쩍 열렸습니다. 하나님의 임재와 나타나심은 현실이 아니고 다른 차원입니다. 다른 차원은 영안이 열려야 보입니다. 전에는 안 보였는데 성전에 갔을 때 이사야의 영안이 열렸습니다. 이스라엘의 만군의 여호와가 참 왕으로 보인 것입니다. '내가 웃시야 왕을 깊이 생각하다가 형님만 왕인 줄 알았는데 참다운 왕은 하나님이시구나.' 하고 영안을 뜨고 그 영광을 보았다는 말입니다.

선지자들이 소명을 받는 것은 대개 1장에 나옵니다. 그러나 이사야가 부르심을 받는 장면은 6장에 나옵니다. 그 이유가 무엇일까요? 왜 이사야는 6장에 가서 자기가 소명을 받은 이야기를 할까요?

> 렘 1:1-3 "베냐민 땅 아나돗의 제사장들 중 힐기야의 아들 예레미야의 말이라 ○ 아몬의 아들 유다 왕 요시야가 다스린 지 십삼 년에 여호와의 말씀이 예레미야에게 임하였고 ○ 요시야의 아들 유다의 왕 여호야김 시대부터 요시야의 아들 유다의 왕 시드기야의 십일년 말까지 곧 오월에 예루살렘이 사로잡혀 가기까지 임하니라"

예레미야가 하나님의 부르심을 받고 계시의 징표로 살구나무와 북쪽에서 기울어진 솥을 보는 장면이 예레미야 1장에 나옵니다.

> 겔 1:1 "서른째 해 넷째 달 초닷새에 내가 그발 강 가 사로잡힌 자 중에 있을 때에 하늘이 열리며 하나님의 모습이 내게 보이니"

에스겔도 그발 강가, 즉 유프라테스 강의 지류에 섰는데 여호와의 영광이 우주선 같은 모습으로 임하며 에스겔을 부르셨습니다. 이 내용도 1장에 있습니다. 그래서 선지자가 하나님께 소명을 받는 소명장은 대개 1장입니다. 그런데 이사야는 강조를 위해 순서를 바꾸어 놓았습니다. 이를 도치법이라고 합니다.

이사야가 하나님의 영광된 모습을 육안으로 보고 나니까 귀가 열려서 하나님의 영광된 노래가 들렸습니다. 영적으로 영안이 열려야 귀가 열리고, 귀가 열려야 말을 합니다. 그다음에 마음이 밝아져서 자신의 죄가 깨달아지고 소명을 받을 준비가 됩니다. 이사야 6장은 이사야가 하나님을 본 후에 이와 같은 일을 체험하는 내용이 기록되어 있습니다.

눈, 귀, 입술의 정화

> 사 6:3-4 "서로 불러 이르되 거룩하다 거룩하다 거룩하다 만군의 여호와여 그의 영광이 온 땅에 충만하도다 하더라 ○ 이같이 화답하는 자의 소리로 말미암아 문지방의 터가 요동하며 성전에 연기가 충만한지라 ○ 그 때에 내가 말하되 화로다 나여 망하게 되었도다 나는 입술이 부정한 사람이요 나는 입술이 부정한 백성 중에 거주하면서 만군의 여호와이신 왕을 뵈었음이로다 하였더라"

이사야의 영안이 열려서 하나님의 능력의 모습을 보았습니다. 하나님을 찬양한 스랍도 눈을 가렸습니다. 하나님의 영광을 볼 수 없습니다. 그리고 부정한 발을 가렸습니다. 그리고 날면서 "카도시 카도시 카도시(거룩하다 거룩하다 거룩하다) 만군의 여호와여 그 영광이 온 땅에 충만하다"라고 찬양합니다.

이사야는 웃시야 왕이 죽었으니 하나님의 섭리가 어디 있을까 생각했는데 스랍들이 날면서 하나님의 영광이 온 땅에 충만하다고 합니다. 그 영광의 찬양이 귀로 들렸습니다. 그다음에 자기가 죄인임을 알았습니다. 영광을 보는 순서가 그렇습니다. 눈으로 보고 귀로 듣고 자기가 죄인임을 알고 회개합니다. 영광을 보지 못하면 자기가 죄인인지 모릅니다. 항상 자기가 잘났습니다. 이사야는 하나님의 종이니까 종은 주인의 영광을 위해 살아야 하는데, 하나님의 영광을 체험하지 못하고 말씀을 모르면 항상 자기 자랑만 합니다. 하나님의 종에게는 하나님이 주인이시며 말씀이 핵심입니다. 이것을 잘 알고 있어야 합니다.

> 사 6:5-7 "그 때에 내가 말하되 화로다 나여 망하게 되었도다 나는 입술이 부정한 사람이요 나는 입술이 부정한 백성 중에 거주하면서 만군의 여호와이신 왕을 뵈었음이로다 하였더라 ○ 그 때에 그 스랍 중의 하나가 부젓가락으로 제단에서 집은 바 핀 숯을 손에 가지고 내게로 날아와서 ○ 그것을 내 입술에 대며 이르되 보라 이것이 네 입에 닿았으니 네 악이 제하여졌고 네 죄가 사하여졌느니라 하더라"

이사야의 말이 내가 '입술이' 부정한 사람이라고 합니다. 이사야도 육적으로 말을 많이 했고 똑똑한 사람입니다. 말을 잘하면 해야 할 말과 안 해야 할 말이 구분이 안 됩니다. 오버합니다. 비판과 비난을 구분하지 못하고, 긍정 마인드로 남을 인정하는 것과 아첨을 구분하지 못합니다.

"나여 망하게 되었도다"라는 말씀은 새번역에 의하면 "만군의 여호와를 뵈었으니 내가 이제 죽었구나"입니다. 보좌 옆에 눈을 가리고 있는 스랍들이 인간 세계에 내려오면 천사입니다. 스랍 중의 하나가 타고 있는 거룩한 불에 가서 숯을 집어 이사야의 입에 대며 이제 네 죄가 사해졌다고 했습니다. 입의 죄를 사함 받고부터 이사야는 하나님의 말씀만 전하고 자기의 인간적인 말을 하지 않습니다. 하나님께 부름 받으면 그의 주인은 하나님입니다. 그런데 많은 사람이 부름 받지 않고 목회자가 되고 설교를 하니 전부 자기 자랑만 합니다. 말씀을 가르치지 않고 말을 합니다.

소명의 목적

이사야가 자기가 죄인임을 알고 회개했습니다. 영적인 눈이 밝아지고 귀가 밝아지고 입이 정화되었습니다. 그리고 사명을 받는데, 이제 하나님께서 이사야를 부른 목적이 나옵니다. 하나님은 사람이 소명을 구한다고 해서 주시지 않습니다. 하나님께서 직접 선택하십니다. 하나님은 우리의 시공에 있지 않습니다. 그분은 무한차원에 계십니다.

> 사 6:8-10 "내가 또 주의 목소리를 들으니 주께서 이르시되 내가 누구를 보내며 누가 우리를 위하여 갈꼬 하시니 그 때에 내가 이르되 내가 여기 있나이다 나를 보내소서 하였더니 ○ 여호와께서 이르시되 가서 이 백성에게 이르기를 너희가 듣기는 들어도 깨닫지 못할 것이요 보기는 보아도 알지 못하리라 하여 ○ 이 백성의 마음을 둔하게 하며 그들의 귀가 막히고

그들의 눈이 감기게 하라 염려하건대 그들이 눈으로 보고 귀로 듣고 마음으로 깨닫고 다시 돌아와 고침을 받을까 하노라 하시기로"

이 말씀은 상당히 난해한 내용입니다. 모든 선지자의 사명은 백성을 회개시키고 정신 차리게 하는 것입니다. 그런데 이사야는 그 반대입니다. "못 깨닫게 해라. 이제까지 그만큼 말씀을 전하고 선지자를 보내도 안 되니 이제 끝났다. 이 백성은 안 된다는 것을 전하라." 하나님의 말씀을 전해도 사람들이 하나도 듣지 않습니다. 예수님이 이 땅에 오셨을 때도 들을 귀가 있는 사람 외에는 말씀을 듣지 않았습니다. 오히려 예수님을 바알세불 들렸다 하고 사마리아 사람이라고 비난했습니다. 영적으로 타락하면 말씀을 들어도 무슨 말인지 모릅니다. 그러면서 하나님 말씀 외에 서로 잘난 이야기만 하고 남 흉보는 이야기에는 귀가 쫑긋하니 아주 잘 듣습니다.

회개하지 않도록 선포하라는 것은 '골든타임'을 놓쳤다는 뜻입니다. 여러 번 이야기를 해도 안 되니까 이제 너희는 다 심판받는다고 전하라는 것입니다. 이사야가 생각할 때 큰일입니다. "무슨 이런 사명이 다 있습니까? 끝났다는 선포를 하라니요? 언제까지 심판을 받아야 합니까?"라고 하자, "못된 것들이 바벨론에 포로로 다 잡혀갈 때까지다. 몽땅 다 잡혀가도록 해라."고 하십니다. 그런데 그루터기는 남겨두신다고 하십니다. '남은 자'가 있을 것이고 구원받을 자를 숨겨 두신다고 하십니다.

베뢰아 사람입니까

구약의 원형 사건

우리도 살면서 누가 말을 너무 안 들으면 "네 맘대로 해라."고 하지 않습니까? 하나님께서 이사야를 통해 이스라엘 백성들에게 "너희 마음대로 해라."고 말씀하시는 것입니다. 이와 관련된 원형 사건이 있습니다.

> 삼상 4:3-11 "백성이 진영으로 돌아오매 이스라엘 장로들이 이르되 여호와께서 어찌하여 우리에게 오늘 블레셋 사람들 앞에 패하게 하셨는고 여호와의 언약궤를 실로에서 우리에게로 가져다가 우리 중에 있게 하여 그것으로 우리를 우리 원수들의 손에서 구원하게 하자 하니 ○ 이에 백성이 실로에 사람을 보내어 그룹 사이에 계신 만군의 여호와의 언약궤를 거기서 가져왔고 엘리의 두 아들 홉니와 비느하스는 하나님의 언약궤와 함께 거기에 있었더라 ○ 여호와의 언약궤가 진영에 들어올 때에 온 이스라엘이 큰 소리로 외치매 땅이 울린지라 ○ 블레셋 사람이 그 외치는 소리를 듣고 이르되 히브리 진영에서 큰 소리로 외침은 어찌 됨이냐 하다가 여호와의 궤가 진영에 들어온 줄을 깨달은지라 ○ 블레셋 사람이 두려워하여 이르되 신이 진영에 이르렀도다 하고 또 이르되 우리에게 화로다 전날에는 이런 일이 없었도다 ○ 우리에게 화로다 누가 우리를 이 능한 신들의 손에서 건지리요 그들은 광야에서 여러 가지 재앙으로 애굽인을 친 신들이니라 ○ 너희 블레셋 사람들아 강하게 되며 대장부가 되라 너희가 히브리 사람의 종

이 되기를 그들이 너희의 종이 되었던 것 같이 되지 말고 대
장부 같이 되어 싸우라 하고 ○ 블레셋 사람들이 쳤더니 이스
라엘이 패하여 각기 장막으로 도망하였고 살륙이 심히 커서
이스라엘 보병의 엎드러진 자가 삼만 명이었으며 ○ 하나님
의 궤는 빼앗겼고 엘리의 두 아들 홉니와 비느하스는 죽임을
당하였더라"

엘리 제사장의 시대에 이스라엘과 블레셋 사이에 전쟁이 일어났는데,
이스라엘군이 블레셋에 패하자 하나님의 법궤를 가지고 오면 이기지 않
을까 싶어 법궤를 가져왔습니다. 법궤가 들어오자 모든 이스라엘군이 함
성을 질렀습니다. 블레셋군이 이 함성소리를 듣고 여호와 하나님의 법궤
가 들어온 줄 알았습니다. 그래서 처음에는 두려워했으나 곧 "목숨을 걸
자. 몇 배 힘을 더 내자."고 다짐하며 열심히 싸웠습니다. 이스라엘군은
엘리 제사장의 범죄한 두 아들과 법궤만 앞세우고 나갔다가 다 죽었습니
다. 이때 법궤를 블레셋에 뺏겨서 다윗 때까지 못 돌아왔습니다.

일상적인 삶은 경건하게 살지 않으면서 법궤만 갖다 대면 승리할 줄 착
각하듯이 이스라엘 민족도 자신들은 선택된 민족이라서 망하지 않을 줄
착각했습니다. 이는 큰 잘못입니다. 이로부터 150년 후에 유다가 망했습
니다. 이것을 이사야가 150년 전에 예언하고 있습니다. 다 잡혀가고 10분
의 1이 남아 있을지라도 그들조차 황폐할 것이라고 합니다. 그러나 남은
자 사상으로 그 가운데서도 그루터기처럼 남겨진 자들은 구원된 것이라
고 합니다. 그분의 날개 안에, 숨겨진 차원 속에 그를 숨기리라는 것이 이
사야 6장이 의미하는 내용입니다.

베뢰아 사람입니까

맺는말

하나님이 보시기에 "네 맘대로 해라."고 하는 인간이 되면 안 됩니다. 그다음에 중요한 것이 있습니다. 하나님의 사람, 하나님의 종은 주인의 영광을 나타냅니다. 그러나 자기가 스스로에게 주인인 사람은 자기 영광을 나타냅니다. 자기 생각대로 모든 것을 하다가 망합니다. 그것이 인간의 속성입니다.

이사야서 6장은 첫째, 소명을 받고 1-5장을 선포한 순서의 도치를 알 수 있는 장입니다. 둘째, 하나님께서 이사야를 부르신 목적이 이스라엘 민족이 회개하지 못하도록, 망할 것을 전하게 하기 위해서입니다. 이것은 다른 선지자들의 소명 방식이나 내용과 차이가 있습니다. 그다음에 남은 자 사상이 있습니다.

병도 골든타임이 있어서 늦게 가면 치료가 안 되는 병이 있지 않습니까? 하나님의 심판도 이와 같이 일어납니다. 그러니 우리도 믿는 자로서 말씀의 골든타임을 놓치지 않는 삶을 살아가는 것이 중요합니다.

42

임마누엘의 계시
- 이사야서 강해 14

2021. 3. 14.

이사야 7:1-25

"웃시야의 손자요 요담의 아들인 유다의 아하스 왕 때에 아람의 르신 왕과 르말리야의 아들 이스라엘의 베가 왕이 올라와서 예루살렘을 쳤으나 능히 이기지 못하니라 ○ 어떤 사람이 다윗의 집에 알려 이르되 아람이 에브라임과 동맹하였다 하였으므로 왕의 마음과 그의 백성의 마음이 숲이 바람에 흔들림 같이 흔들렸더라 ○ 그 때에 여호와께서 이사야에게 이르시되 너와 네 아들 스알야숩은 윗못 수도 끝 세탁자의 밭 큰 길에 나가서 아하스를 만나 ○ 그에게 이르기를 너는 삼가며 조용하라 르신과 아람과 르말리야의 아들이 심히 노할지라도 이들은 연기 나는 두 부지깽이 그루터기에 불과하니 두려워하지 말며 낙심하지 말라 ○ 아람과 에브라임과 르말리야의 아들이 악한 꾀로 너를 대적하여 이르기를 ○ 우리가 올라가 유다를 쳐서 그것을 쓰러뜨리고 우리를 위하여 그것을 무너뜨리고 다브엘의 아들을 그 중에 세워 왕으로 삼자 하였으나 ○ 주 여호와의 말씀이 그 일은 서지 못하며 이루어지지 못하리라 ○ 대저 아람의 머리는 다메섹이요 다메섹의 머리는 르신이며 육십오년 내에 에브라임이 패망하여 다시는 나라를 이루지 못할 것이며 ○ 에브라임의 머리는 사마리아요 사마리아의 머리는 르말리야의 아들이니라 만일 너희가 굳게 믿지 아니하면 너희는 굳게 서지 못하리라 하시니라 ○ 여호와께서 또 아하스에게 말씀하여 이르시되 ○ 너는 네 하나님 여호와께 한 징조를 구하되 깊은 데에서든지 높은 데에서든지 구하라 하시니 ○ 아하스가 이르되 나는 구하지 아니하겠나이다 나는 여호와를 시험하지 아니하겠나이다 한지라 ○ 이사야가 이르되 다윗의 집이여 원하건대 들을지어다 너희가 사람을 괴롭히고서 그것을 작은 일로 여겨 또 나의 하나님을 괴롭히려 하느냐 ○ 그러므로 주께서 친히 징조를 너희에게 주실 것이라 보라 처녀가 잉태하여 아들을 낳을 것이요 그의 이름을 임마누엘이라 하리라 ○ 그가 악을 버리며 선을 택할 줄 알 때가 되면 엉긴 젖과 꿀을 먹을 것이라 ○ 대저 이 아이가 악을 버리며 선을 택할 줄 알기 전에 네가 미워하는 두 왕의 땅이 황폐하게 되리라 ○ 여호와께서 에브라임이 유다를 떠날 때부터 당하여 보지 못한 날을 너와 네 백성과 네 아버지 집에 임하게 하시리니 곧 앗수르 왕이 오는 날이니라 ○ 그 날에는 여호와께서 애굽 하수에서 먼 곳의 파리와 앗수르 땅의 벌을 부르시리니 ○ 다 와서 거친 골짜기와 바위 틈과 가시나무 울타리와 모든 초장에 앉으리라 ○ 그 날에는 주께서 하수 저쪽에서 세내어 온 삭도 곧 앗수르 왕으로 네 백성의 머리 털과 발 털을 미실 것이요 수염도 깎으시리라 ○ 그 날에는 사람이 한 어린 암소와 두 양을 기르리니 ○ 그것들이 내는 젖이 많으므로 엉긴 젖을 먹을 것이라 그 땅 가운데에 남아 있는 자는 엉긴 젖과 꿀을 먹으리라 ○ 그 날에는 천 그루에 은 천 개의 가치가 있는 포도나무가 있던 곳마다 찔레와 가시가 날 것이라 ○ 온 땅에 찔레와 가시가 있으므로 화살과 활을 가지고 그리로 갈 것이요 ○ 보습으로 갈던 모든 산에도 찔레와 가시 때문에 두려워서 그리로 가지 못할 것이요 그 땅은 소를 풀어 놓으며 양이 밟는 곳이 되리라"

이사야 6장 요약

이사야 6장의 핵심은 이사야의 소명입니다. 이사야는 인간적으로 웃시야 왕을 메시아로 생각하다가 웃시야가 문둥병이 들려 죽자 너무 낙심해서 성전에서 기도하다가 하나님께서 영적인 눈을 열어 주어서 하나님의 임재를 체험합니다. 눈으로 하나님의 영광을 보고 나니까 스스로 입술이 부정한 죄인임을 알았습니다. 입술이 부정한 죄에 대한 사함을 받고 나니 귀가 열렸습니다. 그 후 하나님께서 "이 민족에게 가서 말씀을 전해야 하는데 누구를 보낼꼬."라고 하시니, 이사야가 "내가 여기 있나이다. 나를 보내소서."라고 해서 소명을 받습니다.

베뢰아 사람입니까

주전 8세기 중근동의 정황

주전 8세기 중근동은 애굽과 아시리아 제국이 팽창하고 있는 때라 강대국 사이에 끼인 이스라엘과 유다는 늘 국제관계에서 종속변수가 되었습니다. 지금 우리나라도 그렇습니다. 안보는 미국에 의지하고 경제는 중국의 눈치를 봐야 합니다. 중국이 문 닫으면 수출을 못 하기 때문입니다. 그런데 문제는 미국도 중국도 우리에게 줄을 바로 설 것을 요구하고 있다는 것입니다. 거기에 더해서 일본은 우리의 발목을 잡고 있고 북한은 핵무기를 준비하고 있으니 이런 상황 속에서 정치를 하는 것이 무척 어렵습니다. 주전 8세기 당시 이스라엘과 유다가 처한 상황도 현재 우리나라와 비슷하다고 할 수 있습니다.

아시리아의 디글랏 빌레셀 3세 때 아람(시리아)과 이스라엘이 아시리아의 서진 정책을 저지하기 위해 동맹을 맺기로 했습니다. 그리고 유다에게도 동맹에 참여할 것을 강요했습니다. 그러나 유다의 아하스 왕은 동맹을 거절했습니다. 세 나라가 연합해도 아시리아를 상대하지 못할 것이라고 생각했기 때문입니다. 그러자 이스라엘과 아람이 연합군을 만들어서 유다를 쳤습니다.

> 왕하 16:7 "아하스가 앗수르 왕 디글랏 빌레셀에게 사자를 보내 이르되 나는 왕의 신복이요 왕의 아들이라 이제 아람 왕과 이스라엘 왕이 나를 치니 청하건대 올라와 그 손에서 나를 구원하소서 하고"

이스라엘과 아람 연합군이 유다를 치자 유다의 아하스 왕은 아시리아에 사자를 보내서 도움을 요청합니다. 공물도 잔뜩 보냈습니다. 아하스의 본심이 드러납니다. 아하스의 생각에는 '하나님이 계신다면 오랫동안 하나님 나라를 위해 투쟁하며 살았던 할아버지 웃시야 왕이 문둥병에 걸릴 수 있나.'라는 것입니다. 그리고 현실적으로 생각해 볼 때 아무도 아시리아 제국에게 이길 수 없다 싶었습니다. 그 시대에는 제국이 강하면 제국의 신도 최고로 강한 신이라고 생각했습니다. 그래서 아하스는 아시리아의 신이 최고라고 생각하며 이사야에게 물어보지도 않고 몰래 공물과 함께 사자들을 아시리아에 보낸 것입니다.

아하스의 불안

> 사 7:1-2 "웃시야의 손자요 요담의 아들인 유다의 아하스 왕 때에 아람의 르신 왕과 르말리야의 아들 이스라엘의 베가 왕이 올라와서 예루살렘을 쳤으나 능히 이기지 못하니라 ○ 어떤 사람이 다윗의 집에 알려 이르되 아람이 에브라임과 동맹하였다 하였으므로 왕의 마음과 그의 백성의 마음이 숲이 바람에 흔들림 같이 흔들렸더라"

아람과 이스라엘이 쳐들어오니 아하스가 벌벌 떨고 있습니다. 그래서 하나님이 이사야를 보내십니다.

> 사 7:3-4 "그 때에 여호와께서 이사야에게 이르시되 너와 네

아들 스알야숩은 윗못 수도 끝 세탁자의 밭 큰 길에 나가서
아하스를 만나 ○ 그에게 이르기를 너는 삼가며 조용하라 르
신과 아람과 르말리야의 아들이 심히 노할지라도 이들은 연
기 나는 두 부지깽이 그루터기에 불과하니 두려워하지 말며
낙심하지 말라"

하나님께서 이상한 명령을 하십니다. 아들을 데리고 가라고 하시는데
아들 이름이 '스알야숩'으로서, '남은 자들은 돌아올 것이다'라는 뜻입니
다. 스알야숩을 데리고 가라는 말씀은 유다가 아람과 북이스라엘의 공격
을 받아서 백성이 포로로 잡혀갈지라도 하나님의 백성은 반드시 돌아올
것이라는 뜻을 함축하고 있습니다. 당시에 이스라엘이 유다를 공격한 후
12만 명을 죽이고 20만 명을 포로로 잡아갔었다고 합니다. '세탁자의 밭
큰 길'은 수로를 가리킵니다. 전쟁이 일어나면 물을 확보하는 것이 매우
중요한데, 예루살렘의 식수를 공급하는 기혼샘이 그곳에 있었기 때문에
당시 아하스 왕이 식수원 확보를 위해 그곳에 나가 있었습니다.

이사야가 아들을 데리고 가서 아하스를 만나 삼가며 조용히 있으라는
하나님의 말씀을 전합니다. 믿음이 없으면 작은 위기에도 이리저리 난리
입니다. 이사야의 말에 따르면 이스라엘과 아람은 연합했어도 두 개의
부지깽이에 불과합니다. 불을 땔 때 부지깽이가 필요한데, 불이 붙으면
부지깽이도 불에 넣어버립니다. 이사야는 "저 두 나라는 하나님의 도구
로 쓰이는 부지깽이에 불과하다. 불을 다 때고 나면 두 나라는 불에 집어
넣는다. 그러니 아무 걱정 말고 하나님만 신뢰하고 있어라."고 말합니다.
그러나 아하스는 하나님의 말씀을 신뢰하지 않습니다. 이미 믿음이 떨어

졌기 때문입니다. 그리고 아시리아의 디글랏 빌레셀에게 온갖 보물을 다 갖다 주고 "나는 왕의 신하입니다."라고 아첨을 떨었습니다만 그래도 불안해서 못 견딥니다.

> 사 7:5-6 "아람과 에브라임과 르말리야의 아들이 악한 꾀로 너를 대적하여 이르기를 ○ 우리가 올라가 유다를 쳐서 그것을 쓰러뜨리고 우리를 위하여 그것을 무너뜨리고 다브엘의 아들을 그 중에 세워 왕으로 삼자 하였으나"

다브엘은 아람어로 '쓸모없는 자'라는 뜻입니다. 아람과 이스라엘이 아하스를 다브엘이라고 조롱하면서 아하스의 아들 중에서 꼭두각시 왕을 세우자는 것입니다.

아하스의 불신

> 사 7:9 "에브라임의 머리는 사마리아요 사마리아의 머리는 르말리야의 아들이니라 만일 너희가 굳게 믿지 아니하면 너희는 굳게 서지 못하리라 하시니라"

믿지 못하면 굳게 서지 못한다는 것이 7장의 핵심입니다. 실제로 믿음이 떨어지니까 외부적 위기에 정신을 못 차립니다. 믿고 구하면 하나님께서 지혜를 주시고 길을 내실 것인데 그 믿음이 없습니다. 이것이 국제 문제 앞에서 믿음 없는 아하스 왕의 문제입니다.

사 7:10-13 "여호와께서 또 아하스에게 말씀하여 이르시되 ○ 너는 네 하나님 여호와께 한 징조를 구하되 깊은 데에서든지 높은 데에서든지 구하라 하시니 ○ 아하스가 이르되 나는 구하지 아니하겠나이다 나는 여호와를 시험하지 아니하겠나이다 한지라 ○ 이사야가 이르되 다윗의 집이여 원하건대 들을지어다 너희가 사람을 괴롭히고서 그것을 작은 일로 여겨 또 나의 하나님을 괴롭히려 하느냐"

하나님께서 이사야를 통해 아하스 왕에게 하늘에서나 땅에서나 징조를 구하라고 하십니다. 그것을 이루어 주면 하나님이 계심을 알 것이라고 합니다. 사사 기드온에게도 하나님의 징조를 구하는 일이 있었습니다. 기드온에게 하나님이 너와 함께하신다고 하니 놀라며 하나님의 징조를 구합니다. "아침에 이슬이 내릴 때 양털만 젖고 땅은 젖지 않게 해 주세요."라고 했는데, 그대로 되었습니다. 그러자 "한 번만 더 구하겠습니다. 이번에는 반대로 양털은 젖지 않고 땅만 젖게 해 주세요."라고 했더니 또 그대로 되었습니다. 그래서 기드온이 힘을 얻었습니다.

그런데 아하스는 지금 하나님을 안 믿고 디글랏 빌레셀을 믿습니다. 이사야가 와서 징조를 구하라고 하니 구하지 않습니다. 그때는 성경적으로 잘 믿는 척을 하면서 "나는 여호와를 시험하지 않겠다."고 합니다. 이스라엘 민족이 출애굽 할 때 맛사에서 하나님이 계신가 안 계신가 시험하다가 꾸중한 내용을 생각하며 자기는 하나님을 시험하지 않겠다고 합니다. 실제로는 디글랏 빌레셀을 더 믿어서 이미 뒤로는 디글랏 빌레셀에게 공물을 잔뜩 바쳐놓고 이렇게 말합니다. 그러니 이사야가 "다윗의 집이여 너희가 사람을 괴롭히더니 이제는 하나님도 괴롭히려고 하느냐"라며 꾸중합니다.

이사야가 여기서 "아하스야"라고 하지 않고 왜 "다윗의 집이여"라고 했을까요? 이 말 속에는 "아하스 너는 불신자니까 자격 없어. 너는 벌받아 죽을 거야. 하지만 하나님께서 다윗에게 네게서 날 씨들이 왕이 될 것이고 다윗 가문에서 메시아가 날 것이라고 약속하셨기 때문에 그 약속을 지키시려는 것이다."라는 뜻이 있습니다. 그런데 아하스는 자기가 똑똑해서 하나님이 자기를 봐주는 줄 착각하고 있습니다.

사 7:14-15 "그러므로 주께서 친히 징조를 너희에게 주실 것이라 보라 처녀가 잉태하여 아들을 낳을 것이요 그의 이름을 임마누엘이라 하리라 ○ 그가 악을 버리며 선을 택할 줄 알 때가 되면 엉긴 젖과 꿀을 먹을 것이라"

아하스는 불신자니까 하나님이 징조를 보여 주신다고 해도 스트레스만 받습니다. 그런데 그때 이사야가 놀라운 말을 합니다. 처녀가 잉태해서 아들을 낳는다는 것입니다. 그것이 징조입니다.

징조의 해석

처녀가 잉태하여 아들을 낳는데 그 이름이 임마누엘이라고 합니다. 아하스나 이사야 중에 아들을 다시 낳는다는 것입니다. 다음 장인 8장에 가면 이사야가 아들을 낳는데 그 이름이 마헬살랄하스바스입니다.

베뢰아 사람입니까

14절 '처녀'의 히브리 원어는 '알마(almah)'입니다. 그런데 '알마'는 아기를 낳을 수 있는 보통의 젊은 여인을 의미하고, 처녀를 뜻하는 단어는 '베튤라(bethulah)'입니다. 그러니 원래는 "보라 여자가 잉태하여 아들을 낳을 것이요."라고 번역해야 역사적으로 맞고 문맥상으로도 맞습니다. 그러나 처녀라는 표현도 크게 틀린 말은 아닙니다. 처녀로 번역한 이유는 70인 번역에서 이사야 7장 전후에 메시아 예언이 있으니 앞으로 나실 메시아가 처녀의 몸에서 날 것임을 예언하는 차원에서 그렇게 번역한 것입니다.

마태는 이 예언을 예수님 사건에 인용했습니다. 이 예언은 원래 이사야가 아하스에게 보일 징조로 말한 것으로써 역사적으로나 문맥으로나 마태의 인용은 맞지 않습니다. 그래서 마가나 요한은 이 부분을 언급하지 않았습니다.

하지만 여기서 하나 알아야 할 것은 예언의 이중성입니다. 예언의 이중성이란 예언이 당대에도 이루어지고 다음 어느 시점에서도 이루어진다는 말입니다. 그러니 "보라 처녀가 잉태하여 아들을 낳을 것이요"라는 구절은 아하스 때도 이루어지지만 뒤에도 이루어질 내용인 것입니다.

멸망의 예언

사 7:15-16 "그가 악을 버리며 선을 택할 줄 알 때가 되면 엉긴 젖과 꿀을 먹을 것이라 ○ 대저 이 아이가 악을 버리며 선을 택할 줄 알기 전에 네가 미워하는 두 왕의 땅이 황폐하게 되리라"

문맥상으로는 이 아이가 선악을 판별할 때가 되면 이스라엘과 아람이 멸망한다는 말입니다. 유대 나라에서는 13세에 성인식을 하기 때문에 선악을 판별할 나이를 13세 정도로 봅니다. 아이가 13세가 되기 전에 아람과 이스라엘이 멸망한다는 것인데, 실제로 13년 안에 아람과 북이스라엘이 다 멸망했습니다. 그리고 65년 후에 아시리아가 이주민 정책으로 세계 속에 이스라엘을 다 흩어 버렸습니다.

사 7:17-25 "여호와께서 에브라임이 유다를 떠날 때부터 당하여 보지 못한 날을 너와 네 백성과 네 아버지 집에 임하게 하시리니 곧 앗수르 왕이 오는 날이니라 ○ 그 날에는 여호와께서 애굽 하수에서 먼 곳의 파리와 앗수르 땅의 벌을 부르시리니 ○ 다 와서 거친 골짜기와 바위 틈과 가시나무 울타리와 모든 초장에 앉으리라 ○ 그 날에는 주께서 하수 저쪽에서 세내어 온 삭도 곧 앗수르 왕으로 네 백성의 머리 털과 발 털을 미실 것이요 수염도 깎으시리라 ○ 그 날에는 사람이 한 어린 암소와 두 양을 기르리니 ○ 그것들이 내는 젖이 많으므로 엉긴 젖을 먹을 것이라 그 땅 가운데에 남아 있는 자는 엉긴 젖과 꿀을 먹으리라 ○ 그 날에는 천 그루에 은 천 개의 가치가 있는 포도나무가 있던 곳마다 찔레와 가시가 날 것이라 ○ 온 땅에 찔레와 가시가 있으므로 화살과 활을 가지고 그리로 갈 것이요 ○ 보습으로 갈던 모든 산에도 찔레와 가시 때문에 두려워서 그리로 가지 못할 것이요 그 땅은 소를 풀어 놓으며 양이 밟는 곳이 되리라"

베뢰아 사람입니까

"그 날에는 사람이 한 어린 암소와 두 양을 기르리니 ○ 그것들이 내는 젖이 많으므로 엉긴 젖을 먹을 것이라 그 땅 가운데에 남아 있는 자는 엉긴 젖과 꿀을 먹으리라"라는 말은 많은 가축들이 아시리아군의 침입으로 죽거나 뺏길 것이며, 그 적은 목축에서 생산되는 젖도 많을 정도로 유다 백성이 거의 다 잡혀가고 없다는 말입니다. "그 날에는 천 그루에 은 천 개의 가치가 있는 포도나무가 있던 곳마다 찔레와 가시가 날 것이라"라는 말도 아시리아의 침략으로 완전히 황폐화된다는 뜻입니다.

이것은 역사적 사실입니다. 디글랏 빌레셀이 내려와서 아람과 이스라엘을 패망시켰을 때 아하스는 박수를 쳤습니다. 하지만 아하스가 조공을 바치며 아시리아를 의존했음에도 디글랏 빌레셀은 아람과 이스라엘뿐 아니라 유다까지 초토화시켰습니다. 또한 후에 히스기야 왕과 므낫세 왕 때도 아시리아의 침입을 받습니다. 지금 그것을 예언하고 있습니다. 다윗 집의 왕인 네가 하나님을 믿지 않고 꼼수를 계속 부리니까 이스라엘도 망하고 결국 너희도 망할 것이라고 이사야가 예언하고 있는 것입니다. 이 사실을 귀중하게 생각해야 합니다. 믿는 사람으로서 부름 받은 사람이 위기 앞에서 아하스처럼 대응하면 완전히 망합니다. 남은 자가 될 수 없습니다.

맺는말

아하스는 불신자적인 방법으로 하나님을 안 믿고 당시에 현실적으로 가장 힘 있는 아시리아를 믿다가 망했습니다. 하나님을 의존하지 않고 선지자도 찾지 않고 자기 식대로 꼼수 부리다가 망한 역사가 그대로 이사야서에 기록되어 있습니다.

이후 히스기야 때 아시리아의 침입은 정말 위기였습니다. 46개의 성을 다 빼앗기고 아시리아의 18만 5천 대군이 예루살렘성을 포위하고 있는 상황이었지만 히스기야는 믿음이 있었기 때문에 조용했습니다. 그런데 아하스는 믿음이 없으니 벌벌 떨고 난리가 났습니다. 여러분도 말씀을 읽을 때 당시의 국제적 상황을 먼저 알고, 이것을 선지자가 어떻게 기록했는지 살피는 것이 말씀을 이해하는 데 도움이 될 것입니다.

베뢰아 사람입니까

43

하나님의 경고를 무시하는 아하스
- 이사야서 강해 15

2021. 4. 11.

이사야 8:1-22

"여호와께서 내게 이르시되 너는 큰 서판을 가지고 그 위에 통용 문자로 마헬살랄하스바스라 쓰라 ○ 내가 진실한 증인 제사장 우리야와 여베레기야의 아들 스가랴를 불러 증언하게 하리라 하시더니 ○ 내가 내 아내를 가까이 하매 그가 임신하여 아들을 낳은지라 여호와께서 내게 이르시되 그의 이름을 마헬살랄하스바스라 하라 ○ 이는 이 아이가 내 아빠, 내 엄마라 부를 줄 알기 전에 다메섹의 재물과 사마리아의 노략물이 앗수르 왕 앞에 옮겨질 것임이라 하시니라 ○ 여호와께서 다시 내게 말씀하여 이르시되 ○ 이 백성이 천천히 흐르는 실로아 물을 버리고 르신과 르말리야의 아들을 기뻐하느니라 ○ 그러므로 주 내가 흉용하고 창일한 큰 하수 곧 앗수르 왕과 그의 모든 위력으로 그들을 뒤덮을 것이라 그 모든 골짜기에 차고 모든 언덕에 넘쳐 ○ 흘러 유다에 들어와서 가득하여 목에까지 미치리라 임마누엘이여 그가 펴는 날개가 네 땅에 가득하리라 하셨느니라 ○ 너희 민족들아 함성을 질러 보아라 그러나 끝내 패망하리라 너희 먼 나라 백성들아 들을지니라 너희 허리를 동이라 그러나 끝내 패망하리라 너희 허리에 띠를 띠라 그러나 끝내 패망하리라 ○ 너희는 함께 계획하라 그러나 끝내 이루지 못하리라 말을 해 보아라 끝내 시행되지 못하리라 이는 하나님이 우리와 함께 계심이니라 ○ 여호와께서 강한 손으로 내게 알려 주시며 이 백성의 길로 가지 말 것을 내게 깨우쳐 이르시되 ○ 이 백성이 반역자가 있다고 말하여도 너희는 그 모든 말을 따라 반역자가 있다고 하지 말며 그들이 두려워하는 것을 너희는 두려워하지 말며 놀라지 말고 ○ 만군의 여호와 그를 너희가 거룩하다 하고 그를 너희가 두려워하며 무서워할 자로 삼으라 ○ 그가 성소가 되시리라 그러나 이스라엘의 두 집에는 걸림돌과 걸려 넘어지는 반석이 되실 것이며 예루살렘 주민에게는 함정과 올무가 되시리니 ○ 많은 사람들이 그로 말미암아 걸려 넘어질 것이며 부러질 것이며 덫에 걸려 잡힐 것이니라 ○ 너는 증거의 말씀을 싸매며 율법을 내 제자들 가운데에서 봉함하라 ○ 이제 야곱의 집에 대하여 얼굴을 가리시는 여호와를 나는 기다리며 그를 바라보리라 ○ 보라 나와 및 여호와께서 내게 주신 자녀들이 이스라엘 중에 징조와 예표가 되었나니 이는 시온 산에 계신 만군의 여호와께로 말미암은 것이니라 ○ 어떤 사람이 너희에게 말하기를 주절거리며 속살거리는 신접한 자와 마술사에게 물으라 하거든 백성이 자기 하나님께 구할 것이 아니냐 산 자를 위하여 죽은 자에게 구하겠느냐 하라 ○ 마땅히 율법과 증거의 말씀을 따를지니 그들이 말하는 바가 이 말씀에 맞지 아니하면 그들이 정녕 아침 빛을 보지 못하고 ○ 이 땅으로 헤매며 곤고하며 굶주릴 것이라 그가 굶주릴 때에 격분하여 자기의 왕과 자기의 하나님을 저주할 것이며 위를 쳐다보거나 ○ 땅을 굽어보아도 환난과 흑암과 고통의 흑암뿐이리니 그들이 심한 흑암 가운데로 쫓겨 들어가리라"

구맹주산

중국 송나라 어느 마을에 술을 잘 빚는 주막집이 있었습니다. 그래서 사람들마다 그 집에 가서 술을 샀는데, 어느 날부터 손님들이 오지 않았습니다. 이를 이상하게 여긴 주막집 주인이 동네의 현자에게 가서 그 이유를 물었습니다. 술을 빚는 조건은 그대로인데 손님이 오지 않는 이유는 주막집 앞에 매어 놓은 사나운 개 때문이라고 현자가 알려 주었습니다. 얼마 전 집을 지키기 위해 개를 매어 놓았는데, 그 개가 술을 사러 오는 사람들에게 사납게 으르렁거리니 사람들이 오지 않았던 것입니다. 이 이야기는 구맹주산(狗猛酒酸)이라는 한비자의 고사인데, 사나운 개 때문에 술을 사러 오는 사람이 없어 술맛이 초맛이 되었다는 뜻입니다. 원래 이 고사는 나라에 간신배가 있으면 어진 신하가 모이지 않는다는 뜻으로 쓰입니다.

믿는 사람으로서 이 고사를 적용해 볼 때 새벽 기도 열심히 하고 성경을 많이 읽어도 감사 없이 늘 인상만 쓰고 있으면 구맹주산입니다. 전도해서 사람을 데리고 와도 '왜 왔지?'라는 식으로 인사도 안 하고 썰렁하게 대하면 교회에 올 사람이 없습니다. 돈 없어서 화내고 다녀도 돈 줄 사람 없고 아프다고 인상 쓰고 다녀도 도움을 줄 사람은 없습니다. 다른 것을 다 갖춰도 사나운 개를 대문 앞에 매놓은 것처럼 감사가 없고 인상이나 쓰면 교회가 안 됩니다. 저부터 고치겠습니다. 여러분도 거울을 한 번씩 보고, '내가 나이가 몇 살인데 내게 인사하나 보자.' 하는 마음을 갖지 맙시다. 사나운 개가 되면 안 됩니다.

이사야 7장 복습

지난 시간에 설교한 이사야 7장 내용을 잠시 복습하겠습니다. 이사야 7장과 8장은 같은 사건입니다. 주전 8세기에 아시리아가 팽창해서 정복 전쟁을 펼치고 있으니 아람과 이스라엘이 반아시리아 연합전선을 만들고 유다에 사자를 보내서 아하스 왕에게 같이 동맹을 하자고 제안합니다. 그러나 유다 왕 아하스는 아시리아에 굴복해서 공물을 보내고 그쪽의 종교까지 받아들여 놓은 상태여서 그 제안을 거절합니다. 아하스는 현실주의자이고 철저한 불신자입니다. 현실 속에서 어려움과 위기가 오니까 현실에서 제일 강한 게 누구인가를 생각한 끝에 오늘날에는 돈이듯 당시에 그는 아시리아를 선택해서 의지했습니다.

이사야가 아하스를 만나서 하나님의 말씀을 전하지만 통하지 않습니다. 이사야가 답답해서 이스라엘과 아람 연합군을 이길 징조를 하나님께 구하라고 하니까 하나님을 시험하지 않겠다며 징조를 구하지 않겠다고 합니다. 그러자 이사야가 "다윗의 집이여 사람에게 스트레스를 주더니 하나님께도 스트레스를 주는구나."라고 합니다. 이어서 "보라 처녀가 잉태하여 아들을 낳으리니 그 이름을 임마누엘이라 하리라"고 예언을 합니다. 이 예언은 이사야 시대에도 이루어졌고 예수님의 때에도 이루어졌습니다. 이것을 '예언의 이중성'이라고 한다고 말씀드렸습니다.

아하스에 대한 2차 경고

아하스는 끝까지 아시리아를 믿고 하나님을 안 믿습니다. 그러자 하나님이 이사야에게 "한 번 더 경고해서 정신 차리게 하라."는 것이 8장의 내용입니다. 하나님 없이 자기 식으로 모든 것을 해결하려는 아하스에 대해서 분명히 예언합니다. 아시리아가 유다를 도와주는 것처럼 하면서 오히려 유다의 모든 재물을 약탈할 것이라고 경고하지만 아하스는 믿지 않습니다.

하나님께서 '마헬살랄하스바스'라는 이름을 통해서 앞날을 보이십니다. 이사야에게 이 문자를 서판에 크게 써서 모든 사람이 볼 수 있게 하라고 하십니다. 이를 '행동예언'이라고 합니다. 행동하면서 예언하는 것입니다. 어려운 말 쓰지 말고 일반 사람도 다 알아볼 수 있는 통용문으로 쓰라고 하십니다. 유대 나라에서는 공적으로 효력 있는 증거를 위해 2-3명의 증인이 필요합니다.[18] 그래서 제사장 우리야와 스가랴 두 사람을 증인으로 세웠습니다. 하나님께서는 증인 둘까지 세워서 '마헬살랄하스바스'

---

18 신명기 19:15 "사람의 모든 악에 관하여 또한 모든 죄에 관하여는 한 증인으로만 정할 것이 아니요 두 증인의 입으로나 또는 세 증인의 입으로 그 사건을 확정할 것이며"

가 반드시 이루어진다는 것을 유대 민족에게 전하게 했습니다.

'마헬살랄하스바스'는 노략이 속히 일어날 것이라는 뜻입니다. 7장의 '스알야숩'은 전쟁에서 잡혀가도 하나님이 구원할 자는 돌아온다는 뜻입니다. 그런데 하나님께서 '마헬살랄하스바스'라는 이름으로 경고해도 아하스와 유다 백성은 듣지 않습니다. 왜 듣지 않을까요? 그 이유는 하나님을 의존하지 않고 아시리아를 의존하기 때문입니다. 당시에는 아시리아가 현실적으로 최고의 제국이니 하나님보다 아시리아를 더 믿겠다는 것입니다. 8장에서 이 악을 말하고 있습니다.

이사야 아들의 이름에 담긴 계시

사 8:1-4 "여호와께서 내게 이르시되 너는 큰 서판을 가지고 그 위에 통용 문자로 마헬살랄하스바스라 쓰라 ○ 내가 진실한 증인 제사장 우리야와 여베레기야의 아들 스가랴를 불러 증언하게 하리라 하시더니 ○ 내가 내 아내를 가까이 하매 그가 임신하여 아들을 낳은지라 여호와께서 내게 이르시되 그의 이름을 마헬살랄하스바스라 하라 ○ 이는 이 아이가 내 아빠, 내 엄마라 부를 줄 알기 전에 다메섹의 재물과 사마리아의 노략물이 앗수르 왕 앞에 옮겨질 것임이라 하시니라"

히브리어 '엘로힘 와요메르'를 번역하면 '하나님께서 말씀하시기를'이라는 뜻으로 1인칭 화법을 쓰는데, 여기서 하나님이 이사야에게 '와요메르' 하십니다.

이사야가 아내와 함께 아들을 낳았습니다. 본문의 '아내'는 히브리 원어로 '한네비야'입니다. 여선지자라는 뜻입니다. 우리말 번역에서는 '부인', '아내'로 번역했지만 원문은 부인이 아닙니다. 그런데 이것을 '여선지자'로 번역하면 큰 문제가 생깁니다. 구약에 나오는 모세의 누이 미리암, 사사기 시대의 드보라 같은 사람들이 모두 여선지자의 계통입니다. 여선지자를 아내로 번역한 것은 아내로 해석한 것이라고 봐야 합니다. 여기에 대해서는 앞으로 더 정밀하게 이야기하겠습니다.

이사야 부부가 아들을 낳았는데, 하나님께서 아이의 이름을 '마헬살랄하스바스'로 지으라고 하십니다. 이 이름을 한문으로 바꾸면 '속망(빨리 망한다)'입니다. 노략이 속히 일어난다는 것은 결국 망한다는 뜻입니다. 선지자가 아이에게 이런 이름을 짓는 것은 백성들이 다 알아듣게 하기 위해서입니다. 선지자는 이름이 좋은지 안 좋은지를 따지지 않습니다.

마헬살랄하스바스라는 아기가 "엄마, 아빠"라는 말을 할 때쯤이면 1-2세 정도가 됩니다. 그때쯤에 아람과 북이스라엘이 아시리아에 패망해서 노략물이 아시리아로 다 옮겨진다는 말입니다. 7장과 8장에도 아기에 대한 예언이 있는데, 9장과 11장에도 아기에 대한 예언과 함께 메시아 예언이 나옵니다. 그냥 아기이기도 하지만 메시아를 예언한다는 놀라운 비밀이 들어 있습니다.

유다에 예고된 아시리아의 침략

사 8:6-8 "이 백성이 천천히 흐르는 실로아 물을 버리고 르신과 르말리야의 아들을 기뻐하느니라 ○ 그러므로 주 내가 흥

용하고 창일한 큰 하수 곧 앗수르 왕과 그의 모든 위력으로 그
들을 뒤덮을 것이라 그 모든 골짜기에 차고 모든 언덕에 넘쳐
○ 흘러 유다에 들어와서 가득하여 목에까지 미치리라 임마
누엘이여 그가 펴는 날개가 네 땅에 가득하리라 하셨느니라"

실로아 물은 기혼샘에서 흐르는 작은 물이고, 이곳이 신약의 실로암입
니다. 작지만 마르지 않고 지속적으로 흐르는 실로아 물처럼 하나님께서
지속적으로 유다를 위해 일하심을 뜻하는 것인데, 유대인들은 하나님의
일이 너무 느리다고 싫어합니다. 하나님의 주권과 섭리가 싫다는 말입니
다. 그러면서 아시리아에 의해 아람과 이스라엘이 망하는 것을 보고 고
소해하며 좋아합니다. 그러나 그들에게도 장차 아시리아의 빠른 물이 들
어와서 목까지 차서 꼼짝 못할 것이라고 합니다. 그들 역시 아시리아의
침입을 당한다는 말입니다. 그러나 "목에까지 미치리라"라고 했으니 생
명은 살아 있습니다.

사 8:9-10 "너희 민족들아 함성을 질러 보아라 그러나 끝내
패망하리라 너희 먼 나라 백성들아 들을지니라 너희 허리를
동이라 그러나 끝내 패망하리라 너희 허리에 띠를 띠라 그러
나 끝내 패망하리라 ○ 너희는 함께 계획하라 그러나 끝내 이
루지 못하리라 말을 해 보아라 끝내 시행되지 못하리라 이는
하나님이 우리와 함께 계심이니라"

아람, 이스라엘, 아시리아가 유다를 공격할지라도 그들은 끝내 패망하

베뢰아 사람입니까

리라고 하십니다. "끝내 패망하리라"는 문구가 세 번이나 반복되면서 후렴구로 붙어 있습니다. "끝내 패망하리라"는 히브리 원어로 '와홋투'이고, 이는 하나의 운율입니다. 성경에서 시와 노래로 말씀과 예언을 선포하는 것은 전승의 목적이 있기 때문입니다. 기억하고 암기하기 위해서입니다. 히브리어로 '와홋투'는 4글자인데, 히브리인들은 '와홋투'라고 하면 어떤 의미인지 바로 압니다. 와홋투를 세 번이나 쓴 것은 "필히 망하리라"는 메시지를 강조하기 위해서입니다.

남은 자를 두시다

> 사 8:11-14 "여호와께서 강한 손으로 내게 알려 주시며 이 백성의 길로 가지 말 것을 내게 깨우쳐 이르시되 ○ 이 백성이 반역자가 있다고 말하여도 너희는 그 모든 말을 따라 반역자가 있다고 하지 말며 그들이 두려워하는 것을 너희는 두려워하지 말며 놀라지 말고 ○ 만군의 여호와 그를 너희가 거룩하다 하고 그를 너희가 두려워하며 무서워할 자로 삼으라 ○ 그가 성소가 되시리라 그러나 이스라엘의 두 집에는 걸림돌과 걸려 넘어지는 반석이 되실 것이며 예루살렘 주민에게는 함정과 올무가 되시리니"

하나님께서 이 어려운 판국에도 '남은 자'를 두시는데, 그 남은 자는 어떻게 해야 한다는 내용입니다. 그들은 세상 속의 사람들과 완전히 다르게 '하나님만'을 섬깁니다. 이 시대의 다른 사람들도 하나님을 섬겼습니다. 예배를 드리고 양과 소를 잡아서 하나님께 제물로 드렸습니다. 그런데 아시리아의 우상과 함께 숭배했습니다. 이 '양다리'를 하나님이 가장 분노하셨습니다. "유일한 하나님'만' 섬겨라. 그 외에는 안 된다."고 하셨는데, 하나님만 섬긴 사람들이 '남은 자들'입니다. 그들은 하나님께서 임마누엘의 날개 아래 숨겨 두는 사람들입니다. 그들에게는 하나님이 성소가 됩니다. 만군의 하나님 이름만 불러도 그를 남은 자로 구별해서 피할 길을 내십니다. 임마누엘의 날개 아래 숨겨 두었으니 아시리아군이 아무리 쳐들어와도 그들 눈에 이 사람들은 안 보입니다. 아무리 인간적으로 찾으려 해도 못 찾습니다. 유일하신 하나님만 신앙하면 하나님이 그렇게 보호하십니다.

6.25사변 때 실제 사례가 있었습니다. 한 동네에 신앙이 아주 좋은 목사가 있었습니다. 인민군이 믿는 사람들을 골라서 죽이고 있었는데, 이 목사에게 "너 직업이 뭐야?"라고 물었습니다. 대답을 어떻게 해야 할지 고민하다가 하나님을 믿고 목사라고 대답했는데, 인민군이 목수로 알아듣고는 가라고 해서 무사했다는 일화가 있습니다. 하나님이 눈을 가리면 아무리 봐도 모르고 목사도 목수로 알아듣습니다. 이 신비를 믿어야 합니다.

그런데 그 하나님이 유다와 이스라엘 두 집의 걸림돌이 된다고 합니다. 참 신앙인에게는 하나님이 거룩한 피할 곳이 되지만 믿지 않는 아하스와 유다인들에게는 오히려 하나님이 걸림돌이 되어서 그들을 심판할 것이라는 뜻입니다.

사 8:16-17 "너는 증거의 말씀을 싸매며 율법을 내 제자들 가

운데에서 봉함하라 ○ 이제 야곱의 집에 대하여 얼굴을 가리
시는 여호와를 나는 기다리며 그를 바라보리라"

증거의 말씀을 싸맨다는 것은 "예언의 말씀이 많은데 이것을 싸매서 모
르게 해라."는 뜻입니다. 이에 대해 학자들은 주로 이사야 40장 이후의
내용에 대한 예언이라고 말합니다. 이사야가 죽고 바벨론 포로 생활에서
돌아온 후인 164년 뒤의 예언이라는 것입니다. 164년 후의 예언들을 숨
겨 놓으라는 이유는 지금 이야기 해 봐야 모르기도 하고, 말씀을 받지 않
는 유다 민족은 예언을 받을 자격이 없으니 더 이상 예언을 하지 말고 침
묵하라는 뜻도 있습니다.

사 8:18 "보라 나와 및 여호와께서 내게 주신 자녀들이 이스라
엘 중에 징조와 예표가 되었나니 이는 시온 산에 계신 만군의
여호와께로 말미암은 것이니라"

8세기에 주로 선지자들이 부른 하나님 이름이 '아도나이 체바오트' 만
군의 하나님의 이름입니다. 우리도 기도할 때 하나님 이름을 부르면서 기
도합시다. 그러면 하나님 이름에 대한 비밀과 그 지혜를 알 수 있습니다.
"나와 및 여호와께서 내게 주신 자녀들이 이스라엘 중에 징조와 예표가
되었나니"라는 말은 이사야와 그의 두 아들인 스알야숩과 마헬살랄하스
바스가 이스라엘에 주는 징조와 예표라는 말입니다. 하나님은 전쟁의 위
기 속에서 이사야의 아들을 통해 인류 역사를 구원할 자가 임마누엘이고
예수 그리스도라는 것을 분명히 계시하시고 있습니다.

사 8:19 "어떤 사람이 너희에게 말하기를 주절거리며 속살거리는 신접한 자와 마술사에게 물으라 하거든 백성이 자기 하나님께 구할 것이 아니냐 산 자를 위하여 죽은 자에게 구하겠느냐 하라"

이사야가 보니 하나님의 백성이 하나님께 안 묻고 다른 데 가서 묻고 있습니다. 일반 백성들은 지금이나 옛날이나 점쟁이에게 가서 앞으로의 일을 묻습니다. 우리는 하나님이 자기 형상대로 창조하신 존재들입니다. 그러니 하나님과 인간 사이에 뭐라도 들어오면 큰일 납니다. 하나님의 자존심 문제입니다. 내가 내 형상대로 창조한 인간은 우주에서 최고의 존재인데 그들이 다른 무엇을 섬기는 일은 있을 수 없는 일이라는 것이 하나님 사상입니다. 그런데 그런 인간이 점을 치며 죽은 자에게 묻고 있으니 통탄할 일이란 말입니다.

사 8:20-22 "마땅히 율법과 증거의 말씀을 따를지니 그들이 말하는 바가 이 말씀에 맞지 아니하면 그들이 정녕 아침 빛을 보지 못하고 ○ 이 땅으로 헤매며 곤고하며 굶주릴 것이라 그가 굶주릴 때에 격분하여 자기의 왕과 자기의 하나님을 저주할 것이며 위를 쳐다보거나 ○ 땅을 굽어보아도 환난과 흑암과 고통의 흑암뿐이리니 그들이 심한 흑암 가운데로 쫓겨 들어가리라"

유다 백성들이 창조주 하나님 신앙을 하지 않고 아시리아의 디글랏 빌

베뢰아 사람입니까

레셀을 의지하며 그의 눈치나 보고 있으니 심판이 계속됩니다.

맺는말

말씀은 희망입니다. 말씀은 파워이며 모든 것의 마스터키입니다. 참 신앙인은 어리석도록 기도하고 말씀에 의존하는 사람입니다. 그 어리석음이 세상의 지혜보다 더 대단합니다. 그들의 단순한 기도가 하나님의 섭리의 역사를 이루어 가는 데 일조합니다.

오늘의 말씀을 교훈삼아서 우리를 창조하신 창조주 하나님만 섬기며 감사하는 사람이 됩시다. 구맹주산의 고사도 잘 생각해 봅시다. 본인은 신앙생활을 잘한다고 생각하지만 늘 불평하며 인상이나 쓰고 감사 없는 삶을 살고 있지는 않은지 돌아보기 바랍니다.

44

심판 4중주
– 이사야서 강해 16

2021. 5. 16.
이사야 9:1–21

"전에 고통 받던 자들에게는 흑암이 없으리로다 옛적에는 여호와께서 스불론 땅과 납달리 땅이 멸시를 당하게 하셨더니 후에는 해변 길과 요단 저쪽 이방의 갈릴리를 영화롭게 하셨느니라 ○ 흑암에 행하던 백성이 큰 빛을 보고 사망의 그늘진 땅에 거주하던 자에게 빛이 비치도다 ○ 주께서 이 나라를 창성하게 하시며 그 즐거움을 더하게 하셨으므로 추수하는 즐거움과 탈취물을 나눌 때의 즐거움 같이 그들이 주 앞에서 즐거워하오니 ○ 이는 그들이 무겁게 멘 멍에와 그들의 어깨의 채찍과 그 압제자의 막대기를 주께서 꺾으시되 미디안의 날과 같이 하셨음이니이다 ○ 어지러이 싸우는 군인들의 신과 피 묻은 겉옷이 불에 섶 같이 살라지리니 ○ 이는 한 아기가 우리에게 났고 한 아들을 우리에게 주신 바 되었는데 그의 어깨에는 정사를 메었고 그의 이름은 기묘자라, 모사라, 전능하신 하나님이라, 영존하시는 아버지라, 평강의 왕이라 할 것임이라 ○ 그 정사와 평강의 더함이 무궁하며 또 다윗의 왕좌와 그의 나라에 군림하여 그 나라를 굳게 세우고 지금 이후로 영원히 정의와 공의로 그것을 보존하실 것이라 만군의 여호와의 열심이 이를 이루시리라 ○ 주께서 야곱에게 말씀을 보내시며 그것을 이스라엘에게 임하게 하셨은즉 ○ 모든 백성 곧 에브라임과 사마리아 주민이 알 것이어늘 그들이 교만하고 완악한 마음으로 말하기를 ○ 벽돌이 무너졌으나 우리는 다듬은 돌로 쌓고 뽕나무들이 찍혔으나 우리는 백향목으로 그것을 대신하리라 하는도다 ○ 그러므로 여호와께서 르신의 대적들을 일으켜 그를 치게 하시며 그의 원수들을 격동시키시리니 ○ 앞에는 아람 사람이요 뒤에는 블레셋 사람이라 그들이 모두 입을 벌려 이스라엘을 삼키리라 그럴지라도 여호와의 진노가 돌아서지 아니하며 그의 손이 여전히 펴져 있으리라 ○ 그리하여도 그 백성이 자기들을 치시는 이에게로 돌아오지 아니하며 만군의 여호와를 찾지 아니하도다 ○ 그러므로 여호와께서 하루 사이에 이스라엘 중에서 머리와 꼬리와 종려나무 가지와 갈대를 끊으시리니 ○ 그 머리는 곧 장로와 존귀한 자요 그 꼬리는 곧 거짓말을 가르치는 선지자라 ○ 백성을 인도하는 자가 그들을 미혹하니 인도를 받는 자들이 멸망을 당하는도다 ○ 이 백성이 모두 경건하지 아니하며 악을 행하며 모든 입으로 망령되이 말하니 그러므로 주께서 그들의 장정들을 기뻐하지 아니하시며 그들의 고아와 과부를 긍휼히 여기지 아니하시리라 그럴지라도 여호와의 진노가 돌아서지 아니하며 그의 손이 여전히 펴져 있으리라 ○ 대저 악행은 불 타오르는 것 같으니 곧 찔레와 가시를 삼키며 빽빽한 수풀을 살라 연기가 위로 올라가게 함과 같은 것이라 ○ 만군의 여호와의 진노로 말미암아 이 땅이 불타리니 백성은 불에 섶과 같을 것이라 사람이 자기의 형제를 아끼지 아니하며 ○ 오른쪽으로 움킬지라도 주리고 왼쪽으로 먹을지라도 배부르지 못하여 각각 자기 팔의 고기를 먹을 것이며 ○ 므낫세는 에브라임을, 에브라임은 므낫세를 먹을 것이요 또 그들이 합하여 유다를 치리라 그럴지라도 여호와의 진노가 돌아서지 아니하며 그의 손이 여전히 펴져 있으리라"

국제 문제: 가자 지구 사태

가자 지구에서 이스라엘과 팔레스타인의 하마스 사이에 전쟁이 일어나 확산일로에 있습니다. 하마스의 정치적 근거지는 이라크, 즉 예전의 아시리아입니다. 3,000년 전에도 아시리아는 이스라엘의 원수였습니다. 그때처럼 오늘날도 똑같이 전쟁을 하고 있는데, 과거에는 아시리아 제국이 먼저 공격을 했지만 이제는 이스라엘이 먼저 공격을 합니다. 이슬람의 주요 절기인 라마단의 마지막 날에 팔레스타인 주민 수만 명이 동예루살렘의 성지인 알아크사 사원에서 반(反)이스라엘 시위를 벌였는데, 이스라엘 경찰이 강경 진압을 하였습니다. 그래서 팔레스타인 사람 300여 명이 부상을 입었고, 그것이 이번 전쟁의 직접적인 발단이 되었습니다.

베뢰아 사람입니까

이 전쟁의 역사는 4,000년이 넘었습니다. 팔레스타인의 자치 정부격인 하마스에 동조하는 아랍의 세력이 있습니다. 그중에서도 이라크가 대장인데, 이라크가 예전의 아시리아입니다. 현재 이사야서를 시리즈로 공부하고 있는데, 이사야 1장부터 39장까지가 아시리아와 관련된 내용입니다. 아시리아 문제를 다 다루고 나면 이사야서가 거의 끝납니다. 나훔, 요나, 아모스, 호세아, 열왕기, 역대기에서도 모두 아시리아 문제를 다루는데, 구약 성경의 거의 반을 차지할 만큼 아시리아 문제가 큽니다.

17-18세기에 계몽주의가 시작되면서 이성적 관점으로 성경을 보는 학자들이 많아졌습니다. 그들이 구약을 보니 국제관계는 거의 아시리아 문제인데, 그때 아시리아는 이미 사라진 제국이라 아시리아의 이야기는 구약성경에서만 존재할 뿐 실체를 눈으로 확인할 수 없었습니다. 그러니 신학자들은 이에 대해 성경을 완전히 신뢰할 수가 없었습니다. 그러다 1850년에 영국의 고고학자 레이어드가 아시리아의 고성인 니느웨성을 발견함으로써 아시리아의 존재가 역사적으로 밝혀졌습니다. 니느웨는 그 성 위로 물이 범람하여 토사가 6m나 쌓여 있었는데, 레이어드는 6m의 토사를 파헤치고 니느웨성을 발굴했습니다. 니느웨성은 그 둘레가 13㎞, 성벽의 높이는 60m 이상이었으며, 성벽의 두께는 마차 3대가 나란히 달릴 수 있는 너비였습니다. 또한 여기서 쐐기 문자가 적힌 수많은 점토판과 비문 등이 발굴되었습니다. 그야말로 유적이 상상을 초월할 지경이었습니다. 이렇게 되니 성경이 아시리아에 대한 텍스트가 되었습니다. 성경 속 아시리아 이야기를 거짓말이라고 했는데 500년 동안 번성한 아시리아라는 큰 제국을 해석하는 텍스트가 된 것입니다.

이런 말씀을 드리는 이유는 구약 성경에서 아시리아가 차지하는 비중이 크기 때문입니다. 이 제국의 유물들을 주로 영국과 프랑스가 발굴했는데, 대영 박물관과 루브르 박물관에 고대 제국들의 유물들을 진열해 놓았습니다. 처음에는 이들을 도둑이라고 비난했는데, 유물 하나를 보관하는 데 드는 비용이 큰데 대영 박물관의 입장료가 무료라서 어느 정도 이해를 합니다. 그리고 과연 이들 나라가 아니라면 이런 유적이 보존되었을지도 모를 일이긴 합니다.

이사야 9장은 7장의 배경

이사야 9장은 7장의 역사적 배경입니다. 아시리아가 팽창하자 북이스라엘과 아람이 연대해서 대항하기로 하고 남유다에게도 연대하자고 했는데 남유다는 친아시리아 정책을 폅니다. 남유다의 아하스 왕이 이미 뒤로 몰래 디글랏 빌레셀에게 '나의 황제시며 나의 아버지이신 디글랏 빌레셀 황제여'라고 아첨을 하며 편지를 보냈습니다. 그리고 아시리아와의 전쟁에 동참하지 않습니다. 이때의 이야기가 7장부터 12장까지입니다. 각 장마다 이야기의 구조가 좀 다른데, 구조만 알면 내용을 정확히 이해할 수 있습니다.

아하스 왕 때 위기가 왔습니다. 위기는 곧 기회라는 말도 있습니다만 아주 잔인한 디글랏 빌레셀이 쳐내려오니 어떻게 대응할지 공포에 떱니다. 이 위기 때 영원히 정의와 공의로 다스리시는 메시아가 예언됩니다. 이것은 성경의 다른 선지서에는 없는 내용입니다. 이사야서 7장 14절에서 "보라 처녀가 잉태하여 아들을 낳을 것이요 그 이름을 임마누엘이라 하리라"라는 말씀으로 메시아가 예언되고, 두 번째로 9장에서 메시아로 오실 예수님이 예언됩니다.

예언적 완료 시점

> 사 9:1-2 "전에 고통받던 자에게 흑암이 없으리로다 옛적에는 여호와께서 스불론 땅과 납달리 땅이 멸시를 당하게 하셨더니 후에는 해변 길과 요단 저쪽 이방의 갈릴리를 영화롭게 하셨느니라 ○ 흑암에 행하던 백성이 큰 빛을 보고 사망의 그늘진 땅에 거주하던 자에게 빛이 비치도다"

현재 우리나라와 북한의 지역적인 경계선은 DMZ입니다. 그래서 그 인근의 주민들은 남북한의 무력 충돌에 대해 항상 긴장하고 있습니다. 이스라엘에서는 납달리와 스불론이 DMZ와 같은 지역이었습니다. 납달리와 스불론 두 땅을 합하여 갈릴리라고 합니다. 갈릴리는 북이스라엘의 북서쪽 지방에 위치해 있는데, 아시리아가 팽창할 때마다 내려와서 쑥대밭을 만들고 돌아갔습니다. 그리고 북이스라엘이 아시리아에 멸망당한 후 이스라엘 사람들은 아시리아로 잡혀가고 아시리아 사람들은 이곳에 이주하여 살게 하였습니다. 그러다 보니 갈릴리 사람들은 혼혈족이 되고 이방신을 섬겼는데, 이스라엘 사람들은 이들을 멸시하여 이방의 갈릴리라고 불렀습니다. 그러나 이사야가 예언하기를 전에 고통받던 자에게 흑암이 없을 것이며 이방의 갈릴리를 영화롭게 하셨다고 하였습니다. 메시아가 와서 하나님 나라가 세워지면 다시는 고통이 없다는 말입니다. 그런데 이사야가 예언하는 이 내용의 시제가 예언적 완료입니다.

옛적에는 납달리와 스불론이 국경에 위치해 있어 늘 고통을 겪었는데 메시아가 오시면 더 이상 고통이 없다는 말입니다. 그 이방의 갈릴리가 큰 빛을 보고 빛이 없는 지하 감옥에서 사는 것 같은 삶을 사는 사람에게 빛이 들어옵니다. 마태가 이 말씀을 보고 예수님이 갈릴리에서 사역을 시작하신 것에 대해 '옳다 이사야에서 예언된 것이다.'라고 깨닫습니다.

> 마 4:12-16 "예수께서 요한이 잡혔음을 들으시고 갈릴리로 물러가셨다가 ○ 나사렛을 떠나 스불론과 납달리 지경 해변에 있는 가버나움에 가서 사시니 ○ 이는 선지자 이사야를 통하여 하신 말씀을 이루려 하심이라 일렀으되 ○ 스불론 땅과 납달리 땅과 요단 강 저편 해변 길과 이방의 갈릴리여 ○ 흑암에 앉은 백성이 큰 빛을 보았고 사망의 땅과 그늘에 앉은 자들에게 빛이 비치었도다 하였느니라"

예수님의 공생애가 갈릴리에서 흑암에 처하던 그들에게 빛이 비치는 놀라운 사건이 일어나는 것으로 시작됨을 이사야가 예언한 것입니다.

> 사 9:3 "주께서 이 나라를 창성하게 하시며 그 즐거움을 더하게 하셨으므로 추수하는 즐거움과 탈취물을 나눌 때의 즐거움 같이 그들이 주 앞에서 즐거워하오니"

이제 회복이 될 뿐 아니라 전쟁에서 이깁니다.

베뢰아 사람입니까

아하스에게 징조를 구하라고 하신 선례 : 미디안의 날

삿 6:1 "이스라엘 자손이 또 여호와의 목전에 악을 행하였으므
로 여호와께서 칠 년 동안 그들을 미디안의 손에 넘겨 주시니"

사사기 6-7장 내용을 간단히 말씀드리겠습니다. 이스라엘 민족이 또 우상을 섬기며 하나님께 죄를 짓자 하나님께서 이스라엘의 적을 격동시 킵니다. 즉 원수를 강하게 만드시는데, 이것은 하나님께서 그의 백성을 교육시키는 방법입니다. 미디안으로 하여금 이스라엘이 농사지은 것을 다 가져가게 하고 7년 동안 미디안 밑에서 이스라엘을 종질하게 하십니 다. 하나님의 백성이 말씀을 떠나면 어떻게 되는지 깨달아야 하는데 이 스라엘 백성이 우리와 비슷해서 깨닫지 못합니다. 고통을 겪으면서 자기 를 때리는 매에게 "용서해 주십시오."라고 하는 수준입니다. 때리는 사람 이 왜 때리는지 모릅니다.

므낫세 지파 중에 기드온이란 사람이 있었는데 하나님의 사자가 그를 찾아왔습니다. 기드온은 지금 미디안 사람들에게 들키지 않으려고 밀을 포도주 틀에서 타작하고 있는데 여호와의 사자가 나타나서 "큰 용사여 여 호와께서 너와 함께하신다"고 말했습니다. 그러자 기드온은 "하나님이 함께하시면 왜 우리에게 이런 일이 일어났습니까? 왜 우리를 미디안의 손에 붙이셨습니까?"라고 물었습니다. 하나님의 사자가 하나님이 네게 미디안의 손에서 이스라엘을 구하라고 하신다고 하자 "저는 므낫세 지파 중에서 보잘것없는 집안의 사람인데 제가 어떻게 이스라엘을 구한단 말 입니까?"라고 대답했습니다. 하나님께서 너와 함께 하실 것이라고 재차

여호와의 사자가 말하자 그렇다면 표징을 보여 달라고 기드온이 요구합니다.

기드온이 하나님께 제물을 바치기 위해 양고기와 무교병을 바위 위에 올려놓으니 하나님의 사자가 지팡이 끝을 제물에 대는데, 지팡이에서 불이 나오는 것이 아니고 바위에서 불이 나와 제물을 태웠습니다. 그제야 그 사람이 여호와의 사자인 줄 알고 기드온이 꿇어 엎드립니다. 그리고 그 후에도 미디안과의 일전을 앞두고 기드온이 하나님께 한 번 더 표징을 구합니다. 이번에는 양털 한 뭉치를 타작마당에 두고 아침에 이슬이 내렸을 때 양털만 젖고 땅은 젖지 않도록 해 달라고 합니다. 그래서 그렇게 되니 이번에는 반대로 되었으면 좋겠다고 해서 하나님이 또 그렇게 해 주십니다. 이와 비슷한 일이 삼손의 아버지 마노아에게도 일어났습니다. 하나님의 천사가 마노아 집에 왔는데, 그의 이름을 물으니 기묘자(펠레)라고 대답했습니다. 그리고 마노아 부부가 하나님께 바칠 제물을 바위 위에 놓으니 천사가 제단의 불꽃에 휩싸여 하늘로 올라갔습니다.

기드온이 이제 미디안과 싸우려고 열두 지파에게 모이라고 연락하니 3만 2천 명이나 모였습니다. 그러자 하나님께서 기드온에게 사람이 너무 많다고 말씀하십니다. 사람이 많으면 너희가 힘이 있어서 이겼다고 할 것이 아니냐는 것입니다. 그래서 두려워하거나 사정이 있는 사람들은 가라고 하니 2만 2천 명이 되돌아갔습니다. 이제 만여 명이 남았는데 하나님께서는 이 수도 많다고 하십니다. 그래서 이들 중에서 다시 추려 내는데, 물가에서 물을 마시는 병사들 중에 손으로 물을 떠서 마시는 유형과 무릎을 꿇고 마시는 유형을 분리해서 손으로 물을 떠서 마시는 유형의 병사들만 남기라고 하셨습니다. 그래서 결국 최후에 남은 병사들은 300여

명에 불과했는데, 300명으로 미디안을 칠 것이라고 하십니다.

미디안 진영을 공격하기 전날 밤에 하나님께서 기드온에게 "네가 걱정이 되거든 진영으로 내려가서 그들이 하는 말을 들어보라."고 하셨습니다. 기드온은 두려움 속에서 부하와 함께 미디안 진영으로 내려갔는데, 그 병사들의 수가 얼마나 많은지 마치 메뚜기 떼 같았다고 표현되어 있습니다. 그런데 미디안의 진영에서 어떤 병사가 자기의 꿈 이야기를 하는 것이 들리는데, 보리떡 한 덩어리가 굴러와 자신들의 진을 박살내는 꿈을 꾸었다는 것입니다. 그러자 꿈 이야기를 듣던 친구가 "그 보리떡은 기드온이다. 하나님이 미디안을 기드온에게 넘겨주실 꿈이다. 우리는 기드온에게 질 것이다."라고 대답했습니다.

이제 기드온은 하나님이 함께 하셔서 미디안에게 이길 것이라는 확신을 가지고 미디안 진영을 공격할 준비를 합니다. 그런데 이스라엘군에게는 무기가 필요 없습니다. 하나님이 전쟁하실 것이기 때문입니다. 항아리 속에 횃불을 넣어서 한 손에 들고 다른 손에는 나팔을 들고 300명이 나누어서 공격하는 것이 전부입니다. 미디안의 진영을 둘러싸서 횃불을 밝히고 "여호와의 군대다" "기드온의 군대다"라고 외치며 나팔을 부니 자다가 일어난 미디안군인들이 서로를 찔러 죽였습니다. 이것이 미디안의 날입니다. 300명의 군사로 미디안의 13만 5천 명과 싸워 12만 명을 죽인 것을 기념하는 날입니다.

미디안의 날은 심판이자 축하인데, 모든 전쟁의 근원은 하나님께 있다는 것이 핵심 메시지입니다. 또한 하나님 말씀을 듣지 않으면 자기들끼리 싸운다는 의미도 있습니다. 가정도 교회도 같은 원리입니다. 하나님께서 아하스에게 징조를 구하라고 하실 때는 이런 선례가 있기 때문입니다. 그런데 아하스는 하나님을 믿지 않으니 하나님께서 여호와만 의존하라고 하고 징조를 구하라고 하시는데도 여호와를 시험하지 않겠다는 둥 되지도 않는 소리를 하며 아시리아와의 외교를 통해서만 전쟁 문제를 해결하려 했습니다.

성육신하신 예수 그리스도를 선포하다

사 9:5-8 "어지러이 싸우는 군인들의 신과 피 묻은 겉옷이 불에 섶 같이 살라지리니 ○ 이는 한 아기가 우리에게 났고 한 아들을 우리에게 주신 바 되었는데 그의 어깨에는 정사를 메었고 그의 이름은 기묘자라, 모사라, 전능하신 하나님이라, 영존하시는 아버지라, 평강의 왕이라 할 것임이라 ○ 그 정사와 평강의 더함이 무궁하며 또 다윗의 왕좌와 그의 나라에 군림하여 그 나라를 굳게 세우고 지금 이후로 영원히 정의와 공의로 그것을 보존하실 것이라 만군의 여호와의 열심이 이를 이루시리라 ○ 주께서 야곱에게 말씀을 보내시며 그것을 이스라엘에게 임하게 하셨은즉"

지금 가장 위기 때 예수님이 예언되고 있습니다. 아기가 태어났는데 그 어깨에 정사를 메었고, 전능하신 하나님이고 영존하신 아버지라고 합니다. 아기가 무슨 하나님이라는 것입니까? 이는 성육신하신 예수 그리스도를 말하는 것입니다. 이 예언은 당시에도 현실적으로 있을 수 없는 이야기입니다. 그러니 이 예언은 미래에 오실 메시아를 선포하는 것입니다. 예언적 완료의 선포의 비밀을 알아야 합니다.

7절에서 "키느아트 예흐와 체바오트"라고 해서 만군의 하나님의 열심이 이를 이루실 것이라고 합니다. 히브리 원문에는 "올람(영원히)"이라는 단어를 써서 이를 영원히 이루신다고 했습니다. 이 예언은 영원합니다. 영원한 열심을 가지고 하나님이 일하신다는 것입니다. 이 세상의 역사는 하나님의 열심과 인간의 헛된 열심의 충돌의 연속입니다. 당시 유대 민족이나 현재의 우리나 하나님의 열심을 모르고 자기 나름대로 엉뚱한 열심을 내니 아무것도 되지 않는 것입니다.

4중주 심판 구조

> 사 9:12 "앞에는 아람 사람이요 뒤에는 블레셋 사람이라 그들
> 이 모두 입을 벌려 이스라엘을 삼키리라 그럴지라도 여호와의
> 진노가 돌아서지 아니하며 그의 손이 여전히 펴져 있으리라"

9장 8절 이후 10장 4절에 걸쳐 "여호와의 진노가 돌아서지 아니하며 그의 손이 여전히 펴져 있으리라"라는 구절이 네 번 있습니다. 멸망에 대한 4중주 심판 예언입니다. 그 내용의 첫 번째는 이사야 9장 8-12절까지로, 이스라엘의 교만에 대한 것입니다. 왕부터 백성까지 교만해서 하나님 말씀을 안 듣고 고집을 부린다는 것입니다. 두 번째는 13-17절까지로, 하나님이 그들에게 벌을 내려도 여전히 자기 식대로 행동한다고 합니다(사 9:13 "그리하여도 그 백성이 자기들을 치시는 이에게로 돌아오지 아니하며 만군의 여호와를 찾지 아니하도다"). 세 번째는 18-21절까지로, 동족

끼리의 싸움에 대한 예언입니다. 네 번째는 10장 1-4절인데, 이사야서 원본은 장의 구별이 없지만 번역된 우리 성경으로는 10장에 해당합니다. 그 내용은 불의한 법령 등으로 인해 하나님의 공의와 정의가 없어서 망한다는 것입니다. 이 내용들이 방대해서 설교하려면 오래 걸리는데 이번 시간에는 핵심만 말씀을 드립니다.

맺는말

이사야 9장의 내용을 다시 한번 요약하면 첫째, 위기 속에서 예언적 완료시제로 메시아가 예언되고 있습니다. 하나님의 영원한 열심이 이를 이루어 낸다는 것입니다. 인간도 쓸데없는 삶을 사는 데 열심을 냅니다. 오만해서 자기 식대로 고집 부리는데, 그러면 가정이 깨지고 자기 마음도 깨집니다. 두 번째로 이사야가 멸망의 공식 네 가지를 선포합니다. 하나님의 정의와 공의가 무너지니 완전히 멸망한다는 것입니다. 너무나 놀라운 지혜의 말씀입니다.

베뢰아 사람입니까

45

위기 문제와 심판 4중주
– 이사야서 강해 17

2021. 6. 13.

이사야 10:1-34

"불의한 법령을 만들며 불의한 말을 기록하며 ○ 가난한 자를 불공평하게 판결하여 가난한 내 백성의 권리를 박탈하며 과부에게 토색하고 고아의 것을 약탈하는 자는 화 있을진저 ○ 벌하시는 날과 멀리서 오는 환난 때에 너희가 어떻게 하려느냐 누구에게로 도망하여 도움을 구하겠으며 너희의 영화를 어느 곳에 두려느냐 ○ 포로 된 자 아래에 구푸리며 죽임을 당한 자 아래에 엎드러질 따름이니라 그럴지라도 여호와의 진노가 돌아서지 아니하며 그의 손이 여전히 펴져 있으리라 ○ 앗수르 사람은 화 있을진저 그는 내 진노의 막대기요 그 손의 몽둥이는 내 분노라 ○ 내가 그를 보내어 경건하지 아니한 나라를 치게 하며 내가 그에게 명령하여 나를 노하게 한 백성을 쳐서 탈취하며 노략하게 하며 또 그들을 길거리의 진흙 같이 짓밟게 하려 하거니와 ○ 그의 뜻은 이같지 아니하며 그의 마음의 생각도 이같지 아니하고 다만 그의 마음은 허다한 나라를 파괴하며 멸절하려 하는도다 ○ 그가 이르기를 내 고관들은 다 왕들이 아니냐 ○ 갈로는 갈그미스와 같지 아니하며 하맛은 아르밧과 같지 아니하며 사마리아는 다메섹과 같지 아니하냐 ○ 내 손이 이미 우상을 섬기는 나라들에 미쳤나니 그들이 조각한 신상들이 예루살렘과 사마리아의 신상들보다 뛰어났느니라 ○ 내가 사마리아와 그의 우상들에게 행함 같이 예루살렘과 그의 우상들에게 행하지 못하겠느냐 하는도다 ○ 그러므로 주께서 주의 일을 시온 산과 예루살렘에 다 행하신 후에 앗수르 왕의 완악한 마음의 열매와 높은 눈의 자랑을 벌하시리라 ○ 그의 말에 나는 내 손의 힘과 내 지혜로 이 일을 행하였나니 나는 총명한 자라 열국의 경계선을 걷어치웠고 그들의 재물을 약탈하였으며 또 용감한 자처럼 위에 거주한 자들을 낮추었으며 ○ 내 손으로 열국의 재물을 얻은 것은 새의 보금자리를 얻음 같고 온 세계를 얻은 것은 내버린 알을 주움 같았으나 날개를 치거나 입을 벌리거나 지저귀는 것이 하나도 없었다 하는도다 ○ 도끼가 어찌 찍는 자에게 스스로 자랑하겠으며 톱이 어찌 켜는 자에게 스스로 큰 체하겠느냐 이는 막대기가 자기를 드는 자를 움직이려 하며 몽둥이가 나무 아닌 사람을 들려 함과 같음이로다 ○ 그러므로 주 만군의 여호와께서 살진 자를 파리하게 하시며 그의 영화 아래에 불이 붙는 것 같이 맹렬히 타게 하실 것이라 ○ 이스라엘의 빛은 불이 되고 그의 거룩하신 이는 불꽃이 되실 것이니라 하루 사이에 그의 가시와 찔레가 소멸되며 ○ 그의 숲과 기름진 밭의 영광이 전부 소멸되리니 병자가 점점 쇠약하여 감 같을 것이라 ○ 그의 숲에 남은 나무의 수가 희소하여 아이라도 능히 계수할 수 있으리라 ○ 그 날에 이스라엘의 남은 자와 야곱 족속의 피난한 자들이 다시는 자기를 친 자를 의지하지 아니하고 이스라엘의 거룩하신 이 여호와를 진실하게 의지하리니 ○ 남은 자 곧 야곱의 남은 자가 능하신 하나님께로 돌아올 것이라 ○ 이스라엘이여 네 백성이 바다의 모래 같을지라도 남은 자만 돌아오리니 넘치는 공의로 파멸이 작정되었음이라 ○ 이미 작정된 파멸을 주 만군의 여호와께서 온 세계 중에 끝까지 행하시리라 ○ 그러므로 주 만군의 여호와께서 이르시되 시온에 거주하는 내 백성들아 앗수르가 애굽이 한 것처럼 막대기로 너를 때리며 몽둥이를 들어 너를 칠지라도 그를 두려워하지 말라 ○ 내가 오래지 아니하여 네게는 분을 그치고 그들은 내 진노로 멸하리라 하시도다 ○ 만군의 여호와께서 채찍을 들어 그를 치시되 오렙 바위에서 미디안을 쳐죽이신 것 같이 하실 것이며 막대기를 드시되 바다를 향하여 애굽에서 하신 것 같이 하실 것이라 ○ 그 날에 그의 무거운 짐이 네 어깨에서 떠나고 그의 멍에가 네 목에서 벗어지되 기름진 까닭에 멍에가 부러지리라 ○ 그가 아얏에 이르러 미그론을 지나 믹마스에 그의 장비를 두고 ○ 산을 넘어 게바에서 유숙하매 라마는 떨고 사울의 기브아는 도망하도다 ○ 딸 갈림아 큰 소리로 외칠지어다 라이사야 자세히 들을지어다 가련하다 너 아나돗이여 ○ 맛메나는 피난하며 게빔 주민은 도망하도다 ○ 아직 이 날에 그가 놉에서 쉬고 딸 시온 산 곧 예루살렘 산을 향하여 그 손을 흔들리로다 ○ 보라 주 만군의 여호와께서 혁혁한 위력으로 그 가지를 꺾으시리니 그 장대한 자가 찍힐 것이요 그 높은 자가 낮아질 것이며 ○ 쇠로 그 빽빽한 숲을 베시리니 레바논이 권능 있는 자에게 베임을 당하리라"

코로나 시대의 리스크 이론

신앙인들에게 어려움이 오면 요한계시록을 읽고 바로 종말론에 떨어지기 쉬운데 그러면 안 됩니다. 역사적 종말은 하나님의 주관이기 때문에 우리가 어쩔 수 없는 문제이고, 위기 때는 하나님 말씀을 생각하고 믿음으로 극복해 나가는 것이 중요합니다.

코로나 시대에 경제가 많이 침체되며 위기를 겪고 있습니다. 그래서 오늘은 설교에 들어가기 전에 경제 위기에 대한 경제학자들의 이론을 몇 가지 소개하겠습니다. 첫째는 미국의 금융 분석가 나심 탈레브의 '블랙 스완' 이론입니다. '블랙 스완'은 나심 탈레브가 2007년 그의 책『블랙 스완』에서 증시의 대폭락과 국제 금융위기를 예측한 것에서 유래된 용어입니다. 아무도 예상하지 못한 사건이 현실화되면서 경제적인 위기가 오는 것을 말합니다. 현재 코로나 사태도 블랙 스완에 해당됩니다.

두 번째는 미셸 부커의 '회색 코뿔소' 이론입니다. 지속적인 경고를 통해 위험을 충분히 사전에 예측할 수 있음에도 대응하지 못해 위기에 빠지는 리스크를 뜻합니다. 이는 코뿔소가 몸집이 커서 멀리 있어도 눈에 잘

베뢰아 사람입니까

띄며 움직임도 느낄 수 있지만, 막상 코뿔소가 달려오면 두려움 때문에 아무것도 하지 못하거나 대처 방법을 알지 못해서 허둥지둥하는 것을 비유한 말입니다.

세 번째는 미셸 부커의 책 『감당하는 위험이 당신이 누군지를 말한다』에서 말하는 '사람마다 각기 다른 리스크 지문(risk fingerprint)이 있다'는 점입니다. 사람마다 손가락 지문이 다르듯 개인의 성격, 경험, 자라온 문화 등에 따라 리스크에 대한 대응방식이 다르다는 것입니다. 이것을 '리스크 지문'이라고 표현했습니다.

이사야 10장의 위기

이번 시간에 설교할 이사야 10장의 위기는 회색 코뿔소 유형입니다. 이사야가 "저기 코뿔소가 온다."고 말해도 이스라엘이 안 듣습니다. 코뿔소, 즉 아시리아의 침입을 경고하는데도 말을 안 듣습니다. 7장부터 10장까지가 아하스 왕 때로 동일한 배경인데, 그러한 위기 속에서 메시아가 예언되었습니다.

10장 말씀은 1절부터 4절까지가 이사야의 말이고, 5절부터 11절까지는 여호와의 말씀이라고 표를 하십시오. 하나님의 말씀인지 사람의 말인지 구분해야 합니다. 그다음에 다시 여호와의 말씀이 24절에서 25절까지 나옵니다. 나머지는 이사야의 말입니다.

이렇게 한 장씩 설교하는 이유는 성경을 조금이라도 더 읽게 하기 위해서입니다. 가뜩이나 성경을 읽지 않는데, 주제설교를 하면 산뜻하기는 하겠지만 성경 읽기가 안 되니 어쩔 수 없습니다.

유대 지배 계층의 악

사 10:1-2 "불의한 법령을 만들며 불의한 말을 기록하며 ○ 가난한 자를 불공평하게 판결하여 가난한 내 백성의 권리를 박탈하며 과부에게 토색하고 고아의 것을 약탈하는 자는 화 있을진저"

9장 설교에서 멸망 4중주를 말씀드리며 3중주까지 공부했고, 10장 1절부터 4절까지 4중주가 있습니다. 중주란 겹쳐서 반복적으로 연주한다는 말입니다. 멸망의 4중주 중 첫 번째는 교만으로서 하나님이 가장 싫어하시는 것입니다. 두 번째는 자기 잘못을 모르는 것입니다. 이것 역시 교만해서 그렇습니다. 자기 자신에 대한 메타인지가 안 되면 자기 잘못을 모릅니다. 이것을 우리가 경계해야 하는 이유는 이것이 지옥으로 가는 첫 관문이기 때문입니다. 하나님이 용서하지 않습니다. 세 번째는 그런 잘못들로 인하여 가정이 깨지고 교회가 깨지는데도 회개하지 않고 계속 버티는 것입니다. 네 번째는 불의한 법령으로 백성들, 특히 소외된 계층을 착취하는 것입니다. 지도층과 경제적으로 부유한 무리의 악입니다.

2절의 마지막 말이 "화 있을진저"인데, 히브리 원문에서는 이것이 첫말입니다. 이것은 '키나리듬'이라고 해서 사람이 죽었을 때나, 너무나 말을 듣지 않는 사람을 보고 가슴을 치며 탄식하는 관용구입니다. 3박자와 2박자의 셈족의 고유한 리듬으로 오만한 이스라엘이 너무나 답답해서 탄식하는 것입니다. 누가복음에서 예수님이 "예루살렘아, 예루살렘아"라며 통곡하시며 우시는 내용도 키나리듬입니다. 이 리듬이 헬라어로 번역되는 과정에서 사라져 버렸습니다. "화 있을진저"는 히브리 원어로 "호이"인데, 우리말로는 "아이고 어떡할꼬." 정도로 해석할 수 있습니다.

아시리아에 대한 경고

사 10:5-11 "앗수르 사람은 화 있을진저 그는 내 진노의 막대기요 그 손의 몽둥이는 내 분노라 ○ 내가 그를 보내어 경건하지 아니한 나라를 치게 하며 내가 그에게 명령하여 나를 노하게 한 백성을 쳐서 탈취하며 노략하게 하며 또 그들을 길거리의 진흙 같이 짓밟게 하려 하거니와 ○ 그의 뜻은 이같지 아니하며 그의 마음의 생각도 이같지 아니하고 다만 그의 마음은 허다한 나라를 파괴하며 멸절하려 하는도다 ○ 그가 이르기를 내 고관들은 다 왕들이 아니냐 ○ 갈로는 갈그미스와 같지 아니하며 하맛은 아르밧과 같지 아니하며 사마리아는 다메섹과 같지 아니하냐 ○ 내 손이 이미 우상을 섬기는 나라들에 미쳤나니 그들이 조각한 신상들이 예루살렘과 사마리아의 신상들보다 뛰어났느니라 ○ 내가 사마리아와 그의 우상들에게 행함 같이 예루살렘과 그의 우상들에게 행하지 못하겠느냐 하는도다"

이 내용은 이사야의 말이 아니고 여호와께서 하신 말씀입니다. 5절의 "화 있을진저"가 히브리어로 "호이"라고 말씀드렸습니다. 이사야가 울면서 "호이" 했는데, 여호와께서도 "호이" 하십니다. 여기서는 잔악한 아시리아를 향한 것입니다. "아시리아 너는 벌을 위한 수단으로써 내 백성을 훈련시키려는 것인데 네가 그렇게도 잔인하게 짓밟다니 정말 안타깝구나. 너는 망할 것이다. 호이." 하시는 것입니다.

하나님께서는 자비로 전 인류를 불쌍히 여기시고 그들에게 기회를 주십니다. 그러나 아시리아는 부지깽이 역할일 뿐입니다. 부지깽이는 불을 붙이는 역할이 끝나면 불 속에 던져 대워 버립니다. 그러니 아시리아 너희는 이제 망해야겠다는 것입니다.

> 사 10:12-19 "그러므로 주께서 주의 일을 시온 산과 예루살렘에 다 행하신 후에 앗수르 왕의 완악한 마음의 열매와 높은 눈의 자랑을 벌하시리라 ○ 그의 말에 나는 내 손의 힘과 내 지혜로 이 일을 행하였나니 나는 총명한 자라 열국의 경계선을 걷어치웠고 그들의 재물을 약탈하였으며 또 용감한 자처럼 위에 거주한 자들을 낮추었으며 ○ 내 손으로 열국의 재물을 얻은 것은 새의 보금자리를 얻음 같고 온 세계를 얻은 것은 내버린 알을 주움 같았으나 날개를 치거나 입을 벌리거나 지저귀는 것이 하나도 없었다 하는도다 ○ 도끼가 어찌 찍는 자에게 스스로 자랑하겠으며 톱이 어찌 켜는 자에게 스스로 큰 체하겠느냐 이는 막대기가 자기를 드는 자를 움직이려 하며 몽둥이가 나무 아닌 사람을 들려 함과 같음이로다 ○ 그러므로 주 만군의 여호와께서 살진 자를 파리하게 하시며 그의 영화 아래에 불이 붙는 것 같이 맹렬히 타게 하실 것이라 ○ 이스라엘의 빛은 불이 되고 그의 거룩하신 이는 불꽃이 되실

베뢰아 사람입니까

것이니라 하루 사이에 그의 가시와 찔레가 소멸되며 ○ 그의
숲과 기름진 밭의 영광이 전부 소멸되리니 병자가 점점 쇠약
하여 감 같을 것이라 ○ 그의 숲에 남은 나무의 수가 희소하여
아이라도 능히 계수할 수 있으리라"

이 내용은 이사야의 말로써 하나님의 말씀을 보완해서 설명하는 것입
니다. "아시리아 네가 착각해서 열국 중에 스스로 황제라 하고 오만해서
마구 밀어붙이는데 너는 사실 하나님께 도끼고 톱 같은 존재일 뿐이다."
라고 아시리아의 영적 교만을 심판하는 내용입니다.

'남은 자' 신앙의 중요성

사 10:20-23 "그 날에 이스라엘의 남은 자와 야곱 족속의 피
난한 자들이 다시는 자기를 친 자를 의지하지 아니하고 이스
라엘의 거룩하신 이 여호와를 진실하게 의지하리니 ○ 남은
자 곧 야곱의 남은 자가 능하신 하나님께로 돌아올 것이라 ○
이스라엘이여 네 백성이 바다의 모래 같을지라도 남은 자만
돌아오리니 넘치는 공의로 파멸이 작정되었음이라 ○ 이미
작정된 파멸을 주 만군의 여호와께서 온 세계 중에 끝까지 행
하시리라"

이제 '남은 자' 사상으로, 아시리아, 바빌론, 로마 같은 강대한 정복 국
가들 속에서도 피하는 자들에 대한 예언입니다. 하나님께서 날개 아래에

숨기시는 자들의 노래입니다. 남은 자는 구원된다는 신앙이 아주 중요합니다. 종말이 와도 걱정할 필요가 없습니다. 하나님께서 모두 보호하시기 때문입니다.

남은 자 사상은 첫째, 이사야의 맏아들 이름에서 나옵니다. 하나님께서 계시하신 이름이 '스알야숩'인데, 그 뜻이 '남은 자는 돌아오리라'입니다. 아시리아가 아무리 강해도 엘 깃보르(전능하신) 하나님 이름을 부르면 '남은 자'는 모두 돌아온다는 것입니다. 그들이 이스라엘을 공격해도 남은 자들은 보이지 않고 죽일 자만 보입니다. 그것이 '남은 자' 사상입니다. 이처럼 놀라운 하나님의 사상이 바로 스알야숩 이름의 의미인 것입니다.

본문에서 아시리아가 들어와 약탈하는 내용이 있는데, 이사야의 둘째 아들 이름이 무엇입니까? '마헬살랄하스바스', 급히 탈취하리라는 뜻입니다. 하나님께서 상징적으로 이름을 계시하신 것입니다.

> 사 10:24-25 "그러므로 주 만군의 여호와께서 이르시되 시온에 거주하는 내 백성들아 앗수르가 애굽이 한 것처럼 막대기로 너를 때리며 몽둥이를 들어 너를 칠지라도 그를 두려워하지 말라 ○ 내가 오래지 아니하여 네게는 분을 그치고 그들은 내 진노로 멸하리라 하시도다"

"만군의 여호와께서 이르시되"라고 했으니 하나님의 말씀입니다. 그리고 26절은 또다시 이사야의 말로 이어집니다. 이것을 분명히 구별하고 있어야 합니다. 초월적인 관점에서 이스라엘 민족과 아시리아의 역사 속에서 무지와 악을 말하고 있습니다. 코뿔소가 뻔히 오는데도 위험을 감지하지 못하고 구경만 하고 있다가는 당합니다. 그러나 진실한 사람들은 알고 피합니다. 이것을 이사야가 계속 말합니다.

7장에 임마누엘 예언이 있고, 9장에서 "전에 고통받던 자들에게 흑암이 없으리로다."라고 하며 몇백 년 후 메시아의 오심을 약속합니다. 11장에는 메시아의 인격에 대해서 예언하며 12장은 남은 자들이 감사해서 노래하는 내용이 나옵니다. 13장부터는 열국에 대한 심판 예언이 시작되는데, 하나님의 주권적인 섭리로 세계가 어떻게 돌아가는가를 말합니다.

사 10:26-34 "만군의 여호와께서 채찍을 들어 그를 치시되 오렙 바위에서 미디안을 쳐죽이신 것 같이 하실 것이며 막대기를 드시되 바다를 향하여 애굽에서 하신 것 같이 하실 것이라 ○ 그 날에 그의 무거운 짐이 네 어깨에서 떠나고 그의 멍에가 네 목에서 벗어지되 기름진 까닭에 멍에가 부러지리라 ○ 그가 아얏에 이르러 미그론을 지나 믹마스에 그의 장비를 두고 ○ 산을 넘어 게바에서 유숙하매 라마는 떨고 사울의 기브아는 도망하도다 ○ 딸 갈림아 큰 소리로 외칠지어다 라이사야 자세히 들을지어다 가련하다 너 아나돗이여 ○ 맛메나는 피난하며 게빔 주민은 도망하도다 ○ 아직 이 날에 그가 놉에서 쉬고 딸 시온 산 곧 예루살렘 산을 향하여 그 손을 흔들리로다 ○ 보라 주 만군의 여호와께서 혁혁한 위력으로 그 가지를 꺾으시리니 그 장대한 자가 찍힐 것이요 그 높은 자가 낮아질 것이며 ○ 쇠로 그 빽빽한 숲을 베시리니 레바논이 권능 있는 자에게 베임을 당하리라"

26절은 사사기 7장에 나오는 내용인데, 기드온이 지휘하는 이스라엘 군이 미디안군을 추격해서 미디안의 방백인 오렙을 오렙 바위에서 쳐 죽인 사건을 말합니다. 그렇게 미디안 인들을 물리친 것처럼 만군의 여호와께서 아시리아를 물리치실 것이라고 합니다. 또 출애굽 전승을 인용하여 출애굽하는 이스라엘 백성을 잡으러 간 이집트 군인들이 바다에서 모두 죽었듯이 그분께서 아시리아에게 막대기를 드실 것이라는 말씀을 하십니다. 하나님께서 개입하셨기 때문에 그런 일들이 일어났는데, 하나님은 과거에도 개입하셨고 지금도 개입하신다는 말을 하고 있습니다.

28절부터는 아시리아가 예루살렘으로 진격하는 모습이 구체적으로 묘사되어 있습니다. 아시리아가 예루살렘을 치기 위해 어떻게 이동하는지 군의 진지와 훈련 장소 등 구체적인 지명들이 등장합니다. 32절에서 아시리아가 그 손을 흔들리라고 했는데, 이것은 그들이 유다의 모든 영토를 점령하고 "예루살렘 너도 곧 망한다. 가만두지 않겠다."라는 것을 뜻합니다. 왜냐하면 북이스라엘이 고집부리다가 망했기 때문입니다. 그래서 남유다의 예루살렘을 향해 "너도 곧 망한다."고 하는 것입니다.

그때 여호와께서 개입하십니다. '만군의 여호와'께서 그때 아시리아를 그냥 두지 않으십니다. 그 이유는 '남은 자'가 있기 때문입니다. 하나님께서 개입하셔서 아시리아를 멸망시킵니다. 히스기야 왕 때 아시리아가 유다를 치기 위해 준비를 실컷 했지만 하나님께서는 아시리아의 왕으로 하여금 거짓 소문을(구스 왕 디르하가가 아시리아를 침범했다는 소문) 듣게 해서 돌아가게 하시고, 예루살렘을 공격했던 아시리아의 대군도 전멸시키셨습니다.

맺는말

　이스라엘이 멸망할 수밖에 없는 4가지 중요한 핵심을 정리했습니다. 이스라엘이 결국 하나님 말씀을 안 듣고 망하니까 이사야가 "호이" 하며 키나리듬으로 눈물을 머금고 한탄합니다. 하나님께서는 또 아시리아를 보고 "호이" 하셨습니다. 하나님께서 아시리아를 통해 주권적으로 훈련을 시키려고 했더니 지나치게 잔혹하더라는 것입니다. 그래서 이스라엘도 망하고 아시리아도 망한 역사가 기록되는 것이 이사야 10장입니다. 이사야 10장만 하더라도 3-4회 정도 설교해야 되는 내용이지만 이렇게나마 전체적으로 이해해야 합니다.

　하나님께서 "호이" 하시는 대상이 되면 안 됩니다. 교회도 우리 개인도 코뿔소의 위기를 잘 조율하는 사람들이 되어야 합니다.

베뢰아 사람입니까

© 박건한, 2024

초판 1쇄 발행 2024년 4월 15일

지은이   박건한
펴낸이   이기봉
편집   좋은땅 편집팀
펴낸곳   도서출판 좋은땅
주소   서울특별시 마포구 양화로12길 26 지월드빌딩 (서교동 395-7)
전화   02)374-8616~7
팩스   02)374-8614
이메일   gworldbook@naver.com
홈페이지   www.g-world.co.kr

ISBN   979-11-388-2938-0 (03230)